创新要素空间流动及其对区域创新绩效的影响研究

吕海萍 著

中国财经出版传媒集团
中国财政经济出版社

图书在版编目（CIP）数据

创新要素空间流动及其对区域创新绩效的影响研究／吕海萍著． -- 北京：中国财政经济出版社，2020.5
ISBN 978 - 7 - 5095 - 9696 - 8

Ⅰ.①创⋯　Ⅱ.①吕⋯　Ⅲ.①创造性思维－影响－区域经济发展－研究－中国　Ⅳ.①F127

中国版本图书馆 CIP 数据核字（2020）第 036804 号

责任编辑：彭　波　　　　责任印制：史大鹏
封面设计：卜建辰　　　　责任校对：徐艳丽

中国财政经济出版社　出版

URL：http://www.cfeph.cn
E - mail：cfeph@cfemg.cn

（版权所有　翻印必究）

社址：北京市海淀区阜成路甲 28 号　邮政编码：100142
营销中心电话：010 - 88191537
北京财经印刷厂印装　各地新华书店经销
710×1000 毫米　16 开　19 印张　360 000 字
2020 年 5 月第 1 版　2020 年 5 月北京第 1 次印刷
定价：78.00 元
ISBN 978 - 7 - 5095 - 9696 - 8
（图书出现印装问题，本社负责调换）
本社质量投诉电话：010 - 88190744
打击盗版举报热线：010 - 88191661　QQ：2242791300

浙江省软科学研究计划项目（2019C35010，2020C25001）
浙江省自然科学基金项目（LY18G010018、LQ19D010001）
浙江科技学院学术著作出版专项
浙江科技学院科研启动资金
浙江科技学院研究生工程经济课程建设项目（2018yjskc07）
浙江科技学院校级思政课程建设项目（2017－ks24）
浙江科技学院一流本科课程技术经济学建设项目（2020－k25）
浙江科技学院2020德语国家国别与区域研究课题（2020degb001）资助

前　言

我国经济已由高速增长阶段转向高质量发展阶段，正在大步迈入创新驱动发展的新时代。与以往任何时候相比，区域创新的战略意义越来越突出和重要，已然化作国家发展的指向针。怎么能在持续推动区域创新发展的基础上，着力解决好区域创新发展不平衡不充分问题？创新要素在不同地理空间的有效流动是一个新的探研视角。创新要素是实施创新驱动、保障区域创新绩效提升的重要战略资源。在越来越开放的经济时代，人才、资金、技术等各类创新要素都将处于流动越来越充分的动态状态，创新要素跨区流动将是一种"常态"。因此，促进区域创新发展、提高区域创新绩效的内源性动力不仅只局限于本地区自身创新要素的绝对供应量情况，也需要更多依靠创新要素通过在不同地理空间流动而产生的相互作用和相互联系情况。没有创新要素自由、高效、充分地在不同省域空间流动是无法真正统筹实现我国区域创新的协调发展和区域创新绩效的全面提高。

近年来，不少学者在创新要素流动的影响因素、流动规律、对区域创新绩效的实证影响等方面开展了研究并取得了不少研究成果，但这一方向的研究仍然处于探索和起步阶段。有关创新要素空间流动的模式、动因、对区域创新绩效影响的理论机理等还较缺乏系统性研究，对创新要素空间流动的空间布局和特性变化还少有研究，对创新要素空间流动对区域创新绩效的实证研究还有待进一步丰富。创新要素空间流动正成为空间经济学、创新地理学等发展领域中的一个新兴研究热点。本书在基于相关理论回顾、文献评述和概念界定基础上，聚焦于创新要素省域空间流动的机理、空间布局与空间影响效应的理论和实证分析，具体分析了创新要素省域空间流动影响区域创新绩效的理论作用机理，详细探索研究了创新人才、创新资金和创新技术省域空间流动在流动偏好、空间集聚中心、空间关联性等方面的空间布局演变规律，实证揭示了创新人才、创新资金和创新技术省域空间流动对区域创新绩效的具体影响，得出了丰富的、有新意的、能经得起推敲的研究结论并提出有针对性的政策启示。

全书共分7章。第1章为绪论。在提出问题、核心概念界定基础上，阐述了本书的整体思路、技术路线、内容框架、研究具有的理论和现实意义，明确了研究方法和本书的创新之处。第2章为理论回顾和文献综述。梳理和探讨创新要素空间流动及其对区域创新绩效影响领域中的理论解释、研究空隙和不足，为本书研究提供重要的研究切入点和合适、新颖的研究方法。第3章为创新要素空间流动及其对区域创新绩效影响的机理分析。具体分析了我国创新要素空间流动的表现形式、主要渠道、主要动因和影响区域创新绩效的理论作用机理。第4章为创新要素空间流动估算及其空间布局分析。在构建能模拟测度创新人才、创新资金和创新技术空间流动规模和方向的改进型引力模型基础上，运用 Matlab 软件估算出创新人才、创新资金和创新技术空间流动模拟量，并借助 Geoda 软件、Arcgis 软件着重考察我国创新要素空间流动的空间布局和空间属性变化。第5章为创新要素空间流动影响区域创新绩效的模型构建。主要构建了创新要素空间流动影响区域创新绩效的空间误差面板模型（SEPM）、空间滞后面板模型（SLPM）和空间杜宾面板模型（SDPM），并详细说明变量的选取、数据来源和异常值处理，还对因变量区域创新绩效的衡量与其空间发展特征（空间分布特征、空间趋势面特征和空间关联特征）进行了具体分析。第6章为创新要素空间流动影响区域创新绩效的实证研究。综合运用 EViews 软件和 Matlab 软件，从空间邻接权重矩阵和地理距离空间权重矩阵两个角度，分别回归估计和深入分析了创新人才空间流动、创新资金空间流动、创新技术空间流动及其三者综合对区域创新绩效的影响，并进一步从直接效应、间接效应分解角度了解创新人才、创新资金和创新技术空间流动对区域创新绩效的具体影响效应，最后对实证结果进行稳健性检验。第7章为结论、启示和展望。主要在总结全书、提出相应的政策建议并展望未来研究方向。

前　言

本书在主题确定、框架设计等方面获得了浙江工业大学池仁勇教授的悉心指导！本书的核心内容是作者的博士论文主要内容，也是浙江省软科学研究计划项目"浙江省地方高校技术转移机构成长路径及对策研究——基于能力提升视角"（2019C35010）的部分成果。本书可作为相关领域研究生、研究人员及管理部门的参考用书。当然由于作者水平有限，本书肯定存在诸多不足，敬请业界各位同仁和专家批评指正！

作者

2020 年 1 月

目 录

第1章 绪论 ··· 1
  1.1 问题提出 ··· 1
  1.2 地域空间尺度的选择 ··· 5
  1.3 相关概念界定 ··· 7
  1.4 研究方案 ·· 14
  1.5 可能的创新之处 ·· 22

第2章 理论回顾与文献综述 ··· 24
  2.1 理论回顾 ·· 24
  2.2 创新要素及其与区域创新绩效关系的文献综述 ································ 40
  2.3 区域创新绩效的文献综述 ·· 50
  2.4 本章小结 ·· 60

第3章 创新要素空间流动及其对区域创新绩效影响的机理分析 ····················· 62
  3.1 创新要素空间流动表现形式 ·· 62
  3.2 创新要素空间流动主要渠道 ·· 64
  3.3 创新要素空间流动主要动因 ·· 81
  3.4 创新要素空间流动影响区域创新绩效的理论机理 ······························ 85
  3.5 本章小结 ·· 92

第4章 创新要素空间流动估算及其空间布局分析 ································· 94
  4.1 创新要素空间流动测评 ·· 94
  4.2 创新要素空间流动偏好布局 ··· 108

- 4.3 创新要素空间流动的空间集聚中心布局 …… 141
- 4.4 创新要素空间流动的空间关联性布局 …… 156
- 4.5 本章小结 …… 176

第5章 创新要素空间流动影响区域创新绩效的模型构建 …… 177
- 5.1 空间计量经济模型简况 …… 177
- 5.2 空间计量模型构建 …… 182
- 5.3 因变量区域创新绩效分析 …… 186
- 5.4 其他变量说明 …… 197
- 5.5 数据来源说明 …… 201
- 5.6 本章小结 …… 201

第6章 创新要素空间流动影响区域创新绩效的实证分析 …… 203
- 6.1 创新要素空间流动与区域创新绩效空间拟合 …… 203
- 6.2 空间计量实证分析 …… 205
- 6.3 稳健性检验 …… 221
- 6.4 本章小结 …… 223

第7章 结论、启示和展望 …… 224
- 7.1 主要结论 …… 224
- 7.2 政策启示 …… 232
- 7.3 研究不足和展望 …… 236

附录1 …… 238
附录2 …… 240
附录3 …… 242
附录4 …… 244
附录5 …… 246
附录6 …… 248
参考文献 …… 250
后记 …… 292

第1章 绪　　论

1.1　问题提出

在全球化和知识经济时代，创新是一个国家和地区经济增长、综合竞争力提升的关键驱动力。西欧、北美、东亚等发达国家和地区一直高度重视创新型国家战略，并在全球科技创新领域保持领先地位（方远平等，2012）。《2017 年国民经济和社会发展统计公报》显示，中国 2017 年人均 GDP 为 5.96 万元，换算成美元约为 8836 美元，略超 2017 年世界中等偏上收入国家人均 8605 美元的平均水平，但与 2017 年美、日、德、英等高收入国家人均 4.12 万美元的平均水平（数据来自世界银行）仍有很大的差距。党的十九大报告中明确指出，我国经济已转入高质量发展阶段，必须坚持质量第一、效益优先。因此，在中国经济"新常态"和经济增长下行压力日趋增大的背景下，已然到了转变发展方式和转换增长动力的攻关期，迫切需要驱动区域经济增长的新动能和新引擎。

党的十八大明确强调，科技创新处在国家发展全局的核心位置，是提高社会生产力和综合国力的战略支撑；明确强调，实施创新驱动发展战略，走中国特色自主创新道路。"创新、协调、绿色、开放、共享"五大发展理念又首次在十八届五中全会上被提出，并把创新放在五大发展理念之首，党的十九大报告中再次强调必须坚定不移贯彻"创新、协调、绿色、开放、共享"的新发展理念，加快建设创新型国家。这充分说明，我国已经全面意识到国家发展战略的核心是创新发展战略，并深入贯彻和落实创新发展战略。创新在我国未来经济发展的规模、速度、质量、效率等方面都将起到决定性的作用，是我国经济转型发展的全新动能，是国家经济腾飞、引领国家科学发展的第一动力和助力。中国经济发展正在大步迈入创新驱动的新时代，区域创新的战略意义比以往更加突出和重要，已经化作国家发展的指向针。区域创新能力的持续提升，区域创新绩效的不断提高，是保持和实现我国各区域经济协调、持续、稳定高质量发展的基础。而创新要素是实施创新驱动发展战略，保障区域创新绩效提升的重要战略资源。

1.1.1 推进创新驱动发展战略、实现区域创新协调发展需要创新要素空间流动

我国经济与创新发展存在区域差异是一个不争的事实。其实区域间经济发展水平的差异只是一种表象，背后更为深层次的内在原因是经济发展的内在动力创新存在区域间的差异。区域创新的空间异质性因为各区域的区位条件差异、优质创新要素供应能力差异、技术发展路径依赖等因素的影响可能会长期存在。与经济行为相比，我国的创新行为在空间上更加以"蛙跳"或分散的方式发生，且近年来我国区域创新差异有逐渐增强的趋势，这无疑对我国顺利实施区域统筹发展战略构成了现实挑战，而且目前多数学者在解释区域创新质量差异时均将区域经济发展水平作为一个重要的影响因素（张战仁，2011）。我们来看一组从《中国统计年鉴》中整理的数据：2008 年，中国东、中、西和东北四大地带 GDP 占全国的比重分别为 54.27%、19.31%、17.04% 和 8.62%，以专利申请量衡量区域创新绩效的相应比重为 75.10%、10.66%、9.27% 和 4.97%，到 2017 年四大地带对应的 GDP 比重分别为 52.86%、20.83%、19.90% 和 6.40%，区域创新绩效比重分别为 66.11%、16.35%、14.65% 和 2.88%，可见区域经济质量发展的差异一直小于区域创新质量发展的差异。因此，差异程度较大的区域创新发展用差异程度较小的区域经济发展水平来解释就显得甚为勉强。再加上我国市场化进程的不断推进和地方政府有所为有所不为的日益加强，政府的科技倾斜政策等非市场化手段对缩小区域创新差异的贡献作用理应逐渐减弱。那么，怎么能着力解决好区域创新的持续发展及发展中呈现的不平衡、不充分问题？创新要素在不同地理空间的有效流动不失为一个新的探研视角。没有创新要素自由、高效、充分地在不同地理空间流动，是无法真正实现"创新驱动发展战略的深入推进和区域创新协调发展的统筹安排"。创新要素在各空间的动态流转，可以打破以往已经形成的这种区域创新差异发展格局。处于运动变化中的创新要素将成为各个区域相互作用、相互联系的纽带桥梁，会增强区域创新主体的创新互动联系，带来创新知识的空间溢出，有可能提高区域创新要素的配置效率，扩张创新生产可能性曲线，实现创新空间报酬递增，提高区域创新绩效，并也有可能在一定程度上决定着各区域主要产业空间分布，影响和改变不同区域的创新地位，从而影响和改变不同区域的经济增长水平。也就是说，创新要素在不同区域空间的流动及其动态组合状况，不仅影响到各区域空间创新绩效的高低，最终会影响不同地理区域间创新能力和经济发展水平的差异大小。

1.1.2 越来越便捷的创新要素空间流动对区域创新绩效的影响已渐显

现实中,由于创新要素的稀缺性、集聚性和互补性,完全依靠本地区自身投入而进行创新的区域是有限的。对于众多区域来说,在本区域创新要素禀赋不足及需求增大的情况下,唯有吸引并利用外部创新要素。随着我国科技一体化进程的加快、互联网金融的迅猛发展和户籍制度改革的进一步深入,以创新要素充分、高效、自由流动为特征的"开放型创新"新时代正逐步走来。我国长三角高级人才流动率水平基本与美国的平均水平相当,已达13%(白俊红等,2017)。与此同时,网上银行、支付宝等新型的"互联网+金融体系"的逐步完善并广泛使用,使创新要素在不同地理空间的流动更加方便和快捷。因此,在越来越开放的经济时代,随着区域经济一体化发展的推进,交通运输技术、信息技术等科技的发展,人才、资金、技术等各类创新要素空间流动、重新配置的速度和规模都将不断扩大,创新要素在不同区域间的自由流动将是一种"常态"。现代创新理论的提出者熊彼特认为创新就是"生产要素的重新组合",是"将一种从来没有过的关于生产要素的新组合引入生产体系"(熊彼特,1990)。从这个角度出发,创新的本质就是对创新要素的安排和使用(万勇,2014)。区域创新能力和绩效提高的过程实质就是创新要素在各区域间有效流动和动态配置的过程。

观察图 1-1。图 1-1 的数据整理来自《中国科技统计年鉴》,表示的是 2010~2016 年我国北京、天津、浙江、吉林、安徽、湖北、湖南、甘肃、四川等 12 个省域用专利环比增长率表征的区域创新绩效与创新要素(研发人员、研发经费)投入环比增长率的趋势变化。观察北京、天津、浙江、吉林、安徽、湖北、湖南、甘肃、四川可以发现:这些地区的研发人员、研发经费投入增长率整体处于下降状态,特别是研发人员增长率有些地区出现了负增长情况下,但专利同比增长率在波动型的增减变动中特别是近几年来处于上升状态。那么,在本地区的创新要素增长有限或缓慢下,专利环比增长率有上升趋势,这可能反映了什么?在一定程度上能表明本地区创新要素的禀赋状况不是支撑本区域创新绩效的唯一基础,来自其他地区的创新要素的流入可能对本地区区域创新绩效的提高产生了一定的作用。有时候,一个区域之所以发展成为区域创新越来越活跃、区域创新绩效日渐提升的地区,并不是因为其拥有好的创新基础条件,而是因为它多渠道、多途径吸引越来越多的创新要素流入本区域发挥作用。再结合新疆、内蒙古和河北的专利增长率、研发人员和研发经费增长率变化趋势,三省域均呈现整体下降状态,可能存在创新要素流出对本地区专利增长率的负作用。这粗略表明,我国创新要素空间流动存在区域不均衡,且对区域创新绩效有可能已经产生了重要的影响。

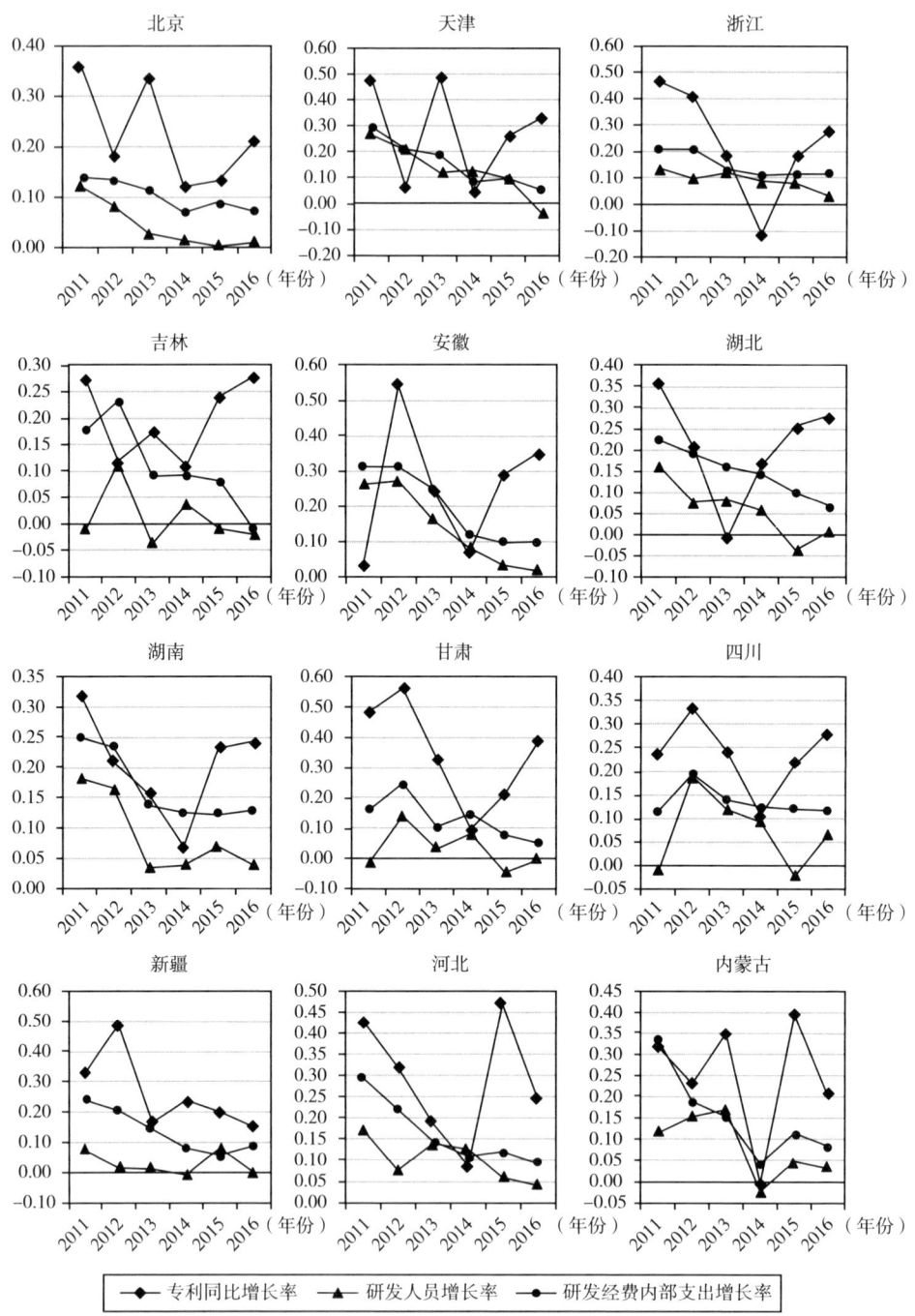

图 1-1 专利与创新要素环比增长率变化

资料来源：作者自制，下同。

1.1.3 创新要素空间流动的学术研究亟待拓展和丰富

创新要素的区域"存量"和创新要素的区际"流量"在提高区域创新绩效的过程中都发挥着重要的影响。我国创新驱动发展战略的推进和区域经济协调发展的实现，没有适度的创新要素空间流动伴随，将是无法实现的。以往的文献研究多是区域创新要素投入、配置、集聚等基于区域创新要素禀赋、存量相关的研究，且取得了相当丰裕的研究成果。随着空间经济学、创新地理学的不断发展，创新要素在不同地理空间的流动现象也越来越引起关注。在创新要素流动特征（那军，2011）、影响创新要素流动因素（冯南平，2017）、创新要素流动动因（王瑞兰等，2007；Magnani，2009；Delisle et al.，2010；杨省贵等，2011；陈东等，2011；Harvery et al.，2015；Battke et al.，2016）、创新要素流动规律（Paci，1999；Hung et al.，2007；Marinelli，2013；Vence et al.，2014；Fan et al.，2014；Foster，2015）等方面的研究也日益丰富起来。近来南京师范大学白俊红团队等部分学者们也开始关注研发要素区际流动对我国区域创新绩效、区域经济增长等方面影响的实证研究，但这一方向的研究仍然处于探索和起步阶段。有关创新要素空间流动的形式、渠道、动因及影响区域创新绩效的理论机理等还较缺乏系统性研究，对创新要素空间流动的空间特性和空间布局变化还少有研究，对创新要素空间流动对区域创新绩效的实证研究还有待进一步丰富。

综上所述，我国创新要素空间流动的表现方式和渠道有哪些？创新要素空间流动是否存在流动偏好及偏好布局如何？创新要素空间流动过程中是否存在空间集聚中心及空间集聚中心的分布格局如何？创新要素空间流动是否存在空间关联性及空间关联性布局表现如何？创新要素空间流动对区域创新绩效影响的具体机理如何？创新要素空间流动对区域创新绩效的具体影响如何及影响是否存在差异？等等，这些问题的深入讨论和探索有利于为优化我国创新要素空间流动机制和布局、推进创新驱动发展战略、统筹我国区域创新协调发展提供重要的决策参考和启示，也是本书拟重点去探研的内容。

1.2 地域空间尺度的选择

创新要素空间流动必然涉及一个流动的空间地域范围问题。空间地域范围的选择对研究结论的代表性、有效性会产生重要的影响。关于空间地域范围选择，目前已有的创新空间方面的国内外实证研究中并没有出现共识性的标准和规定，可从知识外溢的地理空间特性角度来讨论这个问题，因为创新要素空间流动必然涉及知识或技术的外溢问题。早期的知识外溢以区域内的企业间或产业间为主展开研究。但由于知识的非排他性，且国家之间或一国各区域之间的知识创造又是一个相互依赖的过程，因此知识外溢既具有地域性特征，也存在跨区域溢出特征。为此，从 20 世纪 90 年代起开始，越来越多的学者开始运用不断更新、进步的研究理念和研究方法，深入探究各国之间或一国各地区之间的知识外溢，知识外溢的研究空间单元从区域内转向区域之间（张战仁，2011）。但一个共性的事实是：相关的实证研究都受到了数据获取的限制。学者们考虑到数据的完整性、可比性和权威性，常用省（中国）、州（美国）级别甚至国家级别的数据（张战仁，2011；郭小婷，2017）。Jaffe（1989）、Case 等（1993）、Anselin 等（1997b）、Audretsch 等（1996）、郭嘉仪等（2011）、王庆喜（2013）、王庆喜（2013）、李志宏等（2013）、徐德英等（2015）、李婧等（2017）、白俊红等（2017）、王春杨等（2019）均选择美国的州（state）（相当于我国省域）或我国省域为空间地域观测尺度研究了创新知识的空间外溢问题。

基于中国实际：一般来说要获取我国全国性的、统计时间上多年连续的城市级别及比城市级别更小层级的统计数据进行研究比较困难。而我国省域层级的统计数据统计时间长、统计范围全面、统计口径可比、数据获取较容易。中国幅员辽阔，从空间布局上看，31 个省、自治区、直辖市（不包括港澳台）之间，区域创新水平与经济发展水平均存在一定差异。由此，以中国省级区域层级作为空间尺度，一方面数据获取上便利且具有可比性；另一方面对于优化创新要素的区域空间布局、缩小区域创新差异、促进各区域间高质量协调发展，无疑具有较好的代表性，且所获得的研究结论也具有一般性。

因此，本书以中国省级区域层面为地域空间研究范围，创新要素空间流动的空间地域主要指中国 31 个省、自治区、直辖市（不包括港澳台，下同）。以下研究中出现诸如"中国各区域之间""中国各区际间""中国各省际间""中国各省域间""中国各地方间"都统一指的是我国省级层面的同一地域空间尺度。结合中国统计年鉴，具体的我国省级层面的空间区域基本信息如表 1-1 所示。

表 1-1　　　　　　　　　　空间区域基本分类

空间区域	包含的省、自治区和直辖市
全国（31 个）	北京、天津、河北、山西、内蒙古、黑龙江、吉林、辽宁、上海、江苏、浙江、福建、安徽、江西、河南、湖北、湖南、山东、广东、海南、广西、重庆、四川、贵州、云南、西藏、陕西、甘肃、青海、宁夏、新疆

续表

空间区域	包含的省、自治区和直辖市
东北（3省）	黑龙江、吉林、辽宁
中部（6省）	山西、安徽、江西、河南、湖北、湖南
西部（12省区市）	内蒙古、广西、重庆、四川、贵州、云南、西藏、陕西、甘肃、青海、宁夏、新疆
东部（10省市）	北京、天津、河北、上海、江苏、浙江、福建、山东、广东、海南

注：整理自中国统计年鉴。

1.3 相关概念界定

1.3.1 创新要素界定

1.3.1.1 传统生产要素、高端要素和创新要素理解

生产要素是指可以计入企业成本并在企业生产起点所投入的各种经济资源（张幼文等，2013），产生于经济学的微观分析。生产要素是物质生产的前提，是一个社会赖以生存和发展的基础。随着时间的推移、经济技术的发展，生产要素的外延也经历了从传统生产要素发展到高端生产要素和创新要素，从单要素扩展到多要素的过程。

（1）传统生产要素。

亚当·斯密和大卫·李嘉图奉行单要素观，认为一切物品都是生产性劳动的结果。庞巴·维克在其《资本和资本主义》一书中认为：生产要素只有自然和劳动力两种基本要素。威廉·配第提出了"土地是财富之母、劳动是财富之父"的名言，这就是最初的生产要素二元论。萨伊则认为效用是土地、劳动和资本共同作用的结果，提出了颇具影响的生产要素三元论，即土地（自然力）创造了地租、劳动创造了工资，资本创造了利息。马歇尔在《经济学原理》巨著中也认为生产要素通常分为土地、劳动和资本三类。

由此，劳动力、土地和资本就是我们常说的传统生产要素，也是基本生产要素，是人类开展物质资料生产、维持市场主体生产经营、维系国民经济运行所必需的基本条件和基本因素（徐竹青，2010）。随着科学技术革命和产业变革的深入推进，农业经济向工业经济再向知识经济的不断发展，经济增长用劳动、土地

和资本传统三要素的解释力越来越弱，也就是说，传统生产要素的动能作用在衰减，而新的生产要素如人力资本、科学、知识、技术、数据、信息、管理等，不断进入生产过程，极大地放大了生产力的乘数效应。因此，随着社会经济发展，生产要素的内涵日益丰富，出现了有别于传统生产要素的新生产要素，也就是高端生产要素。

（2）高端生产要素。

高端生产要素，简称高端要素或高级要素，是与传统生产要素相对而言的。马歇尔在《经济学原理》中虽认为生产要素应分为土地、劳动和资本三种，但同时也提出企业家的经营管理正发挥着重要的作用，应当享受剩余索取权的收益，组织（即企业家才能）被列入生产要素，生产要素由传统的三要素论发展为四要素论。此后，随着技术发展对经济增长促进作用越来越明显，及信息技术的飞速发展和互联网的大面积普及，经济学中生产要素的外延从管理、人力资本，又拓展到了技术、信息等高端生产要素。波特认为生产要素可以划分为初级生产要素和高级生产要素。初级生产要素包括"非技术工人和半技术工人、融资、气候、天然资源、地理位置等；高级生产要素包括高等教育人力资源、各类大学研究生、现代通信基础设施等"。波特认为高级生产要素与基本生产要素不同的是，它能最根本提高生产率，且通常是创造、持续的投资得来的，而非自然天成的（迈克尔·波特，李明轩、邱如美译，2002）。随着知识产权制度的不断完善和科学技术的不断更新换代，现代化社会生产中不可或缺的基本因素包括：品牌、版权和专利等知识产权，研发投入、通讯信息和科研机构等科技基础，技术劳动力等生产要素，称其为高级生产要素（徐竹青，2010；陶晓丽等，2017）。

可见，高级生产要素为经济社会增添新的活力，是企业竞争优势、区域竞争优势、国家竞争优势的来源。高级生产要素与传统生产要素间仍然是相互联系的，传统生产要素的数量与质量是创造高端生产要素不可缺少的基础。随着创新在经济社会发展现实中所起的作用越来越强，并日益成为越来越多国家、地区新动能发展的关键基础时，在高端要素中与创新或技术创新活动紧密相关的生产要素，称为创新要素，成为研究的关注点。综上所述，高端要素是个动态概念，随着时代的发展，其内涵和外延也有所不同。就现代来讲，与创新关联的高端要素即创新要素是其现在最重要的内容。

（3）创新要素。

创新本质上就是对创新要素的安排和使用（万勇，2014）。只有先对创新活动进行要素投入，即创新要素投入，才能获得创新产出或创新绩效。也有学者认为创新要素是创新活动的核心要素，等同于创新资源（常爱华，2012）。目前，学术界对创新要素的理解和分类角度多样，有从宏观角度（如国家）、中观角度

（如区域、产业）、微观角度（如企业）、实证研究角度等，因此并没有形成统一的观点。下面着重从区域和实证研究角度理解（见表1-2和表1-3）。

从区域角度（见表1-2）。此类研究可回溯到国家创新系统的研究。Freeman（1987），Lundvall（1992）、Porter（1990）等研究认为企业、大学科研机构、教育部门和政府部门是创新系统的主要构成要素。冯之俊（1999）、桂黄宝（2009）等主要借鉴了国外的研究成果并结合我国实际做了必要的补充和解释。黄鲁成（2000）提出区域创新体系由特定的经济区域内各种与创新相联系的主体要素（创新的机构和组织）和非主体要素（创新所需要的物质条件）组成。欧庭高等（2007）从主体要素、支撑要素和市场要素界定了创新系统的构成，认为主体要素是具有内在创新需求和创新能力的企业，支撑要素有政府、大学与科研机构、中介组织和金融机构，为创新实施提供保障，而市场要素主要有创新用户构成。杨省贵等（2011）认为创新要素是区域创新体系功能发挥的基础，简单而言包括资金、资源、技术和人才等。晏宗新（2013）将区域创新系统的组成要素归类为创新主体（企业、地方政府、中介机构、科研机构和大学）、创新市场（信息市场、技术市场、金融市场、人才市场）和创新要素（人才要素、

表1-2　　　　　　基于创新系统的区域创新要素构成

作者	主体（核心）要素	非主体要素	支撑要素	市场要素	资源要素	环境要素	服务要素	直接要素	间接要素
Freeman（1987），Lundvall（1992），Porter（1990），冯之俊（1999），桂黄宝（2009）	√								
黄鲁成（2000）	√	√							
欧庭高等（2007）	√		√	√					
朱苑秋等（2007）								√	√
杨省贵等（2011）					√				
晏宗新（2013）	√			√	√				
周浩（2013）	√					√	√		
凌峰等（2016）	√				√	√			
张旭（2016）					√				
张惠娜等（2017）	√				√	√			

注：结合文献自行整理。

人文要素、信息要素、金融要素与基础设施等)。凌峰等(2016)认为创新要素具有一定程度的不可分割性,能够发挥吸纳、融合、协作、竞争、支撑、辅助和反馈等作用,以全面提升区域创新能力,包括创新主体要素、创新资源要素和创新环境要素。张旭(2016)从区域创新要素角度,认为创新要素是可作为创新活动的支撑条件,或者是为直接产出科技成果而投入创新活动之中的创新人才、创新技术、创新资金、创新环境和创新管理等创新资源。张惠娜等(2017)认为创新要素是与创新相关的资源和能力的组合,创新者、机会、环境和资源是四大创新要素。部分学者还从经济圈创新系统角度界定。例如,朱苑秋等(2007)从长三角都市圈的角度出发,认为与技术创新直接相关的部分(技术、人力、资金等)为直接创新要素,与技术创新紧密相关的部分(基础设施、社会环境和宏观政策等)为间接创新要素。周浩(2013)从中原经济角度,广义地定义了创新要素,认为创新要素包含核心要素、服务要素和环境要素三个层次。核心要素层包括企业、科研机构等创新主体要素;服务要素层包含基础设施、金融机构、市场等要素。环境要素层包含政府政策、社会环境和文化因素等。

从实证研究角度(见表1-3)。实证角度更多地从数据可获得性考虑,对创新要素的分类和理解相对比较集中统一。万勇(2014)将创新要素分为资本创新要素、人力创新要素、产业创新要素三大类展开了对经济增长影响的实证研究,认为资本创新要素(以研发经费为代表)和人力创新要素(研发人员为代表)是创新要素的两个重要构成。而产业创新要素对创新能力的强弱和创新产出水平高低都有重要影响,而创新成果商业化运用的"排头兵"是高技术产业(Nelson,1984;Freeman,1997;万勇,2014),故以高技术产业研发经费为代表的产业创新要素也是创新要素的关键构成。刘飞等(2018)在研究中借鉴了万勇的研究成果,也将创新要素分解为劳动、资本和产业创新要素三类,并分别用劳

表1-3　　　　　　　基于实证研究的区域创新要素分类

作者	人力创新要素	资本创新要素	产业创新要素	技术创新要素	资源要素
万勇(2014),刘飞等(2018)	√	√	√		
李培楠等(2014)		√		√	√
张旭(2016)	√	√		√	
白俊红等(2015b)、王钺等(2017)、卓乘风等(2017a,2017b,2018)、周文杰等(2018)	√	√			

注:结合文献自行整理。

动技术投入、资本技术投入和产业项目计划投入衡量。李培楠等（2014）认为究其本质，在创新体系里创新要素主要由人才、资金、技术和资源构成，并主要从人力资本、内部资金、外部技术和政府支持四类创新要素角度实证分析了对产业创新绩效的影响。张旭（2016）着重研究了创新人才、创新资金和创新技术三类区域创新要素。白俊红等（2015b）、王钺等（2017）、卓乘风等（2017a，2018）、周文杰等（2018）均认为R&D人员和R&D经费是进行技术创新活动时最主要的创新投入要素，两者构成了所有创新要素中最根本的创新要素。因此，在对创新要素相应研究时都考虑了研发人员和研发经费两类创新要素。

由此可见，国内外学者对创新要素界定的研究很是丰富，但基于自己研究的角度和需要，对创新要素的理解和分类差异较大。有的界定较全面，有的界定相对较单一。有的界定只涉及区域创新或技术创新活动最基本的要素，有的界定不光考虑创新活动的关键要素和基本要素，也考虑对创新成效起作用的影响要素。不过，关于创新要素的上述理解存在一个较大的共性理解就是：创新要素影响着创新，是创新活动的支撑条件，是创新活动的投入资源，其中最核心且数据相对较易获取的创新要素就是技术、资金和人才。上述研究成果为本书对创新要素的理解和界定提供了良好的参考和借鉴。

1.3.1.2 本书对创新要素的理解

开放经济下从广义角度理解创新要素时，不仅对直接投入创新活动过程的创新要素需要界定，还应当对创新主体使用创新要素产生影响的那些权利和条件进而对创新主体创新决策并决定创新要素空间流动产生影响的各种因素进行考虑。由此，基于要素被认为是区域经济生产经营活动中所必需资源的这一特性（邹游，2017），及结合本书的空间单元为区域，并借鉴张幼文等（2013）对生产要素的界定内涵，本书认为创新要素是指投入区域创新活动的各类创新资源并对区域中的各种区域创新主体获取、使用各类创新资源产生影响的多种因素的综合。从创新要素的流动性差异出发，创新要素可分成不流动性创新要素和流动性创新要素两类。综合前面关于创新要素理解的文献评述，不流动创新要素可定义为各区域创新主体在创新过程中自身没法掌控、不易直接计入创新成本但对自身创新决策和管理产生重要影响且流动性很弱或完全没有流动性的各类相关区域经济性要素，主要包括某区域的市场化发展水平、高端要素供给水平、基础设施、政府管理能力等。而流动性创新要素主要指各区域创新主体在创新过程中能掌控、易直接计入创新成本且流动性强的创新投入要素，主要包括创新人才、创新资金、创新技术。由于本书核心研究主题和研究对象是关于创新要素在我国不同省域间的流动，因此，不考虑不流动性创新要素，而以流动性创新要素为着重研究对象。下面具体加以说明。

创新人才。创新人才是创新活动的核心要素，最具能动性、创造性和流动性。Duffy 于 1990 年提出"能参考过去经验，运用全新的视角、超常规的方式、非传统的方法去审视问题、思考问题、解决问题并实现创新的人"就是创新人才（Duffy，1990；张旭，2016）。从创新机会的设别到创新最终商业化的整个过程都离不开创新人才。创新机会的把控离不开高素质领导，研究开发活动的开展离不开高素质科技人才，研发成果转化离不开高素质技术人才，开发成果的市场化离不开高素质营销人才，创新活动的组织和管理离不开高素质的管理人才。创新型人才是知识密集型的高端劳动力，不能与一般熟练劳动力相提并论，因为他们在参与创新活动、推进经济增长过程中发挥的作用不同。创新型人才的缺乏，特别是研发人才等科技人才的缺乏是导致技术创新活动失败、区域创新绩效不高的主要原因。在统计上创新人才常常表现为科学家、工程师和技术人员的数量，或为研究开发人员的数量。

创新资金。创新资金是创新活动的主导要素，为开展创新活动提供财力保障，是必不可少的创新资源要素，流动性较强。由于创新活动周期长，因此需要较大规模的创新资金投入量。但并非所有的创新投入都能获取较好的创新成果和创新效益，因为创新活动面临的不确定性和风险很大，所以充足的创新资金资源是创新成功的必要保证。国外基础研究、应用研究、开发研究投入的资金比例惯常为 1∶10∶100。国际上通用的衡量指标是 R&D 资金规模，也习惯用研发资金投入强度（即研发资金投入占 GDP 比例）来衡量一个国家、一个地区、一个企业创新能力或原始（自主）创新能力的强弱。

创新技术。创新技术是技术创新活动的支撑要素，流动性较强。随着社会从农业社会发展到工业社会至后工业社会再至现在的知识经济社会，技术、知识的作用在不断增强，技术要素内化成高级生产要素。新古典经济增长理论认为技术进步是经济稳定增长的唯一源泉，进一步将技术内生化的新增长理论也肯定经济长期增长的关键因素是技术进步。从企业角度，对原有设备进行技术改造，购买新机器、新设备，推广采用新材料、新能源、新工艺、新流程等均属于技术投入范畴（卢奇，2005）。很多技术难题会出现在企业研发过程中，如没有相应的基础技术资源支撑则会使研发进程受阻甚至停滞，有些研发活动就是直接对引进技术的再次开发。因此，创新投入不仅仅只是人力资源和创新资金的投入，还需要创新技术的投入。创新技术是指创新执行主体为了开发生产和提供新产品、新服务并提高产品服务的质量，通过研发或购买等多种途径获取的新技术、新工艺和新知识（张旭，2016），是创新主体竞争优势的来源。创新技术虽流动性不错，但为保持其特别是核心技术和关键技术的竞争优势，发达国家和地区、创新执行主体常设技术贸易壁垒，使其无法实现及时的时空流动。在统计上创新技术的衡量指标较为多样，专利、技术贸易、高技术产品贸易等都能在一定程度上反映。

1.3.2 创新要素空间流动界定

创新要素空间流动是个动态的概念，从不同的角度可以有不同的区分。从单一要素的角度，可以分为创新人才空间流动、创新资金空间流动和创新技术空间流动等；从产业角度，可以分为产业与产业间创新要素空间流动及产业内部创新要素空间流动；从区域角度，可以分为区域与区域间创新要素空间流动及区域内部创新要素空间流动。本书的创新要素空间流动主要基于区域的角度并侧重不同区域之间的创新要素流动，没有特别说明本书的区域或地区主要指的是中国的省级行政区域。

关于要素或创新要素区域间流动，学者间并没有给出明确的统一性的定义。张旭（2016）研究中对创新要素流动的理解是因区域创新要素存在需求量差异、分布不均匀等所引发的单一或多种创新要素及其组合在区域内、区域间移动和运动的过程，并进一步指出创新要素流动不仅仅是创新要素在不同空间的位移，更是一个创新要素自选择、自组织和自优化的动态过程。康进（2017）提出生产要素在各地区间进行位移并参与到地区的经济活动中就是要素的区域流动。

地理学第一定律认为大多数空间数据具有空间相关性（Tobler，1979），空间相关性产生的重要原因就是要素的流动（才国伟，2013）。要素的流动是空间相互作用的表现形式。基于这样的理解，并借鉴张旭（2016）、康进（2017）、吕海萍等（2017，2018）的研究成果，本书认为创新要素空间流动是指创新要素在不同区域间的单向、双向或多向的移动、转换和运动及由此在不同区域空间上产生的相互联系和相互影响的复杂动态关系。结合前面定义的流动性创新要素主要涉及三种类型，即创新人才、创新资金和创新技术，本书的创新要素空间流动也就主要为创新人才、创新资金和创新技术空间流动，并以此展开后续研究。

1.3.3 区域创新绩效界定

就区域创新绩效的定义而言，是一个广泛且复杂的概念，国内外学者目前并没有统一的认识和界定，总体上处于"对区域创新绩效认识不同，选择衡量的指标就不同，得出的结论也就存在较大差异"的状况。

区域创新本质是一个创新投入创新产出的过程。基于此，部分学者偏重理解区域创新绩效为创新投入产出比（管建成，2003；Wojciech et al.，2012；白俊红等，2015a；朱贻文等，2017），一般也称区域创新效率。在创新投入一定的情况下创新产出越多或者在创新产出一定的情况下创新投入越少，表明区域创新效率高,区域创新绩效好。当然也可通过测度与最佳前沿面的距离来反映区域创新效率(池仁勇等,2004;Chapple et al.,2005),越接近最佳前沿面或在最佳前沿面上,创新效率就越高。Hagedoom等(2002,2003)提出创新绩效分狭义与广义。狭义的创新绩效就是指创新成果商业化、产业化程度,商业化和产业化程度越高,创新绩效就越高。广义的创新绩效指从创新概念提出到转化为产品并生产制造、投入市场到最终产生利润的一系列过程中取得的发明、技术和市场三个方面的绩效。Christoph(2017)、王栋等(2019)认为区域创新绩效包含科技研发效率、成果转化效率和综合创新效率三个方面。当然不少学者是从创新产出的角度理解区域创新绩效(Cohen et al.,2002;Bottazzi et al.,2003;Hagedoorn et al.,2003;Buenstorf et al.,2015;蒋天颖等,2013;徐维祥等,2017;吕海萍等,2018),认为创新产出越多,创新绩效就越强。而谭俊涛等(2016)、何宜丽(2017)认为区域创新绩效主要指区域创新对经济社会的影响和创新效率,因此区域创新绩效应同时包含创新效率和创新效果。

本书认为创新的本质是一种经济行为,其创新的最终目的就是获取经济效益。因此,区域创新绩效要突出的就是区域创新活动的成绩和成果。鉴于区域创新活动既包括改进工艺、技术和产品的中间过程,也包括促进区域经济发展的最终阶段(伊凡等,2011)。因此本书区域创新活动的成绩和成果主要包含两个方面:一是能反映区域创新活动中间阶段成绩的知识产出成果;二是包含能反映区域创新活动最终阶段成绩的经济产出成果。

1.4 研究方案

1.4.1 技术路线

以贸易学、管理学、经济学和地理学等学科为基础,本书结合要素禀赋理论和落差理论、空间相互作用理论、区域经济发展理论、空间经济发展理论、区域创新理论、创新地理学等众多理论知识,借助文献研究法和各种数据分析方法(GIS空间分析方法、探索性空间数据分析ESDA方法、SOM神经网络聚类分析法、熵权法和空间面板计量分析方法),旨在探索我国各类创新要素在不同省域空间流动的具体机理和空间发展特征,进一步揭示不同创新要素省域空间流动对区域创新绩效的具体影响及影响差异。技术路线是构建一个能有效解决研究问题并帮助实现短、长期研究目标的指导性逻辑框架。本书将有效运用管理学研究由关系到机理、由浅入深的原则,遵循"研究问题设别——文献回顾和理论演绎——数据收集和实证分析——结论总结和展望"的科学思路展开研究。图1-2详细呈现了本书的技术路线图。

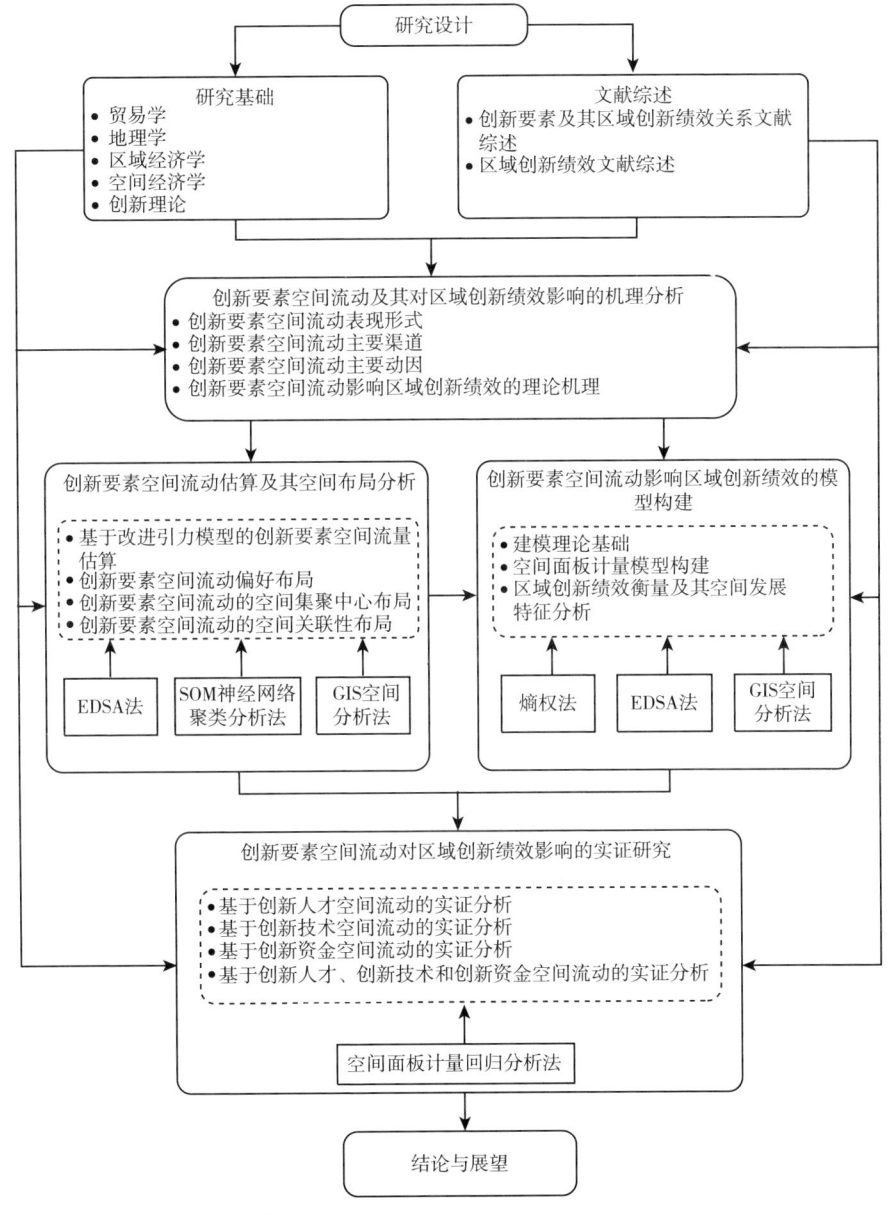

图1-2 本书的技术路线

1.4.2 研究内容

在技术路线的指导下，本书基于提出的问题分7个章节展开具体的理论和实证研究。章节安排概述如下：

第1章为绪论。本章结合推进我国创新驱动发展战略实施和统筹区域协调发展战略实现的大背景、各区域创新发展存在较大差异的现实情况及创新要素流动学术研究还处于起步探析阶段，提出了研究的问题。接下来对本书之所以选择省域层级的空间样本尺度作了进一步说明，并对研究所涉及的创新要素、创新要素空间流动和区域创新绩效这三个核心概念进行了界定。在此基础上，构建了本书的整体思路和技术路线，制定了内容框架并细分了研究具体内容，进一步阐述了研究可能具有的理论和现实意义，明确了研究方法，最后提出了本书可能存在的创新之处。

第2章为理论回顾与文献综述。首先对要素禀赋理论基础上拓展的落差理论、空间相互作用理论、区域经济发展理论、空间经济发展理论、熊彼特创新理论、区域创新系统理论、创新地理学等相关理论及其发展进行了系统回顾、总结和延伸拓展，力争从理论上直接和间接地解释创新要素空间流动的原因、格局和影响效应。在此基础上，本章进一步从两个方面梳理国内外相关文献：一方面是涉及创新要素投入、配置、集聚和流动与区域创新绩效的关系文献；另一方面是涉及区域创新绩效评价指标、评价方法、影响因素等方面的文献，探讨创新要素空间流动及其对区域创新绩效影响领域中的研究空隙和不足，为本书提供了重要的研究切入点，也为本书选择了合适、新颖的研究方法，奠定了本书研究的基本理论基础。

第3章为创新要素空间流动及其对区域创新绩效影响的机理分析。本章首先对创新要素空间流动表现形式分别从创新人才、创新资金、创新技术空间流动主要形式进行了说明。并详细分析了我国创新要素空间流动的七大主要渠道，即创新人才迁移渠道、研发直接投资渠道、研发外包渠道、技术联盟渠道、产学研合作创新渠道、技术与高技术产品区际贸易渠道及政府筑巢引凤渠道。进一步从市场拉动、政府推动、市场与政府协同三个方面剖析了创新要素空间流动的主要动因。最后，从创新要素动态优化配置效应、创新知识跨区溢出效应、规模经济效应、跨区创新合作网络效应、拥挤竞争效应和倒吸效应六个效应角度全面、系统分析了创新要素空间流动对区域创新绩效影响的理论作用机理。本章是对我国创新要素空间流动形式、渠道、动因和效应的基本研究。

第4章为创新要素空间流动估算及其空间布局分析。首先，构建分别模拟测度创新人才、创新资金和创新技术空间流动量的改进型引力模型。然后结合模型公式并运用 Matlab 软件，模拟估算出创新人才、创新资金和创新技术空间流动量基础上，借助 Geoda 软件、Arcgis 软件着重考察我国创新要素空间流动的空间布局变化。空间布局变化从三个方面来研究，分别是创新要素空间流动偏好布局、创新要素空间流动的空间集聚中心布局和创新要素空间流动的空间关联性布局。本章内容可详细地反映我国创新要素空间流动的空间布局和空间属性。

第 5 章为创新要素空间流动影响区域创新绩效的模型构建。首先分别构建创新要素空间流动影响区域创新绩效的空间误差面板模型（SEPM）、空间滞后面板模型（SLPM）和空间杜宾面板模型（SDPM）。然后详细说明变量的选取，特别是对因变量区域创新绩效的衡量与其空间发展特征（空间分布特征、空间趋势面特征和空间关联特征）进行了具体分析，从区域创新绩效的空间发展特征上来进一步佐证本书空间面板计量模型构建的合适性。最后进行了数据来源和个别数据异常的说明。本章主要是对研究模型、研究计量方法和研究变量的详细阐述。

第 6 章为创新要素空间流动影响区域创新绩效的实证研究。基于第 5 章构建的空间面板计量模型，综合运用 EViews 软件和 Matlab 软件，从空间邻接权重矩阵和地理距离空间权重矩阵两个角度，分别回归估计和深入分析了创新人才空间流动对区域创新绩效的影响、创新资金空间流动对区域创新绩效的影响、创新技术空间流动对区域创新绩效的影响及创新人才、创新资金和创新技术空间流动对区域创新绩效的影响，并进一步从直接效应、间接效应的分解角度了解创新人才、创新资金和创新技术空间流动对区域创新绩效的具体影响效应。最后构建地理距离空间矩阵与经济活动距离矩阵的综合空间权重矩阵，检验实证结果的稳健性情况。本章主要是对创新要素空间流动对区域创新绩效影响效应的大小及影响的差异性进行实证说明。

第 7 章为结论、启示和展望。本章先概括分析本书的主要研究结论，并提炼出相应启示和建议，然后客观地阐述了本书研究的局限性，并对未来进一步研究进行了展望。

1.4.3 研究意义

1.4.3.1 研究理论意义

本书基于创新要素空间流动及其对区域创新绩效影响的探研，可能呈现的理论意义具体如下：

第一，拓展了创新要素流动的研究。在以往的创新要素流动研究中，多数学者主要从创新要素流动特征、创新要素流动影响因素、创新要素流动规律、创新要素流动动因等方面展开研究，且近来也出现部分学者开始运用引力模型估算创新要素流动量。但总体上有关创新要素空间流动的机理、空间属性和空间布局的研究还比较缺乏，在定量估算创新要素流动量时对创新要素流动的可能性、方向性等考虑不够。本书借助于地理学、贸易学、经济学、创新理论等基础理论，分析创新要素流动的表现形式、主要渠道和主要动因，构建带有吸引力方向的模拟估算创新要素空间流动量的引力模型，探析创新要素流动空间偏好布局、空间集聚中心布局和空间关联性布局的演变等内容，有利于拓展创新要素流动主题的研究。

第二，完善了区域创新绩效的研究。以往关于区域创新绩效的研究，在区域创新绩效的定义、测评指标、测评方法、影响因素及区域创新绩效水平的分析上积累了非常丰富的研究成果。但在区域创新绩效水平空间发展特性的分析研究上还比较少。本书对区域创新绩效的空间趋势面分析、空间关联特征分析将有利于完善区域创新绩效的研究内容。

第三，深化了创新要素流动对区域创新绩效的影响研究。创新要素空间流动与区域的经济水平、创新能力和创新产出等都有着紧密的关系，创新要素流动所导致创新要素空间集聚水平高的区域往往代表着高的经济发展水平、强的创新能力和优良的创新绩效，创新要素流动所导致创新要素空间集聚水平低的区域正好相反，当然也存在创新要素流动导致创新要素高的空间集聚水平而出现创新绩效提升滞缓的区域。这种创新要素空间流动与区域创新绩效"高－高""高－低""低－低""低－高"等粗略匹配的空间布局中，创新要素空间流动对区域创新绩效的整体影响如何？以往的研究中更多学者关注的是创新要素流动所带来的动态优化配置、空间溢出等对区域创新绩效产生正影响的效应，很少关注到创新要素空间流动可能引发的竞争拥挤、倒吸效应对区域创新绩效的抑制作用。基于这样的认识和理解，本书对创新要素跨空间流动影响区域创新绩效的理论作用机理进行了全面分析，并进一步借助空间面板计量模型从空间邻接和地理距离权重两个角度进行了实证分析，深化了创新要素空间流动对区域创新绩效的影响研究内容。

第四，丰富了创新地理学的研究成果。20世纪80年代以来人文地理学越来越重视"软空间"研究，创新地理成为主要的研究方向（吕拉昌，2017）。1994年弗里德曼提出了创新地理学，使创新地理研究进入一个新的阶段。总体上，创新地理学主要研究人类创新活动的空间规律，在知识创新、知识流动与区域创新、技术创新空间扩散、跨国公司的创新活动、创新集聚与创新网络、产业创新与区域发展、创新系统等方面有了深入的研究。但创新地理学毕竟是一门新兴学科，学科基础理论建设处于不断完善中，研究的主要任务和主要内容处于不断发展中。本书关于创新要素空间流动的机理研究、创新要素空间流动量估算方法的改进、创新要素流动空间布局的演变及其对区域创新绩效的空间影响效应实证等系列研究，有利于丰富创新地理学的研究内容和研究成果。

1.4.3.2　研究现实意义

在"创新、协调、绿色、开放、共享"发展理念推进下的新时代、新常态经济发展，没有创新要素在不同空间的自由充分流动，统筹区域协调发展战略是不可能实现的。因此，本书研究创新要素空间流动及其对区域创新绩效影响，可能具有的现实意义具体如下：

第一，有利于优化创新要素的动态有效配置和空间布局。通过研究创新要素空间流动偏好、空间集聚中心和空间关联布局及对区域创新绩效的具体影响，能了解到创新人才、创新资金、创新技术的空间流动是否适度，空间流动布局是否合理，空间流动影响效应是否积极等，对于合理规划和优化创新要素空间配置、创新要素空间流动强度、创新要素空间流动格局等具有重要的指导作用和现实意义。

第二，有利于促进区域创新绩效的提升。区域创新绩效的提升既要依靠本区域的创新要素投入存量，也要依靠从其他区域流入本区域的创新要素流量。但区域创新要素投入受区域自身禀赋条件等的影响对区域创新绩效提升的积极作用存在一定的限制，随着我国创新驱动发展战略和开放型经济发展深入推进，创新要素在各个区域间的流动越来越便捷，也越来越频繁和复杂，因此必须正确理解创新要素空间流动对区域创新绩效的具体影响，这样可以有的放矢地制订引导和规范创新要素空间流动的相关政策，为实现我国区域创新绩效的持续提升和区域创新能力的持续增强做出贡献。

第三，有利于政府部门协同制定相应政策，促进区域创新协调发展。最近几年来，各地区经济增长新旧动能转换正在全面起势，为大力提升区域创新能力，均积极制定了相关政策，不断吸引区外优质的创新要素向区域内聚集。如何有效吸引并利用外部创新要素带动区域创新绩效的增长，已成为各地区政府深入思考并着手在解决的问题。本书的结论和观点，有利于寻找出各地区在吸引创新要素流动及其在影响区域创新绩效提升中存在的问题和短板，进而对地方政府完善、调整和协同有关创新要素流动政策法规、统筹合理规划创新要素空间布局进而促进区域创新协调发展具有重要意义。

1.4.4 研究方法

本书基于现有国内外相关研究所采用的主要研究手段、研究方法和我国省域层面的面板数据，并根据本书研究内容的需要，主要结合空间经济学、地理学、创新理论等相关学科领域前沿分析方法，在展开"研究问题设别——文献综述和理论演绎——数据收集和实证分析——结论总结和展望"的研究思路时，综合运用了定性与定量研究相结合的方法，其中定量研究主要借助 EViews 软件、Geoda 软件、Arcgis 软件和 Matlab 软件实现。下面对本书运用到的主要定性与定量研究方法说明如下。

（1）文献研究法。学术研究中最为基础和重要的定性研究方法就是文献研究法，通过检索和阅读已有文献资料，可为具体研究指明研究方向并提供理论支撑，同时提供研究思路和研究方法上的参考。本书研究的确定和展开就是以收集整理、归纳分析已有国内外相关大量文献为基础。首先是文献的查阅和整理，主要通过关键词或研究领域的主要学者在 *Elsevier Science*、*Web of Science*、*Google Scholar*、*IDEAS*、百度学术和中国知网等国内外的英文和中文文献数据库进行检索，并借助 E – learning 等工具对文献进行收集、整理和管理。其次是充分研读经典的或最新的或对本书参考价值大的文献和书籍资料，对研究主题领域的发展脉络和最新研究进展进行梳理，对代表性的研究成果进行归纳总结，了解相关研究下的研究内容、研究思路和研究方法，理清本书的领域的研究空隙，挖掘新颖的研究视角、研究切入点和研究方法，从而为本书的研究框架构建和研究方法运用奠定了非常重要的基础。

（2）GIS 空间分析方法。GIS（Geographic Information System 或 Geo – information System）称为地理信息系统，有时也称为地学信息系统，是一种重要的空间数据分析方法。GIS 功能强大，结合了计算机科学、遥感科学、地图学、地理学等综合学科知识，将地理分析功能、独特的地图视觉化效果与一般的数据库操作（如统计分析等）集成到一起，能便利地对空间分布数据进行采集、存储、管理、运算、分析和描述，并直观地用图形等显示。本书基于 Arcgis 软件平台，运用 GIS 空间分析方法，对创新要素空间流动的空间关联显著格局、区域创新绩效空间分布和空间趋势面分布等进行运算分析和制图，通过地图模式清晰、直观地展现研究结果。

（3）ESDA 法。ESDA（Exploratory Spatial Data Analysis），称为探索性空间数据分析法，是空间经济学统计的重要方法之一，因其能通过测量空间自相关程度来直观描述研究区域内变量是否具有空间依赖性、空间异质性等空间属性和空间关系（梁辉，2015；吕海萍，2017），在各个研究领域得到了广泛的关注和运用，取得了丰富的应用研究成果。按照研究范围的划分，ESDA 包括全局与局域分析。前者主要探索和反映某一变量属性在区域中的平均空间相关性与空间差异，常用全局 Moran's I 指数来测度和反映。局部自相关常用局部 Moran 指数测度和反映，一般用 Moran 散点图和 LISA 集聚图来直观呈现。本书在研究创新要素空间流动和区域创新绩效时，为呈现创新要素空间流动量、区域创新绩效是否存在空间依赖或空间异质性等空间关联特征时，借助 Geoda 软件和 Arcgis 软件平台，运用全局 Moran 指数和局部 Moran 指数来具体揭示。

（4）熵权法。熵是物理学中热力学经常使用的概念，用来反映某一系统的无序度，现在逐渐在经济、管理和社会等不同的领域展开应用。指标的信息熵越大，越紊乱，包含的有用信息量就越少，影响就越小，重要性即权重也就越低。因此，在多指标综合评价中，可利用熵这个工具，客观计算出各个指标的权重。熵值法基本的思路就是基于各个指标的变化程度来客观确定各指标的权重，进而得到评价指标体系的综合得分值。由于熵值法赋权可以有效解决多指标所可能造成的变量之间信息重叠问题，并克服主观赋权法容易产生的赋权主观随意性大之类的弊端，作为一种客观赋权法具有较广泛的适用性。本书对区域技术吸纳能力、区域创新绩效的考量是从多指标角度出发，运用熵权法可以比较客观地衡量区域创新绩效的大小。

（5）SOM 神经网络聚类方法。SOM（Self–Organizing Feature Map）神经网络全称自组织特征映射神经网络，是 Kohonen 教授于 1982 年模拟人脑神经系统的自组织特征映射特点提出的一种神经网络聚类算法。只有输入层和隐藏层是 SOM 神经网络的实质。需要聚成的类用隐藏层中的节点表示，且隐藏层的节点是具有拓扑关系的（见图 1 – 3），Computation layer 里面的节点与 Input layer 的节点是全连接的，并运用"竞争学习"的方式进行模拟训练。输入的每个样例能在隐藏层中找到一个激活节点，即和它最匹配的节点，紧接着用随机梯度下降法更新激活节点的参数，迭代直到收敛，因此可以把高维的输入离散化到低维的空间上。

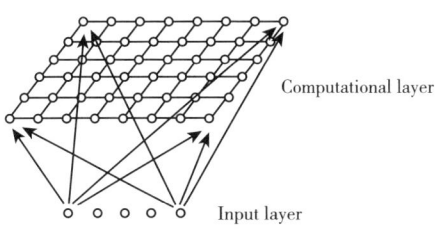

图 1 – 3　SOM 神经网络拓扑结构

资料来源：http：//www.cs.bham.ac.uk/~jxb/NN/l16.pdf.

因此，SOM 神经网络主要通过神经网络学习的竞争、合作、权值调节 3 个过程，自适应、自组织地改变神经网络的结构与参数，自动找寻出研究样本中的内在规律和本质属性，实现对数据的聚类。由于其能模拟人脑的思维并拥有强大的学习能力，通过迭代运算优化出来的聚类效果相当出色和稳定。本书运用 SOM 神经网络聚类分析法，以期能科学、有效地甄别创新要素区际空间流动中的空间集聚中心等级。

（6）空间面板计量分析方法。创新要素空间流动、区域创新绩效都呈现一定程度的空间关联性，且一区域的创新绩效不仅受到区域自身因素的影响，还可能受到周边区域创新绩效的空间溢出或周边区域创新活动的扰动误差影响。而传统面板数据模型不能有效捕捉空间数据表现出的空间相关性和空间异质性。在 Anselin、Haining 和 Case 等一大批专家学者不懈努力下提出和不断完善的空间面板计量模型和方法能有效处理空间数据的空间依赖性和空间异质性。因此，本书通过运用空间误差面板数据模型（Spatial Error Panel Model，SEPM）、空间滞后面板模型（Spatial Lag Panel Model，SLPM）和空间杜宾面板数据模型（Spatial Durbin Panel Model，SDPM）来估计和探讨创新要素空间流动与区域创新绩效的关系。

1.5　可能的创新之处

本书结合地理学、贸易学、管理学、经济学、创新理论等多学科理论知识和方法，具体分析了创新人才、创新资金和创新技术要素空间流动的表现形式、主要渠道、主要动因；全面梳理了创新要素空间流动对区域创新绩效影响的理论机制；详细探讨了创新人才、创新资金和创新技术空间流动偏好布局、空间集聚中心变化布局、全局和局部空间关联性布局及区域创新绩效的空间发展特征；实证揭示了创新人才、创新资金和创新技术空间流动对区域创新绩效的影响大小及影响的差异性，具有一定新颖性同时还具有深刻的社会实践指导和政策启示意义。具体来说，本书的创新点可能包括以下几个方面：

第一，以往关于创新要素流动的研究，较多涉及的是流动动因、流动规律、流动影响因素等内容，近年来部分学者也呈现了关于创新要素流动空间影响效应的实证研究，但鲜有研究涉及创新要素空间流动过程中形成的空间特性研究。基于此，本书首次探研了创新要素跨区流动的空间流动偏好、空间流动集聚中心、空间流动关联性等空间属性和空间布局的动态时空变化情况，不仅拓展了创新要素流动的研究内容，也丰富了新兴的创新地理学学科的研究内容。

第二，以往关于创新要素流动估算研究，大多关注研发人员、研发资金两类创新要素的流动估算，且在构建引力模型估算创新要素流量时很少考虑到创新要素流动的方向性。本书研究时除了关注创新人才和创新资金要素的空间流动，首次引入研究第三种创新要素即创新技术的空间流动。考虑到引力模型是个无向模型，不能有效模拟出创新要素流动的方向性。因此本书尝试着改进，构建了带有吸引力方向的引力模型。基于吸引不同种类创新要素流动的因素是不同的，因此分别建立了能模拟反映流动方向和规模的创新人才、创新资金和创新技术空间流量测度引力模型，扩展和丰富了创新要素流动估算的研究内容和研究方法。

第三，创新要素空间流动对区域创新绩效影响的以往研究中，大多关注研发要素流动引起的优化配置效应和空间溢出效应等对区域创新绩效的积极作用，很少关注到创新要素流动引发的空间集聚拥挤和倒吸效应，并在溢出效应考察时都侧重运用空间邻接权重。因此，本书从事物两面性角度全面分析了创新要素空间流动影响区域创新绩效的理论作用机理，同时考虑到不相邻和相邻的区域间都有可能存在创新联系，基于空间邻接权重和地理距离权重矩阵下的空间面板计量模型回归结果进行综合比较分析创新人才、创新资金和创新技术空间流动对区域创新绩效的影响大小、影响方向，从理论和实证上丰富了创新要素流动对区域创新绩效影响的研究。

第 2 章 理论回顾与文献综述

创新是一个民族进步的灵魂，是一个国家兴旺发达的不竭动力。创新要素是开展区域创新活动的基础性资源，区域创新绩效是区域创新活动取得质量的重要检验。学术界从多个学科角度积极开展了大量的研究，但创新要素空间流动研究主题是促进区域创新协调发展的一个新兴研究方向，仍然处于起步和探索阶段。本章的逻辑思路是，先从贸易学、地理学、区域经济学、空间经济学、创新理论等多学科理论梳理总结，直接和间接解释创新要素空间流动的原因、格局和效应；然后从两个方面整理文献：一是创新要素投入、创新要素配置、创新要素集聚、创新要素流动及其与区域创新绩效关系方面文献；二是区域创新绩效衡量指标、衡量方法、影响因素等方面文献，进行梳理评述，探寻研究的空隙，指明本书的研究方向、研究方法和研究内容。

2.1 理论回顾

创新要素在不同空间流动问题是一个跨学科的研究主题，对这个问题的认识必然要借助多个研究领域的理论和成果。地理学、贸易理论、区域经济学、空间经济学、创新理论等领域已经形成的大量的研究理论成果为了解创新要素空间流动问题提供了直接和间接的理论基础。

2.1.1 要素禀赋论基础上拓展的落差理论

以赫克歇尔和俄林为代表的新古典贸易理论——要素禀赋理论认为，国与国之间的贸易来自各国生产要素禀赋的相对不同而形成的各国生产要素价格的相对差异（国彦兵，2004；那军，2011）。但由于其不能解释"里昂锡夫之谜"，一些研究者在传统的劳动、资本和土地要素的基础上，引入人力资本、技术、研开发等新要素,来弥补要素禀赋理论不能解释国际贸易现实问题的缺陷。要素禀赋理论及后来要素禀赋理论的拓展理论都认为生产要素在各国间的种类和丰裕程度的差异造成了各国比较优势的差异,从而产生了国际贸易。由此可见,要素禀赋理论已经包含对生产要素流动的一些解释。而落差理论是从要素禀赋理论基础上发展起来的,能较好地解释生产要素的空间流动。

落差是差距或差异或缺口的一种表现。由于经济社会发展状态、生产力发展水平、自然环境条件、资源禀赋状况等在各地区存在较大的差异,由此产生了各地区人力、资本、技术等资源要素的配置与供求上的落差,进而这种落差就会引发人力、技术、资本等要素在不同区域间从少到多、从低到高或从多到少、从高到低的流动(曾国平等,2002)。此类要素流动有可能缩小甚至消除当然也有可能扩大各地区的差异。其实要素流动从表面上看是因为收益差、利率差等落差的存在,但究其本质则是为了逐利,为了最大化自身利益。为此,要素的控制者或拥有者为了获得高额利益,通常利用落差将要素从收益少的区域流向收益多的区域并汇集于利多处。当然,这种落差的形成有自然原因,也有人为原因,使落差有正常落差和非正常落差之分,由此形成了正常的要素流动和非正常的要素流动。正常的要素流动有利于一个地区的经济发展,非正常的要素流动可能会对一个地区的经济发展带来负面影响。

具备流动性特征的要素如人才、资金、技术,因落差而流动。(1)落差与人才流动。收入高低、就业环境、生活环境等均是引起人力流动的落差,但促使人力流动最主要的落差还在于收入落差,由此产生了"马太效应":越滞后的地区,收益越少,但人才的潜在需求越大和越稀缺;而越发达的地区,收益越高,流入的人才越多和越集聚。(2)落差与资本流动。资本的本质在于增值保值,其落差在于预期投资收益率的高低。当某地区的资本预期投资报酬率较高时,资本的拥有者或控制者必然会进行资本的流动。(3)落差与技术流动。技术先进与否是技术流动的落差。技术通常都是从技术先进的地区流到技术落后的地区,或是从先进技术应用的饱和市场流到先进技术应用的非饱和市场。当然这以技术所有权者或控制者综合考虑技术投资的回报率、风险性、安全性等问题为前提。但无论是国家间还是区域间技术的流动,关键技术和核心技术的流动是一件比较困难的事情。

2.1.2 空间相互作用理论

空间是社会的产物,是社会关系的中介,包含物质、非物质要素及相互间的关系(Krugman,1998)。20世纪50年代中期,美国地理学家Ullman最早提出空间相互作用理论,认为任何城市体系为了能在社会经济不断发展过程正常运行生产和生活，在城市内、城市间、城市与区域间、区域与区域间不断进行着人流、物流、能源流、资金流、信息流、技术流等有形无形的空间流动、交换和联系，随之形成了空间相互作用（Ullman，1957；化祥雨，2016）。而"流"是空间相互作用的最基本体现。Coombes 等（1986）认为各种通勤流的强度用相互作用关系值来衡量是真实可信的。Castells（1996）也认为各种各样的流动空间构成了我们的社会，这些流"支配我们的经济、政治和社会生活"。Harvey（2001）也认为运用空间相互作用模型能够估计特定地理区域之间的相互作用量，包括物流量、客流量、信息流量、能源流量等。

空间相互作用基于物理学的热传导方式可以分为三种方式：传导、对流和辐射。传导是指各类交易过程；对流是指人、资金、信息、物质等要素的流动；辐射主要指技术、思想、信息等要素资源的空间扩散（Haggett，1972；唐小波，1994）。因此，空间相互作用必然形成一定的空间结构，其相互作用的强度、方向决定了空间的均衡与非均衡、集聚与扩散格局。Ullman（1957）认为移动性、互补性和中介机会是使空间发生作用的三原则（Ullman，1957；梁辉，2015）。互补性是指不同空间对商品、资源、要素在需求上的相互依赖性；中介机会是指对已有的要素空间流产生影响的新出现的要素空间流；移动性是指各物质、要素具有在不同空间运动的特性，直接影响着不同空间相互连接的紧密程度及空间的集聚与分散效率。空间相互作用的强度随着不同空间相互间距离的增大而衰减，即遵循"距离衰减规律"（见图 2-1）。因此，在研究创新要素空间流动的大小、方向、流动结构及其对区域创新绩效贡献幅度时必须考虑地理邻近性的影响。

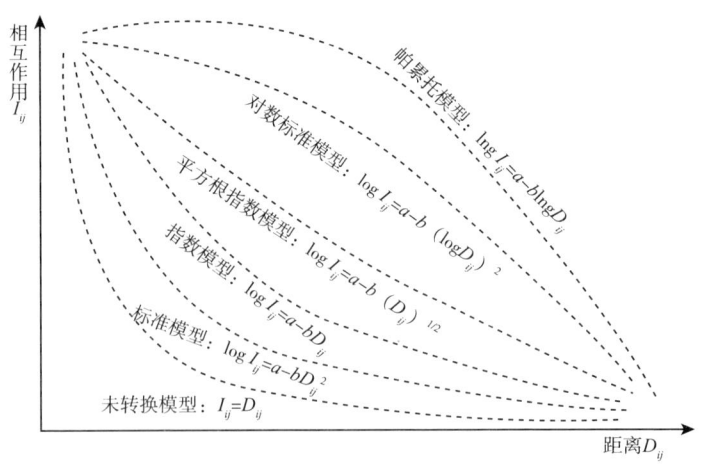

图 2-1 距离衰减效应的函数曲线及其变形示意图

资料来源：Taylor，1971。

邻近性是空间科学关注的核心和热点，主要是指区域不同主体间具有共性或相似的"群"或"类"特征。对邻近性维度的理解和划分学术界一直有不同的观点，没有统一的规定。Kirat 等（1996）、Shaw 等（2000）、Greunz（2003）、Mesiters 等（2004）、Boschma（2005）、张洁瑶（2018）等学者先后从制度邻近、组织邻近、文化邻近、种族邻近、社会邻近、技术邻近、认知邻近等方面分类研究邻近性。这些除地理之外的邻近性维度的定义和衡量有相互包含和重复的内容，且考察也大多集中在企业层面（李琳等，2011；高攀，2012；李琳等，2013b；符文颖，2014；张洁瑶，2018）。如以区域为基本单元对邻近性进行探讨，地理邻近（也称空间邻近、物理邻近和本地邻近）最为主要和基础。

早在19世纪，地理邻近就引起了学者们的重视，是最没有争议的邻近性维度。地理邻近性的理论认为，地理邻近性在诸如区间或区内不同空间尺度、不同空间主体上作用各异（Ponds et al.，2007；李琳等，2013a；Boschma et al.，2015）。Tobler（1979）的"地理学第一定律"就提出：空间中几乎所有的数据都存在着普遍联系，与之越近其联系会更紧密，且这种联系会随着距离的增加而逐渐衰减。可以说，世界几乎所有实物要素都无法摆脱地理区位的影响，都存在地理邻近效应。

（1）地理邻近性影响创新要素空间流动的需求。需求驱动是创新要素流动的动力机制。一地区对创新要素需求的满足依赖于多种形式的交流和互动，如技术贸易和高技术产品贸易带来的技术流动；学术访问、学术会议、研讨会、贸易展览会等短期或中期的临时性空间汇聚带来的知识流动等。铁路、公路、航空等运输交通系统的不畅通将会间接影响到创新要素流动，经济发展水平滞后也必然带来创新要素需求被满足的滞后。在空间与创新关系研究上，Lundvall（1992）就提出了空间相邻与知识需求程度间是正相关的关系。

（2）地理邻近性影响创新要素空间流动的效率与效益。创新要素空间流动必然涉及创新知识的流动和扩散。创新知识主要涉及两类：一类是显性的编码化的创新知识，如专著、专利、软件等；另一类就是隐性的非编码化的创新知识。随着信息技术不断发展，知识流动的方式、方法有了根本性的变化，但距离仍然是决定知识特别是隐性知识流动和扩散的空间效率、空间范围的重要因素（胡建团，2018）。对于隐性创新知识来说，很难在长远距离之间实现流动、传播和扩散，只能通过近距离的接触，如面对面的交流来实现，这就会直接限制隐性创新知识向远距离的流动。而地理邻近会促使或方便不同区域创新主体间正式、非正式接触互动和交流（Audretsch et al.，1996；Gertler，2003；Howells，2009；Cummings et al.，2005；Asheim et al.，2007；Ponds et al.，2007；Sonn et al.，2008；Frenken et al.，2009；李琳等，2013b；赵炎等，2016；游小珺，2018）。地理邻近一直是考察影响隐性知识流动的最重要维度，可这样来理解，在同等条件下，空间距离越近，创新知识流动会越快，失真和扭曲现象也就越不明显，创新知识扩散和溢出的效率和效益也就越高。

（3）地理邻近性影响创新要素空间流动的交易成本和运输成本。基于新制度经济学和物质生产角度，交易成本与运输成本是区域创新主体创新成本中重要的两个构成部分，也是产学研合作创新、技术联盟、高技术产品贸易等创新要素空间流动渠道展开需要考虑的因素之一。这就不难理解为什么不同区域创新主体之间要穿过不同的区域去交流比在一个特殊或特定的区域里交流更困难，效率和效益更低。Hoekman 等（2010）、Abramo 等（2011）、陈光华等（2015）都研究证实在空间上科研合作呈现集聚现象，随着合作者的空间距离增大，科研合作数量会减少。全球化和技术水平的不断提高确实呈现了较远地理距离的产品空间运输和信息传递成本日益下降的现象，但是地理距离对区域经济社会发展的影响并未消失。因为不少信息、知识的传递还需要依赖人才、高技术产品等事物的流动，不少的创新生产和服务还需要科技人才间面对面的交流。人员流动的成本要远比货物运输的成本高（吴玉鸣，2006）。更确切地说，隐性知识对拥有的组织或个体和地理区域是有黏性的，在不计成本的情况下，是无法轻易传播的。因此，从物质生产视角，产学研合作创新和技术联盟等合作主体之间、高技术产品贸易等因地理邻近有着天然的流通优势，能降低合作中或贸易中的运输成本；从新制度经济学视角，合作主体间因地理邻近能低成本地进行交流，从而降低合作中的时间成本、经济成本、知识失真成本等交易成本。

目前国外就地理邻近对创新影响的研究有两个基本的共识：一是地理邻近对创新的影响效应呈现倒"U"形，过度的地理邻近的出现可能抑制创新的产生；二是地理邻近对创新的影响效应随距离递减（郑刚，2012）。随着信息技术、全球化、超流动等的发展，以 Brien（1992）为代表的学者提出了"地理终结"（end of geography）的观点，认为距离已死（Cairncross，1997；Ohmae，1995a，1995b；Kobrin，1997）。但更多的学者认为以上观点夸大了全球化、高速流通性、信息技术等对地理空间的影响，地理区位对于创新的地理活动仍起着非常重要的作用（Martin，1999；化祥雨，2016），特别是对于区域广袤的中国这样的发展中国家来说。本书创新要素空间流动以我国省域层级间作为流动的空间尺度，地理邻近性的影响十分重要且非常基础。

2.1.3 区域经济发展理论

2.1.3.1 区域经济增长收敛理论

基于生产要素之间可替代、规模收益不变、生产要素边际收益递减等的假设，新古典增长理论认为劳动力、资本和技术进步是区域经济增长的来源（袁立科，2017）。索罗等人在20世纪60年代提出的新古典增长模型，认为人口自然增长率、技术增长率是外生变量，各区域间的人均产出最终将达到同一水平的稳态，由此提出了"在边际递减规律作用下，穷国增长较快，而富国增长速度趋缓，区域间收入差距将最终消失"的"收敛或趋同假说"。Borts等（1964）提出同一地区不同产业间或不同地区间的企业在发展初期，其获得技术进步产生效益和吸引劳动力、资本投入的能力有差异，为追求资源使用的最大报酬，需要通过生产资源在地间与产业间的流动来实现。Barro等（1992）认为初始人均收入低的不发达地区之所以可以获得比发达地区更高的增长率，呈现经济发展差距缩小趋势，正是由于资本与劳动在空间上的这种双向流动。因此，要素流出地的要素因要素流出而日益稀缺，增加了要素的生产率，提高了区域的人均GDP，实现了区域经济增长；而要素的逐利性使要素流入地因为要素流入而使各要素呈现日益平均化的收益，从而收敛了区域经济增长（赵儒煜等，2011），上述表达也是新古典区域经济均衡发展理论的基本思想。

2.1.3.2 区域经济增长发散（非均衡）理论

区域经济增长发散理论质疑了新古典经济学中要素边际报酬递减假设，而提出了要素边际收益递增机制，并认为生产要素的流动将引起生产要素在不同区域空间上的聚集和扩散，最终导致不同区域发展间差距的扩大。具体解释思想如下。

（1）内生化思想。

以罗默、卢卡斯为代表的内生增长理论从1980年开始盛起。内生增长理论即新经济增长理论，与新古典区域经济增长的核心动力为外生技术进步不同，重视研究开放经济、人力资本、劳动分工和专业化、R&D、知识外溢等问题，并将其内生化，并认为驱动区域增长的主要动力来自内生因素，即创新与技术进步。当然内生增长理论认为技术进步并不必然是收敛：某个初始地区，如果获得优质生产要素如较高的人力资本存量，将进一步提高生产要素收益率，经济增长就会获得内生地持续增长，进而会不断增强生产要素流入吸引力，因此，随着时间的推移有可能不断加大各地区经济增长率的差异，而不一定是消失，因而政府对欠发达或不发达地区积极干预也就显得很有必要（Romer，1986，1990，1994；Lucas，1988；赵儒煜等，2011）。

（2）外部性思想。

外部性基本思想应与内部性结合起来进行理解。亚当·斯密经典的理论基石之一就是他的分工和专业化思想。著名的"斯密定理"逻辑是"市场规模扩大→专业化和分工加强→劳动生产率提高→经济增长"（赵儒煜等，2011），而劳动分工的发展会促进技术进步，这已然呈现出了内部（规模）经济的早期思想。外部性源于马歇尔提出的"外部经济"概念。在马歇尔的《经济学原理》中认为还有一种要素即"工业组织"与传统的劳动、资本和土地三要素并存。工业组织包含的内容十分丰富，分工、大规模生产、有关产业的相对集中、机器的改良以及企业管理（马歇尔著，朱志泰译，1981）。马歇尔用"外部经济"和"内部经济"来说明第四类生产要素变化与产量增加间的关系。马歇尔的内部经济与微观经济学中"随着产量扩大而长期平均成本降低"的规模经济是一个概念，简单理解就是微观主体内的分工而带来的效率提高，而外部经济简单理解就是微观主体间的分工而引发的效率提高。可见，组织在生产上所起的作用是报酬递增倾向，与自然所表现出的报酬递减趋势不同，由此"马歇尔外部性"与要素的空间集聚一开始就已经联系起来。

关于外部性促进经济增长的研究，沿着马歇尔提出知识溢出的思想后，Arrow 对其进行了深化与拓展，于1962年在《边干边学的经济含义》提出了"干中学"模型。相应的研究在 Sheshinski（1967）的《基于边干边学的最优积累》等中都有所涉及。Romer（1986）在前人研究的基础上提出了著名的知识溢出增长模型，在内生化增长模型中纳入知识溢出，认为知识溢出促进了知识的积累，要素边际收益递减效应能够被知识溢出弥补，进而推动经济长期增长（Romer，1986；化祥雨，2016）。Lucas（1988）提出了著名的人力资本溢出增长模型，认为人力资本积累为经济增长的动力源泉。外部性效应（知识溢出效应）的基本观点是人力资本投资、知识和技术进步积累决定经济规模收益递增，无需价值补偿，因为其是经济活动无意识产生的副产品。

（3）不平衡增长思路。

从区域发展不平衡角度，Perroux（1950）最早提出了增长极理论，发现经济增长最先在具有创新能力的地方发生，而不是所有地方能同时发生，创新能力好的区域和产业易于集聚并逐渐发展为"经济增长极"。因此，主张生产要素流向创新能力和生产条件较好的区域，快速实现区域经济增长而成为"增长极"，然后沿着多种经济发展传播、扩散渠道向外辐射带动其他区域的发展，最终实现对不同地区经济发展产生不同的多样化影响（Perroux，1950，1961）。

艾伯特·赫希曼提出了"不平衡增长理论"，引入了空间增长极这一概念，认为率先发生经济增长的某个地方会发展成不发达或欠发达经济地区和发达经济地区，发达地区的空间极核通常容易吸引不发达或欠发达地区的生产要素的不断流入，从而逐渐产生不利于不发达或欠发达地区的极化效应，加大地区间经济发展差异；当发达地区生产要素发生空间扩散或溢出时，会逐渐形成有利于不发达或欠发达地区发展的"涓滴"效应，这就缩小了地区间经济发展差异。因此，当"涓滴"效应与极化效应强度不同时,发达地区对不发达或欠发达地区的影响也不同,当呈现发达地区带动不发达或欠发达地区增长时,从长期看是极化效应小于"涓滴"效应的结果(化祥雨,2016)。

缪尔达尔(1957)批判了新古典经济发展理论所采用的静态均衡分析,认为结合发展中国家实际,市场机制不能实现其区域均衡发展,并提出循环累积因果理论,指出生产要素的自由流动会形成两种作用力相反的效应,即回波(极化)效应和扩散效应。在增长极的作用下,回波(极化)效应强于扩散效应,在市场机制自发作用下要素将向发达地区流动,通过动态的累积因果良性循环,发达地区日益繁荣,而外围地区经济相对日益落后,"地理上的二元结构"最终形成(见图2-2)。国内学者在增长极理论基础上不断完善和创新,提出梯度转移理论、点轴开发理论等。

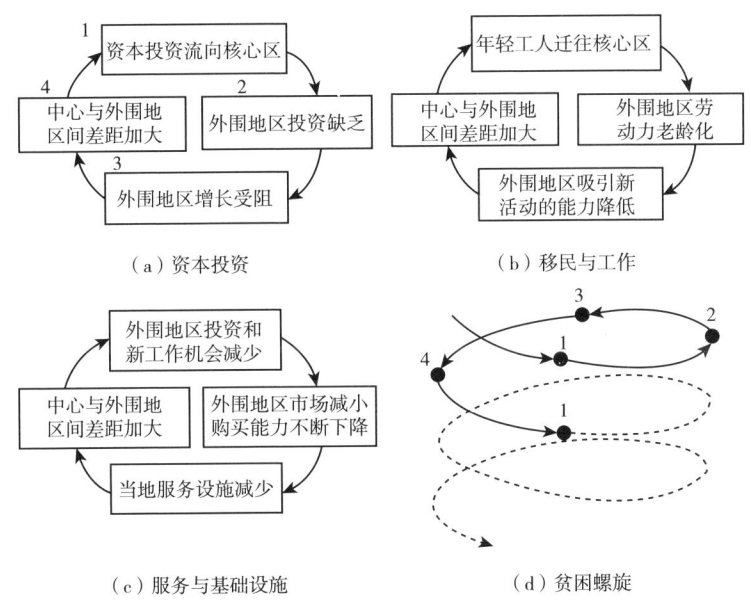

图2-2 缪尔达尔模型的循环累积过程

资料来源:Haggett(1983);化祥雨(2016)。

Friedman(1966)基于第二次世界大战后发展中国家与发达国家经济发展差距不断扩大的事实,借鉴熊彼特的创新思想,提出了中心—外围理论。认为生产要素的空间集聚效应与空间扩散效应同时存在,经济中心地区与外围地区也因此而形成。空间集聚和空间扩散的方向与强度会随着生产要素的空间流动而不断产生变化,由此会不断改变中心地区与外围地区间的边界,经济空间子系统因经济持续增长而不断重构边界，最终形成经济空间一体化格局（见图2-3）。中心—外围理论描述了生产要素市场分配和要素流动下的经济空间集聚的模型化机制。

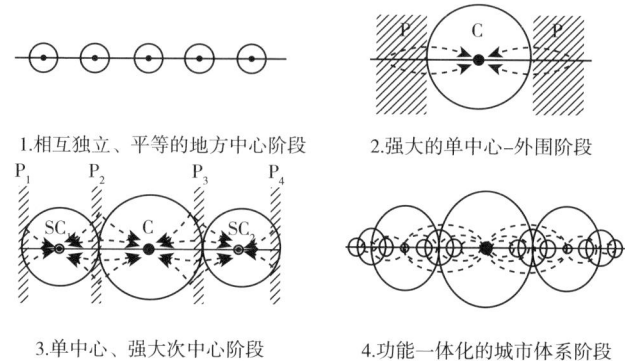

图2-3　Friedman的经济空间组织演变过程

资料来源：Friedman（1966）；樊新生（2005）。

2.1.4　空间经济学发展理论

人类的经济活动离开时空是不可想象的，因此经济活动的时空分布、结构和空间特性是要素空间流动研究的主要内容。以往的主流经济学基于空间同质性假定排除了空间因素，而外部经济、分工理论等重要思想还只停留在描述性分析，没办法有效解释现实经济活动中的"块状经济"、不完全竞争和规模收益递增。因此，从20世纪70年代中后期起，一些学者构建了新经济地理学，将空间经济学与主流经济学现象统一起来，将贸易分工、运输成本、空间集聚和外部性等纳入主流经济学的分析框架和研究范围里，使经济活动空间分布的内生机制和原因得到了很好的解释，为研究要素流动、收益递增与空间经济增长问题提供了一个有效的分析工具。

2.1.4.1　"核心—边缘"模型

1991年著名经济学家Krugman提出的核心—边缘模型（Core - Periphery，C-P）是诸多新经济地理模型的基础。Krugman的C-P模型有效地研究了运输成本、要素流动和规模收益递增所引起的经济结构空间动态演化（Krugman，1991a，1991b，1991c）。该模型中，生产者利润最大化和消费者效用最大化共同决定了生产的短期均衡，并外生给定流动要素，而长期均衡由内生决定，两地实际工资差的驱动力下劳动力要素流动会达到稳定。

C-P模型中认为，要素流动会形成向心力和离心力，两种力作用相反。向心力来自与需求相关的后向联系及与成本相关的前向联系这两种循环因果链，分别产生具有后向关联的价格指数效应和具有前向关联的本地市场效应，并构成了使生产要素集中的集聚力（向心力）。一方面，为提高实际工资率的消费者会选择生活成本较低的区域；另一方面，为实现降低运输成本和规模经济的制造业企业会选择市场需求较大的区域。因此，由于后向和前向联系，某个经济规模较大区域的制造业会出现一种自我持续的集中现象。当然市场的拥挤和竞争会形成离心力。从C-P模型的空间经济演化来看，两个区域初始对称，随着贸易自由度和要素流动性的提高，离心力与向心力作用强度会不同，但离心力小于向心力，经济的突发式聚集产生并具有路径依赖，因此对称均衡在突变点处瓦解，尽管经济不断演化，但如果没有强大的冲击力，经济不均衡结构将被保持，这给政府的启示就是如要改变经济不均衡格局需要有足够大的政策冲击（藤田昌久等，梁琦译，2005；赵儒煜等，2011）。

2.1.4.2 局部溢出模型

局部溢出模型由鲍德温、马丁和奥塔维诺于2001年提出，将知识和技术外溢效应引入资本创造模型，分析了溢出效应对经济活动的内生增长和空间分布的影响，是全域溢出模型向现实的进一步延伸。与全域溢出模型中假设资本溢出效应不存在空间衰减不同，局部溢出模型中则考虑了空间距离对知识传播的影响，空间距离越近知识溢出越大，因此外地知识资本随着空间距离的增加对本地的溢出大小会减弱。这样知识溢出就具有了本地化特征，正是这个本地化特征使局部溢出模型额外地具有了一种"集聚力"，而区际之间的知识溢出成为一种促进区域非均衡格局发展为均衡格局的力量。因此，随着贸易自由度提高到突破点时，市场拥挤和竞争效应形式表现的分散力和本地市场放大效应形式表现的集聚力，再加上以本地溢出效应形式表现的集聚力共同作用，如果在总的集聚力开始大于分散力时受到外力冲击，则某个区域的资本生产过程会开始加速，而另一个区域开始减速，资本的空间分布就会开始变化，这种动态的调整过程可能会一直持续到所有资本集聚于某一个区域，最终形成稳定的核心—边缘均衡。局部溢出模型结果表明：集聚经济中的创新成本因知识和技术的溢出而显得较小，由此均衡经济格局下的增长率要小于核心—边缘（C-P）经济格局下的经济增长率。区际间知识和技术的溢出效应成为促使经济分散的力量，而促进经济均衡的离心力则是知识和技术的本地外溢（安虎森，2005，赵儒煜等，2011）。

2.1.5 创新理论

2.1.5.1 熊彼特和新熊彼特创新理论

1912年经济学家熊彼特出版了《经济发展理论》一书，标志着创新理论的诞生。在该书中，熊彼特提出了自成一家、独具一格的较为完善的创新理论，并首次界定了创新的内涵，提出创新就是一种新的生产函数的建立，是生产要素的新组合。在此基础上，创新可由新市场、新工艺、新产品、新原料来源和新组织形式五个方面的表现形式。在熊彼特的创新理论中，经济系统的循环流转中纳入了创新，从创新的角度解释了经济增长和经济周期的形成原因。熊彼特还强调，创新的本质是经济活动，创新的根本目的是获取超额利润，利润的唯一来源就是创新活动，也就是说，利润仅存在于创新及由创新引发的创造性破坏的一系列活动中。而企业家是实现"创造性毁灭"、实施创新的人（熊彼特，1990）。熊比特的创新理论在其产生的60年时间里，因理论体系和观点与主流经济学相异，似乎一直没能融入主流经济学中，但不可否认它构建了一个跨越宏观、中观和微观分析框架与理论体系阐释其创新理论，对均衡经济学的发展起到了补充作用。

20世纪80年代，以熊彼特创新理论为基础发展起来的"新熊彼特主义理论"，继承了熊彼特非均衡的动态分析方法，延续了熊彼特的主要观点，并将创新及科学技术等因作为经济增长的内生因素纳入经济增长模型中。在新熊彼特经济理论体系中，经济增长的主要动力仍然是创新，作为调节资源配置重要手段的价格竞争被创新竞争替代。价格机制调节的是有限资源，而创新因其具有的高效、集约、进步等内在经济特征，大大放松了经济系统中有限资源的限制，模糊了经济系统中资源有限的边界，从而形成了创新竞争这种新的市场竞争形式。创新打破资源约束条件并建立一种新的条件能促使经济系统发生质的改变而非简单的量的扩张（张凤等，1999）。

2.1.5.2 区域创新系统理论

研究区域创新发展所借鉴的主要理论就是区域创新系统（Regional Innovation System，RIS）。朗德沃尔最先使用"创新系统"这一概念并认为创新系统是各创新要素及其关系的集合。而"区域创新系统"概念最早由英国威尔士卡迪夫大学的Cooke（1992）提出和定义，认为区域创新系统就是地理上相互关联与分工、行政上支持的创新网络和机构的安排，并依靠这种安排下已有规则的强相互作用来提高区域内企业的创新产出。Wiig（1995）认为完整的区域创新系统主要包括生产企业群、研究机构、教育机构、政府机构及商业、金融等创新服务机构。Autio（1998）认为区域创新系统存在子系统，通过子系统之间及子系统内部的互动促进区域创新。Cooke（2002）、Todtling等（2005）认为区域创新系统有如下构成：知识生产与扩散子系统，负责知识创新；知识应用与利用子系统，负责知识对技术的转化与推广；还包括政策以及其他外部影响。

相比较而言，区域创新系统的国内研究起步较晚。从区域创新系统构成的研究成果上看，冯之浚（1999）认为区域创新系统由某一地区内企业、科研机构、大学、地方政府与中介服务机构五个方面构成的创新系统。黄鲁成（2000）着重强调了区域创新系统内各要素之间存在的关联。顾新（2001）认为区域创新系统通过引入发展区域经济所需的各种要素及其组合，实现并保证区域内资源得到更加合理、有效的配置，促进区域内部创新。任胜钢（2006）认为区域创新系统由产业系统、创新环境系统、知识创新系统、政策管理系统和成果转化系统和五个子系统构成。张振刚（2011）基于知识转移过程，认为区域创新系统包括知识生产、应用和扩散子系统，并包括外在的区域政策环境和文化环境。欧庭高等（2007）、杨省贵等（2011）、晏宗新（2013）、凌峰等（2016）、张旭（2016）、张惠娜（2017）等学者都阐明了区域创新系统中各子系统、各构成要素的相互作用和不可分割性。

区域创新系统理论从理论上说明创新要素是创新系统不可或缺的基础构成，区域创新系统的功能不是简单叠加单个构成要素功能，而是在有效配置各要素资源的基础上实现各要素功能的高效组合，因而是整体的、系统的功能。区域创新的产生源于区域创新系统中各元素、各要素的相互作用、相互影响、相互协调。

2.1.5.3　创新地理学

创新在空间进行，与地理学有着非常密切的关系。20世纪80年代以来，随着知识经济时代的发展，区域发展的决定性因素是创新。而人文地理学对"空间"的理解越来越深入，开始重视"软空间"的研究，创新的研究被纳入了地理学的研究内容中，创新地理成为主要的研究方向。新产业区学派、创新环境学派、创新集群学派、国家创新系统学派、区域创新系统与城市创新系统学派等重要的研究范式的出现奠定了创新地理学发展的理论基础。1994年佛里德曼提出了创新地理学，创新地理研究进入了一个新的发展阶段。创新地理学的研究对象是人类创新与地理环境关系显现的地域系统，主要包括五个方面的研究内容：创新要素的时空特征、分布、集群和组合规律；创新活动的产生、组织、发展与管治；创新活动的空间特性与演变规律；地理环境与创新活动相互作用的多元化机制；创新活动的空间格局演变与区域影响效应（吕拉昌，2017）。因此，创新地理学离不开对信息、知识、技术、人才、资本等创新要素的空间分布、空间组合状态、空间影响效应的研究。其中，在空间影响效应中，创新地理学十分关注不同地理空间之间的创新地理溢出效应。区域间创新地理溢出源于创新知识的跨区溢出。区际创新知识溢出作为创新空间交互作用的一种体现，对区域创新协调增长有十分重要的作用。具体的区际创新知识溢出的内在形成机制主要来自创新人才的区际流动、区际间的创新贸易与创新投资、创新知识自身的区域可转移性和区域间创新的互补性四个方面（张战仁，2011）。具体如下：

基于创新人才在不同区域间的流动机制。随着开放型经济和区域经济一体化的不断推进，不同区域间的人才流动是相对自由的。创新人才在不同空间的流动并与周围主体发生交流互动，随着创新者的流动和互动，体现在这些创新人才身上的知识也就不断转移、传播和扩散到其他区域（Almeida et al.，1999；盛垒，2009）。Funke 等（2005）基于对德国西部地区的区际之间创新溢出研发发现，德国西部地区区际创新溢出因为关键技术人员经常跨区域流动而成为一种经常现象。当然创新知识通过人才流动而产生的区际流动是基于社会关系网络（Agrawal et al.，2006）。创新知识的区域间扩散溢出基于拥有创新知识的人才区际流动而实现，那么就极易产生区际创新增长间的相互溢出现象（张战仁，2011）。

基于区域间的贸易交往和相互投资机制。创新知识与技术可以物化体现在贸易流和投资流中。但区域间的贸易流和投资流融入了高技术产品贸易、研发投资等，不仅使创新知识的区际可溢出性得到强化，也使不同区域间的创新依赖度得到了进一步的增强。Grossman 等（1991）中提出，区域间的贸易是区际知识溢出的起因，区际间知识溢出随着区域间贸易的增加而增加。Coe 等（1995）认为，商品包含着知识和技术，随着商品贸易的传播，进口较多商品的区域可从知识溢出中获得较多的收益。Keller（2002）研究中也认为，物化的技术承载体即含先进技术的商品在不同区域间相互贸易时，这些贸易的区域间就有了模仿学习前沿技术的机会。因此，贸易是创新技术、知识溢出的重要渠道。此外，增强区际创新依赖的重要机制，除了跨区贸易外，还有跨区域的相互创新投资，及基于顾客、供应商、合作伙伴等身份与当地企业共建的创新合作联系网络等。例如，跨国公司的对外研发投资，不仅可以产生创新知识溢出，而且本地集群与之的相互学习可以产生知识的创新（Battelt et al.，2014）。创新主体也可通过参加商品博览会、展览会等形式获得创新产品的知识、信息和技术（Maskell，2014）。因此，通过不同区域间的创新贸易、创新投资和创新合作联系，创新知识区际溢出性随着区域经济一体化的深入发展会越来越明显，某一区域创新受到其他区域创新的影响也将会越来越大。

基于创新知识本身的可移动性机制。创造创新知识的主体要独占知识产生的收益是不可能的,因为创新知识具有非排他性的部分公共品属性。某区域创新主体使用了创新知识,并不影响本地区其他创新主体或其他区域创新主体在同一时间内使用该创新知识。由此创新知识本身的可移动性成就了创新知识自身的跨区域溢出性,同时也使区际创新溢出成为可能。王铮等(2003)直接证明了知识是可在区域间转移的。宁军明(2008)基于上海和浙江的创新能力建设,总结出知识溢出因技术知识的部分非排他性和非竞争性存在于国家与区域间,这种空间地理特性对从事知识生产的创新溢出来说也同样具有。可见,创新知识基于部分非排他性特性较易在区域之间传播,而其自身的这种可转移性最终将促使创新的区际溢出性。

基于区域间的互补性创新需求机制。创新需求在不同区域间存在互补性,使不同区域间具有了创新知识、技术扩散溢出和交易的现实潜在需求。由于知识的根植性和路径依赖性,不同区域相互之间具有的创新知识并不完全相同,有些创新知识如文化制度类创新产品可能是某些区域所特有的。Verspagen(1992)等学者提出的区际间知识缺口模型,认为正是区域间的互补性,促使区际创新存在创新知识交换的潜在需求,从而引发跨区域流动含有创新知识和技术的产品,这不仅促使创新知识区际间传播速度的加快,而且将使区域创新间的空间依赖性不断增加。因而由区域间创新的互补性需求、存在的创新知识缺口所产生的潜在需求是区际间创新交往和创新知识溢出的重要机制。也就是说,由某区域创新所生产的新知识和技术,不仅对自身有重要的经济价值,也有可能对其他区域创新有十分重要的价值。同时该区域创新所需要的创新知识和技术,却极有可能产生于其他区域,这样区域之间就存在着创新知识、技术缺口,从而就有了互补的创新交易,因而相互间的溢出也就成了必然。

综上所述,基于创新人才的区际流动机制、创新贸易和创新投资的区际一体化机制、创新知识的区际可转移性机制和区际创新的需求互补性机制,创新知识可跨区溢出,进而促成了区域间创新地理溢出,形成了不同区域创新的空间交互作用,增强了跨区域创新主体间的相互依存性与互动联系,使区间创新知识生产的分工与协作更合理,既有利于区域创新一体化的发展,也有利于区域创新的共同发展。

2.1.6 理论回顾总结

上述理论基础能较好地从直接和间接角度解释创新要素空间流动的原因、格局和效应(见表2-1)。地理学、新经济地理学、创新地理学等多种理论均表明区域间存在创新空间相互作用。创新空间交互作用源自于创新要素在不同地理空间的流动。但同时,创新要素空间流动的规模和方向又受制于各区域间相互作用的大小。当然这种空间相互作用强弱，创新要素空间流动的大小、方向、空间影响效应等会因为区域地理位置不同而产生距离衰减效应。各区域间存在创新资源分布、收益等的落差引发了创新要素空间流动。创新要素在不同区域空间之间流动会引起创新要素的空间集聚和分散。当某区域的创新要素处于边际收益递增阶段时，将吸引其他区域的创新要素不断流入该区域，形成创新要素在该区域空间集聚。在这种情况下集聚可被认为是一种增长要素，通过内部和外部规模经济、分工专业化、产业关联效应、创新知识技术的外溢和扩散等效应影响下的集聚经济，引发区域创新绩效不均衡增长，形成中心—外围创新格局。如形成创新中心辐射外围、外围创新支持中心的良性空间自我演化，有利于区域创新绩效的整体提升。当然任何区域环境承载力是有限制的，如创新要素过度集聚出现市场竞争加剧和拥挤效应，会使流入的创新要素处于边际报酬递减阶段，极化效应锁定，对区域创新绩效产生倒"U"形影响。因此创新要素空间流动形成的集聚和分散格局会最终影响区域创新绩效增长的异同，形成区域创新绩效差距的发散或收敛。只有创新要素区际流动形成适度的空间集聚和分散才有利于区域创新绩效全面提升。

表2-1　　　　　　　　理论基础的直接和间接解释

理论基础	文献来源	直接和间接解释
要素禀赋理论拓展基础上的落差理论	曾国平等（2002）；那军（2011）	创新要素区际落差特别是创新要素收益的区际落差引发了创新要素空间流动。创新要素收益越高地区，流入汇集的创新要素就越多；创新要素收益越低地区，创新要素越缺乏。正常的创新要素区际落差引发的创新要素流动对区域创新绩效提升有正影响，反之，就有可能是负影响
空间相互作用理论	Ulman（1957）；Taylor（1971）；Haggett（1972）；Harvey（2001）等	创新要素区际流动是区际空间相互作用的最基本体现。用空间相互作用模型估算创新要素区际流动量是可行的。创新要素区际流动强度、方向决定着空间集聚和分散的效率和格局，但受"距离衰减规律"影响，地理邻近性影响着创新要素区际流动的需求、成本、效率和效益
区域经济增长收敛理论	Borta等（1960）；Barro等（1992）等	创新要素区际空间流动可以实现创新要素使用的最大报酬。基于要素边际报酬递减作用，创新要素区际双向流动最终将促使区域创新和区域经济发展趋向均衡

续表

理论基础		文献来源	直接和间接解释
区域经济增长非均衡理论	内生增长	Romer（1986，1990，1994）； Lucas（1988，1994）	一地区优质创新要素获取能进一步提高创新要素收益率，有利于区域创新绩效内生地持续增长，进而进一步增强对创新要素的吸引力。因此从长远看可能加大各地区创新绩效和能力的差异，由此政府干预也就有了必要
	外部性	马歇尔（1981）； Sheshinski（1967）； Romer（1986）； Lucas（1988）等	创新要素区际流动能实现创新要素跨区分工、内部和外部规模经济，从而带来区域创新产出的增加。创新要素区际流动外部性决定规模收益递增，有利于区域创新绩效提升
	不平衡思想	Perroux（1950，1961）； Friedman（1966）； Haggett（1983）等	创新要素区际流动会产生极化（回波）效应和扩散（涓滴）效应。创新要素容易流向创新能力好的区域集聚而形成空间增长极（空间集聚中心），发挥极化效应，通过动态的累积因果良性循环加大区域创新发展差异。当增长极发生空间转移或溢出时，形成"涓滴"效应，缩小区域创新发展差异。当极化效应小于"涓滴"效应，有利于发挥空间增长极的辐射带动作用
空间经济学理论	C-P模型	Krugman（1991a，1991b，1991c）	创新要素区际流动会形成向心力和离心力。向心力有利于发挥集聚效应，通过创新要素优化配置、规模经济、降低运输成本等促进区域创新绩效提升。向心力的持续自我集中会促使市场形成竞争拥挤，使创新要素对区域创新绩效产生倒"U"形影响，从而引发创新要素从拥挤区域流出或溢出，产生离心力，有利于区域创新差异缩小
	局部溢出模型	安虎森（2005），赵儒煜等（2011）	创新要素区际流动伴随的知识与技术外溢效应会对区域创新发展与空间分布产生重要影响。外部区域创新知识和技术对本地的溢出大小随着空间距离的增加而减弱。创新知识和技术的本地外溢是促进区域创新均衡的离心力，而区间创新知识和技术的溢出是促使区域创新分散发展的力量
创新理论	熊彼特和新熊彼特创新理论	约瑟夫·熊彼特（1990）； 张凤等（1990）	创新是经济增长的根本动力，是对创新要素的新组合。创新竞争模糊了创新资源有限的边界。创新要素区际流动强化了创新竞争，有利于创新要素区际间的动态优化组合，促进区域创新绩效提升
	区域创新系统理论	cooke（1992，2002）； Todtling等（2005）； 冯之俊（1999）等	区域创新的产生源于区域创新系统中各元素、各要素的相互作用、相互影响和相互协调。创新要素是创新系统不可或缺的基础构成，区域创新系统的功能和绩效是各个要素的有效配置和各要素功能的高效组合

续表

理论基础		文献来源	直接和间接解释
创新理论	创新地理学	张战仁（2011）；吕拉昌（2017）	创新人才的区际流动、区际间的创新贸易与创新投资、创新知识自身的区域可转移性和区域间创新的互补性四个方面形成了跨区创新知识溢出，从而促成区域间创新地理溢出等创新空间交互作用，有利于区域创新协调增长和绩效的全面提升

注：结合文献自行整理。

2.2 创新要素及其与区域创新绩效关系的文献综述

创新要素及其与区域创新绩效有关的国内外研究成果相当丰富，虽然这里面不少研究存在交叉现象，但总体上可分别从创新要素投入、创新要素配置、创新要素集聚、创新要素流动与区域创新绩效这四个方面来概括。

2.2.1 创新要素投入与区域创新绩效

国内外学者关于创新要素投入的多寡与其利用的创新绩效问题进行了大量研究，从微观、中观和宏观层面都取得了非常丰富的理论和实证研究成果。在区域创新活动中，创新要素是基础组成部分，对区域创新绩效有着十分重要的影响。下面从基于创新要素投入基础上的区域创新绩效衡量、创新要素投入对区域创新绩效的正影响、创新要素投入对区域创新绩效的非正影响三个方面展开简要评述。

2.2.1.1 基于创新要素投入基础上的区域创新绩效衡量

Griliches（1979）最早将创新活动视为投入产出过程，并运用自己提出的主流理论模型知识生产函数将创新的投入过程与产出过程关联起来，认为研发人力和研发经费投入是知识生产和创新的主要投入，创新产出受创新投入规模影响，创新要素的较大规模投入意味着能产生较高的创新产出。Cohen 等（1992）同样提出，R&D 是创造性新知识的最大投入。国内外很多学者基于创新要素投入并借助一定的方法进行创新绩效或效率的估算。例如，Wang（2003）运用随机前沿分析法（Stochastic Fontier Approach，SFA）基于研发投入等指标测算了 23 个

OECD 国家和 7 个非 OECD 国家的 R&D 创新效率；池仁勇等（2004a，2004b）运用数据包络分析法（Data Envelopment Analysis，DEA），用研发人员、研发资本等作为区域技术创新投入分别测算了中国东中西部地区与浙江 11 个地市的技术创新效率；Wang 等（2007）基于研发资本、人力资本运用 DEA 考察了 30 个国家的 R&D 活动效率；Sharma 等（2008）采用研发资本、研发人员作为创新的投入指标，运用 DEA 测算了 22 个发达和发展中国家的创新绩效。史修松等（2009）、李婧等（2010）、过凌燕（2010）、Chen 等（2012）、曹霞等（2015）、白俊红等（2010，2015，2017）、赵增耀等（2015）、Han 等（2017）也在研发资本、研发人员等作为创新要素投入的基础上运用 DEA、SFA 等方法对区域创新绩效进行了类似的估算考察。

2.2.1.2 创新要素投入对区域创新绩效的正向影响

此类实证研究成果非常殷实。下面侧重从中观或宏观角度整理。Branstetter 等（2003）通过对比美国和日本 R&D 经费投入产出绩效发现，日本不足 10% 的低 R&D 经费投入增长导致日本本国经济的持续低迷，而美国私人部门近 50% 的高 R&D 经费投入增长带来 100% 专利产出及专利技术投资应用项目 250% 的增长，进一步论证了高 R&D 经费投入会带来大量创新产出，R&D 经费不足会降低国家创新能力。Ulku（2004）发现，R&D 存量每增加 1%，那些市场规模较大的 OECD 国家的创新可增加 0.2%。过凌燕等（2010）分析发现当期的 R&D 经费投入、上一期的 R&D 人员投入均显著影响我国自主创新能力。方远平等（2012）运用 GWR 分析我国 31 个省域创新要素对创新产出的空间影响差异时发现，R&D 经费支出对创新产出有正相关性，R&D 人员占总就业人员的比例对创新产出的回归系数不大。李左峰（2013）在研究创新投入要素的产出弹性及规模报酬情况时，证实内部 R&D 和劳动力人数的产出弹性显著为正。Li 等（2013）研究发现本地招募的研发人员对研发产出有轻微的显著贡献；霍明等（2015）运用面板数据随机前沿模型得出研发人员、研发资本对山东省的区域技术创新效率有显著的促进作用，其中研发人员投入的影响更大。Wei 等（2015a）引入地理位置和研发强度两个维度，实证发现研发投入和专利申请费支出对中国区域创新绩效均能产生一定的影响。苏屹等（2017）基于中国 23 个省区市的面板数据，研究发现创新人力资本投入在知识产权保护强度下对不同区域创新绩效影响存在差异但均是显著的正影响。

2.2.1.3 创新要素投入对区域创新绩效的非正向影响

也有一部分学者发现了一些不同的结论，得出创新要素投入与创新绩效间并不一定是正向的关系。Porter等（2000）使用17个OECD国家的面板数据实证检验发现，创新与R&D部门的人力资本及国家知识存量正相关但与外国知识存量负相关，创新与TFP增长率之间虽显著但却很弱。金雪军（2006）得出研发投入和技术引进能增加我国的技术知识存量，但并没有有效提高全要素生产率。李志宏等（2013）、王春杨等（2018）实证显示，研发经费投入显著影响我国创新产出，而研发人员的影响并不显著或明显。Lin（2014）通过人力资本多样性、研发资源多样性等因素对工业绩效的影响实验研究后发现，研发资源的多样性与工业绩效之间是一个倒"U"形的关系。马琳（2014）在研究发现我国R&D经费投入的论文产出效率时也发现，论文产出数与R&D投入间也存在倒"U"形关系。Ugur等（2016）基于英国样本数据也证明了研发投入与绩效间存在这种倒"U"形关系。优良的创新环境能够促进创新（Filippettia，2011），且研发投入和创新产出是个持续的过程（Triguero，2013）。不少学者（Liy et al.，2016；Frank et al.，2016）研究发现，在创新禀赋和创新环境方面发展中国家存在一定的差异，因此发展中国家的研发投入对创新产出并非全部均有利，与以科技水平提高为目的研发投入相比较，以扩大市场为目的的研发投入更能促进创新产出。

2.2.2 创新要素配置与区域创新绩效

关于创新要素配置研究，国外基于微观（企业）的研究成果占据半壁江山，而国内由于企业、高校还是科研院所都难以单独撑起研发和创新的重任，因此国内涉及微观层面的文献不多，而更多的是强调区域整体（孙绪华，2011）。一般来说，创新要素配置或创新资源配置或科技资源配置主要是指创新要素资源在不同类别、不同执行主体、不同科技计划、不同地区、不同经费来源等的分配情况，涉及配置的规模、配置的结构、配置的效率、配置的机制等问题。前面创新要素投入与创新绩效涉及的是创新要素配置规模问题，本部分不再重复，重点涉及创新要素配置在不同地区、不同执行主体、不同类别间的配置结构。关于创新要素配置与创新绩效的关系可从创新要素资源配置效率高低角度来反映。创新要素配置效率反映的方法，一种是运用知识生产函数回归分析估计区域研发投入对创新产出的产出弹性系数或边际影响系数以间接反映各地区研发资源配置效率；另一种方法就是借助SFA或DEA或其他方法直接测算研发或创新投入产出效率，创新投入产出效率越高，表示创新要素资源配置越有效（Chen et al.，2012；程时雄等，2014）。

2.2.2.1 不同产业间的创新要素配置与创新绩效

不少学者基于高技术产业及其五大细分行业为研究对象进行了相关研究。吴瑛等（2006）研究发现，我国1995~2004年整个高技术产业的科技配置效率受高技术产业不同行业间的结构变化影响。官建成等（2009）研究表明，中国高技术产业的纯技术效率在逐年改善，但规模效益在逐年下降，多数无效高技术产业存在较大的专利产出和新产品出口潜在产出不足。孟卫东等（2014）实证研究认为，2000~2011年中国高技术产业各行业资源配置的技术效率和技术变化指数不同，使高技术产业各行业资源配置效率的稳定性明显差异，但整体呈上升趋势。代明等（2016）基于中国5个高技术产业的22个分行业的研发创新效率研究发现，中国高技术产业研发创新效率水平偏低，22个分行业间的研发创新效率差异较大，投入未得到充分的利用。Han等（2017）在考察5个高新技术产业的创新效率时发现研发费用的增加并未使创新绩效提高。柳卸林等（2019）探讨传统产业与高技术产业研发投入在追赶和领先地区的不同发展阶段对区域创新产出的影响时发现，在追赶地区和领先地区的传统产业研发投入均有助于地区产业创新，高技术产业研发投入对地区创新产出在追赶地区需要在发展到一定程度后才有促进作用，而在领先地区一直有促进作用。

部分学者从其他角度进行了研究。例如，江剑等（2008）研究结果表明，我国低技术产业的创新效率比高技术产业更高，而中技术产业的创新效率是最低的，由于规模报酬递增显著地出现在我国LMT产业创新活动的各个阶段中，因此LMT产业创新投入的加大更有经济价值。焦翠红等（2017）认为中国制造业间的研发资源错配导致研发资源配置整体显现恶化态势，装备制造业R&D配置效率在加速恶化，加工制造业的效率正朝优化方向演进。王黎萤等（2017）考察区域专利密集型和非专利密集型产业创新效率差异时的结果表明，区域专利密集型产业创新效率要好于非专利密集型产业，但并不是所有环节都DEA有效，在物化产出和价值产出环节资源投入配置冗余现象严重，投入与产出不匹配。

2.2.2.2 关于不同执行主体间的创新要素资源配置与区域创新绩效

张浩等（2005）比较分析了高等院校、企业和科研院所的研发效率表明，研究期间，企业的人员和资金投入最多但效率最低，科研机构R&D活动整体上无效率，高等院校的R&D效率最高。樊维等（2011）研究得出的结论与张浩等（2005）的基本相似。吴玉鸣（2006）基于知识生产函数以全国31个省区市为研究单元并通过空间计量模型分析发现，企业的研发支出与区域人力资本存量显著正影响区域创新产出，而高校等研究机构的研发投入对区域创新产出作用不明显，且产学结合对增强区域创新能力的作用也还没有发挥。白俊红等（2009）以中国 30 个省区市的研发面板数据为样本进行考察发现，企业、科研机构、高校、金融机构及其地方政府等主体及其联结对创新效率的影响均是负的。余晓等（2010）评价分析浙江省企业、科研机构和高校的 R&D 投入状况及相对效率时发现，浙江省企业、科研机构和高校的 R&D 效率都较高，企业的研发效率呈现下降趋势，但高校和科研机构的研发效率规模报酬递增明显。齐亚伟（2015）用超效率模型研究我国 30 个省区市三大创新主体高校、科研机构、企业 2009~2012 年创新效率时表明，高校创新效率最高，高校、科研机构和企业三大创新主体都没有呈现规模报酬递增状态，科研机构创新过程中存在创新资源浪费。

2.2.2.3 不同区域间的创新要素配置与区域创新绩效

创新要素配置往往涉及区域配置，不少学者从省域角度对比分析创新要素投入的产出效率，来反映区域创新要素配置效率。例如，孙凯等（2007）分析结果显示，我国大多数省份的创新投入配置没有充分利用或低效率利用，且其区域创新效率与其技术创新能力未必相一致。史修松等（2009）研究时发现相较于区域创新经费投入，区域人力资本投入对区域创新效率的正向推动更小。曹泽（2011）研究发现，1997~2008 年我国总体上东部、中部、西部三个地区科技创新投入都有快速增长，其中东部的科技创新投入增长最快，因而东部地区的全要素生产率增长最显著。曹霞等（2015）基于 2003~2011 年中国 30 个省区市的面板数据得出的研究结论为：中国各省域间 R&D 配置效率差异很大，整体都处于较低水平并存在较大的无效率现象，发展不均衡。李梦琦等（2016）对长江中游 27 个城市创新活动效率评价发现，长江中游城市群创新效率整体较好，部分城市创新产出不足，未达到创新效率有效主要是由于利用创新投入不充分。朱贻文等（2017）在测度长江经济带区域创新绩效水平基础上研究了其时空变化趋势等，实证发现长江经济带整体创新绩效水平不高，核心区的创新绩效不是通过充分利用创新资源而获取，而是多通过配置大量物质投入及资源消耗实现创新体量增加。

2.2.3 创新要素集聚与区域创新绩效

创新要素集聚有静态和动态之分，静态的主要指一定时期内创新要素存量在不同创新主体上的配置，动态的主要指不同区域创新主体吸纳、流动和整合创新要素的过程（陈菲琼等，2011）。结合本书的研究区域，创新要素集聚主要指的是各类创新要素（如创新人才、创新资金、创新技术等）向某区域的汇集。一般来说，区域创新要素集聚肯定依附于各类创新执行主体、各类产业创新活动上。因此，创新要素集聚研究常与创新主体集聚、产业集聚等研究紧密联系。不少研究基于要素视角，认为生产要素跨区流动进而实现地理空间集中的外生经济过程就是产业集聚（Fujita et al.，1996；Guimaraes et al.，2000）。也就是说，生产要素的跨区流动和集中是产业集聚的本质。因此，创新主体集聚和产业集聚是创新要素集聚的基础和条件。

2.2.3.1 创新要素集聚对区域创新绩效影响的理论机理

这部分主要从集聚经济与集聚不经济来解释。关于集聚经济，从亚当·斯密的劳动分工理论开始，这方面的研究文献汗牛充栋。马歇尔的产业区理论认为集聚能够产生规模经济，企业为追求外部规模经济而集聚。韦伯的工业区位理论提出一个企业规模的增大能给企业自身带来利益或成本节约，而若干个企业集聚在一个区域能给各个企业带来更多的收益或节省更多的成本（汪彩君，2012）。Myrdal 的循环累积因果理论、Perroux 增长极理论、Hischrnan 的核心—边缘理论，Krugman 的中心—外围模型等，都基于垄断竞争和规模收益递增，揭示了贸易自由度、交易成本、规模经济、要素流动等的相互作用对经济集聚格局复杂演化的作用过程，较一致的观点是创新要素的空间集聚降低了创新主体的创新生产成本，并能够进一步吸引更多的创新要素和创新主体向该地区汇集，进而保持并提高了该地区创新生产的规模和领先水平。Glaeser 等（1992）的 MAR 外部性、Jacobs 外部性和 Porter 外部性，Fujita 等（2002）的技术外部性和金融外部性，Fujita 等（2005）的经济关联和知识关联等，均说明集聚过程中因具有知识和技术外溢、厂商之间的学习和模仿创新效应、竞争优化效应等集聚的向心力，即集聚的动态外部性，从而提高集聚创新经济的效率，促进厂商或产业或地区创新经济显著增长。

而关于集聚不经济，可从生产要素拥挤角度来解释。在一定或给定的技术水平下，一种或多种要素投入过多而其他要素投入数量不变情况下所导致的生产淤塞、产出降低的状态，就是生产要素拥挤状态，也就是处于古典微观经济学厂商理论中等产量线的脊线之外的"非经济区"（uneconomic regions），Allen 和 Borts 等学者都有过理论研究。现通过类比生态学的群居原理来进一步说明。生物适应生存的关键特征是群居效应即集聚效应。生态学中的"阿利规则"为：种群的增长发展最快时肯定是种群密度处于适度（也就是适度集聚）时，种群密度太高或太低都会限制种群的增长。也就是说，种群生长中不仅存在集聚效应（随着种群密度增加而使种群增长速度提高的现象），也存在拥挤效应（随着种群密度过度增加而使种群增长速度降低的现象）（汪彩君，2012）。同样，创新要素集聚也同时会存在集聚效应和拥挤效应。创新要素过度集聚导致的拥挤效应，会因为出现产品市场的拥挤、环境资源的拥挤和基础设施的拥挤等，对区域创新绩效产生抑制作用。创新要素集聚的外部规模经济效应会随着要素集聚规模的不断扩大经历先增后降至不断减少为零即倒"U"形规律，集聚就会呈现外部规模不经济现象。

2.2.3.2 创新要素集聚对区域创新绩效影响的实证研究

该部分多数实证研究结论认为创新要素集聚对区域创新绩效或效率存在正向影响，不少研究也证实存在倒"U"形或负向影响。James（2005）基于对创新与空间关系的研究发现，企业集中分布在少数区域会比企业分散分布在多数区域产生更多的创新成果。Lahiri（2010）基于100家公司的专利数据研发发现，研发地域分布促使各公司产生不同的收益，且对创新质量的影响呈现倒"U"形。方远平（2012）实证认为我国各省区市创新要素高—高、低—低空间分布情况直接造就了地区间创新产出的差异。余泳泽等（2013）将创新主体分为企业、高校和科研机构，实证考察了创新要素集聚与各类创新主体企业、高校和科研机构的创新绩效间的关系。池仁勇等（2014）运用浙江省中小企业数据进行实证研究，结果发现对于区域创新绩效提升来说，技术要素和人才要素的集聚具有关键作用。齐亚伟等（2014）从环境约束的视角研究发现，人力资本集聚、环境规制等因素对区域创新能力产生了积极的影响，但是没有证实物质资本集聚对区域创新能力的影响。邹文杰（2015）实证发现研发人员、研发资本的集聚和研发效率之间存在倒"U"形关系，但研发要素集聚超过一定的门槛值后将会抑制研发效率的提升。Su等（2015）认为创新要素由于地理空间毗邻或集中产生的创新要素集聚会进一步催生创新。张海峰（2016）利用浙江省69个县级区域创新数据，实证发现人力资本的空间集聚对县级区域创新绩效的提升作用。卓乘风等（2017b）基于2005~2015年中国省级面板数据，测算得出创新要素集聚与创新绩效存在显著的倒"U"形关系，且随着创新绩效的提高，研发人员和研发资本的最优集聚规模整体上呈现出下降趋势。陈思宇（2017）运用地理加权回归模型分析了安徽省16个地级市的研发人员集聚、研发资本集聚、企业研发项目集聚和政府创新资金集聚对创新产出的影响，结果显示：研发人员集聚对安徽省各地级市的创新产出有着最显著的正影响，R&D经费集聚的负影响效应在逐渐增强，企业研发项目集聚能够提高创新产出，而政府创新集聚对创新产出影响正逐渐由负转正。胡静静（2018）运用空间面板数据模型验证了长江经济带11个省市人才资源、财力资源集聚水平以及两者交互作用对区域创新绩效的影响程度。

张振山等（2018）运用空间杜宾模型（SDM）得出的研究结论是：科研机构人力和资本要素集聚对区域创新效率影响最小，高校次之，影响最大的是企业。企业人力和资本要素集聚的区域外溢效应最大，其次是高校，而科研机构的人力和资本集聚不具有区域间的外溢效应。

2.2.4 创新要素流动与区域创新绩效

2.2.4.1 关于创新要素流动机理研究

国内外研究多集中于影响创新要素流动因素、创新要素流动特征、流动动因、流动规律四个方面。例如，那军（2011）认为相较于生产要素，技术创新要素在国际间的流动性更强并呈现分散集聚、多维复合等流动特性；王锐兰等（2006）研究得出正向影响创新人才流动的因素是创新人才收益率和事业成功概率，而与创新人才流动成反比的是机会成本。冯南平等（2017）基于知识生产函数，运用2001~2013年中国31个省域的面板数据构建混合回归模型，实证研究发现创新投入、创新效率和创新环境对创新资金、创新人才等创新要素流动的影响方向和影响程度存在差异。杨省贵（2011）基于收益管理思想，提出影响创新要素流动的决定因素是期望边际创新要素收入。此外，施红星（2007）从区域收益利益差额，Magnani（2009）、Battke等（2016）从知识溢出效应，Delisle等（2010）从政府政策，陈东等（2011）从资本收益水平，Harvery等（2014）从地区声誉等角度分析了要素流动动因。而Paci等（1999）从组织专业化和多样化程度，Hung等（2007）、Marinelli（2013）、Foster（2015）从创新要素流动模型，Vence-Deza等（2014）、Fan等（2014）从地区发展水平等角度探究创新要素流动规律。

2.2.4.2 创新要素流动估算及与区域创新绩效间关系的研究

此主题下近几年有部分相应的研究文献出现（具体见表2-2）。这些文献整体上的共性就是在用引力模型模拟估算研发人员和研发资金流量的基础上，均主要基于空间滞后模型（Spatial Lag Model，SLM）和空间误差模型（Spatial Error Model，SEM）等空间计量模型，实证探讨研发人员与研发资金流动对区域创新效率、区域创新绩效、区域全要素生产率和区域经济增长的具体影响，影响结论大部分为正影响，少部分为促进作用不明显或负作用。吕海萍等（2017，2018）还涉及基于创新要素空间流动而形成的研发人员、研发资金及两者协同的空间联系网络结构变化研究。

表 2-2　　　　　创新要素流动与区域创新绩效关系研究文献梳理

作者	研究内容	研究结论	创新要素流动测量	计量模型
赵昱、杜德斌等（2015）	考察国际创新资源流动对区域创新的影响	国际创新资源对本土企业的创新产出有显著正向作用，但其作用程度小于自主研发努力	存量指标	SLM 和 SEM
白俊红，王钺（2015b）	考察研发要素区际流动对创新效率的影响	研发资本的区际流动对创新效率的提升有显著的正影响，研发人员的区际流动对创新效率的影响并不明显	引力模型	SLM 和 SEM 空间邻接
白俊红，蒋伏心等（2015a）	考察协同创新和空间关联对区域创新绩效的影响	区域创新要素动态流动有利于知识溢出，从而促进区域创新绩效提升	引力模型	SLM 和 SEM 人员和资本流动邻接
白俊红，王钺等（2017）	考察研发要素的区际流动能否通过空间知识溢出效应，促进中国经济增长	研发要素的区际流动具有明显的空间溢出效应，这一溢出效应对中国经济增长呈现显著的正向影响	引力模型	SDM 空间距离邻接
王钺，刘秉镰（2017）	考察创新要素区际流动对中国全要素生产率影响	研发资本流动显著促进了全要素生产率提升；研发人员流动对全要素生产率的影响不显著	引力模型	SLM 和 SEM 空间邻接
卓乘风，邓峰（2017a）	探讨政府支持在创新要素区际流动与地区创新绩效间关系的非线性调节作用	R&D 人员和 R&D 资本区际流动会对流入地的创新绩效有明显的正向作用；政府研发支持能有效促进 R&D 人员流动发挥其创新效应，而对于 R&D 资本，政府研发支持的促进作用并不明显	引力模型	SLM 和 SEM 空间邻接与地理距离邻接
吕海萍，池仁勇等（2017）	考察创新资源协同空间联系特征及对区域经济增长的影响	中国各区域创新资源协同力整体呈现"东南高，西北低"的空间趋势；其空间联系表现出明显的区域不平衡性且空间网络结构格局变化显著，并对区域经济增长存在显著的促进作用，有明显的总效应、直接效应和间接效应	引力模型	SLM 和 SEM 空间邻接

续表

作者	研究内容	研究结论	创新要素流动测量	计量模型
李婧，产海兰（2018）	探究R&D人员流动对区域创新绩效的影响	R&D人员流入与区域创新绩效正相关，而R&D人员流出与区域创新绩效负相关，R&D人员流出效应整体弱于R&D人员流入效应；且东部地区主要以R&D人员正的流入效应为主，而中西部地区R&D人员负的流出效应更加明显	引力模型	SEM空间邻接
吕海萍，化祥雨等（2018）	探究研发要素空间联系特征及其对浙江省11个地市创新绩效的影响	浙江省11地市的研发经费和研发人员空间联系总量有增加趋势，空间联系强度差异明显，空间联系强势区域主要集中在浙东北地区；空间联系网络结构变化显著；研发经费空间联系显著正向影响浙江省区域创新绩效并存在正的直接效应、间接效应和总效应，研发人员空间联系对浙江省区域创新绩效影响不明显，存在空间竞争效应	引力模型	SLM和SEM空间邻接

注：结合文献自行整理。

2.2.5 研究评述

综上文献梳理可知，创新要素作为区域创新的基础性条件，在开展区域创新活动中无可或缺，因此国内外学者对其的相关研究内容和研究成果相当丰富和有意义，对本书的研究具有很好的指导和借鉴作用。在上述关于创新要素及其与区域创新绩效关系的研究中，存在一个较共性的现象就是：多数诸如创新要素投入、创新要素配置、创新要素集聚等角度的研究均是拥有一个共同的前提条件：各区域是相互独立的个体，关注的是各区域创新要素禀赋差异这一静态空间特征。现实中所有的经济活动几乎都是存在一定联系的。某区域创新绩效的高低，受自身拥有创新要素禀赋条件的影响，也受区域间流动的创新要素影响，还受周边区域创新绩效溢出等区域创新活动的影响。目前大部分研究侧重前者，而忽视了后者，基于创新要素在区域间流动所形成的动态空间格局和效应这一角度的探讨很少。近来虽有部分学者如南京师范大学白俊红研究团队等从省域空间角度运用空间计量方法，基于引力模型估算创新要素区际流动量基础上，实证研究了创新要素区际流动对区域经济增长、区域创新效率的具体影响，但这一方向的研究仍然处于探索和起步阶段，可从下面几个方面去突破或深入：

（1）创新要素空间流动是否存在流动偏好及偏好格局如何、创新要素空间流动的空间关联特征及关联格局如何、创新要素空间流动的集聚中心格局又如何，创新要素空间流动的方向性如何衡量等，这些方面研究还鲜有涉及。

（2）在创新要素空间流动机理研究上，白俊红等学者侧重从创新要素空间流动产生的空间溢出效应、资源优化配置效应角度去阐述创新要素空间流动对区域创新绩效的影响机理。创新要素空间流动除了这一正向影响机制外，有可能存在诸如创新要素流动引发过度集聚拥挤进而对区域创新绩效产生倒"U"形影响等其他空间影响效应。此外，创新要素空间流动的表现形式或渠道有哪些等内容，都有待全面梳理和剖析。

（3）在现有的流动性创新要素研究中一般都着重研究最基本的两类要素，即创新人力要素和创新资金要素。其实在区域创新活动中，创新技术也是一项非常重要的创新要素。不少的创新突破和发展都要基于一定创新技术投入的基础上才能开展和进行。因此，在拓展流动性创新要素种类基础上，探讨各流动性创新要素的空间流动对区域创新绩效的影响效果是否一致，如果不一致的话又呈现怎样的差异及产生这种差异的原因剖析，将是对现有研究的一个很好补充。

（4）创新要素空间流动已有研究中均遵循地理距离衰减原理，但多数研究倾向用空间邻接权重来反映创新要素空间流动效应的地理距离衰减和空间相关性现象，其实按照创新活动的地理特性不光是相邻的两个地区间容易发生创新联系，不相邻的两个区域间也是存在创新联系的。因此有必要对地理邻近性进行综合考衡和比较分析，有利于丰富现有的研究内容。

2.3 区域创新绩效的文献综述

区域创新是区域经济发展的"提速器"（贺伟，2018）。国内外学术界有非常丰富的与区域创新相关的研究，其中涉及一项重要的研究内容就是关于区域创新绩效。就区域创新绩效的概念或定义而言，目前并没有统一的定义，有偏重理解为投入产出比，也有偏重理解为区域创新产出。本部分文献整理包含这两方面的理解。总结学者们关于区域创新绩效的研究，大多集中在探讨区域创新绩效评价指标体系构建、区域创新绩效评价方法选择、区域创新绩效影响因素和区域创新绩效水平表现等四个方面内容上。

2.3.1 区域创新绩效评价指标

关于区域创新绩效衡量指标或指标体系，目前并没有统一标准选择。国外创新绩效研究中，较广泛应用的指标体系和研究方法就是欧盟创新指数算法（谭俊涛等，2016）。总结已有文献，总体上主要呈现两种思路，一种思路是重点考察区域创新活动取得的具体效果，选用单一指标或多指标衡量；另一种思路重点考察区域创新投入活动与产出活动的效率情况，一般构建创新投入和创新产出的多指标综合体系。具体分析如下：

侧重考察区域创新活动产出采用的指标。（1）专利指标，这是被最广泛应用的指标（Griliches，1990；Groshby，2000；Cuddington，2001；程叶青等，2014）。目前，大多数研究人员（Jaffe，1989；Acs et al.，2002；Bode，2004；Bottazzi et al.，2003；官建成等，2005；吴玉鸣，2006；Bettencourt et al.，2007；袁立科，2007；温军等，2012；蒋天颖等，2013；Funk，2014；程叶青等，2014；卓乘风等，2017a；苏屹等，2017；马双等，2017；李晓琪，2018；吕海萍等，2018）都把专利作为创新产出的度量指标。专利因涵盖了发明、技术之类的大部分创新信息，其专利客观标准较稳定，专利数据的可比性强和获取相对较容易等优势（Archibugi，1988；温军等，2012；蒋天颖等，2013；白俊红等，2015a），越来越显现出在创新分析中的重要性（Arundel，2001）。当然，Arundel（1998）、Furman等（2002）、Acs等（2002）、白俊红等（2015a）等学者也认为专利作为创新产出衡量指标存在一定的局限性或片面性。（2）新产品销售收入，是另一个衡量区域创新产出的指标。与专利相比，虽然新产品销售收入反映技术创新过程中的知识创造功能很弱，但其可以在一定程度上反映出过程创新、创新成果的市场化和商业化应用情况等许多效果，可以弥补专利。因此，部分学者在研究中也选择运用（袁立科，2007；Pellegrino et al.，2010；冯宗宪等，2011；Kafouros et al.，2015；苏屹等，2013，2017；吕海萍等，2018）。当然也有极少部分学者用技术市场交易额这个单一指标测度创新产出（杨若愚，2016）。（3）多指标衡量，弥补基于单一指标的不全面性。刘家树（2011）在衡量区域科技成果转化绩效时，用了以下四个指标：新产品产出、高科技企业的产出、利润率和技术市场交易额。白俊红（2011）基于技术创新过程视角，运用专利和新产品销售收入来全面衡量创新的绩效水平。解学梅等（2015）运用新产品开发项目数增长率、改良新产品开发项目数增长率、专利数量增长率这三个方面的增长率和新产品销售比例来考察创新绩效。卓乘风等（2017b）用专利申请量、专利授权量、新产品销售收入和技术市场成交额来衡量区域创新绩效。还有一部分学者研究时考虑科技产出，用论文数来衡量创新产出（Santoro et al.，2000）。贺伟（2018）用专利授权数、论文收录数、技术市场成交额、新产品销售收入和高技术产品贸易额来客观反映区域创新产出。

侧重考察区域创新效率通过构建区域创新投入产出指标体系来反映。使用的学者也不少（池仁勇等，2004；袁鹏等，2007；Wang，2007；Li，2009；张海洋等，2011；李婧等，2011；苏屹等，2013；白俊红等，2015a；陈志宗，2016；谭俊涛等，2016）。可以看出，与专利、新产品销售收入等直接的创新产出指标相比，区域创新效率是个相对指标。如果一个地区用较少的或一定量的创新投入获得了较多或更多的创新产出，就可以理解为这个地区的创新效率较高。基于创新效率考量角度的区域创新绩效指标体系，使用频率最高的创新投入指标主要包括研发人员投入、研发经费投入，而创新产出指标主要是专利、新产品销售收入指标。

当然在区域创新绩效衡量中，也有学者如谭俊涛等主张区域创新绩效应该同时包括区域创新对经济社会的影响和创新效率。单从创新产出或创新效率单一方面衡量区域创新绩效都会存在一定的问题。何宜丽（2017）从创新效果和创新效率两个方面入手构建了区域创新绩效评价指标体系，具体的三级指标为研发人员全时当量、研发活动经费内部支出、发明专利申请量、国外主要检索工具收录我国科技论文数量、新项目开发数和技术市场成交合同额。

2.3.2 区域创新绩效测算方法

2.3.2.1 测算方法实证运用概况

除了直接用单一的专利或新产品销售收入等指标表征区域创新绩效外，对于涉及构建多指标来反映区域创新绩效，都会涉及一个测算方法的选择问题，即区域创新绩效评价方法问题。如何能科学、合理地评价区域创新绩效？学者们就此进行了大量研究，呈现了多种不同的区域创新绩效评价方法的运用。Nasierowski等（2003）、Wang 等（2007）运用 DEA 测算了不同国家的创新效率。池仁勇等（2004）运用 DEA 测算了浙江 11 个地市的区域技术创新效率。袁鹏等（2007）运用 DEA – Malmquist 指数对我国区域创新绩效的动态变化进行了测量。谢科范等（2011）运用 DEA 模型比较分析了中国 10 个典型中心城市的创新绩效。白俊红等（2015）、潘娟（2018）运用 DEA 测算了中国各省域的区域创新绩效。胡静静（2018）运用 DEA 测算了长江经济带 11 个省市的创新效率。程占永等（2010）运用类聚分析和因子分析，对我国 30 个省区市的区域创新数据进行动态分析。金祥荣等（2010）在拓展知识生产函数模型基础上，建立柯布道格拉斯模型，区域创新效率运用参数法估算出创新投入的产出弹性来表征，对区域创新绩效进行了研究。李婧等（2011）、苏屹等（2013）应用 SFA 来分析中国分省的区域创新绩效。谢其军（2017）运用主成分分析法测算了中国各省区市 2001~2016 年的区域创新绩效。何宜丽（2017）用熵权法从创新效果和创新效率两个方面测算了区域创新绩效大小。贺伟（2018）运用熵权法测算了中国各省区市 2008~2014 年的区域创新绩效。产海兰（2018）引入熵值法，对 2008~2014 年中国 30 个省区市的区域创新绩效从科技成果和经济效益两个方面进行了综合测算。

总的来说，不同的区域创新绩效评价方法在运用中优缺点各不相同。DEA 在基于多指标的区域创新效率测算上应用广泛（白俊红等，2015a），熵权法在多指标的区域创新效果测算上应用相对广泛。下面侧重介绍熵权法。

2.3.2.2 熵权法

熵能够反映某一系统的无序度，是物理学中热力学经常使用的概念，现在逐渐在经济领域、社会领域等不同的领域展开（贺伟，2018）。在信息论中，熵测度的是系统的无序度，而系统的有序程度用信息来反映，因此熵与信息呈现的含义刚好呈对立之势，相互矛盾。熵越大，越紊乱，包含的信息量越少，影响就越小。因此，在信息论中熵与信息绝对值相等，但符号相异。如果在由 x 个一级指标、y 个二级指标组成的指标矩阵中，信息熵大小与该矩阵的数据离散程度是相反的，具体来说就是数据的离散程度越高，信息熵就越低，该组指标数据涵盖的信息量就越多，表明这些指标对综合评价影响就越大，因而赋予这些指标的权重值就较大。反之，指标矩阵中各指标数值离散水平越低，信息熵就越高，其反映的信息量就越少，所以赋予这些指标权重值就越小。由此可知，熵值法对各指标的赋权是基于各个指标的变化程度来客观确定，进而得到评价指标体系的综合得分值（产海兰，2018）。总之，用熵值法赋权一来可以有效解决多指标所可能造成的变量之间信息重叠问题，二来能够克服主观赋权法容易产生的赋权主观随意性大之类的弊端，作为一种客观赋权法具有较广泛的适用性。

在运用熵值法之前，由于多个指标的计量单位不相同，因此需要标准化处理所有指标数据，常用极值法进行指标的标准化处理。假设有 m 个地区，n 个指标 x_{ijt} 是第 i 个地区在 t 时期的第 j 个指标值，那么采用熵值法客观确定多个指标的动态权重，一般的具体计算步骤如下（Tang，2015）：

第一步，对各个指标进行归一化处理，得到归一化矩阵 $X = (x_{ij})$；

第二步，确定评价指标的熵 $H_{jt} = -(1/\ln m)(\sum_{i=1}^{m} f_{ijt} \ln f_{ijt})$，其中 $f_{ijt} = x_{ijt} / \sum_{i=1}^{m} x_{ijt}$；

第三步，确定权值，$W_{jt} = (1 - H_{jt}) / \sum_{j=1}^{m} (1 - H_{jt})$；

第四步，计算综合评价得分，$Y_i = \sum_{i}^{m} W_{jt} X_{ijt}$。

2.3.3 区域创新绩效影响因素

一个地区的创新产出必然受到当地创新投入、科技水平、经济水平、社会文化和制度条件等环境因素的综合影响。国内外学者开展了丰富的针对区域创新绩效影响因素的研究，取得了许多研究成果，结果表明区域政策与制度环境、技术创新合作、创新要素、产业集聚等都是影响区域创新绩效的重要因素。前面关于创新要素投入、配置和集聚对区域创新绩效的影响有了较详细的综述，这里重点整理创新合作、政府、市场化等因素对区域创新绩效影响的文献，具体如下。

2.3.3.1 创新合作因素

创新合作能够促进区域间知识、技术、资源的流动，最大限度地释放各自创新要素活力，因而被认为是影响区域创新绩效提升的重要因素（周正等，2013；谢其军，2018）。创新是一项非常复杂的活动（Guan et al.，2016），创新主体间需要多种创新合作及其由此形成的创新合作网络来增强彼此间的学习和互动，降低复杂性和创新风险，创造出更多的创新产出。

（1）创新主体间的合作协同对区域创新绩效影响。不少学者（许庆瑞等，2005；Soh et al.，2014；Manohar et al.，2014；解学梅，2015；Scandura，2016）基于企业微观层面研究创新要素协同、创新主体协同对创新绩效的影响。而部分学者从区域层面开展了研究。例如，白俊红等（2015a）研究发现企业与高校的协同、企业与科研机构的协同对区域创新绩效有显著的积极影响。蒋伏心等（2015）运用动态GMM方法实证发现产学研协同度在短期对中国区域创新绩效存在显著的积极影响，但长期呈现不稳定的作用。刘友金等（2017）基于长江经济带各省份的面板数据，研究发现科研院所的内部协同能促进区域创新绩效提升，但产学研全面协同的影响作用与预期有差距。王春杨等（2018）实证分析发现产研合作对区域创新的影响呈现显著的负影响，而产学合作的影响却不显著。而陈怀超等（2018）基于中部六省的产学研创新效率对省域创新的影响评价又有不同的发现：产学研三大主体创新效率在河南、安徽和湖南地区均得到提升，但在湖北、山西和江西并未全部得到提升；在对省域创新的影响中，湖北、安徽和山西是企业的创新效率影响大，属于企业主导型。湖南是高校的创新效率影响大，属于高校主导型。河南和江西是科研机构的创新效率影响大，属于科研机构主导型。

（2）创新合作网络结构对区域创新绩效影响研究。谢其军（2018）总结认为创新合作网络对创新绩效的影响研究多集中于产业集群层面（范群林等，2010；曹洁琼等，2015）和组织即企业层面（池仁勇，2007；曹霞等，2016）。Fleming等（2007）、Lecocq等（2009）、刘凤朝等（2013）均认为从区域层面的创新合作网络视角对创新绩效影响研究的成果不多。但现已涌现不少学者从国家或区域层面深入论证跨区域创新合作网络结构的特征对区域创新绩效的影响。Wang等（2014）、Guan等（2015，2016）、宓泽锋等（2017）研究发现跨区域创新合作网络结构的三种中心性、结构洞、路径长度、集聚性等对区域创新绩效都有正向影响。谢其军（2018）还引入环境和滞后区域的视角，用空间计量模型验证了合作网络度数中心势、外部节点组织数量等因素对滞后区域创新绩效均有显著的影响，并存在一定程度的空间溢出效应。

2.3.3.2 政府因素

政府在区域的创新战略规划、创新激励、创新能力培养、创新成果应用和创新监督考核等环节中的全过程创新管理能力的强弱，不仅利于政府自身工作效率提高，还能激励各类区域创新主体开展创新活动并减少创新成本，在创新驱动发展上发挥更大的作用。政府在全过程创新管理中的具体支持手段可以是各类财政金融手段（拨款、贷款、补贴、税收减免等）、促进高新技术发展的各类科技计划、协调激励创新活动的各类奖励举措、知识产权制度的完善和监督、人才引进和培育政策等。创新理论的奠基人Shumpeter指出，中小企业因自身条件限制，无力承担技术创新的高投入和高风险，需要政府尽可能地平衡大中小企业在技术创新活动中的利益来帮助中小企业持续发展。Porter在其《国家竞争优势》一书中就指出，"当政府的政策影响到钻石体系的四个关键要素的任何一项及一项以上时，无论这个政策是属于国家层次的还是地方性或地区性，都会具有产业的竞争优势。"Keynes认为市场机制这只"看不见的手"时有发生"失灵"现象，因而政府这只"看得见的手"应该在创新活动发展中发挥更为积极的作用。Arrow等也强调创新存在正向的知识溢出效应，需要政府在创新活动中发挥出积极的作用。

在实证方面。(1) 关于政府政策与区域创新绩效。Luca 等 (2007) 认为政策引导、政策支持和政策保障是政府在科技创新中的主要作用体现。Laursen 等 (2006)、陈盼盼 (2017) 对不同政策工具进行了比较分析后发现，对经济绩效作用显著的是需求政策，供给政策对技术绩效起正向作用，对经济和技术绩效均起激励作用的是环境政策。程华等 (2013) 认为创新政策的力度显著促进技术绩效，政策不稳定性会对技术绩效的激励起抑制作用。盛亚等 (2012) 认为现阶段我国的行政措施对创新绩效的影响很小，而财税措施没有得到足够重视。(2) 关于政府研发投入与区域创新绩效的关系，不少学者认为创新的早期阶段其起正向促进作用，樊琦等 (2011)、白俊红等 (2015a)、谭俊涛等 (2016)、刘友金等 (2017) 的研究也证实显著的正向影响的存在。但现阶段也有不同的研究结论出现，Wallsten (2000)、Steven 等 (1999)、杨若愚 (2016) 的研究发现政府研发投入或研发补贴的增加抑制了区域创新绩效的提升。吕海萍等 (2018) 研究得出政府财政支持无论对于以专利衡量的区域创新绩效的增加还是以工业新产品值衡量的区域创新绩效的增加都是负向影响。(3) 关于知识产权制度与区域创新绩效。盛亚等 (2012) 证实知识产权政策力度会限制专利授权量，但能显著促进新产品销售率。苏屹等 (2013) 认为区域的知识产权保护意识可以有效推动创新绩效的提升。Branstetter 等 (2011) 研究发现发展中国家要提高其创新绩效，可与发达国家一样通过加强知识产权保护来实现。Kong 等 (2012) 实证研究表明，知识产权保护是对国际贸易技术溢出渠道的有效拓展。杨若愚 (2016) 结合中国 30 个省区市的面板数据实证研究发现知识产权保护强度能正向促进区域创新绩效。(4) 其他角度。马双等 (2017) 研究时发现，地方政府责任、法规准则和政府效益对区域创新产出和创新效率影响积极，尤其在中西部地区城市这种影响表现得更为明显。阎波等 (2017) 研究发现，在一定程度上政府绩效问责能够促进区域创新，虽然这影响还远不够充分。

2.3.3.3 市场化因素

一个区域的市场化发展水平是影响各类创新主体创新决策的主要因素，体现在市场竞争环境是否公平、法律法规与信息是否透明公正、金融发展水平、市场成长速度等方面。市场竞争环境越公平，各类创新主体的活力也就越强，市场在创新资源配置中的作用越大，创新资源配置的效率也就越高。技术创新是个多阶段组成的动态复杂过程，高投入、高风险和高收益需要一个高效稳定、功能完善的金融发展体系来保障，不同的金融发展水平对技术创新的影响不同 (Alegre, 2008)。法律法规与信息的透明公正在增强各类创新主体的创新信心同时，也保障各类创新主体的创新利益。市场成长速度越快，一方面可从需求方面刺激创新主体开展技术创新,另一方面可使创新主体获得规模经济效应而提高创新效率。

(1)关于市场竞争程度与区域创新绩效。白明等(2006)认为竞争的限制在我国当前阶段主要体现在区域市场分割、民营经济缺少金融支持及民营经济的市场进入壁垒。余东华等(2009)通过研究发现地方保护和市场分割均对产业创新能力起降低作用。郭净等(2013)认为市场导向正向促进技术创新绩效的作用要强于政策导向。杨治等(2015)通过实证发现,民营企业的创新投入受国有企业研发投入的挤出影响,当然这种挤出效应在市场竞争越强的区域越弱。杨如愚(2016)研究中发现非国有经济发展不显著影响区域创新绩效关系,完全竞争未必对创新一定有益,只有有序的市场竞争才能发挥促进作用,市场竞争促进区域创新绩效是有条件的。

(2)关于市场容量、成长速度与区域创新绩效。Griliches等(1957)通过对美国农业市场上玉米种子传播的研究显示市场规模等因素与技术创新存在密切的联系。Acemoglu(2003)、Reiffen等(2006)、Blume等(2013)在医药行业的研究都得出了相似的结论:市场规模对药物创新存在显著的正影响。Davis等(2001)借助对日本40个地区的实证研究,发现市场规模的增加有利于地区技术创新能力的提高。杨浩昌等(2015)利用2003~2012年中国制造业省级面板数据,在控制了科技投入和制度创新等条件后,实证发现本土市场规模对技术创新具有显著促进作用。张建华等(2018)基于三次产业各细分行业水平研究,发现潜在市场规模显著影响行业创新。

2.2.3.4 基础设施和区位条件因素

(1)基础设施。基础设施是区域创新环境的重要组成部分。一个地区拥有良好基础设施并对基础设施不断完善,不仅对各类创新要素有很大的吸引力,还能给区域间技术创新活动带来极大的便利,并降低创新主体的经营管理成本(Krugman,1991a)。例如,Hulten(2006)的研究表明基础设施能够促使生产要素流入,促进技术创新能力的提高。Agrawal等(2014)认为良好的交通基础设施能通过提高创新资源集聚和知识流动而影响区域创新。晓慧等(2016)研究得出一个地区基础设施资本存量的长期增加,将不断扩大产品市场规模,从而使创新主体研发投资回报不断提高,进而激励企业不断增加研发投入。而关于信息基础设施及信息技术的发展,不仅能完善创新流程,降低信息搜索和交易成本,提高创新活动的速度和质量(Hardy,1980;Hendriks,1999),还能催生模块化组织(odular organization)、柔性组织(exible organization)、虚拟组织(rtual organization)等新型组织结构,提高管理效率(孙早等,2018),且还可以为知识学习和管理创造有利条件,加速对创新成果的研发、推广和吸收,最终提高创新效率（闫海洲，2012）。

（2）区位条件。区位条件主要指特定区域所在的地理空间位置及其与邻域的相互关系，不仅包括自然地理位置，也包括经济位置、科技位置和交通区位等。一个区域的地理位置、海陆空交通状况、政治级别状况，是否是经济中心、金融中心，是否具有高新技术产业园区、科学园区、孵化器等，不仅影响创新成本，而且还影响创新的诸如生产、技术、资金、人才、研发合作等条件，因此也构成影响创新主体创新决策和创新效率的重要创新要素。Colombo 等（2002）研究得出：对创新系统不健全的地区来说，其非常重要的科技发展政策区就是科学园区，在园企业更易获取政府补贴，更易与高校建立合作关系。Mariagrazia（2008）通过比较入驻和迁出芬兰科学园区的新兴技术企业创新绩效的变化，发现创新绩效更好的是在园区企业。白雪洁等（2014）通过测量2007~2011年我国54个国家级高新技术产业开发区发现，低级别城市创新效率明显劣于省会城市等高级别城市。当一省内拥有的国家级高新技术产业开发区数量越多，非省会城市的高新区越处于劣势。Rioja 等（2004）通过实证研究发现，金融发展在金融市场发达的国家对技术创新具有明显的正向促进，而在金融业不发达的国家则起到抑制作用。Nanda 等（2014）也认同活跃的金融市场和完善金融体系更有利于推动科技创新。周天芸等（2012）发现带有集聚垄断性的香港金融业在一定程度上降低了其他行业的创新效率和生产效率。黎杰生等（2017）认为某地区过多的金融机构聚集反而会对技术创新产生逆向排挤作用。

2.3.4 区域创新绩效水平

区域创新绩效水平表现有从我国31个省域角度反映，也有从东、中、西部区域角度评价，或是从城市群或地市级角度探讨。池仁勇等（2004）实证结果表明，东、西部间技术创新效率存在较大差异，沿海地区与西部地区差异显著，但与中部地区差异不显著，整体上呈现"东高、西低"分布。白俊红等（2008）实证结论为我国各地区间存在创新效率的差异性，且2000年后东部的创新效率低于中西部，东部、中部和西部三大地区及全国总体创新效率存在条件收敛。史修松等（2009）测算中国区域创新效率及其空间差异时发现，中国区域创新效率区域差异及东、中、西部地区间差异较明显，总体水平不高，中西部第一的创新效率要低于东部地区。匡爱民（2010）研究发现，我国东、中、西部地区的创新绩效均总体上呈提高趋势。大部分东部地区的省域具有较好的创新绩效，湖北、湖南这两个中部地区省域的创新绩效也不错且呈现逐步上升的态势，其他省域的创新绩效则较弱。除甘肃、新疆、重庆具有较好的创新绩效外，西部地区其余省域均较差。东部创新绩效明显强于中部地区，中部地区强于西部地区。白俊红等（2015a）基于 DEA 发现上海、浙江等是我国区域创新效率较高的地区，效率均值在 0.8 以上，而中西部地区的青海、山西、甘肃、陕西的区域创新效率处于较低的水平，尚不足 0.2。Wei 等（2015a）实证分析发现，总体上我国省级创新能力的差距在缩小，中部地区和西部地区的差距继续扩大。曹贤忠等（2015）基于对长三角城市群研发创新效率评价分析结果表明，江苏 R&D 创新效率显著高于上海和浙江，且长三角城市群间的空间分异程度正在逐渐缩小。李梦琦等（2016）对长江中游 27 个城市创新活动的效率进行评价表明，长江中游城市群创新效率整体较好，湘鄂赣三省创新水平存在一定差异，部分城市创新产出不足。李婧（2017）实证得出 2004～2013 年中国 30 个省域的创新绩效水平提高明显，但东部地区与中西部地区间的差距继续存在。卓乘风等（2017b）研究结果表明，中国各地区的创新绩效水平差异较大，全国整体创新绩效呈现"U"形先降后升趋势，且中西部地区的创新绩效明显低于东部地区。王栋等（2019）研究结果显示，区域创新研发效率不高造成我国区域创新的整体效率较低。

也有部分学者开始关注区域创新绩效水平的空间关联性问题。李婧等（2011）研发表明，区域创新专利产出在空间上显著依赖其相邻省域的创新产出水平，具有显著的正向空间效应，不呈随机变化。蒋天颖（2013，2014）系列研究成果分别重点探讨了我国区域创新绩效水平、浙江省区域创新产出的时空关联和空间特征变化，结果表明，我国区域创新水平具有较强的空间集聚相关性，总体水平和总体增长水平差异呈现扩大的趋势。浙江省区域创新产出在 2006～2012 年存在较大差异且分异增强，总体波动式上升，并基于引力模型分析和探讨了浙江省区域创新产出的空间联系。谭俊涛等（2016）分析了运用创新效率和创新产出来表征的区域创新绩效的时空演变，结果显示，我国区域创新绩效的极化现象越来越明显，绩效高值区域分布在长江沿岸和东部沿海地区，创新效率和创新产出的区域差异呈现出先减小后缓慢增大的趋势，创新效率的区域差异最小，创新产出的区域差异最大。

2.3.5 研究评述

在创新驱动发展战略的深入推进下，区域创新作为区域经济发展的驱动力，区域创新绩效问题始终是一个需要重点被关注研究的领域。发展至今，关于对区域创新绩效的理解，存在偏创新效果、偏创新效率及创新效率和创新效果兼顾三种观点，由此也引发了区域创新绩效评价指标体系构建的差异性。在偏重创新效果的评价指标选择上，专利作为单一指标被运用最广泛，其次是新产品销售收入。鉴于专利和新产品销售收入指标的优缺点，部分学者也常常选择多指标即同时将专利和新产品销售收入作为衡量区域创新绩效的指标体系。在偏重创新效率的评价指标体系构建上，一般采用创新投入和创新产出的综合指标体系，创新投入指标多用创新人才和创新资金反映，创新产出指标多用专利和新产品销售收入反映。而兼顾创新效果和创新效率的评价指标体系构建，往往就是将两者衡量指标体系的一个融合。

由于涉及多指标体系衡量区域创新绩效，必然涉及一个评价方法的选择。在侧重创新效果的多指标评价中，常用具有客观赋权优点的熵权法，而在侧重创新效率的多指标评价中，数据包络分析（DEA）运用相对来说最为广泛。在区域创新绩效具体影响因素的讨论上也成果颇丰。至于我国区域创新绩效水平状况问题研究，无论是东中西部角度、省域角度、城市群角度还是地市级和县域角度，比较一致的观点是我国区域创新绩效水平在不同地理空间上存在较大差异。少部分学者还关注了区域创新绩效水平的空间相关性，基本都认为存在正向的空间相关性，且呈现空间集聚态势。

上述的研究成果既为本书区域创新绩效研究提供了很好的借鉴，也为本书区域创新绩效研究提供新的研究思路。区域创新绩效的评价指标和评价方法问题对于客观、科学和全面反映区域创新绩效水平非常重要，至今仍然是一个棘手问题，需要不断有新的研究来拓展和丰富。再者随着区域经济一体化发展的推进和区域经济协调发展的深入，我国各区域间的创新活动是个相互联系的整体，更需要关注研究区域创新绩效水平的空间特性问题，而这方面的研究相对较缺乏。

2.4 本章小结

本章主要梳理、回顾了创新要素空间流动的理论基础和研究现状，一方面为研究主题探寻理论解释，另一方面有利于发现研究主题下较有新意的研究方向和研究内容，同时便于更准确、合理地选择合适的研究方法.

总体上，本章首先进行了创新要素空间流动及其对区域创新影响的相应理论回顾，从要素禀赋理论为基础的落差理论、空间相互作用理论、区域经济发展理论、空间经济学理论、创新理论等角度综合探析创新要素空间流动的原因、格局和效应，奠定了研究的理论基础；其次，聚焦研究主题的文献综述，从创新要素投入与区域创新绩效、创新要素配置与区域创新绩效、创新要素集聚与区域创新绩效、创新要素流动与区域创新绩效四个角度梳理了创新要素及其影响区域创新绩效的相应文献。最后，从区域创新绩效评价指标、区域创新绩效测算方法、区域创新绩效影响因素和区域创新绩效水平状况四个方面梳理了区域创新绩效研究的相应文献，并在此基础上提出了新的研究内容，为选择合适的研究方法作了比较和铺垫。总体上，本章的研究内容为后面的进一步研究奠定了理论基础，探明了研究方向。

第3章 创新要素空间流动及其对区域创新绩效影响的机理分析

本章主要是对创新要素空间流动的基本机理进行分析,阐述我国创新要素主要通过哪些方式实现跨空间流动,跨空间流动的动因有哪些,空间流动对区域创新绩效的具体影响机理又如何,以期对创新要素空间流动有个初步的理论认识。

3.1 创新要素空间流动表现形式

创新人才、创新资金与创新技术均显示出较强的流动性,可灵活通过多种形式在不同地理空间上位移、转换和运动并产生复杂关系。

(1)创新人才。关于创新人才的流动性,正如波特认为那样,高级人才如科技知识般具有高度流动性,并随着通信技术的发达这种流动性更加显著(迈克尔·波特,李明轩等译,2002)。创新人才的空间流动有多种形式:从时间上看,既存在短期的流动,也存在长期的流动;从原因上看,有的是毕业后在不同地区找到工作或创业,有的是工作或利益原因迁居到其他地区,有的是到不同地区去参加诸如学术研讨、访学、进修等短期交流,有的是创新主体内部工作需要而轮换到创新主体在其他地区的分机构或子机构,有的是合作研发或技术援助被派遣到合作单位或需求方。对一个区域组织来说,创新人才在不同区域间的空间流动,主要是两种形式:一种是内部流动形式,即组织内部的人员跨区域移动。此种情况主要涉及组织内部的创新人才配置,如轮岗、转岗和晋升。例如,某企业在其他区域建立研发中心,一方面会将总部或其他地区已有的经验丰富的管理人员、资深技术专家等派遣到新的研发中心工作;另一方面在研发中心所在地招聘的新研究人员,则需要到总部或其他地区的子公司接受实习、培训,以快速融入驱动企业发展的技术创新队伍里,因而这种内部流动是双向的。另一种是外部流动形式,即组织与其他区域组织之间的人员流动。该种模式有可能并不直接涉及人员的跨区域流动，但涉及不同区域的组织之间的人员流动。通常情况下，某组织选择在其他区域建立研发机构，会尽可能本地化经营，因为研发离岸、研发飞地的一个重要动因之一是利用当地丰富的创新人才，或者是利用当地容易吸引优秀人才流入的优厚条件，这样当地和其他地区大量的研发人才就能进入组织内部工作。当然，这并不排除组织自身的创新人才受到其他区域优厚条件的吸引而离开原来的组织和区域。

（2）创新资金。创新资金具有高的流动性，特别是其中的货币资金可在瞬时完成流动。从区域组织的角度，创新资金的流动既可以发生在组织内部，也可以发生组织与外部组织之间。先看发生在组织内部的创新资金流动，主要是组织向其他地区的研发机构（如独立的研发中心，分、子公司下属的研发部门等）投资创新资金开展技术创新活动。这种形式的投资开始往往是单向流动，但资金可能在随后的时间里以利润、红利、股息等形式回流。当然，创新资金的流动其实是一种综合要素的流动，往往会带动其他创新要素（如创新人才、创新技术、创新信息等）的流动。再看组织与外部组织间的创新资金流动，主要是两种形式：一种是组织向其他地区的组织购买创新服务、创新技术，如研发外包、技术咨询服务、专利购买等；另一种形式就是在与外部组织合资建立研发中心、工程技术中心、新产品开发中心等的过程中发生。

（3）创新技术。创新技术作为知识的一种形式，其非竞争性与部分非排他性的特性使创新技术容易为其他人所模仿和传播，具有较强的流动性。具体的流动形式可从两个角度来认识：一是从流动的表现形态上，主要包含有形的技术流动和无形的技术流动两种形式。有形的技术流动主要指包含先进技术信息的高技术产品等物资商品的贸易。高技术产品是知识密集型产品，高技术产品目录里也包含诸如机器、设备这样的资本货物。通过对高技术产品的逆向工程，可以获取该产品的组织结构、功能特性、处理流程及技术规格等技术要素信息。因此，高技术产品贸易数据是了解各国、各地区、各企业技术创新要素流动的有用指标之一。无形的技术流动主要指运用有形的载体（存储器、磁带、文件、人等）实现专利、专有技术、商业秘密等技术信息的转移。通常，组织或个人可以通过专利等知识产权交易获取可观的转让费、特许权费，也可通过专利等知识产权保护获得竞争优势和垄断地位。因此，常用技术市场交易、许可证贸易、特许使用费收支等来衡量无形技术流动的规模。二是从流动形式上，可以分为自愿的技术流动和非自愿的技术流动两种形式。自愿的流动存在有偿或无偿的技术转让与非转让形式的流动两种（那军，2011）。技术转让主要是指专利权、专有知识、专有技术、版权、商标和品牌等转让、引进和许可交易等。非转让形式的流动，通常来源于关联组织或个体间的技术转移，如企业并购可将被并购方的技术转移到并购方，或是母公司将技术转移给子公司，再或是母公司独立进行新增产业投资时引起的技术要素在地理空间上的转移，但创新技术仍然保留在集团企业里。关于非自愿的技术流动，形式有新产品被逆向工程、被模仿；员工离职泄露了专业技术；员工通过会议交流等形式传递出了技术信息等，这些形式都与创新技术自身的外溢效应密切相关。

3.2 创新要素空间流动主要渠道

创新要素空间流动不同表现形式基于多样的载体或渠道产生，如技术贸易、技术联盟、研发外包、产学研合作、各种信息和知识的正式和非正式传递渠道等。每一种渠道都有自己的特点和作用，有的能实现单一的创新要素的跨区流动，有的能实现综合性的创新要素的跨区流动。本部分主要分析和观察我国创新要素区际空间流动的主要渠道。

3.2.1 创新人才迁移渠道

创新人才迁移是创新人才空间流动的主要渠道模式。创新人才是知识、信息、技术等的携带者，因此创新人才的迁移往往伴随创新知识特别是隐性创新知识、创新技术等的流动。创新人才迁移有柔性迁移渠道和实质性迁移渠道。

柔性迁移主要指各区域创新主体间通过派遣创新人才、聘请创新专家和顾问、租赁创新人才、联合培养创新人才等方式发生的流动，可以打破地域、户籍、档案等人事关系上的刚性制约，增加创新人才开展跨区创新柔性服务的灵活性。因此，对各区域创新发展来说，创新人才柔性迁移是一种"不求所有，但求所用"的灵活弹性的区际间用人渠道。例如，我国的科技特派员模式，通过选派有丰富科技理论、技术知识的专家、研究员、教授、博士等中青年知识分子到最需要的区域、最需要的创新主体中去开展短中期的创新研究和创新服务。如广东省为推进广东省大型企业和科技型企业与全国高校、科研院所的高层次人才开展创新合作，深入落实"广东省与教育部、科技部、工业和信息化部、中国科学院、中国工程院的'十三五'全面战略合作协议"，2017年度来自全国165所高校和科研单位的956位科技特派员入驻广东省的377家企业中，为提高广东省企业的自主创新能力和产业核心竞争力发挥应有的作用①。

实质性迁移主要是指创新人才在各区域间选择创业、就业或再就业,常常涉及档案、户籍、身份等的改变,是满足各区域创新主体在创新发展过程中对创新人才刚性所需的主要渠道。来自《2018年中国重点城市工程师大数据与调研报告》显示,互联网工程师人才净流入分布排名中,前六位分别是杭州(12.46%)、西安(10.98%)、成都(6.15%)、深圳(6.13%)、武汉(3.82%)、广州(2.26%)。榜单中稳居第一的是12.46%互联网人才流入率的杭州。调研数据显示,在流入杭州的工程师中,上海占比23.56%,位居第一,北京占比为17.21%,位居第二,第三是占比6.91%的深圳。杭州近一半的"杭漂"工程师由北京、上海、深圳贡献。浙江千里马人力资源股份有限公司的资深猎头郎群解释认为,目前杭州本土互联网企业对技术类的工程师需求量很大。一线城市中上海到杭州的工程师最多;北方城市到杭州的工程师比南方过来的多。《2018年中国海归人才就业选择报告》也显示,2018年上半年应届海归人才最青睐的城市中,杭州海归占比增幅0.66%,居全国首位。而上海、北京的海归人才占比增幅都呈负增长……②。这是中国近期各城市间创新人才流动的一个剪影,创新人才在中国各区域内呈现流动—集聚—扩散流动—新集聚的良性循环状态,传统的北上广深(北京、上海、广州和深圳)已不是新时代创新人才流向的核心首选地,随着各地越来越开放的人才政策和新兴产业的不断兴起发展,新崛起的诸如杭州、西安等地区也日益成为诸如互联网创新人才青睐的选择地。中国大地正在上演创新人才的流动大战。

3.2.2 研发直接投资渠道

以研究与开发(简称研发)为目的的直接投资,如投资建立研究中心、研究院、重点实验室等,是创新主体提高技术创新能力的核心战略安排,也是一种能引发创新要素综合性流动的主要渠道。无论是创新主体所在地的研发投资(称本地研发投资),还是创新主体所在地外的研发投资(称对外研发投资),都能引起创新要素的综合性空间流动。

本地研发投资。本地研发投资主要指创新主体增强其所在地的研发直接投资,常用研发经费内部支出来反映。可通过增添先进科研仪器设备,改善研发环境,新增基础研究、应用研究和开发研究的资金投入,提高研发人才的福利待遇

---

① 数据来源:http://www.gdstc.gov.cn/HTML/zwgk/tzgg/15135879086995342197566298472992.html.
② 资料来源:http://www.qnsb.com/

等来进行内部研发投资。本地研发投资的增加,一来有可能增加对创新人才等创新要素的需求,二来日益优厚的科研条件也容易对其他区域的优秀创新人才产生极大的诱惑力。由此,创新主体本地研发直接投资有利于吸引外部创新要素的流入。

对外的研发投资。对外的研发投资主要指创新主体因发展的需要在其他地区设置技术开发中心、技术中心、研究分院、联合实验室等。这就要将创新资金投入其他地区,将精密的研究设备、仪器运输到其他地区,也要输出和引进相应专家和技术人员,更要给予其他地区的研发中心在技术、知识信息上的支持和共享。当然也要接受其他地区研发中心的人才到本地区研发中心来交流和学习,这就有力地支持了创新资金、人才、技术、知识信息的区际流动。

本书的对外研发投资研究主要涉及在中国范围内一个地区向其他地区的研发直接投资。由于我国没有专门的关于中国区际研发直接投资或区际研发迁移的专门的统计数据可借鉴,此类研究甚少,存在的已有研究中主要以外商投资企业研发投资的研究为主,或是从案例研究角度去分析。下面以阿里巴巴集团的研发投资为例,简单展现由研发直接投资主渠道所引发的创新要素综合性空间流动。

阿里巴巴集团2007年成立了阿里研究院,2017年又宣布成立阿里巴巴达摩院(The Academy for Discovery, Adventure, Momentum and Outlook, Alibaba DAMO Academy)。达摩院是与现有的阿里巴巴集团研发体系保持独立的中长期技术研究机构,专注于探索科技未知,以人类愿景为驱动力,开展基础科学和创新性技术研究,实行院长负责制,由三大主体组成,分别是在全球范围内建设的自主研究中心、与高校和研究机构建立的联合实验室和全球开放研究项目—阿里巴巴创新研究计划(AIR计划)。"达摩院"首批公布的学术咨询委员会就吸纳了全球顶级科学家Michael I. Jordan、George M. Church、Henry M. Levy、Avi Wigderson、李凯、周以真、高文、梅宏、吴朝晖和黄如。达摩院将在未来三年投入1000亿元用于涵盖基础科学和颠覆式技术创新的研究,已经开始在全球各地组建前沿科技研究中心。截至2018年9月,达摩院已引进9名国家千人计划科学家、数十位终身教授,并在杭州、北京、新加坡、圣马特奥、以色列、贝尔维尤、莫斯科等地设立14个不同研究方向的实验室。在成立不到一年时间里,达摩院宣称落地了多项研究成果,并在国际顶级技术赛事获得世界第一近20项,投入的高额研发资金、汇集的全球顶尖科学家、各地分设的前沿科技研究中心以及与阿里巴巴内部的2.5万名工程师和科学家一起造就了阿里达摩院。阿里达摩院组建、运营过程就是国内、外各地优质创新要素流动、集聚到阿里达摩院协同作用的过程(案例资料整合自阿里巴巴达摩院官网、https://www.ithome.com/html/it/372758.htm)。

3.2.3 研发外包渠道

研发外包（R&D outsourcing），即研究开发外包，是指创新主体将本应属于自己投入大量创新资源的研发工作，交给在此领域更加专业的其他创新主体去完成。换句话说，就是创新主体将价值链上研究开发这一个环节的部分或全部任务外包给比自己更能成功、更有效率完成该任务的外部技术源供给者（伍蓓，2010），由他们提供新思路、新工艺、新技术、新产品等研发成果，以达到合理利用创新资源、增强企业竞争力的目的（见图3-1）。这里的外部技术源供给者主要指那些有创新能力、技术能力的外部机构，如高校、科研机构、企业、供应商等。

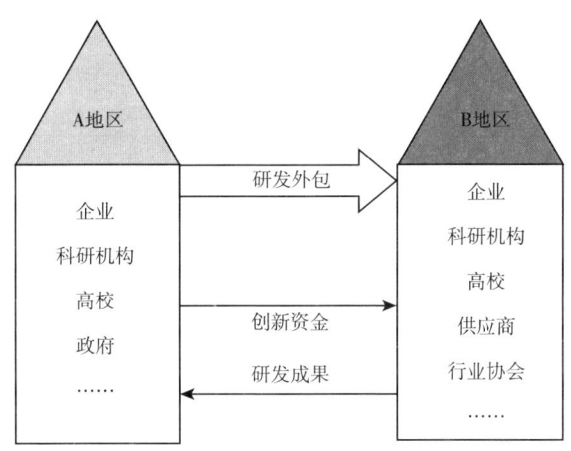

图3-1 研发外包渠道创新要素空间流动示意图

从创新强度理解，研发外包有效率型和创新型两类。如为实现稳定增长而需要持续改进、完善现有的技术，倾向于效率型研发外包。而为了进行将来的技术储备需要不断进行革新技术的倾向于创新型研发外包（伍蓓等，2013）。从业务领域理解，结合中国商务部中国服务外包研究中心统计口径，研发外包主要包含信息技术外包型（Information Technology Outsourcing, ITO）和知识流程外包型（Knowledge Process Outsouring, KPO），也包含业务流程外包（Business Process Outsourcing, BPO）的部分业务（如业务运作流程设计）。研发外包是典型的知识密集型服务外包（Ulset, 1996; Emmanuel et al., 2009），面对知识爆炸和瞬息万变的市场，研发外包已成为各类创新主体快速获取外部知识、实现知识更新的有效手段（Cesaroni, 2003; Mol, 2005），更是区域创新主体主动获取外部创新资源,接受知识溢出的战略性选择。由此,研发外包是近年来发展快速的一种创新要素空间流动渠道。

由于区际间研发外包数据和相应企业的案例资料数据难以收集,这里以《中国服务外包产业发展报告(2016~2017年)》呈现的中国国际研发外包发展情况(见图3-2)来侧面反映我国区际间研发外包发展情况。2015年中国企业承接的KPO、ITO、BPO合同执行金额分别为237.8亿美元、316.8亿美元和91.7亿美元,占比分别为36.8%、49%、14.2%,KPO业务增长显著。2016年BPO、ITO、KPO合同执行金额分别为173亿美元、563.5亿美元和335.6亿美元,占比分别为16.14%、52.56%和31.3%。对比2015年与2016年,KPO占比虽小幅回落,但同比增速达31.65%,ITO比重增加明显,呈现了非常明显的产业价值链高端升级特征。由此可见,我国研发外包发展无论从合同执行金额上还是业务所处价值链环节都在积极向上发展,是实现区域间不同创新主体创新资金与创新成果对流的有效渠道。

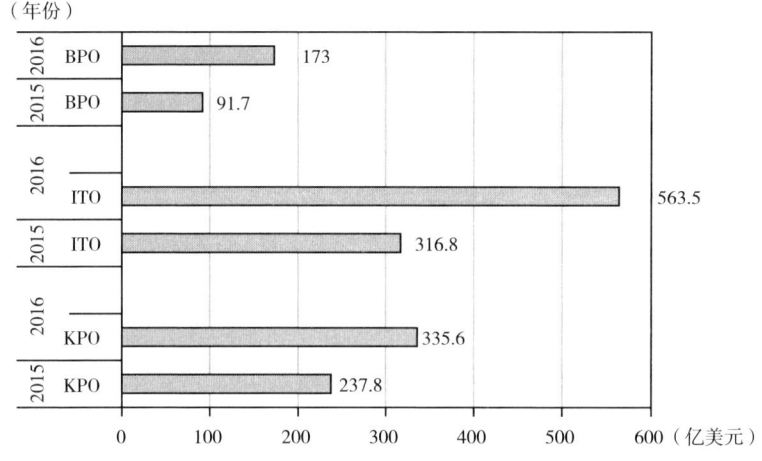

图3-2 2015~2016年我国研发外包离岸合同执行金额

数据来源:中国服务外包产业发展报告。

3.2.4 技术联盟渠道

技术联盟也可理解为技术创新战略联盟,是在技术创新各过程环节中组成的战略联盟。Hagedoorn等(2000)认为技术联盟是"为了共同的研发而组合在一起,是从事研发中所建立的一种创新关系"。技术联盟国内最早研究者蔡兵(1995)认为技术联盟是指数个企业在产品研发和技术研究上结成的一种合作形式，主要目的在于研发新产品和研究新技术。我国六部委发布的《关于推动产业技术创新战略联盟构建的指导意见》中指出，产业技术联盟是高校、科研机构、企业或其他组织机构，以企业的发展需求和各方的共同利益为基础，以提升产业技术创新能力为目标，以具有法律约束力的契约为保障，形成的优势互补、联合开发、风险共担、利益共享的技术创新合作组织（张鸣鹤，2015）。上述关于技术联盟的理解可知，技术联盟致力于技术创新活动，至少是两个或两个以上相关创新主体借助适当的组织形式和运作制度联合形成的创新合作伙伴关系，强调各成员间互补或加强技术创新资源。技术联盟拓展了单个企业的资源边界，是除市场、政府外的第三种资源配置方式。嵌入技术联盟网络中的创新主体，可以通过技术联盟网络更快、更有效地传递创新资源、信息和知识。技术联盟网络是知识、技术等组织创新资源转移和共享的重要通道（Phelps，2010；赵炎等，2013），即创新要素空间流动的重要渠道。

从技术联盟成员的地理分布范围分类，主要可以分成三类，第一类是地方性技术联盟，联盟成员同属某一区域，如浙江省半导体照明产业技术创新战略联盟等，会引发创新要素在区域内的流动；第二类是国家性技术联盟，联盟成员遍布整个国家范围，查阅中国产业技术创新战略联盟网，目前我国共有诸如航天制造装备产业技术创新战略联盟等150个全国性质的产业技术创新战略联盟，能引发创新要素在我国各区域间的流动；而第三类是联盟成员涉及国内、国外的国际性技术联盟，会引发创新要素在国际、国内间的流动。

由于技术联盟的每一项合作性质不容易鉴别且每一项合作的技术经济意义差别大，很难统一到一致的衡量系统里，因此研究技术联盟可获取的信息非常分散且很不容易量化。但不可否认的是，各创新主体间通过组建技术联盟或创新战略联盟是实现创新要素共享转移的常见现象。下面将以比亚迪在新能源汽车领域积极参与的技术联盟为例加以简要说明。

比亚迪股份有限公司创立于1995年，目前是一家在H股和A股上市、全球雇员超过10万人的高新技术民营企业，是全球领先的太阳能和储能解决方案供应商，也是中国新能源汽车的引领者。目前比亚迪已基本实现了新能源汽车全产业链的产业化制造。比亚迪得益于其电池起家，拥有在电池等关键设备上的一些领先和突破优势，但与发达国家相比，部分核心零部件技术差距较大。因此，比亚迪在走自主研发道路的同时，注重协同外部力量，积极参与新能源汽车方面的技术联盟（见图3-3），不断寻求技术"瓶颈"的突破。在进入新能源汽车领域后的初始，比亚迪首先加入了纯电动车联盟，其成员包括汽车厂商，研究机构，诸如充电设备、电动机、动力电池等零部件厂商及能源厂商，因地缘关系还加入了广东省新能源汽车联盟。2014年比亚迪与ABB集团（瑞士）结成技术联盟，计划建成全球最大的电动汽车快速充电网络，并共同开发新能源存储解决方案。2015年比亚迪公司又与固德威发表联合申明，携手开发国际新能源市场。2018年6月比亚迪与TUV莱茵签署战略合作协议。同年7月，比亚迪又与长安签署战略合作协议，致力于全球领先汽车动力电池产业化平台的联手打造，加速推动新能源汽车发展（案例资料整合自：比亚迪官网信息；张鸣鹤，2015；鲁康，2017）。

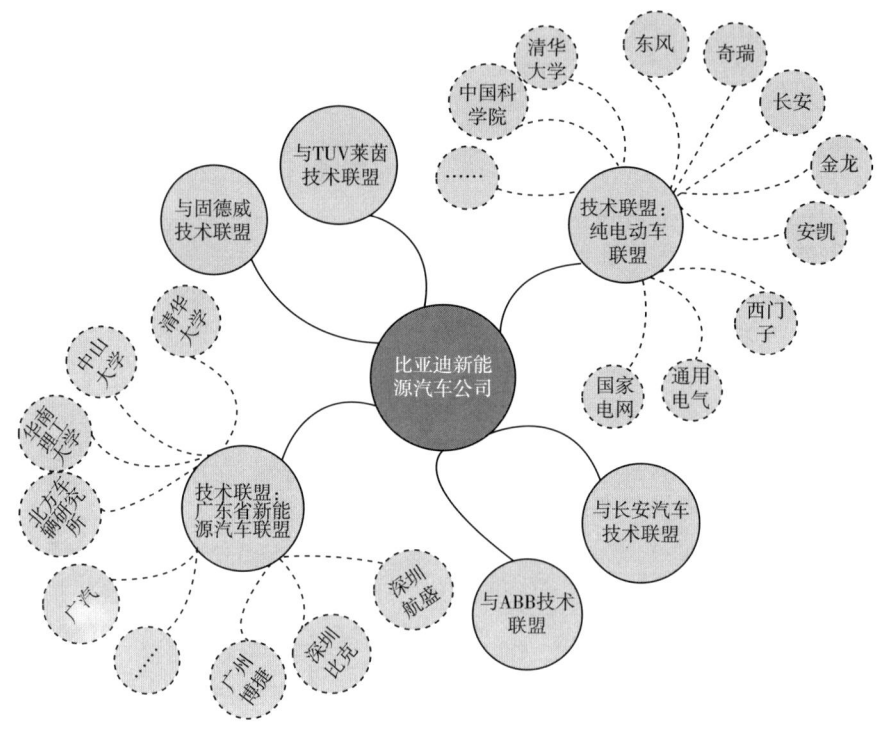

图3-3　比亚迪参与的技术联盟（部分）

注：结合资料自行制作。

综上所述，比亚迪通过积极参与或建立多种与新能源汽车业相关的国内外技术联盟，协同和共享国内外多方优势创新资源，不断寻求技术"瓶颈"突破，同时不断开辟新的创新发展空间，大大增强其综合的创新能力。

3.2.5　产学研合作创新渠道

产学研合作创新有多种提法，如产学研结合、产学研联合、管产学研合作、管产学研金联合等,但国内对产学研的理解已基本达成共识,"产"即产业,"学"即高等学校,"研"即科研机构。关于产学研合作创新的内涵,国外最为经典的国外定义认为"创新主体之间以知识为基础,通过互动实现知识循环,进而激发产生创新思想的过程就是产学研合作创新(Etzkowitz et al.,2000)。国内较为一致的理解是企业、大学和科研机构之间基于共同利益的实现,而协同各自的创新资源为技术创新而进行的合作。可见,产学研合作创新过程的本质就是知识流动过程,就是不断在企业、高校和科研机构之间进行知识传递、消化、转移、创新的非线性的复杂过程(焦媛媛,2017),是一种知识跨组织逆向流动的过程(张艺,2017;张艺等,2018),较好地破除了创新要素流动过程中涉及的如地域、身份、户籍、人事关系等的刚性制约。许多国家还出台了推动产、学和研之间合作互动创新的一系列政策,甚至确定产学研合作创新是国家科技创新战略的重要决策(朱桂龙等,2015;张艺等,2018)。因此,产学研合作创新已是一种越来越重要的能实现创新要素综合性空间流动的渠道。

产学研合作创新模式结合研究视角的不同,国内外学者有多种划分。但比较一致的模式有一般性研发资助、合作开发、委托开发、共建研发实体等。无论哪种产学研合作创新,都涉及各创新主体间跨组织边界和跨区域边界的创新资源流动和共享。《中国科技统计年鉴》在 2011 年之后开始报告各地区 R&D 经费外部支出分别在国内研究机构、国内高等学校、国内企业和国外机构的具体支出,用来反映各地区在报告年度委托其他单位或与其他单位合作开展研发活动而支付给其他单位的经费,这在一定程度上可以反映我国区域产学研合作创新开展的具体情况,分别见表 3-1 和表 3-2。

按执行部门分的 R&D 经费外部支出表 3-1 可以了解:从全国角度,研发经费外部支出总额逐年增长,与国内研究机构、国内企业、境外机构间合作的研发经费支出也呈逐年增加的状态。从研发经费外部支出规模的大小和变化来看,我国产学研合作创新对象首要是国内研究机构,其次是国内企业。从企业角度,企业与国内研究机构的合作创新支出、与国内企业的合作创新支出及与国外机构的合作创新支出均处于每年递增状态;我国企业开展产学研合作创新的主要对象是国内研究机构,其次是国内企业。从研究机构角度,我国研究机构的研发经费外部支出除 2015 年外总体上保持增加态势,具体的产学研合作创新对象主要是国内研究机构,其次是国内企业。从高校角度,我国高校的研发经费外部支出除 2014 年外总体上呈现支出增加状态,具体的创新合作对象主要为国内研究机构,其次为国内企业,相比较而言高校之间的研发合作并不突出。

表 3-1　2011～2016 年按执行部门分的 R&D 经费外部支出　　单位：亿元

	项 目	2011 年	2012 年	2013 年	2014 年	2015 年	2016 年
全国	总量	494.340	584.207	607.216	656.352	719.370	888.089
	对国内研究机构支出	201.628	232.878	248.127	290.848	318.247	382.013
	对国内高等学校支出	101.246	121.026	123.472	114.087	109.130	110.900
	对国内企业支出	113.909	140.846	142.075	164.854	185.652	283.112
	对国外机构支出	60.779	67.898	80.683	79.443	89.986	92.425
企业	总量	389.883	455.432	480.583	509.699	579.354	716.085
	对国内研究机构支出	162.250	184.143	193.618	215.207	258.004	307.005
	对国内高等学校支出	82.122	93.325	96.355	89.298	81.090	76.953
	对国内企业支出	86.995	112.184	111.875	128.242	149.380	241.400
	对国外机构支出	58.319	65.588	78.064	76.203	87.313	90.728
研究机构	总量	46.359	60.565	53.957	79.200	68.165	86.675
	对国内研究机构支出	18.781	26.752	29.664	52.479	35.824	41.747
	对国内高等学校支出	3.697	4.980	5.070	5.614	6.846	8.719
	对国内企业支出	7.739	8.527	7.451	15.375	13.236	17.043
	对国外机构支出	0.027	0.051	0.043	0.091	0.058	0.017
高等学校	总量	51.847	62.614	66.807	62.238	67.262	80.994
	对国内研究机构支出	17.304	19.635	21.919	21.249	22.302	30.926
	对国内高等学校支出	14.632	21.492	20.651	17.806	19.931	24.377
	对国内企业支出	17.282	18.874	21.401	19.695	22.010	23.703
	对国外机构支出	2.432	2.229	2.528	3.138	2.602	1.660
其他	总量	6.252	5.597	5.870	5.215	4.589	4.335
	对国内研究机构支出	3.293	2.348	2.926	1.913	2.117	2.335
	对国内高等学校支出	0.795	1.229	1.395	1.369	1.262	0.851
	对国内企业支出	1.892	1.262	1.347	1.542	1.027	0.967
	对国外机构支出	0.001	0.030	0.048	0.011	0.013	0.020

注：数据整理自《中国科技统计年鉴》。

从 31 个省域的研发经费外部支出占全国研发经费外部支出的年均比例来看（见表 3-2），排在前六位的分别是北京（15.1%）、广东（12.9%）、江苏（9.6%）、山东（9.04%）、上海（8.18%）和浙江（6.86%）。特别是北京和广东由于均具有明显的研究机构、高等学院和企业优先发展优势，是我国产学研合作创新实施最积极、合作量最大的两个省域。观察四大区域的产学研合作创新情况：东部一直是我国研发经费外部支出占比最大且呈持续增长的区域，是我国产学研合作创新最活跃、最频繁的地区。中部地区的产学研合作创新比西部地区要略活跃一些。

表3-2　2011~2016年中国各区域R&D经费外部支出占全国的比重

	2011年	2012年	2013年	2014年	2015年	2016年	年均比例
东部地区	0.697	0.660	0.681	0.684	0.700	0.725	0.691
中部地区	0.122	0.146	0.131	0.130	0.121	0.118	0.128
西部地区	0.128	0.126	0.118	0.128	0.126	0.108	0.122
东北地区	0.053	0.068	0.070	0.058	0.054	0.050	0.059
北京	0.164	0.162	0.160	0.166	0.131	0.122	0.151
天津	0.021	0.027	0.019	0.026	0.031	0.028	0.025
河北	0.016	0.019	0.020	0.023	0.015	0.018	0.018
山西	0.015	0.000	0.000	0.000	0.000	0.000	0.003
内蒙古	0.008	0.006	0.006	0.008	0.009	0.007	0.007
辽宁	0.022	0.023	0.028	0.030	0.027	0.026	0.026
吉林	0.009	0.025	0.031	0.011	0.013	0.010	0.016
黑龙江	0.022	0.020	0.011	0.017	0.014	0.014	0.016
上海	0.063	0.079	0.098	0.072	0.100	0.079	0.082
江苏	0.104	0.077	0.089	0.128	0.098	0.080	0.096
浙江	0.073	0.068	0.060	0.053	0.067	0.091	0.069
安徽	0.031	0.035	0.031	0.032	0.027	0.024	0.030
福建	0.023	0.031	0.035	0.028	0.026	0.022	0.028
江西	0.019	0.020	0.020	0.014	0.011	0.008	0.015
山东	0.097	0.094	0.094	0.098	0.083	0.076	0.090
河南	0.022	0.021	0.018	0.017	0.013	0.013	0.017
湖北	0.019	0.030	0.025	0.034	0.043	0.040	0.032
湖南	0.018	0.023	0.024	0.020	0.018	0.003	0.018
广东	0.133	0.101	0.103	0.087	0.145	0.205	0.129
广西	0.009	0.009	0.007	0.006	0.006	0.006	0.007
海南	0.002	0.002	0.002	0.003	0.004	0.004	0.003
重庆	0.016	0.014	0.014	0.014	0.013	0.016	0.014
四川	0.026	0.033	0.036	0.036	0.039	0.036	0.034
贵州	0.003	0.004	0.003	0.004	0.005	0.004	0.004
云南	0.006	0.008	0.009	0.006	0.007	0.006	0.007

续表

	2011年	2012年	2013年	2014年	2015年	2016年	年均比例
西藏	0.000	0.001	0.000	0.000	0.000	0.000	0.000
陕西	0.032	0.029	0.025	0.029	0.024	0.023	0.027
甘肃	0.011	0.011	0.012	0.016	0.018	0.004	0.012
青海	0.005	0.002	0.001	0.001	0.001	0.001	0.002
宁夏	0.001	0.001	0.002	0.001	0.002	0.001	0.001
新疆	0.011	0.008	0.003	0.007	0.003	0.003	0.006

注：山西、西藏不少年份为0，是因为各自比例非常小，四舍五入取三位小数就显示为0。
数据整理自相应年份的《中国科技统计年鉴》。

3.2.6 技术、高技术产品等区际贸易渠道

技术贸易涉及交换的主要是技术类的无形商品，高技术产品贸易交换的是有形商品，此类贸易渠道与创新要素省际空间流动关系密切，一方面是因为技术和高技术产品都属于知识密集型商品，包含大量的创新类知识和信息；另一方面随着分工的深化和科技经济一体化的推进，技术、无形服务、高技术产品在区际贸易交换中的比重在日益增大。通过贸易交换，重要的技术要素、含有重要技术要素信息的产品从一地区转移到其他地区，成为创新要素及创新成果流动和扩散的又一个独特的重要渠道。技术贸易与高技术产品贸易可以发生在创新组织的内部和外部，因此贸易类渠道引发的创新要素区际流动范围非常广泛。

（1）技术贸易。

知识技术流动对区域创新活动的影响，通过市场交易比那些通过非市场外溢的效果要更加显著（Mowery et al.，2015）。技术贸易是直接以技术为转让对象的市场交易行为。专利权转让、专有技术转让、技术秘密转让、专利实施许可专利、软件著作权转让等都是技术贸易的表现形式。随着我国技术市场交易的逐步发展，技术市场交易的统计也越来越规范。技术市场合同成交额就是用来反映在技术市场上达成技术开发、技术转让、技术咨询和技术服务类合同的成交额，可从一定程度上反映我国省域间技术贸易情况，也能从一定程度上反映我国省域间的技术转移和流动。由图3-4可知，目前全国及东部、中部、西部和东北部的技术市场合同成交额均已经有了大幅度稳步增加。2016年全国技术市场合同成交额为10930.87亿元，与2008年的2523亿元相比，增幅333.26%。中部地区2016年为1407亿元，比2008年增加了643.98%。西部地区2016年为1590亿元，比2008年增加了641.13%。东部地区2016年为7368亿元，比2008年增加

了 276.19%，东北地区 2016 年为 565.45 亿元，比 2008 年增加了 252.10%。这说明随着区域创新和区域经济深入发展的需要，各区域间对创新技术的需求量越来越大，技术贸易的成交量也就越来越大，技术贸易渠道作为我国创新技术省域空间流动的重要载体其交易越来越活跃和频繁。

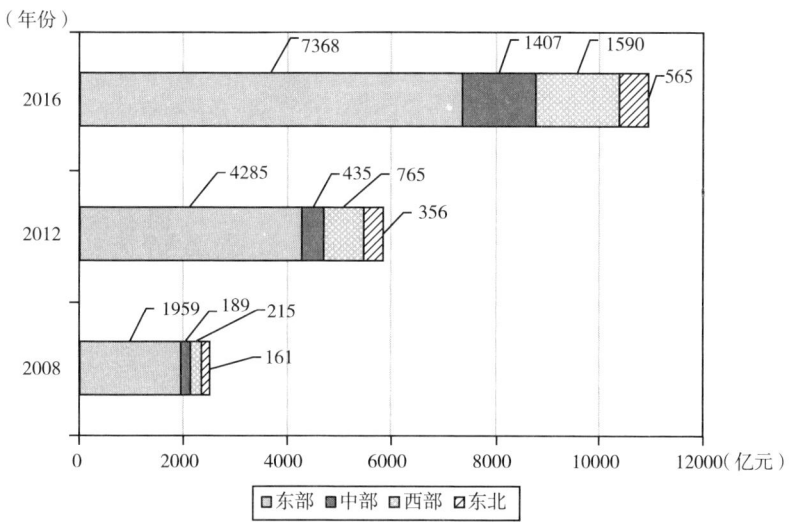

图 3-4　我国四大区域技术市场合同成交金额

注：数据资料整理自《中国科技统计年鉴》。

从技术市场成交额占 GDP 的比重来看（见图 3-5），东部、西部、中部、东北地区都呈现不断上升的态势，31 个省域中的绝大部分省域也都处于不断提高的状态中，诸如北京、天津、陕西、湖北等省域提高更是明显，说明整体上我国各省域之间的技术贸易对 GDP 的贡献在不断加强，技术贸易渠道越来越重要。

（2）高技术产品区际贸易。

OECD 根据各类制造业的 R&D 密度，将制造业划分为低、中低、中和高技术产业四类。一区域的高技术产业代表了该区域那些技术水平最高、投入研发资源最多的行业（那军，2011）。高技术产业作为我国区域创新的排头兵，近年来发展迅速，高技术产品的省际贸易和国际贸易也增长迅速。高技术产品的国际贸易常用高技术产品的进出口额来衡量，有海关等机构统计进出口流量。而省际贸易，由于缺乏专门的省域间货物与服务贸易的统计资料，数据获取较为困难，现有的文献大多从间接方法来考察和衡量（Poncet，2003；陈秀山等，2007；俞立平，2013；谢姗，2015）。本书借鉴俞立平（2013）的研究成果，用各地区的"高技术产业主营业务收入减高技术产业出口交货值"的差值来粗略地反映我国

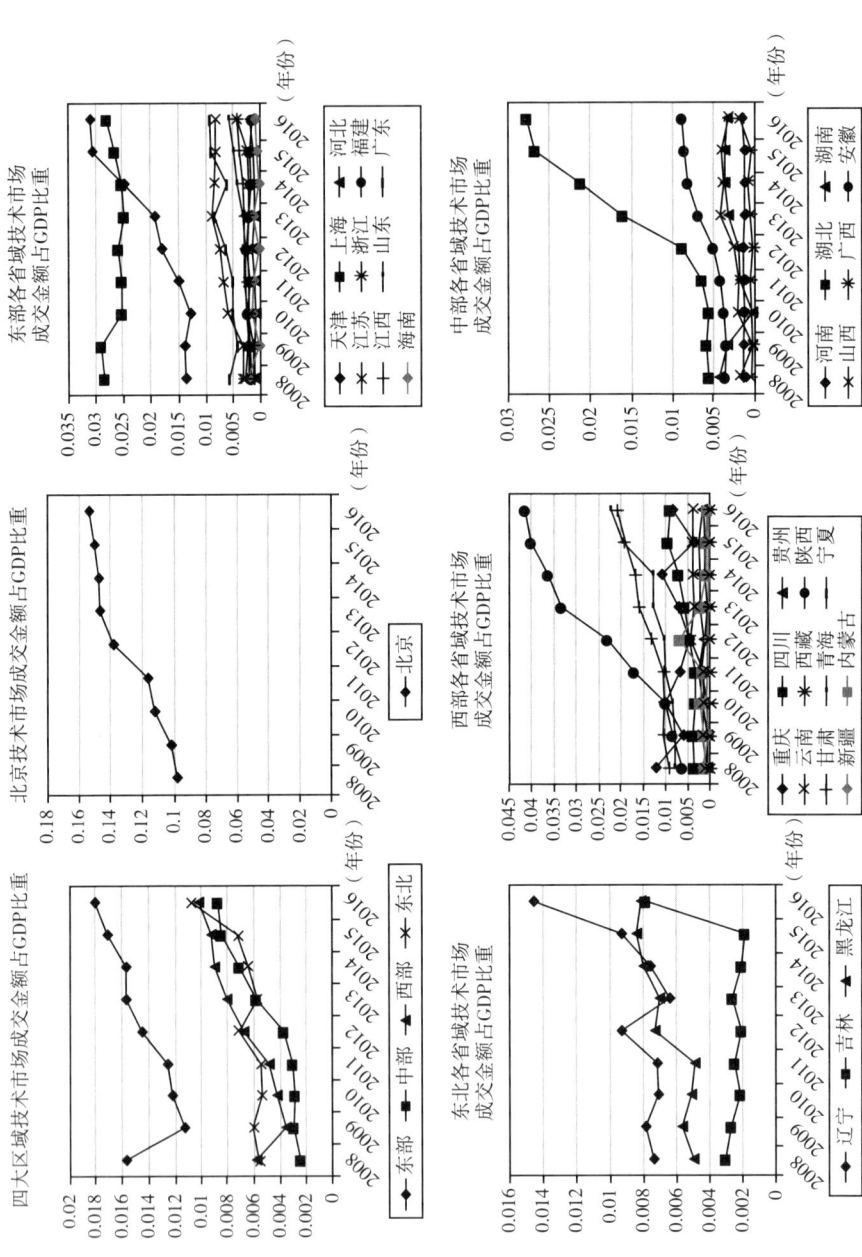

图3-5 2008~2016年中国各省技术市场成交金额占GDP比重

注:北京的比重明显偏大,为使东部省域的发展态势能清楚呈现,所以北京市单独作图。数据整理来源:《中国科技统计年鉴》和《中国统计年鉴》。

第3章 创新要素空间流动及其对区域创新绩效影响的机理分析

高技术产品的省际贸易量（具体见表3-3和图3-6）。

由表3-3和图3-6可知，2008~2016年无论从全国角度，还是东部、中部、西部和东北部角度及31个省域角度，高技术产品省际贸易发展迅速，稳步大幅增加。2008年中国高技术产品省际贸易量为24914.33亿元，2016年增加至101352.4亿元。东部地区的高技术产品省际贸易一直占据全国的大半壁江山，前三强是江苏、广东和山东，其中江苏和广东的省际贸易量一直处于绝对量优势地位。在东北三省中，2008~2014年，辽宁一直处于领先地位，而自2015年起被吉林反超。在中部地区中，河南一直是中部六省高技术产品省际贸易量最大的省份。在西部地区中，四川的高技术产品省际贸易量最大。从2008~2016年的年均增长率看，31个省域都是正的增长率，说明随着高技术产品省际贸易的增加，技术、知识要素的流动也变得越来越频繁，流动规模也越来越大。

表3-3　2008~2016年我国高技术产品省际贸易量及其年均增长率

地区/省份		区内贸易量（亿元）					2008~2016年均增长率（%）
		2008年	2012年	2014年	2015年	2016年	
区域	全国	24914.3	55583.0	76602.5	89046.0	101352.4	0.19
东北地区	辽宁	763.7	1747.5	1981.2	1508.0	1182.0	0.07
	吉林	351.9	1125.2	1644.0	1823.0	2041.0	0.25
	黑龙江	300.3	510.2	608.5	610.0	482.0	0.07
东部地区	北京	1888.8	2488.5	3120.0	3302.0	3664.0	0.09
	天津	873.9	1981.1	2720.5	2730.0	2538.0	0.15
	河北	458.1	1037.6	1363.0	1539.0	1645.0	0.18
	上海	1747.1	2360.4	2641.0	2728.0	2784.0	0.06
	江苏	4261.3	10338.5	14202.8	16467.0	18512.0	0.20
	浙江	1407.1	2659.3	3244.2	3797.0	4419.0	0.16
	福建	700.1	1397.3	1626.2	1979.0	2463.0	0.17
	山东	2495.7	6132.1	8263.6	9566.0	10328.0	0.20
	广东	4103.2	9635.4	13179.4	16472.0	20431.0	0.23
	海南	40.7	147.2	126.8	153.0	161.0	0.21
中部地区	江西	505.2	1614.0	2305.3	2941.0	3516.0	0.28
	河南	738.8	1914.6	2905.5	3705.0	4683.0	0.26
	湖北	647.3	1481.1	2632.2	3056.0	3446.0	0.24
	湖南	471.1	1563.9	2404.3	2822.0	3160.0	0.28
	山西	141.8	323.9	355.8	415.0	377.0	0.15
	安徽	327.3	1259.2	1885.4	2301.0	2788.0	0.31

续表

地区/省份		区内贸易量（亿元）					2008~2016年均增长率（%）
		2008年	2012年	2014年	2015年	2016年	
西部地区	重庆	250.7	667.4	1239.6	1934.0	2556.0	0.34
	四川	1183.4	2405.4	4133.4	4233.0	4213.0	0.18
	贵州	180.3	329.5	553.5	789.0	939.0	0.24
	云南	105.3	231.2	302.8	341.0	407.0	0.19
	西藏	4.3	7.7	15.9	10.0	10.0	0.15
	内蒙古	174.3	266.2	339.3	384.0	388.0	0.12
	陕西	548.3	1128.3	1473.2	1577.0	1974.0	0.18
	甘肃	53.5	103.8	142.0	152.0	159.0	0.15
	青海	11.8	38.5	57.0	100.0	129.0	0.37
	宁夏	15.8	22.3	28.2	96.0	151.0	0.45
	新疆	17.1	16.2	25.5	71.0	88.0	0.33
	广西	146.4	649.2	1082.4	1443.0	1723.0	0.37

注：数据整合自《中国科技统计年鉴》和《中国高技术产业统计年鉴》。

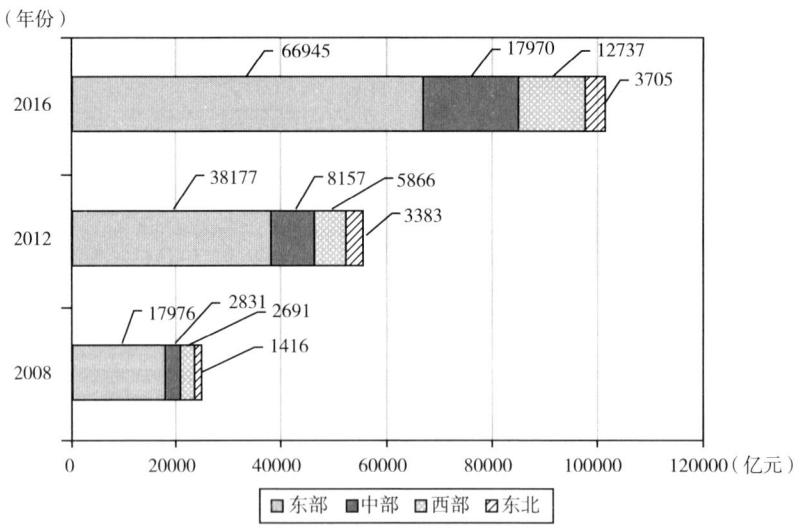

图 3-6 我国四大区域高技术产品区际贸易量

注：数据整理自《中国科技统计年鉴》和《中国高技术产业统计年鉴》。

再来分析 2008~2016 年高技术产品省际贸易占 GDP 比重（见图 3-7）。东部、中部和西部地区的高技术产品区内贸易占 GDP 比重近些年一直处于上升状态,东北地区近两年呈现比重下滑的现象,这与辽宁和黑龙江近两年比重下降明显紧密相关。在东部各省中,上海和天津近几年出现了连续下降的状态,其他八省呈现的是连续增长态势。在西部各省中,除四川外其他省域的高技术产品区内贸易占GDP比重增长良好。在中部地区中,除了山西变化较平稳外,江西、河南、湖南、湖北和安徽增长明显。综上所述,高技术产品省际贸易对GDP增长的贡献整体上在不断增加,高技术产品省际贸易渠道成为我国创新技术省域流动越来越重要的渠道。

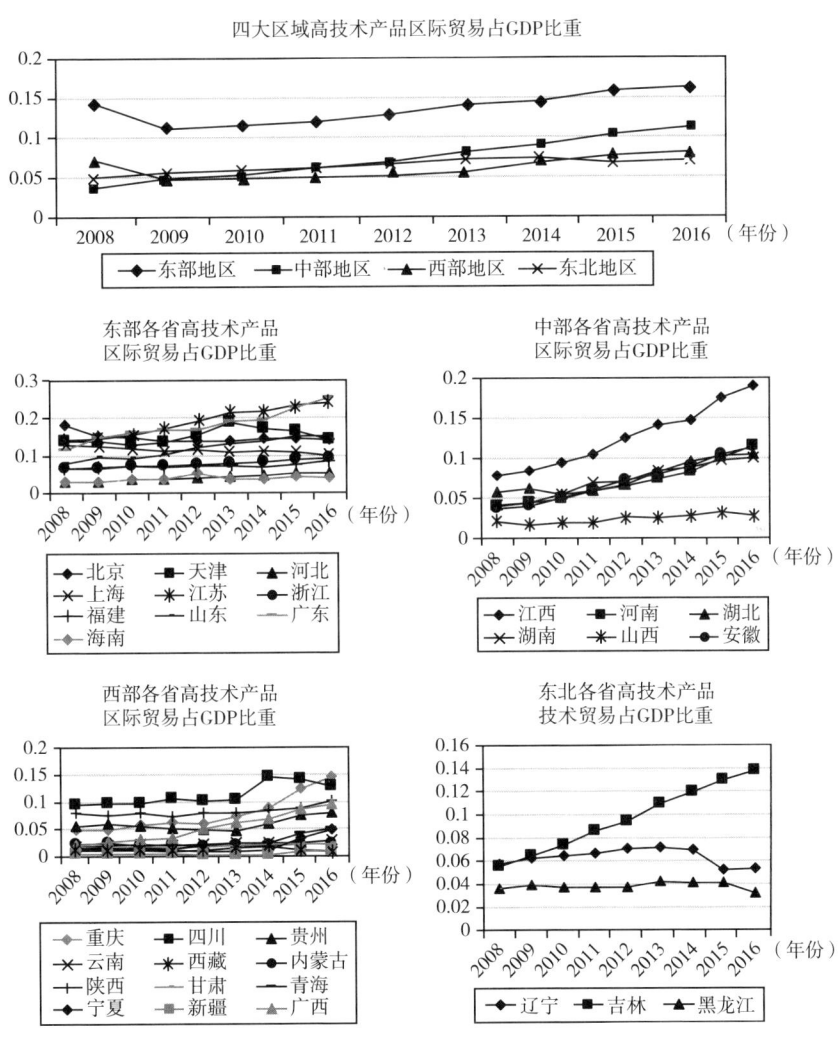

图 3-7　2008~2016年中国各区域高技术产业区际贸易占GDP比重

注：数据整合自《中国科技统计年鉴》《中国高技术产业统计年鉴》《中国统计年鉴》。

3.2.7 政府筑巢引凤渠道

政府筑巢引凤主要指政府基于地区全局发展战略，通过相关制度和政策的制定和引导为本区域吸纳、集聚、分流创新要素搭建平台或创造条件。由于技术创新存在过程的不可分割和不确定性、收益的非独占性等特征，使创新资源在单纯依靠市场力量下无法达到最优的空间配置（Arrow，1962），这就需要政府"筑巢引凤"发挥独特的调节作用。政府对区域创新的调节不仅仅是通过增加对研发资金的直接财政投入来产生直接影响，还可以通过调节创新要素区际流动来影响区域创新，通过有效的创新制度和政策安排积极激励更多创新资源更有效地配置到相应区域空间的创新性生产活动中，从而促进创新绩效全面提高同时增强创新对经济增长的作用。因此，政府筑巢引凤是创新要素空间流动的重要渠道之一。

政府聚人、聚智、聚技、聚资的筑巢引凤渠道形式多元化，如组织科技博览会和展览会等，其中最主要的集聚各类创新资源的筑巢形式就是创建各类创新载体和创新平台，如科技企业孵化器、高新技术产业园区、创客工作室、高校试验园、行业共性技术、关键技术研发中心等创新创业平台，为创新创业提供"项目、政策、环境"互为一体的优良的类似大城市办公社区的物理空间，大力吸引高素质创新创业人才、待孵化的高新技术、风投资金等输入创新平台，发挥创新集聚效应，增强创新能力。下面重点从创新平台角度了解政府"筑巢引凤"渠道。

（1）"创新飞地"平台。这是技术落后地区到高端人才供给相对丰裕的发达地区组建或联合组建创新平台，以期望可以利用当地丰富的科研人才及科技成果，并以此作为创新技术引进、开发的战略基地，实现创新技术的回流，解决本地区技术落后、高端人才缺乏的问题。例如，位于浙江省西部的衢州市，经济总量小，产业基础薄弱，高端人才相对匮乏。为补齐创新短板，衢州市近4年来北上南下，在国内多地如北京、上海、深圳、杭州等地打造创新飞地。杭州的衢州海创园、上海的张江（衢州）生物医药孵化基地等创新飞地平台，正发展成为衢州吸引海内外项目和高层次人才的"新高地"、带动衢州经济转型升级发展的"新引擎"。[①]

（2）科技企业孵化器。1987年全国只有两家科技企业孵化器，即深圳科技工业园创业中心和武汉东湖新技术创业者中心。而根据《中国创业孵化发展报

---

① 资料来源：http://news.hexun.com/2017-05-23/189305904.html。

告 2017 年》，到 2016 年年底，全国科技企业孵化器已达到了 3255 家，数量位居世界第一，在孵科技型中小企业 13.3 万家，拥有有效知识产权 22.3 万项，累计帮助 3.3 万家企业获得 1480.3 亿元的风险投资，累计培育毕业企业 8.9 万家。2016 年当年，聘请 3.2 万创业导师，导师对接和服务了 8.1 万家在孵企业；吸引科研院所和高校创业者 5864 名、大企业离职创业者 1.4 万名及连续创业者 3.7 万名在其中创新创业，聚集超过 163 万名科技人员、2.1 万名留学归国人员和 3.7 万名博士在其中就业。培育和引入 1790 名各级"千人计划"人才。

3.3 创新要素空间流动主要动因

创新要素空间流动是由各创新要素发展的内在规律和经济社会发展的客观规律决定的一种社会现象。促使各创新要素以多样化的形式和渠道在不同空间流动的动因有来自宏观层面（经济发展水平、市场竞争、地域、机制、区域整体环境等），也有来自微观层面，如企业的综合实力等。但总的来说主要源自三个方面，即市场拉动、政府推动及市场与政府的混合协同。

3.3.1 市场拉动

市场拉动式创新要素区际空间流动是市场驱动的自组织性质的流动。市场供求机制决定创新要素的定价。不同区域的创新要素的自然禀赋条件即供给水平存在差异，每个区域拥有的创新要素的种类、数量、质量、结构、地域空间配置等方式是不同的，不同区域对不同创新要素的需求程度也是不一样的。一个地区创新要素的供给和需求情况决定了其价格。创新要素区际间的不同定价直接导致要素从边际收益率低的区域向边际收益率高的区域流动。下面以一个简单的模型来说明创新要素是如何通过市场机制在区域间流动。

创新要素本质属于生产要素，其运动受生产要素运动规律的支配和制约。假设有 R_1 与 R_2 两个区域，投入创新人才（IL）和创新资金（IK）两种创新要素。创新资金的价格是利息 r，创新人才的价格是工资 w。事先假定：（1）创新要素可以在区域间自由流动（这意味着创新要素在区际间流动不存在运输费用），但产品或商品不能在区域间流动。（2）这两个区域都生产同样的创新产品，但运用的生产技术工艺是不同的。（3）创新要素的相对价格由当地创新要素供给水平即创新要素禀赋与创新生产所采用的技术工艺对创新要素的需求来决定。创新人才要素和资本要素总是流向能够获得高报酬的那些地方使用，流动的最终结果是呈现两区域创新要素价格的均等化。(4) 假定 R_1 区域在外部因素影响下其创新资金集约程度要比 R_2 高。接下来作进一步分析，由于 R_1 创新资金的集约程度更高，R_1 创新资金投入比创新人才投入相对较多，使创新资金的边际产量相对较低，而创新人才的边际产量相对较高。因此 R_1 的工资率与 R_2 的工资率相比相对要高，而 R_1 创新资金的利息则相对要比 R_2 的低。这样在区际间产品不能自由流动而创新要素可以自由流动的假设情况下，创新资金会从 R_1 流向 R_2，而创新人才则从 R_2 流向 R_1。这种流动导致 R_1 与 R_2 的创新人才与创新资金的投入比例发生了变化。R_1 初始的创新资金集约程度下降（创新人才流入和创新资金流出的结果）；R_2 的创新资金集约程度会增加（创新人才流出和创新资金流入的结果）。由此，R_1 与 R_2 区域的创新资本集约程度逐渐开始接近。当 R_1 与 R_2 区域的工资 w 和利息 r 不存在差别时，这个流动过程才会结束（陈秀山等，2003；那军，2011）。

图 3-8 阐述了创新人才和创新资金区际流动的过程。图中 X 轴表示创新资金（IK/IL）集约程度，从左到右表示创新资金集约程度越来越高，即创新生产中采用的创新资金比创新人才的比例越来越大。Y 轴左侧表示创新资金的边际产量价值随着创新资金集约程度增长而下降，创新人才要素的边际产量价值随着创新资金集约程度增加而提高。图中两条曲线分别表示不同的创新资金集约程度下创新资金和创新人才的边际产量变化情况。由于创新要素的边际产量价值等于创新要素的价格，因此这两条曲线实际上也反映出了创新资金集约程度变化时创新资金价格 r 和创新人才价格 w 的变化情况。R_1 与 R_2 区域的创新生产采用的技术工艺不同，创新资金集约程度不同导致工资与利息水平有差异。区域 R_1 的 B 点

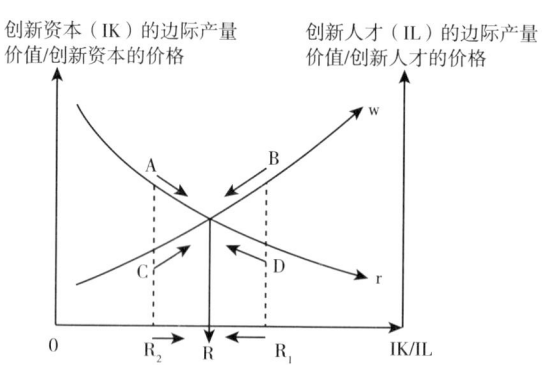

图 3-8 市场机制下创新要素在 R_1 与 R_2 区域间的流动

资料整理自：陈秀山等（2003）；那军（2011）。

显示其工资水平较高，而区域 R_2 的 A 点显示其利息水平较高。由此引起了创新人才从 R_2 区域流向 R_1 区域，创新资金从 R_1 区域流向了 R_2 区域。R_1 区域的创新人才因创新人才的流入而增加，导致工资水平沿着 w 曲线从 B 点向左移动而下降，创新资金因创新资金的流出而减少，导致利息水平沿 r 曲线从 D 点向左移动而上升。R_2 区域的创新资金因为创新资金流入的增加导致利息水平沿着 r 曲线 A 点向右移动而下降，创新人才因为创新人才要素流出的减少导致工资水平沿着 w 曲线 C 点向右移动而上升。这样两个区域 R_1 与 R_2 都改善了创新资金集约程度。如最后 R_1 与 R_2 区域的创新要素流动分别达到平衡 R 点，那么这两个区域的创新资金集约程度相同，创新人才和创新资金的报酬相同，创新要素也就停止了流动。

在市场机制拉动影响下，创新要素通过要素市场在各区域创新系统间流动，各区域创新主体间主要以契约关系为基础（常爱华，2012；邹游，2017）。因此，各区域创新吸引创新要素的前提是具有开放、有序、公平的市场环境，一旦处于信息封闭、诚信缺失等市场环境下，创新要素空间流动将会受到负面的影响。

3.3.2 政府推动

政府推动式是指各地方政府从兼顾国家整体利益和区域整体利益出发，通过行政指令或计划性分配等方式占据创新要素流动配置的主导权，推动创新要素在区际间的流动，是一种他组织形式下的创新要素流动。政府实施的创新制度、政策和战略，如离开人力、资金、技术等创新要素的流动和积累，就失去了赖以实现的根基。政府推动式出现的目的是解决市场机制配置和公共资源无效的问题。除行政指令外，各地方政府常常用下面方式来推动创新要素区际流动：

（1）直接作为诸如资金等创新要素的提供者。通过直接投资、专项补贴、配套投资、国有银行贷款等形式加大对创新活动的资金支持，有利于吸引其他区域创新要素的流入。（2）营造健康、向上的区域创新软环境。首先，促进地方经济体制改革，着力开放型经济发展，营造良好的创新文化氛围，实现制度创新，尽可能去除一些因体制机制弊病而给创新要素使用和成长上的束缚，如进一步完善产权制度和知识产权制度，进一步改革政府人事管理制度、调整人才激励和评价制度、进一步改革户籍制度等，进而实现从体制机制优化角度吸引外部创新要素。其次，完善创新的一体化、网络化社会服务体系。维持技术市场公平运行；加大对第三方的扶持，合理利用产业、行业、企业诸如技术咨询服务机构等桥梁作用，加大区域间的创新交流；推进各区域间创新主体和创新要素的合作交流平台运行和建设，如定期召开创新交流大会、组织产品博览会等，积极推进政产学研合作创新，实现区域间创新资源要素的合作交流和优势互补。最后，各地方政府要不断完善科技政策、产业政策、人才政策特别是优秀高质量创新型人才政策、创新资金政策、招商引资政策、教育政策等系列政策，实现政策组合的"拳头"效应，为良好的创新要素吸纳、分散机制的构建和优化建立政策保障。

(3) 建设创新所需的硬件环境。积极完善交通、通讯电信、住房等基础设施和生活服务设施建设，进一步建设高新技术产业园、政府科研中心、创新创业孵化中心等，吸引外部创新要素并保障区域创新活动顺利开展。

总的来说，政府推动式的创新要素空间流动可以避免区域完全依靠市场调节可能出现的创新要素无序化竞争现象，但同时也容易造成区域间信息闭塞、失真、要素资源配置不合理等问题，使创新要素空间流动的效果不能全部体现。

3.3.3 市场拉动与政府推动协同式

协同式是指在充分发挥市场机制的前提下，政府配合进行适当干预，进而共同促进创新要素的区际空间流动。创新要素分别在市场机制拉动与政府推动下的流动和配置都各自存在一定的问题，而协同式优势在于通过较为弹性化的策略，最小化因"市场失灵"或政府决策失误所带来的风险，有效弥补不同区域的创新要素缺口问题。

市场和政府有机结合的混合经济是现代市场经济的本源属性。市场拉动与政府推动的协同式在强调配置资源最有效率的是市场机制的同时，强调调控宏观经济功能上政府的必要性。一切创新要素动态有效配置的实现都是市场有效和政府有为间互补互动相结合的产物。一方面，发挥市场在创新要素资源动态流动和配置中的决定性作用，利用市场调节在资源配置上的多样性、灵活性和有效性，激发区域创新活动活力，提高创新要素利用效率，提升区域创新活动效率和效益，并弥补政府行为效率的低下；另一方面，政府充分利用宏观调控规律的能动性、前瞻性、可控性和计划性，大力实施人才强省、创新强省战略，运用行政、经济、法律等手段调节各类区域创新主体的创新行为，调节利益分配，培育战略性新兴产业，促进地区产业结构的转型升级等，有效克服市场调节导致创新要素在动态流动配置中的盲目性、自发性和滞后性，优化创新资源要素在本区域及全社会的动态有效配置。

在协同模式下，区域创新主体创新参与的积极性和能动性都很高，分工明确，协同合作，保障了创新要素向区域的集聚或扩散。市场拉动与政府推动协同式很好地符合了当前我国推进创新驱动发展、缩小区域创新发展差异、实现区域经济协调发展战略，其突出了创新要素在不同地理空间上的流动并有效配置的动态性与可持续性。

3.4 创新要素空间流动影响区域创新绩效的理论机理

在开放型经济时代，创新要素在区域间的正式与非正式的空间流动是区域创新主体从区域外部获取创新知识和技术并有效转化为创新产出的重要方式，也是推动区域创新协调发展、持续稳定提高区域创新绩效的重要渠道。如果将创新要素的累积投入认为是增加区域创新知识存量、促进区域创新稳定发展、提高区域创新绩效的主要手段，那么创新要素空间流动所带来的各区域创新系统间的相互联系和相互作用就是促进区域创新知识存量增长、协调区域创新持续发展、稳定提高区域创新整体绩效的内生条件。毕竟，仅依靠区域自身创新要素累积投入产生的效益是无法比拟由创新要素空间流动形成创新要素耦合而产生的效益叠加效应（张宓之，2014）。当然这种效益叠加效应的实现取决于适度的创新要素空间流动。只有适度的创新要素空间流动，才有利于创新知识技术在承接区域的适度积累集聚，才有利于创新要素的跨区结构优化和合理配置，才有利于竞争优化机制的形成（Mckenzie et al.，2011）。也就是说，适度的创新要素空间流动易于创新要素动态优化配置效应、创新知识跨区溢出效应、规模经济效应和跨区创新合作网络效应的发挥，而不适度的创新要素空间流动有可能产生创新要素拥挤竞争效应和倒吸效应。下面从理论上来分析创新要素空间流动影响区域创新绩效的作用机理。

3.4.1 创新要素动态优化配置效应

经济学原理已经证明，区域创新生产是多种创新要素的组合过程，一种创新要素必须与其他创新要素组合起来才能形成创新生产力。这种组合分为量的组合与质的组合。从数量组合的角度看，一种创新要素在创新生产中无法无限替代另一种创新要素带来创新产出，因为边际技术替代率是有限的。所以在创新要素的投入组合上不能出现某种创新要素的短缺或冗余，而是必须按照一定的比例最终实现创新产出；从质量组合的角度看，各种创新要素之间必须形成有机的组合，如创新主体企业购买了先进的研发设备，必须有相关的技术人才使用并进行创新生产，才能发挥它的作用。在市场机制规律的作用下，按照边际收益等于边际成本原则，创新要素会自发地流向获益最高的地区，也就是说，创新要素的流动一定是朝着效率更高的方向进行，从而实现要素配置的动态优化，进而带动区域创新能力和创新绩效的提高。（1）创新要素适度空间流动能提高承接地的创新要素存量，夯实承接地的创新活动要素基础（卓乘风等，2017a，2018），为开展区域创新活动所需的人力、资金和技术等创新要素间最优配置的实现提供保障；（2）创新要素适度空间流动会激发不同区域空间之间创新活动的竞争（Hippel，2005），竞争的存在似"鲶鱼效应"，将进一步激发创新要素存量和流量的主观能动性，进一步刺激创新要素能够更有效地利用和最大限度地发挥作用，进而改善原有配置状况，获得最有效的配置；（3）创新要素适度空间流动能够把空间上相互分散的创新活动整合起来，使某些被低效率使用的创新要素纳入高效率的创新活动过程（白俊红等，2015b）。某些闲置或冗余的创新要素通过与创新要素流量发生组合而参加到创新生产活动中，不再成为闲置或冗余资源，从而提高创新要素的使用效率，实现资源的动态优化配置。

图 3-9 简单说明了假设只有两种创新要素，即创新资金（IK）和创新人才（IL），其空间流动改善了创新要素的动态配置进而实现区域创新生产绩效的扩展情况。横坐标表示创新人才 IL 的投入，纵坐标表示创新资金 IK 的投入，IL 与 IK 组合的创新生产绩效为 IP。比 IP_1 规模更大的创新生产绩效 IP_2 是创新资金 IK_1 增加到 IK_2、创新人才投入从 IL_1 增加到 IL_2 共同作用的结果。创新资金的增加需要与更多的创新人才的配合才能形成更大的创新产出。如果 IK_1 增加到 IK_2 的创新资金来自其他区域的创新资金的流入，那么可以说，从 IL_1 增加到 IL_2 的创新人才投入增加就是有创新资金流入带来的对区域中闲置创新人才的使用或是与新流入创新人才要素的配置使用或者两者兼有的结果。因此，具有流动性的创新要素的适度流动，能使流入地不具有流动性的创新要素及闲置的具有流动性的创新要素得以有效投入创新生产过程，同时流入的创新要素本身也得到更为广泛的使用。

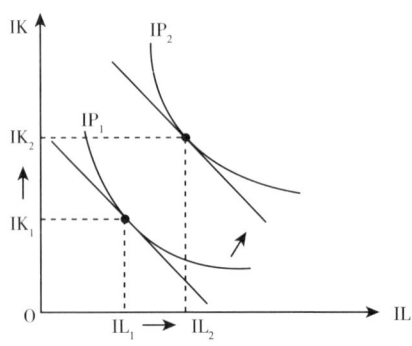

图 3-9　某区域创新资金（IK）与创新人才（IL）动态组合下的创新生产均衡

3.4.2 创新知识跨区溢出效应

创新知识跨区溢出是一种无意识的行为，源于知识的部分排他性和非竞争性特征（Romer，1994）。创新知识根植于创新要素。作为新知识、新技术载体的创新要素在区际空间的流动，由于存在知识、技术重叠，会有意或无意以"搭便车"方式形成和强化创新知识的跨区域溢出（卓乘风等，2018）。一方面，创新要素区际空间流动必然能够带动区域间创新知识技术的交流、传播和共享，引发创新知识技术溢出，冲破不能被编码化的隐性创新知识在扩散中遇到的"瓶颈"问题，加速隐性创新知识技术溢出，并且可以形成对创新要素流动过程中所经过区域的一定程度的辐射作用，从而使这些区域的创新能力和创新绩效得到长足的提高（白俊红等，2015b；王钺等，2017）。焦翠红等（2018）认为基于研发产品的正外部性特征，外部区域所创造的技术或知识通过扩散效应或溢出效应能为本区域利用的同时，研发人员或资本在流动过程中比传统经济资源往往携带更多的知识、技术，能加快新技术、新知识在区域之间的传播和应用，增强不同区域尤其是邻近区域创新生产率的联动性。另外，创新要素区际空间流动所产生的创新知识跨区溢出，可以有效降低包含物质成本、时间成本和风险成本等的区域创新成本。一般来说，创新知识跨区溢出是一种无意识的无法抑制的空间行为，且知识溢出的社会回报率明显高于知识溢出的私人回报率。对单个区域创新系统来说，如以内部自身积累和探索的方式开展研发活动，往往涉及无法控制的风险，并花费漫长的时间和昂贵的成本，而通过创新要素区际空间流动产生的创新知识跨区溢出，可以较容易地共享来自外部区域创新系统的知识、技术福利，大大节约知识创新和技术创新的成本，从而促进区域创新水平和绩效的提升。

少部分学者已经实证了创新要素区际空间流动的溢出效应对区域创新绩效的正向影响。白俊红等（2015a）实证了R&D人员和R&D资本本身蕴含大量有关技术创新的知识信息，其在不同区域的动态流动有利于知识的空间溢出，并促进了区域创新绩效的提升。何宜丽（2017）实证了知识溢出正向影响区域创新绩效，社会经济距离对区域创新绩效的影响弱于地理距离的影响，说明在影响知识溢出效应发挥作用的因素中地理邻近仍是关键因素。进一步门槛效应检验发现，知识溢出影响区域创新绩效存在门槛阈值，当人力资本流动量超过门槛阈值，知识溢出将更大地促进区域创新绩效提升，反之提升效应有限。

3.4.3 规模经济效应

规模经济效应分为内部规模经济效应和外部规模经济效应。内部规模经济效益指经济主体自身生产能力的扩大使长期平均成本出现下降的趋势。外部规模经济效益是指当整个产业的生产能力扩大时使产业内各个经济主体的单位产出平均成本下降。可见，规模经济体现了生产要素集中程度与经济效益之间的关系，生产要素的特定空间集聚能带来显著的成本优势，提高经济产出。在考察集聚度与劳动效率之间关系的众多研究中，大部分研究表明，经济活动密度越大的区域，劳动效率也就越高（Moomaw，1981；Ciccone，2002；范剑勇，2006；刘修岩，2009）。创新要素的本质是生产要素，生产要素与规模经济效应的关系同样适合于创新要素与规模经济效应关系。

创新要素区际空间适度流动，会使创新人才、资本和技术等要素流入配置效率更高、报酬收益更高的区域从而形成动态集聚规模效应，有利于提升区域创新生产绩效。（1）向报酬收益更高的区域创新主体集聚。一方面新流入的创新要素通过学习效应能够助推创新主体原有创新要素形成更高的创新生产效率，增加创新产出规模；另一方面新流入的创新要素本身蕴含的创新生产率比创新主体原有的高，生产的创新产出也就更多。因此创新要素向创新主体动态集聚，会增加该区域创新产出的规模，进而有助于降低创新执行主体的创新生产平均成本，形成内部规模经济，提高区域创新绩效水平。（2）向报酬收益更高的区域产业集聚。区域要素结构影响着区域产业结构，是区域产业结构的形成路径（张幼文等，2013）。创新人才、创新资金和创新技术等创新要素由一定的产业结构组织起来进行创新生产。不同的区域创新要素结构会产生不同的区域产业结构，而区域产业结构的变化又会影响区域创新生产效益的水平及增长。区域创新要素结构对区域产业结构产生影响的主要作用机理就在于区域创新要素结构会导致创新要素收益（报酬）在各个区域产业间的不同，创新要素向收益（报酬）更高的产业转移并最终形成一定的集聚能力，形成外部规模经济从而降低区域产业结构内的区域创新执行主体的单位创新产出成本，提高了整个区域的创新绩效。Baptista 等（1998）发现专业化集聚相对多样化集聚更有利于企业创新；余文涛（2014）实证显示创意产业集聚能够显著正向影响区域全要素生产率，并确实存在对区域产业化阶段的价值增值创新效应。程中华等（2015）认为多样化集聚对区域创新绩效的影响显著。因此，创新要素区际流动会不断改变或调整产业结构，促使区域产业结构动态集聚，如果这种动态集聚优化升级了产业结构，那么就会提升整个区域创新的运行，区域创新绩效也就会提高，反之则会使区域创新运行效率降低，影响区域创新绩效的提升。

3.4.4 跨区域创新合作网络效应

创新已经成为一项复杂性活动（Guan et al.，2016）。目前我国各区域依靠自身比较优势推动和发展区域创新，使创新知识技术分工越来越专门化和精细化，这种创新环境容易随着区域创新的进步而形成区域创新的发展"瓶颈"。因此，影响区域创新效率和效益提升的关键，就是把分散在不同空间的创新知识技术更系统、更统一、更科学地应用到创新生产过程中（高丽娜等，2011；王钺等，2017）。基于创新要素空间流动而形成的跨区域创新合作网络是实现这一问题的重要途径。跨区域创新合作网络使各区域创新系统不再是一个个封闭、孤立的系统，而是通过各种合作建立关系网络，在增强各区域创新主体间的学习与互动同时，加速各区域创新执行主体开展有效的跨区创新分工和合作，从而提高区域创新绩效。一方面，创新要素在区际间的流动使具有比较优势的创新要素在一定程度上可以超越本地市场，在更大范围的区际市场上从事创新活动，而市场的扩大使创新活动的地域分工进一步加快和拓展。知识分工是创新活动分工的本质（Hagel et al.，2009；白俊等，2015b）。亚当·斯密也曾说，分工的存在能够提高效率。创新要素流动联结起来的跨区创新合作网络带来的区际分工效应亦可以促进我国区域创新效率的提升。另一方面，不同区域异质性创新主体间的互动和合作将直接影响区域创新效率和效益的提升（王钺等，2017）。在与区域外组织建立创新合作关系后，本区域的组织拥有了访问和探索嵌入在多样化的不同知识源中的潜在创新机会，这些创新知识源一旦转移并融入本区域的知识库，可能会在本区域创新体系内产生新的技术轨迹（Sun，2016；Zhao et al.，2015；谢其军，2018）。Noni 等（2018）提出嵌入跨区域创新合作网络中的组织可能获取更加多元化的外部知识源，这不仅有利于合作区域的知识更新和技术进步，而且有利于合作区域的创新主体避免陷入技术被固化的低劣发展路径。因此创新要素在不同区域空间的流动可以形成一个联合了不同区域异质性创新主体并产生相互合作、相互作用和相互影响的创新网络，这合作网络机制不仅有利于促进不同区域创新系统联动过程中的新旧知识结合，通过更科学有效地整合、协同使用创新资源，提高区域创新绩效，也可能实现扩大区域创新发展空间或开辟区域创新发展新空间进而提高区域创新绩效。

谢其军（2018）证实技术创新合作网络的度数中心势对区域创新绩效有显著的正影响，也就意味着在创新合作网络中区域地位的提升有助于其创新绩效的提升。此外，在技术创新合作网络中，增加邻近区域的互动和拓展外部合作可以提高区域创新合作,且来自省外特别是创新绩效高省份的组织数量越多,越有利于创新绩效的提升。已有研究发现欧洲的滞后区域与知识密集型区域开展合作可以提升滞后区域创新绩效(Noni et al.,2018)。滞后区域(不发达或欠发达区域)如果通过创新合作嵌入知识、技术密集型区域的创新系统,就能提高其创新能力和区域创新绩效。

3.4.5 创新要素拥挤竞争效应

规模效应和拥挤效应是一枚硬币的两个面,都由创新要素空间流动所形成的集聚所产生,适度集聚产生规模效应,过度集聚产生拥挤效应。Henderson(1986)研究证实规模经济具有有限性,拥挤效应与集聚程度呈负相关。汪彩君等(2011)在研究长三角的制造业产业集聚度与利润的相关关系时,发现长三角的六大制造业存在要素过度集聚状况,也就是存在要素拥挤效应。Broersma等(2009)以荷兰40个地区为研究样本,实证结论显示集聚对劳动生产率的影响体现在两个方面:一是规模效应正影响劳动生产率水平,二是拥挤效应会影响劳动生产率的增长。Rizov等(2012)也选取荷兰为研究对象,得出了与Broersma等(2009)相似的结论,全要素生产增长率与集聚程度负相关,表明拥挤效应的确存在。

拥挤效应一般来说存在三个特征:一是由某类要素过多所引起;二是伴随经济集聚而产生;三是限定在一个区域内,具有空间特性(周圣强等,2013)。创新要素区际空间流动对区域创新绩效的影响可能具有两面性从而形成倒"U"形影响,这主要源于创新要素承接地因创新要素的不断流入导致过度集聚所引发的拥挤效应。逐利性机制驱动下的创新要素会从边际报酬低的区域流入边际报酬高的区域,从而在这一区域形成集聚效应。当这区域处于创新要素集聚初期和适度规模阶段时,创新要素区际流入所发挥的动态优化配置效应、内部和外部规模经济效应等集聚积极作用占主导地位,区域创新处于规模报酬空间递增阶段。随着创新要素承接地流入的创新要素不断增加,集聚程度不断提高,竞争拥挤效应开始显现,集聚的负面作用开始呈现。过度集聚竞争和拥挤会使该地区的各项基础设施使用拥挤,减弱了创新要素的稀缺性,创新要素的"价格"开始降低;创新技术要素竞争激励,技术创新投资回收期变短,更新换代速度更快,垄断性利润下降、回报率降低;创新资金的回报周期变长且回报率降低;创新人才的边际生产率降低,边际收入递减。结合马斯洛的需求层次理论,在竞争激励的环境下,进一步加大了创新人才自我实现的难度,这使创新人才的创新能动性下降。同时流入地的创新知识、技术溢出效应等效应也相应被弱化,区域创新主体的整体创新积极性也将受影响（卓乘风等，2018）。综上所述，创新要素区际空间流动有可能形成的拥挤竞争效应对区域创新绩效会产生倒"U"形影响，创新要素适度集聚将促进区域创新绩效的提升，而过度集聚会使区域创新绩效的提升受阻。

3.4.6　创新要素倒吸效应

创新要素总是流向回报率高的地区从而实现利润最大化。欠发达或不发达地区无论是区域创新角度还是规模经济角度都不可能与发达地区竞争，而现实中它们的产品市场和要素市场又必须在共同的市场上竞争（邹璇等，2008）。欠发达或不发达地区（外围地区）更需要创新驱动发展，需要更多的创新要素保障创新发展。但发达地区（中心地区）比欠发达或不发达地区高的创新要素回报率和优良的创新环境，导致了欠发达或不发达地区对创新要素吸引力大大下降，发达地区"虹吸"了欠发达或不发达地区的创新要素，出现"马太效应"。发达地区集聚了富余的创新要素，而欠发达或不发达地区却呈现创新要素的严重不足，这往往会加剧发达地区与不发达或欠发达地区间的区域创新水平和绩效的不平衡性。在这种纯市场机制下，创新要素不断从外围地区向中心地区流入，从而呈现不发达或欠发达外围地区创新要素越来越缺乏、创新持续低迷，与发达的中心地区的创新水平和绩效差距越来越大的现象，本书称为创新要素倒吸或回流效应。Beine 等（2001）认为人才外流拖累了外围地区的经济发展。Johnson（2005）、Gibson 等（2012）、Okeke（2013）、Zhou 等（2018）等研究认为，对于人才外流的发展中国家来说，因长期存在的社会和经济限制，人才外流加剧了其人才短缺的状况，并减少了人力资本的积累。专业人才的移民，不论是永久的还是暂时的，都会影响经济发展，并加剧全球收入分配的不平等（Kancs，2011；Mountford et al.，2011；Wei et al.，2015b）。同样扩展类比，在纯市场机制下创新要素从欠发达或不发达地区向发达地区的单向外流，必定加剧其创新要素尤其是优质创新要素的短缺，减少了其创新要素的积累，阻碍了其区域创新能力和创新绩效的提升，尤其不利于区域创新的协调发展。

3.4.7　创新要素空间流动影响区域创新绩效作用机理总结

在知识经济时代背景下，创新人才、创新资金、创新技术等无疑是区域创新所必须具备的关键要素。但仅局限于本地区自身创新要素的绝对供应量并不构成区域创新发展的唯一内源性动力。在开放经济和区域协调发展统筹战略推进下，提高区域创新绩效，实现区域创新协调发展更多需要依靠创新要素在各区域间流动产生的相互作用、相互影响和相互联系。创新要素空间流动使一区域创新发展所需的人才、资金、技术知识等的异质性和存量都会发生变化，跨区的动态优化配置效应、知识共享和溢出效应、规模经济效应、分工互补合作效应等的叠加效应将越来越广泛。当然，任何事物的发展都有两面性，创新要素空间流动使中心地区的创新要素由适度集聚发展到过度集聚拥挤时，对区域创新绩效的影响会形成先升后降的倒"U"形。而创新要素从外围地区即欠发达或不发达地区的单向持续流出（倒吸效应），会使这些地区的区域创新能力和绩效持续低下，提升受阻，总体上均不利于我国区域创新水平和绩效的整体提升。综上所述，创新要素空间流动影响区域创新绩效的理论作用机理概括为图3-10。

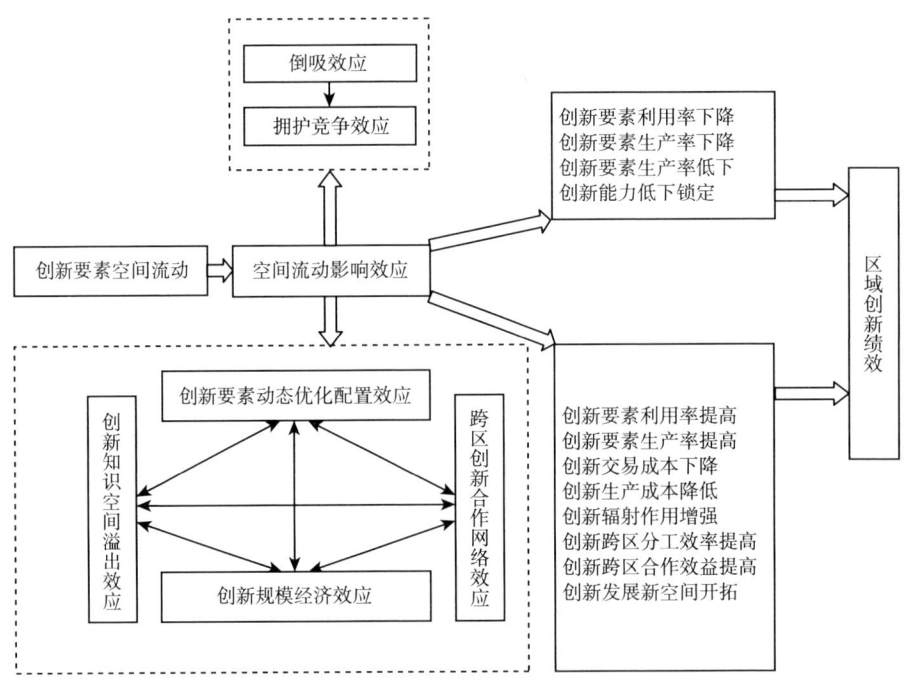

图3-10　创新要素空间流动影响区域创新绩效理论作用机理

3.5　本章小结

本章首先分析了创新人才、创新资金和创新技术的空间流动表现形式。其次

第 3 章 创新要素空间流动及其对区域创新绩效影响的机理分析

展开对我国创新要素在不同区域空间流动的七大主要渠道的分析，即对创新人才迁移渠道、研发直接投资渠道、研发外包渠道、技术联盟渠道、产学研合作创新渠道、技术与高技术产品省际贸易渠道及政府筑巢引凤渠道。再次，从三个方面分析了促进创新要素在不同区域空间流动的主要动因：市场拉动、政府推动、市场与政府协同，其中，以市场拉动为主、政府推动为辅的协同动因是目前我国创新要素流动的主流动因。最后，剖析了创新要素空间流动影响区域创新绩效的理论作用机理，即适度的创新要素空间流动有利于区域创新绩效的全面提升。适度的创新要素空间流动易产生创新要素动态优化配置效应、创新知识跨区溢出效应、规模经济效应、跨区创新合作网络效应等对区域创新绩效的正向影响，不适度的创新要素空间流动较容易形成创新要素拥挤竞争效应、创新要素倒吸效应而使该区域创新绩效提升受阻。

第4章 创新要素空间流动估算及其空间布局分析

基于多形式和多渠道的创新要素空间流动会形成不同的空间布局，并产生不同的空间影响效应。而要实证探研创新要素空间流动的布局特性及具体空间影响效应，对创新要素空间流动量的测算是首要解决的问题，也是一个难题。本章先在借鉴已有研究中的主流方法——引力模型基础上，改进引力模型，构建能模拟估算创新要素流动可能性、方向性和规模性的引力模型，模拟估算创新要素空间流动联系量；然后从创新要素空间流动偏好布局、创新要素空间流动的空间集聚中心布局、创新要素空间流动的空间关联性布局三个方面详细分析创新要素空间流动的空间特性。

4.1 创新要素空间流动测评

要素流动量的测度一般来说有两种方法：一种方法是基于各区域间人才流、技术流、知识流、资金流等要素的实际传输量来测定，也就是经验分析法。经验分析法测定的结果比较准确且符合实际，但经验分析法的工作量很大，特别对于社科领域来说，涉及研究的多是无形要素流，这就存在难以测量、获取和收集的困境。另一种方法就是理论分析法，主要借助理论模型来抽象经济社会中的实践情况。该方法测定结果虽与现实实践可能会存在一定误差，但存在很大的研究价值且使用起来简便，相对比较理想，众多的人文社科领域研究成果的获取就是基于理论分析法。由此，鉴于目前还没有针对创新要素区际流动的专门流量统计数据，再加上隐性的技术、知识流也很难去实际测度，本书创新要素空间流量估算比较实际可行的方法就是基于理论模型进行模拟基础上的近似推算。而引力模型是用来模拟推算要素流动量应用最广的理论模型。结合前面的文献综述可知，最近四五年里有关研发要素流动估算运用的均是引力模型。因此，本书的应用上借鉴这一主流方法,用引力模型这一理论模型模拟估算我国创新要素区际空间流动量。

4.1.1 引力模型概况

引力模型源自于17世纪80年代牛顿提出的万有引力定律（the law of gravity），认为两个任意的物体间都存在相互的吸引力,相应的吸引力的大小与这两个物体间的质量乘积成正比,与这两个物体间的距离成反比。长期的研究经验也发现,经济体间距离越近发生相互作用的可能性也就越大,经济体的规模越大吸引人流、资金流、信息流等也就越多。因此,物理学中最伟大的发现之一万有引力模型就被"拿来"广泛应用到社科领域,已成为空间经济学发展历程中最基础也是使用最多的模型（梁辉,2015;化祥雨,2016）,成为连接物理学、地理学、经济学等学科的桥梁。Ravenstein 早在19世纪就将引力模型运用到人口迁移分析中,Reilly 在19世纪30年代为测度零售贸易流量,构建了一个基于引力模型的赖利公式并被学者们广泛应用,后被教科书称为赖利定律（王钺等,2017）。Tinbergen（1962）、Poyhonen（1963）将引力模型最早引入国际贸易的分析中。伴随着区域科学的崛起和地理学理论革命与计量的推进,引力模型在空间相互作用和距离衰减效应研究中的应用越来越广泛。然而,由于哲学基础尚没澄清,又缺乏坚实的经济理论基础,关于经济体间或区域间的要素流动问题虽然在基于引力模型的实证分析和检验中成功被解释,但其在发展早期作为政策分析工具等的应用常引发争论和质疑（Anderson,1979;Bergstrand,1985）,并没有受到主流经济学家的重视。之后,Anderson（1979）、Helpman 等（1985）、Bergstrand（1989）、Deardorff（1998）、Evenett 等（2002）、Anderson 等（2003）、Roy（2004）等多位经济学家为使引力模型具有一定的微观理论支撑,努力从各个角度探求引力模型的微观理论基础,引力模型的理论根基也就稳固起来。现今引力模型在人口、信息、贸易、交通、经济、旅游、创新、金融等多种流量领域被广泛应用,逐渐成为研究要素流动的一个主流模型（吕海萍,2018）。

引力模型的一般表现形式如下（化祥雨,2016;王钺,2017）:

$$G_{ij} = k \frac{Q_i \times Q_j}{d_{ij}^b} (i \neq j, \ i=1, 2, 3, \cdots, n; \ j=1, 2, 3, \cdots, n) \quad (4-1)$$

其中,G_{ij} 为区域 i 与区域 j 间的引力大小;K 为万有引力常数,Q_i、Q_j 为区域 i 与区域 j 相关要素的质量（规模）,类比物理质量。d_{ij} 为区域 i 与区域 j 间的距离。b 为距离衰减参数,n 为研究对象的区域个数。

魏后凯（2006）认为现实世界中,一点常常与多个点发生联系,提出了多点之间的一般化引力模型：
$$G_{ij} = f(\overline{V_i}, \overline{W_j}, \overline{S_{ij}}) \tag{4-2}$$

其中，$\overline{V_i}$表示起点的向量，$\overline{W_j}$表示终点的向量，$\overline{S_{ij}}$表示空间性质的向量。

基于可获取的起点与终点信息具体数量的差异，学者们在应用时常会对引力模型的一般形式做恰当的变化。如朱道才等基于空间相互作用表现为人流、物流、资金流等各类要素的流动，因此基于流动的双方角度出发把引力模型分成全部流量约束、产出约束、吸引力约束和双向约束的引力模型（梁辉，2015），结合梁辉的研究，详述如下：

（1）全部流量约束时的引力模型。比较适合系统内相互作用的总量可精确预测情况，那么系统内相互作用形式表示为：
$$G_{ij} = k \frac{v_i^\alpha w_j^\beta}{d_{ij}^b} \tag{4-3}$$

其中，G_{ij}为区域 i 与区域 j 间的吸引力，v_i为起点推动力变量，w_j为终点吸引力变量，K为规模参数，α、β、b为参数。

（2）产出约束的引力模型。比较适合系统内每个起点的流出量可以精确预测情况，具体表示为：
$$G_{ij} = k \frac{A_i O_i w_j^\beta}{d_{ij}^b} \tag{4-4}$$

其中，区域 i 为地点，区域 j 为终点；$A_i = \left[\frac{w_j^\beta}{d_{ij}^b}\right]^{-1}$，称为平衡因子；$O_i = \sum G_{ij}$，表示区域 i 的流出量。

（3）吸引力约束的引力模型。比较适合流入每一个终点的流量可以准确预测的情况，具体表示为：
$$G_{ij} = k \frac{B_j D_j v_i^\alpha}{d_{ij}^b} \tag{4-5}$$

其中，区域 i 为地点，区域 j 为终点；$B_j = \left[\frac{v_i^\alpha}{d_{ij}^b}\right]^{-1}$，称为平衡因子；$D_j = \sum G_{ij}$，表示区域 j 的流入量。

（4）双向约束的引力模型。较适合每个起点的流出量和每个终点的流入量可精确预测的情况，具体表示为：
$$G_{ij} = k \frac{A_i O_i B_j D_j}{d_{ij}^b} \tag{4-6}$$

其中，区域 i 为地点，区域 j 为终点；$A_i = \left[\frac{B_j D_j}{d_{ij}^b}\right]^{-1}$，$B_j = \left[\frac{A_i O_i}{d_{ij}^b}\right]^{-1}$。

从引力模型的常规公式还是变化公式可知，经济地理学中关于经济体（区域）间的质量只是一个相对值，而不是一个绝对值，因此，相应的引力不是一个具体"数字"式概念，而只是一个"模拟"概念，但只要具有可比性，就不会影响空间分析整体效果（陈彦光，2002；化祥雨，2016）。虽然实际中的要素流动比物理学中的引力现象要复杂得多，引力模型不可能完美地解释众多要素繁杂流动的所有现象，但在现实经济社会中大部分要素特别是隐性要素真实的要素流动规模、方向等难以检测、计量和获取的客观事实面前，以模拟为特征的理论分析法必然大受欢迎。况且在揭示经济体（区域）间的物流、贸易流、人流、信息流、技术流、资金流等要素流方面，引力模型已展现了较好的现实应用性。本书涉及的创新要素空间流动主要指创新要素在不同区域间的单向、双向或多向的移动、转换和运动及由此在不同区域空间上产生的相互联系和相互影响的复杂动态关系。因此，借鉴主流的引力模型来模拟估算创新要素在不同空间的流动联系量也是适合的。当然引力模型的深入应用及本书的研究内容本身具有一定的探索性，为此也希望能对后续的研究有所启发。

4.1.2 创新要素空间流动量模拟测度引力模型构建

经济社会是有各种各样的流动空间构成（Castells，1996），各种通勤流的强度用空间相互作用关系值来衡量是真实可信的（Coombes，1986）。因此，用来反映空间相互作用的引力模型来衡量区域间的创新要素空间流动同样是有效的。

经典的引力模型表达式为：

$$G_{ij} = k \frac{Q_i \times Q_j}{d_{ij}^b} \quad (i \neq j,\ i = 1, 2, 3, \cdots, n;\ j = 1, 2, 3, \cdots, n) \quad (4-7)$$

其中，G_{ij}为区域 i 与区域 j 间的引力大小；K 为万有引力常数，取值为 1，Q_i、Q_j为区域 i 与区域 j 相关要素的质量（规模），d_{ij}为区域 i 与区域 j 间的距离。b 为距离衰减参数，n 为研究对象的区域个数。由经典的引力模型可知，基于引力模型的引力大小虽可以在一定程度上反映某个区域的要素流动能力，但由于引力是个无向计算指标，由此得出的要素流动规模也就不具备要素流动的方向性。由此，不少学者改进引力模型，针对要素流动主题的不同，增加一些对要素流向有影响的因素，从一定程度上来刻画要素流动的方向性。查阅近几年文献，在这方面研究上有突破的研究成果见表 4-1。借鉴这些文献的研究成果，本书拟对引力模型进行进一步的改进，构建只加入吸引力变量的产出约束引力模型，以冀对创新要素流动的

表 4-1 能反映要素流动方向性的改进型引力模型文献整理

主题	作者	引力模型公式	模型指标简介	距离
研发要素流动	白俊红、王钺等(2017)	$pfl_{ij} = \dfrac{\ln M_i \cdot \ln(Wage_j - Wage_i) \cdot \ln(House_i - House_j)}{R_{ij}^2}$	pfl_{ij}表示i地区流动到j地区的研发人员数量；M为研发人员数量；Wage为城镇就业人员平均工资，Wage值越大，对研发人员吸引力越大；House为住宅平均销售价格，某地House值越低对研发人员吸引力越大	R 两地区间的距离
		$cfl_{ij} = \dfrac{\ln Ca_i \cdot \ln(Rate_j - Rate_i) \cdot \ln(Market_j - Market_i)}{R_{ij}^2}$	cfl_{ij}表示i地区流动到j地区的研发资金数量；M为研发经费内部支出；Rate为企业平均利润率，某地Rate值越大，对研发资金吸引力越大；Market为金融业市场化程度，某地Market值越大对研发资金吸引力越大	
省际人口流动	陈锐、王宁宁等(2014)	$R_{ij}^G = \dfrac{\alpha(P_i, P_j)\beta\left(\dfrac{Y_j}{Y_i}\right)\gamma\left(\dfrac{w_i}{w_j}\right)}{T_{ij}^b}$	R_{ij}表示从i地流向j地的人口流动的预期强度，P表示人口总量，Y表示城镇工资总额，某地的Y越大，对人口流动的吸引力越大，W表示城镇登记失业率，W越小，对人口流动的吸引力越大	T 省会城市间的铁路通达性距离
省际研发要素流动	邵汉华和钟琪(2018)	$pf_{ij} = \dfrac{\ln p_i \ln p_j \ln GDP_j}{D}$	pf_{ij}表示i省流动到j省的研发人员量；p为研发人员数量；GDP为人均GDP，某地的GDP越大，对研发人员的吸引力越大	D 省会城市间的公里距离

续表

主题	作者	引力模型公式	模型指标简介	距离
城市要素流动	杨晴晴（2018）	$M_{ij} = \dfrac{\alpha(p_i p_j)\beta\left(\dfrac{U_j}{U_i}\right)\gamma\left(\dfrac{w_i}{w_j}\right)\varepsilon\left(\dfrac{s_i}{s_j}\right)}{D_{ij}}$	M_{ij} 表示从 j 城市人口流向 i 地的预期强度，P 表示人口总量，W 表示城镇工资总额，某地的 W 越大，对人口流向的吸引力越大；U 表示城镇登记失业率，某地的 U 越小，对人口流向的吸引力越大；S 表示公共社会服务能力，S 越大，对外来人口的吸引力越大	D 城市间最短驾车距离
区际信息流	梁辉（2015）	$I_{ij} = \dfrac{F_i F_j B_j}{\exp(L_{ij})}$	I_{ij} 表示从 i 到 j 地的信息流规模，F 信息化发展程度；B 表示空间局部自相关系数，B 越大，j 地到 i 地的引力越大	L 省会城市间的公里距离

注：结合文献自行整理。

模拟推算能更接近现实中创新要素流动具有方向性的这一特点。

4.1.2.1 创新人才空间流动量模拟测度引力模型

国家和地区内部的人才流动是很明显的（Parikh et al., 2003；Ottaviano et al., 2012；Partridge et al., 2012；Tang, 2014；Han et al., 2017；Liu et al., 2014, 2017；Zhou et al., 2018）。人才流动的驱动因素有很多种，包括诸如自我发展和实现、个人收入等内部因素（Halman et al., 2006；Grossmann et al., 2013），也包括诸如经济、社会、人口、文化、环境等外部因素（Beechler et al., 2009；Haas, 2010；Warner et al., 2010；Czaika et al., 2017）。经济学理论表明，在市场条件下，人力总是从边际收益率低的地区流向边际收益率高的地区。鉴于创新人才与一般劳动力有差异，因此影响创新人才流动的主要因素也会有差异，如 Franzoni 等（2012）、Gibson 等（2011）、Kerr 等（2010）、Zhou 等（2018）的研究成果显示，寻求更好职业发展机会、获得能高效工作的环境和研究设施、与顶尖研究团队合作的机会等是影响高水平创新人才跨国或跨区域流动的核心因素。但他们也肯定了高的工资水平对创新人才流动的吸引力（Franzoni et al., 2012；Rabe et al., 2012；Gibson et al., 2012；Zhou et al., 2018）。Arntz（2010）发现高技能人才的流动主要由地区间的工资差异所致。王森（2007）认为知识型员工择业关注的第一位因素、孟令熙（2011）认为影响高新技术企业研发人才择业的第二位因素都是收入。侯爱军（2015）证实地区经济发展水平、地区收入水平对中国区际间人才流动的促进作用明显，特别是经济发展水平，对人才流动的影响程度最大、最显著。王宁（2014）的研究中也指出，一个经济总量大、经济发展水平高的区域，与一个经济总量小、经济发展水平低的区域相比，不仅具有更高的向上流动的梯级，而且具有更多的职业流动机遇。综上所述，并结合数据的可获取性，本书选取地区间的工资水平、经济发展水平作为创新人才流动的吸引力因素，来模拟测度创新人才流动规模和方向。因此，假设 i 地区被吸引到 j 地区的创新人才流动联系量为 pfl_{ij}，那么 pfl_{ij} 的计算模型如下：

$$pfl_{ij} = \frac{P_i P_j \cdot (Wag_j/Wag_i) \cdot (Gdp_j/Gdp_i)}{d_{ij}^b} \quad (4-8)$$

模型中的符号解释：

i、j 为空间研究单元，分别表示我国 31 个省域，不包括港澳台（下同）。

pfl_{ij} 表示 i 地区的创新人才被吸引到 j 地区的流动联系量大小，数值越大，表示从一地区吸引到另一地区的创新人才流量越大，强度越大。

P_i、P_j 表示第 i 地区、第 j 地区的创新人才要素"质量"，类比常规引力模型中的物理质量，主要反映创新人才要素的规模大小，规模越大，相互间产生的引力联系量也就相对越大，这里的创新人才要素规模用研发人员全时当量来衡量。

Wag_i、Wag_j 表示第 i 地区、第 j 地区的工资收入水平，j 地区的工资收入水平越高，对 i 地区的创新人才的吸引力就越大，这里用城镇职工平均工资总额来衡量。

Gdp_i、Gdp_j 表示第 i 地区、j 地区的经济发展水平，j 地区经济发展收入水平越高，对 i 地区的创新人才的吸引力就越大，这里用人均国民生产总值来衡量。

d_{ij}^b 表示距离阻尼。d 表示第 i 地区、第 j 地区间的距离，本书结合潘文卿（2012）、白俊红等（2017）和吕海萍等（2017）的研究，取省会城市间的直线距离。b 是距离衰减系数，其取值越大表示第 i 地区、第 j 地区间创新人才流量随距离衰减的速度就越快，通常取 1 或 2。国内外学者结合大量的仿真实验检验发现，b 值取 1 可近似揭示国家尺度内的空间相互作用结构，取 2 时则可近似揭示省区尺度内的空间相互作用结构（刘继生等，2000；王海江，2014；Liu et al.，2014）。基于本书研究为国家尺度，并结合吕海萍等（2017）的研究，b 取值为 1。

该创新人才空间流量模拟测度模型具有有别于常规引力模型的特点：模型中不仅考虑了地理距离，还考虑了经济发展水平、工资薪酬水平因素，相对全面地模拟了区际间的创新人才流动的可能性、方向性和规模性。一般情况下，各区域的城镇居民平均工资水平、经济发展水平不同，流入的创新人才流动量大小也不同的，在一定程度上更能反映人才流动的基本规律。

对于任意区域 j，我们可以模拟估算出它吸引其他所有地区创新人才流入的联系总量，定义为 pfl_j，本书称为创新人才空间流动偏好联系总量。pfl_j 的大小，反映了 j 区域对其他区域创新人才的空间吸引总能力强弱。pfl_j 值越大，该 j 区域对周边地区创新人才的吸引力和集聚力就越强，其对周边地区的溢出或输出能力也就有可能越大，对区域创新发展的带动作用也就可能越强。pfl_j 的计算公式如下（白俊红等，2017；吕海萍，2017，2018）：

$$pfl_j = \sum_{i=1}^{m} pfl_{ij} \quad (i \neq j) \tag{4-9}$$

由于本书构建的是引入吸引力因素的引力模型，因此可以利用某区域创新人才流动联系量所占比例的大小来表示该区域创新人才流动方向（严善平，1998；杨晴晴，2018）。公式如下：

$$pfl_i = \sum_{j=1}^{m} pfl_{ij} \quad (i \neq j) \tag{4-10}$$

$$Pra_{ij} = \frac{pfl_{ij}}{pfl_i} \tag{4-11}$$

其中，Pra_{ij} 表示 i 区域被 j 区域吸引的创新人才流动联系量占 i 区域创新人才流动联系总量的比重。Pra_{ij} 可以定量地来模拟反映 i 区域创新人才流动的主要方向。

4.1.2.2　创新资金空间流动量模拟测度引力模型

新古典增长理论和内生增长理论都认为资本的存量变动会对经济增长率产生影响（Solow，1956；Swan，1956）。资本流动是引发资本存量变动的影响因素之一。结合资本流动的范围，既有跨越国界的国际资本流动，也存在地区间的区际资本流动。从文献资料看，研究国际资本流动的文献要多于研究区际或省际资本流动的文献。关于国际资本流动影响因素的研究国外学者做了很多积极的探索。最早的就是动因理论，如穆勒认为资本跨国流动由不同国家的资本回报率引起，李嘉图认为导致资本国际流动最直接的原因是利润，而俄林则提出利率和汇率的变动都会引起资本国际流动方向和规模的变动（王金浩，2018）。Calvo 等（1993）基于对 10 个拉美国家经济数据的分析，证实不同国家之间的利率差对资本国际流动的重要作用。Lucas（1990）为解释资本为什么没有从富国流入穷国，提出了著名的"卢卡斯谜题"，后关于国际资本流动影响因素的系列研究成果由此产生（Alfaro et al.，2008；Gourinchas et al.，2006，2013）。可见，不可否认资本的逐利本性是促使资本国际流动的主要影响因素。与其他生产要素一样，对利益的追逐必然使资本从低回报的国家（地区）流向高回报的国家（地区）。而区际资本流动由于难以察觉，更缺相应的统计数据，因此在区际资本流动研究上更多停留在对数据的估算或测算（Lees，1969；Shuart et al.，1981；Fujiki et al.，1995；Boyreau et al.，2004；Li，2010；严浩坤，2008；蔡翼飞等，2017），而不是区际资本流动原因的研究（Dow，1997）。结合国际资本流动动因，资本的逐利本性仍是引发资本在一国区域内流动的主要因素。Cebula 等（1974）、Martin 等（1995）、任晓红等（2011）等现有关于资本在区际间的流动动因研究也表明资本的报酬率是决定资本区际流动最为重要的因素之一。

除了资本回报率外，影响资本区际流动的因素众多，另一个重要的因素就是市场化水平。王小鲁等（2005）认为我国存在政府主导资本流动和市场主导资本流动，20 世纪 90 年代流向西部的资本是政府主导，而在利润引导下的市场主导的资本流向东部为主。任晓红等（2011）研究结果发现市场潜力是促进我国资本省际流动重要因素之一。Gourinchas 等（2013）认为国内金融摩擦影响了投资、储蓄与增长的关系，逆转了资本流动的方向，使资本不会流向发展中国家。高文洁（2013）研究认为市场化程度对资本流动具有显著影响。市场化程度的提高不仅使地区机构间的竞争增强，并提供更多、更具盈利性的投资项目和投资机会，且也降低了信息不对称，有利于提高资本的边际产出，进而带来资本流入。蔡翼飞等（2017）的研究指出，随着当今金融市场一体化程度的日益提高，引导资本流动的主力是市场，市场作用正在不断回归，而政策对资本的直接引导效果表现日益较差。

由此，结合上述研究，并考虑数据的可获取性，本书选取地区间的投资利润率水平、市场化发展水平作为创新资金流动的吸引力因素，来模拟测度创新资金的流动规模和方向。因此，假设 i 地区被吸引到 j 地区的创新资金空间流动联系量为cfl_{ij}，那么cfl_{ij}的计算模型如下：

$$cfl_{ij} = \frac{c_i c_j \cdot (Pro_j/Pro_i) \cdot (Mak_j/Mak_i)}{d_{ij}^b} \qquad (4-12)$$

模型中的符号解释：

i、j 为空间研究单元，分别表示我国 31 个省域，不包括港澳台。

cfl_{ij}表示 i 地区的创新资金被吸引到 j 地区的空间流动联系量大小，数值越大，表示从一地区吸引到另一地区的创新资金流量越大，两地间的创新资金空间联系就越强。

c_i、c_j表示第 i 地区、第 j 地区的创新资金要素"质量"，类比常规引力模型中的物理质量，主要反映创新资金要素的规模大小，规模越大，相互间产生的空间流动联系量也就相对越大，这里的创新资金要素规模用研发资本存量来反映。由于国内尚未开展研发资本存量的统计，因此本书拟采用研发资本存量的主流估算方法永续盘存法（perpetual inventory method，PIM）来估算。PIM 由 Goldsmith 在 1951 年时提出，Griliches（1980，1998）、Goto 等（1989）、Coe 等（1995）、Hu 等（2005）、吴延兵（2006）、陈宇峰等（2016）、白俊红等（2017）、焦翠红等（2018）等国内外学者均采用这一方法对研发资本存量进行了估算。借鉴以往的研究思路，永续盘存法的基本公式如下（李婧等，2010；何宜丽，2017）：

$$R_{it} = (1-\delta)R_{i(t-1)} + E_{it}/P_{it} \qquad (4-13)$$

其中，R_{it}表示区域 i 在 t 时期的研发资本存量；δ 为折旧率。Pakes 等（1984）认为研发资本的折旧率一定比物质资本的折旧率高，基于此本书取值国内外学者研究时常用的研发资本折旧率 15%（Griliches，1980；Jaffe，1988；Hall et al.，1995；Hu et al.，2005；李小平等，2006；吴延兵，2006；白俊红等，2017）；E_i为区域 i 当期的研发资本实际支出，用研发经费内部支出来衡量；P_i为区域 i 当期的研发资本支出价格指数，R&D 资本支出价格指数的构建是创新经济学研究中一个比较棘手的问题（Mansfield，1984）。本书借鉴朱平芳等（2003）、白俊红等（2015a）的研究成果，将 R&D 支出价格指数构造为固定资产投资价格指数与消费价格指数的加权平均值，固定资产投资价格指数的权重为0.45，消费价格指数的权重为0.55。即研发资本支出价格指数 = 0.45 × 固定资产价格指数 + 0.55 × 消费价格指数。最后，还要确定基年研发资本存量R_0。借鉴Goto等（1989）、Coe等（1995）、白俊红等（2017）的研究方法，用研发经费内部支出E的平均增长率来替代研发资本存量R的平均增长率，基期的研发资本存量可用如下公式计算：

$$R_{io} = \frac{E_{i0}}{g + \delta} \quad (4-14)$$

其中，R_{io}为基期的研发资本存量，E_{i0}为基期的实际研发经费内部支出，g为实际研发经费内部支出的几何平均增长率，δ为折旧率15%。

Pro_i、Pro_j表示第i地区、第j地区的投资利润水平，j地区的投资利润率水平越高，对i地区的创新资金的吸引力就越大，这里用规模以上工业企业投资利润率（规模以上工业企业利润总额/规模以上企业资产总额）来衡量。

Mak_i、Mak_j表示第i地区、第j地区的市场化发展水平，j地区的市场化发展水平越高，对i地区的创新资金的吸引力就越大。这里市场化发展水平用樊纲等（2016）的市场化指数来衡量。缺少量化的市场指数借鉴马青等（2017）、邵汉华等（2018）的方法，用加权移动平均法或指数平滑法趋势来估算获取。

d_{ij}^b为距离阻尼。d、b含义同前面的创新人才空间流动量模拟测度引力模型。

该创新资金空间流动量模拟估算模型具有有别于常规引力模型的特点：模型中不仅考虑了地理距离，还考虑了投资利润率水平、市场化发展水平因素，相对全面地考衡了省际间或区际间的创新资金流动的可能性、方向性和规模性。也就是说，各区域的投资利润率水平、市场化发展水平不同，流入各区域的创新资金规模也不同，在一定程度上更符合资本流动的基本规律。

对于任意区域j，我们可以估算出它吸引其他所有地区创新资金流入的联系总量，定义为cfl_j，本书称为创新资金空间流动偏好联系总量。cfl_j的大小，反映了j区域与其他所有区域的创新资金之间空间流动吸引总能力的强弱。cfl_j值越高，该j区域对周边地区创新资金的吸引力和集聚力越强，其溢出或输出能力也就有可能越大，对区域创新发展的推动作用也就可能越强。cfl_j的计算公式如下（白俊红等，2017；吕海萍，2017，2018）：

$$cfl_j = \sum_{i=1}^{m} cfl_{ij} \quad (i \neq j) \quad (4-15)$$

由于本书构建的是引入吸引力因素的引力模型，因此可以利用某区域创新资金空间流动联系量所占比例的大小来表示该区域创新资金流动方向（严善平，

1998；杨晴晴，2018）。公式如下：

$$cfl_i = \sum_{j=1}^{m} cfl_{ij} \quad (i \neq j) \tag{4-16}$$

$$Cra_{ij} = \frac{cfl_{ij}}{cfl_i} \tag{4-17}$$

其中，Cra_{ij}表示 i 区域被吸引到 j 区域的创新资金流动联系量占 i 区域创新资金空间流动联系总量的比重。Cra_{ij}可以定量地来模拟反映 i 区域创新资金空间流动的主要方向。

4.1.2.3 创新技术空间流动量模拟测度引力模型

20 世纪 80 年代出现的以罗默和卢卡斯为代表的"新增长理论"，第一次在理论上肯定了技术进步是经济增长的核心。随后，这些在理解上有近似或重叠的关于技术的研究主题如技术转移、技术扩散、技术溢出、技术流动的研究越来越多。技术要素在区域间的流动是一个复杂的受多方面影响因素综合作用的过程。技术要素收益率的高低是影响技术区际空间流动的主要因素。但与其他创新要素不同，技术要素收益率的高低更多取决于区域对技术吸纳消化和利用能力的强弱。因此，在众多影响因素中，技术吸收（吸纳）能力是其中的一个重要因素。Alic（1993）基于对日本制造企业技术知识流动案例的研究得出日本企业为缩短生产时间的一个重要方式就是增强企业的吸收能力。Belussi 等（2002）在考察意大利不同工业系统内的技术知识流动情况后指出，有较强吸收能力的创新系统更有利于当地企业激活和吸收外部知识，并在当地集群网络中分享和扩散技术知识。Rothaermel 等（2005）认为孵化器公司的吸收能力是将大学知识转化为孵化器公司竞争优势的一个重要因素。赖明勇等（2005）证实了在中国省际层面上吸收能力对技术外溢效果的决定作用。陶锋（2011）研究得出：从微观层面上吸收能力通过增强外部知识溢出进而加强对创新绩效的促进作用。宋保林（2011）认为吸收能力影响着企业技术创新过程中技术知识流动的宽度、深度和速度。Oh（2017）认为企业的吸收能力对技术溢出至关重要，企业的吸收能力越强，潜在的技术溢出也就越大。王春杰（2017）运用 Citespace 软件对中国知网数据库中相应的 1407 篇文献进行分析，勾勒并呈现了技术转移影响因素关键词的知识图谱，发现影响我国区域技术转移因素中最受关注、研究最多的是技术吸收转化能力因素，并在实证中证实了区域技术吸收能力对区域技术转移的显著正向作用。

区域产业结构水平是另一个影响技术要素流动的重要因素。不同区域的产业结构水平不同，对技术的需求和利用率上也大不相同。产业结构水平低的地区，应用技术相对单一，技术含量也相对较低，从而技术创新的效益也相对不高且技术创新的空间也有限，技术需求的多样性和流入量肯定会少于产业结构水平高的地区。也就是说，一个地区的产业结构水平越高，对先进技术的需求会越大，对先进技术的吸收利用率也会越强，技术要素在该地区产值中的作用也会越大，流入该地区的技术要素规模也就有可能会越大。以产业为载体研究技术空间扩散的代表人物Mansfield（1993）在比较分析美、日、欧的产业创新数据时发现，区域产业结构确实会在一定程度上影响创新技术的扩散和吸收。Jaffe（1993）构造了一套基于技术位置向量和市场位置向量的产业扩散指标，发现构造的产业技术扩散指标对诸如产业的专利申请数、产业绩效、研发投入等相关决策的作用显著。Hakura等（1999）基于87个国家在1979~1993年的相应数据研究，结果表明，产业内贸易更容易吸收贸易带来的技术扩散。因此，区域产业结构水平越高，对技术要素的吸引能力就越大。

综上所述，并结合数据的可获取性，本书选取区域技术吸纳水平、区域产业结构水平作为创新技术空间流动的吸引力因素，来模拟测度创新技术的空间流动规模和方向。因此，假设i地区被吸引到j地区的创新技术空间流动联系量为tfl_{ij}，那么tfl_{ij}的计算模型如下：

$$tfl_{ij} = \frac{t_i t_j \cdot (Abs_j/Abs_i) \cdot (Ind_j/Ind_i)}{d_{ij}^b} \qquad (4-18)$$

模型中的符号具体解释为：

i、j为空间研究单元，分别表示我国31个省域，不包括港澳台。

tfl_{ij}表示i地区的创新技术被吸引到j地区的空间流动联系量大小，数值越大，模拟反映从一地区吸引到另一地区的创新技术流量就越大，相互间空间联系强度也就越大。

t_i、t_j表示第i地区、第j地区的创新技术要素"质量"，类比常规引力模型中的物理质量，主要反映创新技术要素的规模大小，规模越大，相互间产生的空间流动联系量也就越大。这里的创新技术要素规模用技术市场成交合同数来反映。

Abs_i、Abs_j表示第i地区、第j地区的技术吸纳水平。j地区的技术吸纳水平越高，对i地区创新技术的吸引力就越大。区域技术吸纳水平取决于各区域的技术接受环境是否良好（杨晴晴，2018）。技术接受环境越优良，越有利于技术知识信息的搜寻、流转、获取和消化利用，对技术要素空间流动的促进作用也就越积极。杨晴晴（2018）的研究成果认为地区的技术吸纳能力取决于四个方面的接受环境，分别为市场、信息、科技和社会。本书认为除了这四个接受环境外，经济接受环境也是一个非常重要的环境因素，因为经济发展的变化可以对技术流动产生同向影响（郑伟，2008）。一个地区的经济发展水平越高，生产水平就越高，对技术的需求量也就越旺，技术更新的速度就越快，对技术投资也就越大，对技术的吸收能力也就越强，相应地技术流入量也就越高。而且经济发达地区相对更开放的发展方式，也更易形成促进技术互通互联的空间联盟，从而更有利于吸收和吸引其他地区新型和先进的技术。因此，本书从经济、科技、信息、市场与社会五个方面的接受环境（见表4-2）来综合评价一个地区的技术吸纳水平。先用极差法将数据标准化，再用熵值法（具体步骤见第2章）测算各项指标权重进而估算出加权综合的区域技术吸纳水平。

表 4-2　　　　基于接受环境的区域技术吸纳水平衡量指标

指标	具体衡量指标	衡量值
区域技术吸纳水平	经济接受环境	人均 GDP（万元/人）
	科技接受环境	全社会固定资产投资总额（万元）、大专以上学历教育程度抽样（人）
	市场接受环境	实际利用外资额（万美元）
	信息接受环境	邮电业务总量（万元）、互联网宽带接入口（个）
	社会接受环境	教育经费/GDP（%）、每10万人口中高等学校在校生（人/10万）

Ind_i、Ind_j 表示第 i 地区、第 j 地区的区域产业结构水平，j 地区的区域产业结构发展水平越高，对 i 地区的创新技术的吸引力就越大。这里区域产业结构水平借鉴闫人华等（2013）、周迪等（2015）、赖文凤等（2017）的研究，采用第二、第三产业增加值之和与 GDP 的比重（也称产业结构系数）来衡量产业结构水平，具体计算公式为：产业结构系数 =（第二产业增加值 + 第三产业增加值）/GDP。该产业结构系数越大，表明区域产业结构发展水平越高。

d_{ij}^b 表示距离阻尼。d、b 含义同前面创新人才、创新资金空间流动量模拟测度引力模型。

该创新技术要素空间流量模拟测度模型具有有别于常规引力模型的特点：模型中不仅考虑了地理距离，还考虑了区域技术吸纳水平、区域产业结构水平，相对全面地考衡了区域间创新技术流动的可能性、方向性和规模性。也就是说，各区域的技术吸纳水平、产业结构水平不同，流入各区域的创新技术规模也不同，在一定程度上更符合技术流动的基本规律。

对于任意区域 j，我们可以估算出它吸引其他所有地区创新技术流入的联系总量，定义为 tfl_j，本书称为创新技术空间流动偏好联系总量。tfl_j 的大小，反映了 j 区域与其他所有区域创新技术之间的空间流动吸引总能力强弱。tfl_j 值越高，该 j 区域对周边地区创新技术的吸引力和集聚力就越强，其创新技术溢出或扩散能力也就有可能越大，对区域创新发展的推动作用也就可能越强。tfl_j 的计算公式如下（白俊红等，2017；吕海萍，2017，2018）：

$$tfl_j = \sum_{i=1}^{m} tfl_{ij} \quad (i \neq j) \tag{4-19}$$

由于本书构建的是引入吸引力因素的引力模型，因此可以利用某区域创新技术要素空间流动联系量所占比例的大小来表示该区域创新技术流动方向（严善平，1998；杨晴晴，2018）。公式如下：

$$tfl_i = \sum_{i=1}^{m} tfl_{ij} \quad (i \neq j) \tag{4-20}$$

$$Tra_{ij} = \frac{tfl_{ij}}{cfl_i} \tag{4-21}$$

其中，Tra_{ij} 表示 i 区域被吸引到 j 区域的创新技术空间流动联系量占 i 区域创新技术空间流动联系总量的比重。Tra_{ij} 可以定量地来模拟反映 i 区域创新资金空间流动的主要方向。

4.1.2.4 数据来源和说明

从数据统计口径的一致性、数据可获得性角度，本书关于创新要素空间流动相关内容的定量分析，以除港澳台地区外的中国31个省域为空间样本，涉及样本数据的时间起始点为2008~2016年。创新人才、创新资金和创新技术空间流动量模拟测度引力模型中涉及的绝大部分数据均来自《中国科技统计年鉴》（2009~2017年）和《中国统计年鉴》（2009~2017年）。实际利用外资额指标数据来自我国各省区市2009~2017年的统计年鉴。市场化水平指标数据来自王小鲁等《中国分省份市场化指数报告（2016年）》。省会城市间的直线距离有百度地图测算获取。

需要说明的是，在《中国统计年鉴》（2009~2017年）各年份中，西藏的固定资产价格指数都是空白的，借鉴夏东南（2015）做法，用各年的全国固定资产投资价格指数来近似替代西藏各年的相应数值。个别省域个别年份的异常值用相邻两年的平均数插值处理。

4.2 创新要素空间流动偏好布局

在市场作用下，由于我国各省域的吸引力及其强度存在差异，创新要素在各省域间流动所引发的动态分配比例也就存在差异。"偏好"从微观价值论角度常指消费者对产品或服务的排列组合选择是从自己的意愿出发。类似地,这里涉及的创新要素空间流动偏好是指某创新要素在市场环境和市场作用机制下,更倾向于被吸引到或流向哪个省域,从而呈现流入各省域的比重排列的不同。首先运用本章第一部分的模拟测度引力模型,再运用 Matlab 编程估算,可分别获得 2008～2016 年我国 31 个省域创新人才、创新资金和创新技术的空间流动偏好联系量(数据较多,不一一呈现)。为方便比较分析,选取 2008 年、2012 年与 2016 年展开分析。

4.2.1 创新人才空间流动偏好布局

4.2.1.1 2008 年创新人才空间流动偏好布局

表 4-3 呈现了 2008 年我国创新人才省域空间流动偏好情况。结合表 4-3 的创新人才省域空间流动平均偏好,运用自然断裂点分位法可把创新人才省域空间流动偏好格局分成一、二、三、四和五层次,分别代表偏好性高、较高、中、较低和低(见表 4-4)。由表 4-3 和表 4-4 可以发现,2008 年我国各省域间的创新人才流动偏好分布格局较不均衡,北京为第一偏好圈层;广东、上海、江苏和浙江为第二偏好圈层,也就是说,北京、广东、上海、江苏和浙江为吸引创新人才流入的主要省域;山东、天津和辽宁为第三偏好梯队,创新人才对其偏好性也还可以。可以看出吸引创新人才流入的强大磁场主要在东部地区,因为相对中、西部和东北地区而言,东部地区的北京、广东、上海、江苏、浙江等经过多年发展形成相对高的人均 GDP、高的平均工资、强的区域创新能力和优的区域创新环境合力成为全国创新人才最偏爱流入地区。整体而言,创新人才流动最偏好北京,2008 年全国各省域平均约 26% 的创新人才被吸引到了北京,不少省域(如上海、江苏、浙江、福建、广东、海南、湖南、江西、广西)分别有超过 35% 以上的创新人才流入北京(见表 4-3),这与北京较高的公共服务水平及相对优质的科研就业机会是密不可分的。其次,创新人才偏好尚可的省域有:东北部的黑龙江,东部的福建,中部的河南和湖北、西部的四川和陕西。东部的海南、大部分西部地区特别是西藏、宁夏、青海、贵州是吸引创新人才流入的"低洼地"。如这些地区要加强创新人才的引入,政府推动作用不容忽视。

再来分析 2008 年创新人才省域空间流动偏好磁场,即第一、第二偏好梯队省域北京、广东、上海、江苏和浙江的创新人才具体流出路径(扩散路径)。①北

表 4-3　2008 年创新人才省域间流动偏好

单位:%

pf2008	北京	天津	河北	山西	内蒙古	辽宁	吉林	黑龙江	上海	江苏	浙江	安徽	福建	江西	山东	河南	湖北	湖南	广东	广西	海南	重庆	四川	贵州	云南	西藏	陕西	甘肃	青海	宁夏	新疆
北京		0.62	0.37	0.51	0.35	2.16	0.78	1.33	18.55	11.56	13.13	0.87	3.69	0.61	2.65	1.09	1.78	1.55	29.65	0.91	0.08	1.45	2.65	0.25	0.63	0.05	1.57	0.37	0.10	0.14	0.55
天津	3.85		0.37	0.56	0.45	2.18	0.81	1.40	17.40	10.73	12.43	0.81	3.60	0.59	2.75	1.05	1.73	1.53	29.62	0.92	0.08	1.48	2.75	0.25	0.65	0.04	1.62	0.39	0.10	0.16	0.32
河北	9.71	1.59		0.21	0.34	3.03	1.02	1.67	17.33	10.00	11.85	0.71	3.33	0.51	2.20	0.65	1.40	1.28	26.16	0.80	0.07	1.18	2.20	0.21	0.55	0.05	1.12	0.30	0.08	0.11	0.53
山西	13.19	2.30	0.21			3.22	1.04	1.66	17.36	10.05	11.61	0.70	3.12	0.47	2.74	0.57	1.27	1.13	23.32	0.69	0.06	0.97	1.77	0.18	0.47	0.04	0.80	0.23	0.06	0.08	0.45
内蒙古	10.95	2.20	0.39			2.53	0.79	1.25	17.92	11.15	12.19	0.80	3.15	0.51	3.53	0.91	1.47	1.22	23.15	0.67	0.06	0.99	1.73	0.18	0.44	0.03	0.99	0.20	0.05	0.07	0.17
辽宁	15.05	2.43	0.80	0.88	0.26		0.17	0.43	14.02	10.09	10.42	0.80	2.86	0.53	3.93	1.37	1.71	1.40	24.22	0.76	0.06	1.36	2.50	0.22	0.55	0.04	1.75	0.38	0.10	0.16	0.44
吉林	17.02	2.83	0.84	0.89	0.57			0.16	13.99	10.22	10.26	0.81	2.70	0.51	4.32	1.39	1.66	1.32	22.30	0.69	0.06	1.26	2.30	0.20	0.49	0.04	1.68	0.35	0.09	0.15	0.38
黑龙江	18.18	3.06	0.86	0.89	0.56	0.53	0.10		14.03	10.29	10.18	0.81	2.60	0.49	4.53	1.38	1.63	1.27	21.06	0.65	0.05	1.19	2.16	0.19	0.46	0.03	1.62	0.33	0.08	0.14	0.33
上海	37.93	5.70	1.33	1.38	0.55	0.85	1.31	2.10		3.40	1.96	0.39	1.44	0.29	5.27	1.45	1.15	1.02	18.93	0.71	0.06	1.42	2.88	0.22	0.59	0.06	2.07	0.53	0.14	0.25	0.73
江苏	36.06	5.36	1.17	1.22	0.63	4.11	1.46	2.35			3.08	0.16	1.75	0.25	4.38	1.12	0.86	0.91	19.86	0.72	0.06	1.33	2.75	0.21	0.59	0.06	1.83	0.50	0.13	0.24	0.76
浙江	40.10	6.08	1.36	1.38	0.60	4.51	1.44	2.27	5.18	3.01		0.31	1.10	0.22	5.56	1.38	0.94	0.84	16.30	0.63	0.05	1.29	2.67	0.19	0.54	0.06	1.95	0.51	0.13	0.25	0.73
安徽	34.98	5.25	1.08	1.09	0.26	4.56	1.50	2.39	2.93	2.04	4.13		1.72	0.20	4.21	0.90	0.58	0.73	17.87	0.65	0.06	1.14	2.39	0.18	0.53	0.06	1.53	0.45	0.12	0.21	0.71
福建	40.12	6.27	1.36	1.32	1.11	4.47	1.34	2.07	7.61	6.12	3.93	0.46		0.16	6.24	1.40	0.85	0.55	7.82	0.37	0.03	0.93	1.97	0.13	0.36	0.04	1.65	0.41	0.11	0.21	0.56
江西	38.90	6.06	1.23	1.17	1.06	4.87	1.50	2.32	7.64	5.23	4.55	0.32	0.92		5.63	1.09	0.38	0.29	9.15	0.38	0.03	0.78	1.76	0.12	0.36	0.04	1.34	0.38	0.10	0.19	0.59
山东	14.74	1.87	0.41	0.59	0.63	3.11	1.10	1.83	9.25	7.76	10.07	0.58	3.17	0.49		0.71	1.36	1.31	27.21	0.87	0.08	1.39	2.68	0.24	0.64	0.06	1.49	0.41	0.11	0.17	0.66
河南	22.31	3.45	0.50	0.45	0.60	4.03	1.30	2.08	14.26	7.34	9.28	0.46	2.64	0.35	2.65		0.80	0.86	20.54	0.64	0.06	0.89	1.78	0.16	0.46	0.04	0.76	0.28	0.09	0.12	0.56
湖北	34.94	5.44	1.04	0.97	0.93	4.79	1.49	2.33	14.52	5.41	6.04	0.28	1.54	0.12	4.81			0.32	12.23	0.43	0.04	0.70	1.59	0.11	0.36	0.04	1.03	0.33	0.09	0.17	0.58
湖南	37.05	5.87	1.15	1.05	0.94	4.78	1.45	2.23	11.90	6.98	6.57	0.43	1.21	0.11	5.67	1.00	0.39		6.80	0.26	0.03	0.49	1.22	0.07	0.25	0.03	1.03	0.29	0.08	0.16	0.50
广东	39.24	6.28	1.30	1.20	0.99	4.59	1.35	2.04	12.25	8.42	7.06	0.59	0.95	0.19	6.51	1.32	0.83	0.38		0.13	0.01	0.56	1.25	0.06	0.19	0.03	1.29	0.31	0.08	0.17	0.43
广西	35.46	5.75	1.17	1.05	0.85	4.25	1.24	1.85	13.48	9.03	8.08	0.62	1.33	0.23	6.14	1.22	0.86	0.42	3.82		0.01	0.37	0.82	0.03	0.09	0.02	1.05	0.23	0.06	0.13	0.33
海南	36.42	5.81	1.21	1.11	0.89	4.15	1.20	1.80	12.75	8.95	7.68	0.63	1.18	0.24	6.31	1.30	0.92	0.48	3.20	0.07		0.49	1.03	0.05	0.13	0.02	1.18	0.26	0.08	0.15	0.33
重庆	31.01	5.09	0.95	0.81	0.69	4.18	1.24	1.87	14.87	9.15	9.05	0.60	1.83	0.26	5.39	0.93	0.76	0.44	9.05	0.20	0.02		0.27	0.03	0.11	0.02	0.58	0.14	0.04	0.09	0.31
四川	29.03	4.82	0.90	0.75	0.61	3.93	1.15	1.73	15.39	9.63	9.56	0.65	1.98	0.30	5.30	0.95	0.89	0.56	10.32	0.23	0.03	0.14		0.04	0.10	0.01	0.55	0.10	0.03	0.07	0.25

第4章 创新要素空间流动估算及其空间布局分析

续表

pij2008	北京	天津	河北	山西	内蒙古	辽宁	吉林	黑龙江	上海	江苏	浙江	安徽	福建	江西	山东	河南	湖北	湖南	广东	广西	海南	重庆	四川	贵州	云南	西藏	陕西	甘肃	青海	宁夏	新疆
贵州	33.29	5.43	1.06	0.93	0.77	4.24	1.25	1.87	14.25	9.09	8.59	0.61	1.59	0.24	5.77	1.07	0.79	0.40	6.42	0.11	0.02	0.17	0.49		0.07	0.02	0.80	0.18	0.05	0.11	0.31
云南	31.87	5.25	1.05	0.92	0.72	3.93	1.14	1.68	14.48	9.54	8.94	0.66	1.67	0.28	5.79	1.13	0.93	0.53	7.19	0.11	0.01	0.26	0.48	0.03		0.01	0.86	0.16	0.04	0.10	0.24
西藏	27.68	3.71	0.95	0.83	0.59	3.33	0.93	1.35	15.24	10.24	9.79	0.73	1.99	0.35	5.52	1.16	1.14	0.74	10.93	0.25	0.02	0.44	0.65	0.07	0.12		0.90	0.13	0.03	0.08	0.11
陕西	24.56	4.07	0.66	0.49	0.50	3.94	1.21	1.86	15.92	9.18	10.00	0.60	2.39	0.33	4.24	0.58	0.83	0.67	15.34	0.42	0.04	0.42	0.79	0.09	0.27	0.03		0.12	0.04	0.06	0.36
甘肃	23.30	4.00	0.72	0.56	0.42	3.44	1.01	1.51	16.39	10.21	10.54	0.70	2.39	0.37	4.71	0.87	1.07	0.78	14.61	0.37	0.04	0.41	0.57	0.08	0.21	0.02	0.47		0.01	0.03	0.20
青海	23.37	4.02	0.75	0.60	0.42	3.31	0.96	1.42	16.30	10.35	10.53	0.72	2.35	0.38	4.84	0.94	1.12	0.80	14.30	0.36	0.03	0.44	0.60	0.08	0.19	0.01	0.58	0.03			0.16
宁夏	19.58	3.45	0.59	0.43	0.29	3.19	0.95	1.43	16.93	10.47	11.08	0.73	2.64	0.41	4.28	0.83	1.17	0.91	17.36	0.47	0.05	0.59	0.93	0.11	0.28	0.02	0.53	0.06	0.02		0.23
新疆	24.08	2.29	0.88	0.77	0.24	2.80	0.76	1.07	15.83	10.75	10.47	0.78	2.28	0.41	5.27	1.20	1.31	0.92	14.32	0.37	0.03	0.63	1.00	0.10	0.21	0.01	1.00	0.14	0.03	0.07	
均值	25.93	4.08	0.86	0.82	0.67	3.47	1.06	1.66	13.20	8.27	8.49	0.59	2.10	0.34	4.53	1.02	1.05	0.82	15.58	0.48	0.04	0.81	1.57	0.13	0.35	0.03	1.15	0.27	0.07	0.13	0.41

注：运用式（4-8）、式（4-10）与式（4-11）计算整理获取。表中创新人才流动偏好方向为从行到列，例如，第1列为天津到北京的创新人才流动偏好为3.85%。本书主要考察区域间的创新要素流动，不涉及区域自身内部的流动，所以区域自身值间为空。第1行第1列为北京到北京为空。

表 4-4　　　　　　　2008 年创新人才省域间流动偏好层次分布

第一偏好	第二偏好	第三偏好	第四偏好	第五偏好
北京	广东、上海、江苏、浙江	山东、天津、辽宁	福建、河北、吉林、黑龙江、湖南、湖北、河南、山西、重庆、四川、陕西	海南、安徽、江西、广西、贵州、云南、西藏、青海、新疆、甘肃、宁夏、内蒙古

京。鉴于北京的非首都功能疏解和有意识地输出创新人才,并加上北京日益显露出来的公共服务的拥挤,也存在北京创新人才的流出(被吸引)。从北京创新人才流出路径来看,广东、上海、江苏和浙江为北京创新人才流出的主要承接地,分别承接了超过10%的北京创新人才,特别是向广东扩散了北京近30%的创新人才。由此,北京创新人才对部分东部地区的扩散效应较大。其实在京津冀协同发展战略的实施下,北京创新人才应关注对邻近区域的扩散,但北京创新人才对地理位置临近的天津和河北呈现的扩散效应很低,流入天津、河北的创新人才比重仅为0.62%、0.37%。②广东。广东创新人才流出的承接地主要分布在北京、上海、江苏、浙江、山东、天津和辽宁,对与其邻近的广西、江西、湖南和福建的扩散效应很低,分别扩散到这四个省域的创新人才比例均低于1%。③上海。北京和广东是上海创新人才流出的最主要承接地,共承接了上海近57%的创新人才扩散量。上海的创新人才流动对东部地区的天津、江苏和山东、西部地区的四川和陕西、东北地区的辽宁和黑龙江扩散效应都较好,相比较而言对其邻近地区浙江省的创新人才流动扩散效应要低一些。④江苏。江苏创新人才流出的核心承接地是北京和广东,共承接了江苏近56%的创新人才流出量。江苏的创新人才流动对东部地区的天津、上海、山东和浙江、西部地区的四川、东北地区的辽宁和黑龙江扩散效应都较好,但对其相邻区域的安徽来说,创新人才流动扩散效应很低。⑤浙江。浙江创新人才流出的核心承接地北京和广东,分别承接了浙江约40%和16%的创新人才流出量。浙江创新人才流动对东部地区的天津、上海、江苏和山东、西部地区的四川和陕西,东部地区的辽宁、黑龙江和吉林扩散效应都相对较好。而对与浙江相邻区域的江西、安徽和福建扩散效应均较低。

4.2.1.2　2012 年创新人才空间流动偏好布局

表 4-5 呈现了 2012 年我国创新人才省域空间流动偏好情况。结合表 4-5 的创新人才省域空间流动平均偏好,运用自然断裂点分位法把创新人才省域空间流动偏好格局分成第一(高)、第二(较高)、第三(中)、第四(较低)和第五(低)五个层次(见表 4-6)。由表 4-5 和表 4-6 可以发现,与 2008 年相比,

第4章 创新要素空间流动估算及其空间布局分析

表4-5 2012年创新人才省域空间流动偏好

单位：%

pf2012	北京	天津	河北	山西	内蒙古	辽宁	吉林	黑龙江	上海	江苏	浙江	安徽	福建	江西	山东	河南	湖北	湖南	广东	广西	海南	重庆	四川	贵州	云南	西藏	陕西	甘肃	青海	宁夏	新疆
北京		0.64	0.36	0.34	0.47	1.55	0.86	1.08	13.10	15.10	12.01	1.43	5.06	0.64	2.43	1.12	2.39	2.11	30.51	1.04	0.24	1.41	2.25	0.32	0.58	0.04	1.52	0.29	0.13	0.15	0.69
天津	2.30		0.38	0.38	0.60	1.59	0.91	1.15	12.61	14.24	11.56	1.37	5.01	0.63	1.96	1.10	2.36	2.12	30.97	1.07	0.25	1.47	2.38	0.33	0.61	0.04	1.59	0.31	0.14	0.17	0.41
河北	5.98	1.74		0.15	0.46	2.28	1.18	1.42	12.96	13.71	11.37	1.23	4.79	0.56	1.91	0.70	1.97	1.83	28.22	0.95	0.23	1.21	1.96	0.28	0.54	0.04	1.13	0.25	0.12	0.13	0.70
山西	8.27	2.55	0.22		0.37	2.47	1.23	1.44	13.02	14.02	11.34	1.23	4.57	0.53	2.67	0.63	1.81	1.64	25.61	0.84	0.20	1.01	1.60	0.24	0.46	0.04	0.83	0.19	0.09	0.09	0.60
内蒙古	6.78	2.42	0.41	0.22		1.92	0.92	1.06	13.47	15.37	11.76	1.40	4.55	0.56	3.40	0.99	2.08	1.75	25.12	0.81	0.19	1.02	1.55	0.24	0.43	0.03	1.01	0.17	0.08	0.07	0.22
辽宁	9.32	2.67	0.83	0.62	0.79		0.20	0.37	10.54	13.90	10.05	1.40	4.14	0.59	3.78	1.49	2.41	2.00	26.27	0.92	0.20	1.40	2.24	0.30	0.53	0.04	1.79	0.31	0.13	0.18	0.59
吉林	10.66	3.14	0.89	0.63	0.78	0.41		0.14	10.63	14.24	10.01	1.43	3.94	0.57	4.21	1.53	2.37	1.92	24.46	0.84	0.19	1.31	2.08	0.28	0.48	0.03	1.73	0.29	0.12	0.17	0.51
黑龙江	11.46	3.42	0.91	0.63	0.78	0.65	0.12		10.73	14.43	10.00	1.44	3.82	0.56	4.44	1.54	2.34	1.86	23.25	0.79	0.18	1.25	1.97	0.26	0.45	0.03	1.68	0.27	0.11	0.16	0.45
上海	26.07	6.94	1.54	1.08	1.82	3.45	1.69	1.99		5.19	2.10	0.75	2.31	0.36	5.63	1.75	1.81	1.62	22.79	0.94	0.20	1.62	2.86	0.33	0.64	0.06	2.35	0.48	0.21	0.31	1.08
江苏	25.39	6.68	1.39	0.98	1.77	3.88	1.93	2.28	3.37		2.88	0.31	2.88	0.32	4.79	1.38	1.38	1.49	24.48	0.99	0.22	1.56	2.79	0.32	0.65	0.06	2.12	0.47	0.21	0.30	1.15
浙江	28.30	7.60	1.62	1.11	1.90	3.94	1.90	2.21	2.51	4.73		0.62	1.82	0.27	6.10	1.72	1.52	1.37	20.15	0.87	0.19	1.51	2.72	0.30	0.60	0.06	2.26	0.48	0.21	0.31	1.10
安徽	24.63	6.55	1.28	0.87	1.65	4.01	1.97	2.32	6.51	3.19	4.53		2.83	0.25	4.61	1.11	0.93	1.19	22.05	0.88	0.20	1.33	2.44	0.28	0.58	0.06	1.78	0.42	0.19	0.27	1.08
福建	28.81	7.97	1.65	1.08	1.78	3.92	1.81	2.05	6.66	9.77	4.39	0.94		0.20	6.96	1.77	1.40	0.92	9.84	0.52	0.11	1.11	2.04	0.20	0.41	0.04	1.96	0.39	0.17	0.27	0.87
江西	28.03	7.73	1.50	0.96	1.70	4.29	2.02	2.31	8.09	8.39	5.11	0.64	1.54		6.31	1.38	0.63	0.48	11.54	0.54	0.13	0.94	1.83	0.18	0.40	0.04	1.60	0.36	0.16	0.25	0.92
山东	9.25	2.08	0.44	0.42	0.89	2.39	1.29	1.59	10.87	10.84	9.85	1.02	4.64	0.55		0.79	1.95	1.91	29.92	1.06	0.25	1.45	2.43	0.33	0.63	0.05	1.54	0.34	0.16	0.19	0.89
河南	14.71	4.02	0.55	0.34	0.89	3.25	1.61	1.89	11.62	10.76	9.53	0.85	4.06	0.41	6.32		1.21	1.32	23.71	0.82	0.20	0.97	1.69	0.23	0.48	0.04	0.83	0.25	0.12	0.15	0.79
湖北	24.76	6.82	1.24	0.78	1.48	4.15	1.98	2.28	9.51	8.53	6.67	0.56	2.54	0.15	5.30	1.26		0.53	15.18	0.60	0.15	0.82	1.63	0.18	0.40	0.04	1.21	0.31	0.14	0.21	0.88
湖南	26.54	7.45	1.39	0.85	1.51	4.19	1.95	2.20	10.35	13.13	7.33	0.87	2.03	0.14	6.32	1.68	0.64		15.18	0.36	0.09	0.59	1.26	0.11	0.28	0.03	1.21	0.28	0.13	0.20	0.76
广东	28.31	8.02	1.58	0.99	1.60	4.05	1.83	2.03	10.73	13.52	7.94	1.19	1.60	0.24	7.30	1.51	1.36	0.63		0.18	0.03	0.67	1.30	0.10	0.21	0.03	1.54	0.29	0.13	0.22	0.67
广西	25.04	7.19	1.39	0.84	1.34	3.67	1.64	1.80	11.55	14.18	8.89	1.24	2.20	0.30	6.74	1.51	1.39	0.69	4.73		0.02	0.43	0.83	0.05	0.10	0.02	1.22	0.22	0.09	0.17	0.50
海南	25.79	7.28	1.44	0.89	1.42	3.59	1.59	1.75	10.96	14.10	8.47	1.26	1.96	0.30	6.95	1.62	1.49	0.79	3.97	0.10		0.57	1.05	0.08	0.14	0.02	1.38	0.24	0.10	0.19	0.51
重庆	21.40	6.22	1.11	0.63	1.06	3.53	1.60	1.78	12.46	14.05	9.73	1.17	2.95	0.32	5.78	1.13	1.20	0.71	10.94	0.27	0.08		0.27	0.04	0.12	0.02	0.65	0.13	0.06	0.11	0.46
四川	19.78	5.82	1.04	0.58	0.94	3.27	1.47	1.62	12.73	14.59	10.15	1.24	3.15	0.37	5.61	1.14	1.38	0.88	12.31	0.30	0.09	0.16		0.06	0.11	0.02	0.62	0.09	0.04	0.09	0.36

续表

pf2012	北京	天津	河北	山西	内蒙古	辽宁	吉林	黑龙江	上海	江苏	浙江	安徽	福建	江西	山东	河南	湖北	湖南	广东	广西	海南	重庆	四川	贵州	云南	西藏	陕西	甘肃	青海	宁夏	新疆
贵州	23.26	6.72	1.25	0.74	1.20	3.62	1.63	1.80	12.09	14.13	9.35	1.20	2.60	0.30	6.27	1.31	1.26	0.65	7.86	0.15	0.05	0.20	0.49		0.08		0.93	0.17	0.07	0.14	0.47
云南	22.03	6.42	1.22	0.72	1.11	3.32	1.47	1.61	12.15	14.67	9.62	1.28	2.69	0.35	6.22	1.38	1.47	0.84	8.71	0.15	0.05	0.30	0.48	0.04		0.01	0.98	0.15	0.06	0.13	0.36
西藏	18.65	4.43	1.08	0.63	0.88	2.74	1.18	1.26	12.46	15.35	10.27	1.38	3.12	0.42	5.78	1.38	1.75	1.16	12.90	0.33	0.08	0.49	0.64	0.10	0.12		1.00	0.12	0.04	0.10	0.16
陕西	16.38	4.81	0.74	0.37	0.75	3.21	1.51	1.71	12.89	13.62	10.39	1.12	3.71	0.39	4.39	0.68	1.26	1.04	17.92	0.55	0.14	0.47	0.76	0.14	0.28	0.03		0.10	0.06	0.07	0.51
甘肃	15.38	4.67	0.80	0.42	0.61	2.77	1.25	1.38	13.14	14.99	10.83	1.30	3.68	0.44	4.83	1.01	1.61	1.19	16.89	0.48	0.12	0.46	0.55	0.12	0.21	0.01	0.51		0.01	0.03	0.28
青海	15.42	4.70	0.83	0.45	0.62	2.67	1.18	1.29	13.05	15.18	10.82	1.34	3.62	0.44	4.96	1.10	1.68	1.22	16.53	0.46	0.12	0.48	0.57	0.12	0.20	0.01	0.63	0.03		0.04	0.23
宁夏	12.67	3.95	0.65	0.31	0.42	2.52	1.15	1.28	13.31	15.07	11.17	1.32	3.98	0.48	4.31	0.94	1.73	1.36	19.69	0.59	0.15	0.63	0.87	0.16	0.29	0.02	0.57	0.05	0.03		0.32
新疆	15.90	2.67	0.98	0.58	0.35	2.26	1.45	0.98	12.68	15.78	10.77	1.45	3.51	0.48	5.41	1.39	1.97	1.40	16.55	0.48	0.11	0.69	0.95	0.15	0.22	0.01	1.09	0.12	0.04	0.09	
均值	17.78	4.95	0.99	0.63	1.03	2.89	1.36	1.55	10.59	12.15	8.69	1.10	3.20	0.39	4.78	1.21	1.57	1.25	17.79	0.61	0.14	0.89	1.50	0.19	0.36	0.03	1.27	0.25	0.11	0.16	0.60

注：运用式（4-8）、式（4-10）与式（4-11）计算整理获取。表中创新人才流动偏好方向为从行到列，例如，第2行第1列为天津到北京的创新人才流动偏好为2.3%。本书主要考察区域间的创新要素流动，不涉及区域内部的流动，所以区域自身同值为零，如第1行第1列北京到北京为0。

我国各省域间的创新人才流动偏好不均衡分布格局继续存在，第一偏好圈层为北京和广东，第二偏好梯队为上海、江苏和浙江。第三偏好梯队为山东、天津、辽宁和福建。创新人才流入的主要偏好区域仍然为北京、广东、上海、江苏和浙江及其东部地区，其中北京和广东发展为吸引创新人才的最强磁场。

表 4-6　　　　　　　2012 年创新人才省域间流动偏好层次布局

第一偏好	第二偏好	第三偏好	第四偏好	第五偏好
北京、广东	上海、江苏、浙江	山东、天津、福建、辽宁	河北、吉林、黑龙江、湖南、湖北、安徽、河南、重庆、四川、陕西、内蒙古	海南、江西、山西、广西、贵州、云南、西藏、青海、新疆、甘肃、宁夏

对比表 4-3 与表 4-5，创新人才流动偏好性有所改变。创新人才对流入北京、上海的偏好性有所下降，而对广东、江苏、天津、浙江和山东的偏好性在增加。这与北京、上海已显拥挤的公共服务能力，及广东、江苏、天津、浙江和山东越来越优良的创新环境密不可分。从最偏好省域角度，广东与北京差异不但广东略高于北京（见表 4-5），全国各省域平均约 18% 的创新人才流入广东，北京、天津分别有超过 30% 的创新人才流向广东，河北、陕西、内蒙古、辽宁、吉林、山东等省域创新人才流向广东的比例也很高（均超过 25%）。当然从流动偏好值变化来看，全国不少省域对创新人才的吸引力都略有增强，特别是福建，创新人才对其偏好性增强明显。总体上创新人才流动偏好的发散性比 2008 年要大一些。创新人才偏好的第四、第五层次及吸引创新人才流入的"低洼地"继续与 2008 年类似。

由表 4-5 再来分析 2012 年创新人才省域流动主要偏好区域，即第一和第二层次的广东、北京、上海、江苏和浙江的创新人才具体流出路径。与 2008 年相比：①广东创新人才流出的主要承接地继续保持在北京、上海、江苏、浙江、山东、天津和辽宁，对与其邻近的广西、江西、湖南和福建的创新人才流动扩散效应虽有所提高，但对广西、江西和湖南的扩散效应继续很低，分别被吸引流入这三个地区的创新人才比例均低于 1%。②北京创新人才流出的主要承接地继续为广东、上海、江苏和浙江，分别承接了超过 10% 的北京创新人才流动量，特别是广东吸引了北京近 30% 的创新人才。北京对邻近区域天津、河北的创新人才流动扩散效应仍然很低。③上海创新人才流出的最主要承接地继续为北京和广东，承接了上海约 48% 的创新人才流出量。上海的创新人才流动对东部地区的天津、江苏和山东，西部地区的四川和陕西，东北地区的辽宁扩散效应继续保持较好状态，相比较而言对其邻近地区浙江的创新人才流动扩散效应要低一点，并对福建的扩散效应增加明显。④江苏创新人才流出的主要承接地继续为北京和广东，承接了江苏约50%的创新人才流出量。江苏的创新人才流动对东部地区的天津、上海、山东和浙江，西部地区的四川，东北地区的辽宁和黑龙江扩散效应继续保持较好状态，对东部的福建、西部的陕西扩散效应增强明显，但对其相邻区域的安徽来说创新人才流动扩散效应仍然很低。⑤浙江创新人才流出的承接地主要是北京和广东，分别承接了浙江约28.3%和20.15%的创新人才流出量。浙江创新人才流动对东部的天津、上海、江苏和山东，西部的四川，东北部的辽宁和黑龙江继续保持扩散效应相对较好状态。而对与浙江相邻区域的江西、安徽和福建扩散效应虽有所提高，但整体还处于较低状态，特别是对江西和安徽的扩散效应继续很低。

4.2.1.3 2016年创新人才空间流动偏好布局

观察表4-7，呈现了我国2016年创新人才省域空间流动偏好。结合表4-7的创新人才省域空间流动平均偏好，运用自然断裂点分位法把创新人才省域空间流动偏好格局分成第一（高）、第二（较高）、第三（中）、第四（较低）和第五（低）五个层次（见表4-8）。由表4-7和表4-8可以发现，与2008年、2012年相比，我国各省域间的创新人才流动偏好不均衡分布格局继续存在，第一偏好圈层发展为北京、广东、上海、江苏和浙江；第二偏好圈层发展为山东、天津和福建；第三偏好圈层发展为湖南、湖北、安徽、四川、辽宁、河北等10个省域，主要分布在中部和东北地区。创新人才流入的主要偏好区域仍然为北京、广东、上海、江苏和浙江等东部地区省域，其中北京和广东继续为吸引创新人才的最强磁场。

对比表4-3、表4-5和表4-7，创新人才流动偏好性有所改变，偏好性更分散。创新人才对江苏、浙江的偏好性持续强势"走高"，创新人才被吸引入江苏的偏好性已超过了上海，而被吸引入浙江的偏好性已逼近上海。越来越多的创新人才倾向流入江苏、浙江，这与江苏、浙江近几年来大刀阔步推进"创新创业"双创战略、务实发展特色战略性新兴产业及创新创业服务环境越来越优良密不可分。创新人才对福建的偏好提高有追赶山东和天津的趋势。创新人才对流入北京、上海的偏好性增长势头已不再显现。当然最强偏好的省域北京和广东差异不大但北京略高于广东。浙江、福建、江西和广东均分别有超过25%的创新人才流向北京，湖南、湖北、江苏、上海、江西、海南、广西、贵州等省域流向北京的创新人才流量也不低（均超过20%）。从流动偏好值整体变化来看，全国超过半数以上的区域对创新人才的吸引力都略有增强，对东北三省（辽宁、吉林和黑龙江）的偏好值整体上都在下降，特别是其中的辽宁省与2008年、2012

第4章 创新要素空间流动估算及其空间布局分析

表4-7 2016年创新人才省域空间流动偏好

单位:%

p12016	北京	天津	河北	山西	内蒙古	辽宁	吉林	黑龙江	上海	江苏	浙江	安徽	福建	江西	山东	河南	湖北	湖南	广东	广西	海南	重庆	四川	贵州	云南	西藏	陕西	甘肃	青海	宁夏	新疆
北京		0.63	0.37	0.18	0.36	0.80	0.64	0.63	14.05	17.41	13.54	1.46	4.89	0.74	2.43	1.11	2.45	2.22	26.75	0.92	0.26	1.96	2.49	0.47	0.83	0.05	1.36	0.25	0.08	0.13	0.54
天津	2.02		0.39	0.20	0.47	0.82	0.68	0.68	13.47	16.51	13.11	1.40	4.88	0.73	1.98	1.09	2.43	2.24	27.32	0.96	0.26	2.05	2.64	0.49	0.87	0.05	1.44	0.27	0.09	0.14	0.33
河北	5.31	1.73		0.08	0.37	1.19	0.89	0.84	13.95	16.02	12.99	1.28	4.70	0.66	1.94	0.70	2.05	1.95	25.10	0.86	0.24	1.71	2.19	0.43	0.77	0.05	1.03	0.22	0.07	0.11	0.56
山西	7.35	2.54	0.22		0.29	1.29	0.93	0.86	14.23	16.39	12.97	1.27	4.48	0.62	2.71	0.63	1.88	1.75	22.79	0.76	0.22	1.42	1.79	0.37	0.66	0.04	0.75	0.17	0.06	0.08	0.48
内蒙古	5.96	2.38	0.42	0.11		0.99	0.69	0.63	14.36	17.77	13.31	1.43	4.42	0.65	3.41	0.98	2.14	1.85	22.10	0.72	0.21	1.42	1.72	0.36	0.61	0.04	0.90	0.15	0.05	0.06	0.18
辽宁	8.18	2.63	0.85	0.32	0.62		0.15	0.22	11.23	16.06	11.37	1.44	4.02	0.68	3.79	1.48	2.48	2.11	23.10	0.82	0.22	1.95	2.48	0.44	0.75	0.05	1.61	0.27	0.09	0.15	0.47
吉林	9.36	3.09	0.90	0.32	0.61	0.21		0.08	11.32	16.45	11.32	1.46	3.83	0.66	4.22	1.51	2.44	2.03	21.51	0.75	0.20	1.83	2.31	0.41	0.69	0.04	1.55	0.25	0.08	0.14	0.40
黑龙江	10.06	3.36	0.93	0.33	0.61	0.34	0.09		11.44	16.68	11.31	1.47	3.71	0.65	4.46	1.52	2.41	1.96	20.46	0.71	0.19	1.74	2.18	0.39	0.64	0.04	1.51	0.24	0.07	0.14	0.36
上海	24.87	7.42	1.71	0.60	1.55	1.94	1.37	1.27		6.52	2.58	0.83	2.43	0.46	6.14	1.88	2.02	1.86	21.79	0.92	0.23	2.45	3.44	0.53	0.98	0.08	2.29	0.46	0.15	0.29	0.93
江苏	24.44	7.22	1.56	0.55	1.52	2.20	1.58	1.47	4.19		5.17	0.35	3.07	0.41	5.28	1.50	1.56	1.72	23.62	0.97	0.26	2.38	3.39	0.53	1.02	0.08	2.09	0.45	0.15	0.28	1.00
浙江	27.18	8.19	1.81	0.62	1.63	2.22	1.55	1.42	2.92	5.98		0.70	1.93	0.35	6.70	1.86	1.71	1.58	19.40	0.85	0.22	2.31	3.30	0.49	0.93	0.08	2.23	0.45	0.15	0.29	0.95
安徽	23.46	7.00	1.42	0.49	1.40	2.24	1.60	1.48	7.52	11.46	5.55		2.98	0.32	5.02	1.19	1.03	1.36	21.04	0.86	0.23	2.01	2.93	0.46	0.90	0.07	1.73	0.40	0.13	0.25	0.93
福建	26.86	8.34	1.79	0.59	1.48	2.15	1.43	1.28	7.54	11.99	5.28	1.02		0.25	7.42	1.86	1.53	1.03	9.19	0.49	0.12	1.64	2.40	0.32	0.61	0.05	1.87	0.36	0.12	0.24	0.73
江西	26.31	8.14	1.63	0.53	1.43	2.36	1.61	1.45	9.21	10.36	6.18	0.70	1.60		5.66	1.01	0.69	0.54	10.86	0.51	0.14	1.40	1.92	0.29	0.61	0.06	1.53	0.34	0.11	0.23	0.78
山东	24.53	7.72	1.49	0.46	1.25	2.27	1.53	1.36	11.61	13.54	8.72	0.71	4.64	0.65		1.32	1.46	2.07	7.90	0.34	0.10	2.08	2.38	0.50	0.92	0.04	1.43	0.31	0.10	0.17	0.64
河南	25.77	8.20	1.67	0.52	1.30	2.11	1.42	1.24	11.86	16.21	9.31	1.26	2.20	0.29	6.68		0.70	0.94	7.60	0.17	0.04	0.86	1.47	0.18	0.42	0.04	1.15	0.26	0.09	0.18	0.55
湖北	22.68	7.31	1.47	0.45	1.09	1.95	1.26	1.09	12.70	16.92	10.37	1.31	1.55	0.35	6.98	1.45		0.75	4.29	0.69	0.04	0.97	1.49	0.15	0.32	0.02	1.15	0.19	0.06	0.15	0.41
湖南	23.36	7.40	1.52	0.47	1.14	1.91	1.23	1.06	12.05	16.81	9.88	1.33	1.96	0.36	7.19	1.58	1.48		3.60	0.75	0.02	0.62	0.95	0.07	0.14	0.04	1.43	0.22	0.06	0.17	0.42
广东	13.39	4.11	1.34	0.42	1.23	1.74	1.25	1.15	12.83	12.90	11.17	0.90	4.09	0.49	2.82	1.29	1.58	0.86		0.09	0.09	0.82	1.20	0.12	0.21	0.03	1.28	0.19	0.07	0.13	0.42
广西	23.12	7.15	1.49	0.46	1.25	2.28	1.57	1.42	10.78	10.49	8.02	0.61	2.62	0.18	5.66	1.01	1.28	0.77	14.20		0.09				0.18		0.61	0.29	0.10	0.19	0.74
海南	24.53	7.72	1.49	0.46	1.25	2.27	1.53	1.36	11.61	13.54	8.72	0.94	2.07	0.17	6.68	1.32	0.70	0.59	14.20	0.57			0.31		0.42	0.04	1.15	0.26	0.09	0.18	0.64
重庆	19.40	6.32	1.17	0.34	0.86	1.88	1.24	1.08	13.70	17.32	11.36	1.24	2.96	0.39	5.99	1.15	1.28	0.95	11.12	0.25	0.09	0.82		0.06	0.18	0.02	0.61	0.12	0.04	0.10	0.37
四川	17.83	5.88	1.09	0.31	0.75	1.73	1.13	0.98	13.92	17.92	11.78	1.31	3.14	0.43	5.78	1.16	1.46	0.95	11.12	0.28	0.09	0.23		0.09	0.16		0.57	0.08	0.03	0.08	0.29

117

续表

pf2016	北京	天津	河北	山西	内蒙古	辽宁	吉林	黑龙江	上海	江苏	浙江	安徽	福建	江西	山东	河南	湖北	湖南	广东	广西	海南	重庆	四川	贵州	云南	西藏	陕西	甘肃	青海	宁夏	新疆
贵州	21.09	6.84	1.32	0.39	0.97	1.93	1.26	1.09	13.30	16.87	10.92	2.60	0.36	6.50	1.34	0.71	7.14	0.13	0.06	0.29	0.56		0.11		0.86	0.15	0.05	0.12	0.38
云南	19.87	6.50	1.28	0.38	0.90	1.76	1.13	0.97	13.30	17.42	11.18	2.68	0.41	6.41	1.40	0.91	7.87	0.14	0.05	0.43	0.54	0.06		0.01	0.90	0.13	0.04	0.11	0.29
西藏	16.65	4.43	1.12	0.33	0.70	1.44	0.90	0.75	13.50	18.05	11.82	3.08	0.50	5.90	1.39	1.24	11.54	0.30	0.09		0.15	0.18			0.91	0.10	0.03	0.09	0.13
陕西	14.75	4.86	0.77	0.20	0.60	1.70	1.16	1.03	14.09	16.15	12.06	3.70	0.47	4.52	1.83	1.13	16.17	0.50	0.15	0.67	0.72	0.21	0.41	0.03		0.09	0.04	0.06	0.41
甘肃	13.72	4.68	0.83	0.22	0.49	1.45	0.95	0.82	14.22	17.61	12.45	3.62	0.52	4.93	1.02	1.28	15.10	0.43	0.13	0.64	0.86	0.19	0.31	0.02	0.47		0.01	0.03	0.23
青海	13.73	4.70	0.86	0.23	0.49	1.39	0.90	0.77	14.11	17.80	12.41	3.57	0.52	5.05	1.10	1.31	14.75	0.42	0.13	0.68	0.64	0.18	0.29	0.01	0.58	0.02			0.18
宁夏	11.25	3.94	0.67	0.16	0.33	1.31	0.87	0.76	14.33	17.62	12.77	3.91	0.56	4.37	0.94	1.45	17.51	0.53	0.16	0.89	0.98	0.24	0.41	0.02	0.51	0.05	0.02		0.26
新疆	14.07	2.65	1.00	0.30	0.28	1.18	0.71	0.58	13.63	18.41	12.28	3.44	0.56	5.47	1.39	1.49	14.69	0.43	0.12	1.06	0.99	0.22	0.31	0.01	0.99	0.11	0.03	0.08	
均值	16.29	5.08	1.05	0.34	0.84	1.55	1.05	0.95	11.56	14.39	10.05	3.19	0.46	4.97	1.24	1.35	16.11	0.56	0.16	1.28	1.72	0.29	0.53	0.04	1.18	0.22	0.07	0.14	0.49

注：运用式(4-8)、式(4-10)与式(4-11)计算整理获取。表中创新人才流动偏好方向为从行到列，例如，第1列为天津到北京的创新人才流动偏好为2.02%。本书主要考察区域间的创新要素流动，不涉及区域内部的流动，所以区域自身间值为空，如第1行第1列北京到北京为空。

年比，创新人才吸引力下降更明显。我国西部的西藏、青海、新疆、宁夏、甘肃、广西和东部的海南继续是吸引创新人才的"低洼地"，连续近10年的发展中对创新人才的吸引力上并没有得到较好的改善。

表4-8　　　　　　　　2016年创新人才省域间流动偏好层次布局

第一偏好	第二偏好	第三偏好	第四偏好	第五偏好
北京、广东、上海、江苏、浙江	山东、天津、福建	河北、湖南、湖北、安徽、河南、吉林、辽宁、四川、重庆、陕西	黑龙江、江西、广西、云南、新疆、内蒙古	海南、山西、贵州、西藏、青海、甘肃、宁夏

通过表4-7再来观察2016年创新人才省域空间流动第一偏好层次北京、广东、上海、江苏和浙江的创新人才具体流出路径。与2008年、2012年相比：①北京创新人才流出的主要承接地继续为广东、上海、江苏和浙江，分别承接了超过10%的北京创新人才流出量，广东继续是吸引北京创新人才的最主要聚集地，26.8%的创新人才偏好从北京转移到广东。北京对邻近区域天津、河北的创新人才流动扩散效应仍然很低。②广东创新人才流出的主要承接地继续保持在北京、上海、江苏、浙江、山东和天津，对辽宁的流动偏好降低，对其邻近的广西、江西、湖南和福建的创新人才流动扩散效应基本与2012年相似，没有改善；对广西、江西和湖南的扩散效应继续很低，分别被吸引流入这三个地区的创新人才比例仍均低于1%。③上海创新人才流出的最主要承接地继续为北京和广东，承接了上海约46%的创新人才流出量。上海的创新人才流动对东部地区的天津、江苏和山东，西部地区的四川和陕西的扩散效应继续保持较好的状态，对东北三省的扩散效应整体都有下降，相比较而言对其邻近地区浙江省的创新人才流动扩散效应虽有提高但还是偏低。④江苏创新人才流出的主要承接地继续为北京和广东，承接了江苏约48%的创新人才流出量。江苏的创新人才流动对东部的天津、上海、山东、浙江和福建，西部的四川、重庆和陕西，东北部的辽宁扩散效应继续保持较好状态，但对其相邻区域的安徽来说创新人才流动扩散效应仍然很低。⑤浙江创新人才流出的核心承接地主要是北京和广东，分别承接了浙江约27.2%和19.4%的创新人才流出量。浙江创新人才流动对东部的天津、山东、江苏和上海，西部的四川和陕西，东北部的辽宁继续保持扩散效应相对较好状态。而对与浙江相邻区域的江西、安徽和福建扩散效应虽略有提高，但对江西和安徽的扩散效应继续很低。

4.2.1.4 创新人才空间流动偏好性布局总结

综合我国创新人才省域空间流动偏好从 2008 年、2012 年发展到 2016 年可知：①我国各省域间创新人才流动偏好格局存在较明显的空间不均衡。创新人才空间流入偏好磁场在东部地区，并稳固在北京、广东、上海、江苏和浙江，其中北京和广东一直为创新人才偏爱差异不大的最强磁极。将创新人才流动偏好层次分布映射到中华人民共和国地图上，可以直观呈现目前我国创新人才流动偏好布局总体上符合"胡焕庸"线分布，"胡焕庸"线的东南部是全国创新人才的偏好区。②创新人才省域空间流动偏好性在不同时空有所发展变化，偏好的分散性越来越显现。随着我国各省域创新驱动发展战略的深入推进和创新创业环境的不断培育，发展至 2016 年，全国多数省域对创新人才的吸引力都有所增强；创新人才对北京、上海两区域偏好性的增长势头已经不再显现；创新人才对东北三省的偏好性在持续下降；江苏、浙江对创新人才的吸引力持续强势"走高"，创新人才省域空间流动偏好江苏的程度已超过了上海，而对浙江的偏好性已逼近上海；创新人才流动对福建的偏好有追赶山东和天津的趋势，对东部的河北、中部的河南和湖北、西部的四川的偏好程度也在较稳健地提升，而对我国西部的西藏、青海、新疆、宁夏、甘肃、广西和东部的海南的偏好程度持续低下，这些地区已成为我国吸引创新人才流入的"低洼地"。③从创新人才省域空间流动第一偏好梯队的创新人才扩散路径来看，整体上多数以扩散到东部沿海区域为主，且各自对相邻的周边区域的扩散效应都较低或很低。综上所述，创新人才流动偏好格局和扩散路径表现出一定的空间惰性和时间惯性。

4.2.2 创新资金空间流动偏好布局

4.2.2.1 2008 年创新资金空间流动偏好布局

表 4-9 呈现了 2008 年我国创新资金省域空间流动偏好情况。结合表 4-9 的创新资金省域空间流动平均偏好，运用自然断裂点分位法可把创新资金省域空间流动偏好格局分成第一、第二、第三、第四和第五层次，分别代表偏好性高、较高、中、较低和低（见表 4-10）。由表 4-9 和表 4-10 可以发现，2008 年我国各省域间的创新资金流动偏好分布格局较不均衡，广东、江苏和山东为第一偏好圈层，是吸引创新资金的最强大磁场；第二偏好梯队是黑龙江、北京、上海和浙江，对创新资金的吸引力较强；第三偏好梯队是辽宁、天津、福建、河南、四川和陕西，对创新资金的吸引力也尚可。创新资金偏好的最强磁核为广东，全国

第 4 章 创新要素空间流动估算及其空间布局分析

表 4-9 2008 年创新资金省域间流动偏好

单位:%

cf2008	北京	天津	河北	山西	内蒙古	辽宁	吉林	黑龙江	上海	江苏	浙江	安徽	福建	江西	山东	河南	湖北	湖南	广东	广西	海南	重庆	四川	贵州	云南	西藏	陕西	甘肃	青海	宁夏	新疆
北京		0.39	0.69	0.33	0.23	1.83	0.85	6.18	7.47	16.97	7.54	1.41	3.87	1.81	5.46	2.97	2.42	2.72	25.18	0.69	0.09	1.32	4.16	0.28	0.62	0.00	3.35	0.21	0.07	0.03	0.89
天津	0.90		0.72	0.37	0.30	1.90	0.91	6.67	7.20	16.18	7.34	1.36	3.88	1.81	4.45	2.94	2.41	2.76	25.86	0.72	0.09	1.39	4.43	0.29	0.66	0.00	3.57	0.23	0.07	0.03	0.54
河北	2.42	1.09		0.15	0.24	2.82	1.22	8.51	7.64	16.07	7.44	1.26	3.83	1.67	4.46	1.93	2.08	2.45	24.32	0.66	0.09	1.18	3.77	0.26	0.59	0.00	2.62	0.18	0.06	0.03	0.94
山西	3.37	1.62	0.43		0.19	3.07	1.28	8.69	7.85	16.57	7.49	1.27	3.68	1.58	6.31	1.74	1.93	2.22	22.25	0.59	0.08	0.99	3.11	0.23	0.52	0.00	1.93	0.14	0.05	0.02	0.82
内蒙古	2.73	1.51	0.81	0.22		2.36	0.95	6.35	7.91	17.95	7.68	1.43	3.62	1.67	7.92	2.72	2.18	2.34	21.56	0.56	0.07	0.99	2.98	0.22	0.48	0.00	2.31	0.12	0.04	0.01	0.30
辽宁	3.79	1.68	1.66	0.62	0.41		0.20	2.23	6.25	16.38	6.62	1.45	3.32	1.75	8.90	4.14	2.56	2.70	22.75	0.64	0.08	1.37	4.34	0.28	0.59	0.00	4.15	0.23	0.07	0.04	0.80
吉林	4.39	2.01	1.79	0.64	0.41	0.51		0.87	6.38	17.00	6.67	1.49	3.20	1.73	10.03	4.29	2.55	2.63	21.46	0.60	0.07	1.30	4.09	0.26	0.55	0.00	4.07	0.22	0.07	0.04	0.69
黑龙江	4.76	2.21	1.87	0.65	0.41	0.83	0.13		6.50	17.38	6.73	1.51	3.13	1.70	10.68	4.36	2.54	2.57	20.58	0.57	0.07	1.25	3.90	0.25	0.52	0.01	3.99	0.21	0.06	0.03	0.62
上海	9.85	2.87	2.87	1.01	0.87	3.98	1.63	11.12		5.69	1.28	0.72	1.72	1.01	12.32	4.51	1.78	2.04	18.35	0.61	0.07	1.47	5.15	0.28	0.66	0.01	5.07	0.34	0.11	0.06	1.36
江苏	9.95	4.07	2.68	0.94	0.88	4.64	1.93	13.22	2.53		2.14	0.31	2.23	0.92	10.87	3.70	1.42	1.94	20.44	0.67	0.08	1.47	5.22	0.29	0.70	0.01	4.74	0.34	0.11	0.06	1.50
浙江	10.70	4.47	3.01	1.03	0.91	4.54	1.83	12.39	2.51	5.19		0.59	1.36	0.76	13.36	4.43	1.50	1.72	16.24	0.56	0.07	1.38	4.91	0.26	0.62	0.01	4.89	0.33	0.11	0.06	1.38
安徽	9.78	4.04	2.50	0.86	0.83	4.86	2.00	13.63	3.77	3.68	2.91		1.20	0.73	10.60	3.01	0.96	1.57	18.66	0.60	0.08	1.27	4.61	0.26	0.64	0.00	4.04	0.31	0.10	0.05	1.42
福建	11.07	4.76	3.12	1.02	0.87	4.59	1.77	11.64	3.73	10.88	2.73	0.91		0.56	15.48	4.64	1.40	1.17	8.05	0.34	0.04	1.03	3.74	0.18	0.43	0.00	4.30	0.28	0.09	0.05	1.11
江西	11.04	4.73	2.89	1.03	0.85	5.15	2.03	13.46	4.65	9.58	3.26	1.07	1.20		14.39	3.70	0.65	0.63	9.69	0.36	0.05	0.89	3.44	0.16	0.44	0.00	3.59	0.26	0.09	0.05	1.20
山东	9.78	4.04	4.04	0.43	0.46	3.00	1.36	9.68	6.53	12.95	6.57	0.89	3.78	1.65		2.22	2.09	2.61	26.26	0.75	0.10	1.44	4.77	0.31	0.71	0.01	3.63	0.26	0.09	0.04	1.22
河南	6.12	2.60	3.12	1.02	0.47	4.12	1.71	11.66	7.05	13.00	6.43	0.89	3.34	1.26	6.54		1.31	1.82	21.05	0.59	0.08	0.98	3.36	0.22	0.55	0.00	1.97	0.19	0.07	0.03	1.09
湖北	9.98	4.27	2.45	0.35	0.76	5.10	2.04	13.60	5.59	9.97	4.35	0.57	2.02	0.44	12.38	2.63		0.71	13.04	0.41	0.06	0.80	3.13	0.16	0.45	0.00	2.78	0.23	0.08	0.04	1.18
湖南	10.61	4.63	2.73	0.84	0.77	5.10	1.99	13.02	6.03	12.90	4.74	0.88	1.60	0.40	14.62	3.45	0.67		14.62	0.25	0.04	0.56	2.40	0.10	0.31	0.00	2.77	0.21	0.07	0.04	1.01
广东	11.06	4.87	3.04	0.95	0.79	4.83	1.82	11.73	6.11	15.32	5.02	1.18	1.24	0.70	16.52	4.48	1.39	0.82		0.12	0.01	0.63	2.42	0.09	0.23	0.00	3.43	0.21	0.06	0.04	0.86
广西	9.98	4.46	2.73	0.83	0.68	4.46	1.67	10.63	6.71	16.39	5.74	1.25	1.73	0.87	15.56	4.11	1.45	0.92	7.27		0.01	0.41	1.58	0.04	0.11	0.00	2.78	0.16	0.05	0.04	0.66
海南	10.20	4.48	2.80	0.87	0.71	4.34	1.61	10.28	6.33	16.18	5.43	1.26	1.53	0.88	15.92	4.37	1.54	1.04	4.02	0.07		0.55	1.98	0.07	0.16	0.00	3.12	0.18	0.05	0.04	0.67
重庆	8.76	3.96	2.23	0.64	0.55	4.40	1.68	10.79	7.43	16.67	6.45	1.22	2.39	0.97	13.69	3.15	1.28	0.96	9.54	0.19	0.03		0.53	0.04	0.14	0.00	1.53	0.10	0.03	0.02	0.62
四川	8.13	3.72	2.10	0.59	0.49	4.10	1.55	9.89	7.64	17.41	6.76	1.30	2.56	1.10	13.36	3.19	1.48	1.20	10.79	0.21	0.03	0.16		0.06	0.13	0.00	1.45	0.07	0.02	0.02	0.50

续表

cf2008	北京	天津	河北	山西	内蒙古	辽宁	吉林	黑龙江	上海	江苏	浙江	安徽	福建	江西	山东	河南	湖北	湖南	广东	广西	海南	重庆	四川	贵州	云南	西藏	陕西	甘肃	青海	宁夏	新疆
贵州	9.40	4.22	2.48	0.73	0.61	4.46	1.68	10.78	7.13	16.57	6.13	1.23	2.07	0.90	14.68	3.62	1.33	0.87	6.77	0.10	0.02	0.20	0.94		0.08	0.00	2.14	0.13	0.04	0.03	0.63
云南	8.92	4.04	2.43	0.72	0.57	4.10	1.52	9.62	7.17	17.22	6.31	1.32	2.15	1.03	14.58	3.80	1.56	1.13	7.51	0.11	0.02	0.29	0.92	0.04		0.00	2.27	0.11	0.03	0.03	0.48
西藏	7.57	2.79	2.16	0.63	0.45	3.40	1.22	7.54	7.38	18.07	6.76	1.42	2.50	1.26	13.59	3.82	1.86	1.56	11.16	0.23	0.03	0.48	1.23	0.09	0.14		2.31	0.09	0.02	0.02	0.21
陕西	6.81	3.11	1.51	0.38	0.39	4.08	1.60	10.52	7.82	16.43	7.00	1.18	3.05	1.20	10.58	1.94	1.37	1.44	15.88	0.39	0.06	0.47	1.51	0.13	0.32	0.00		0.08	0.03	0.02	0.71
甘肃	6.33	2.99	1.62	0.42	0.32	3.48	1.31	8.40	7.89	17.90	7.23	1.36	2.99	1.33	11.52	2.85	1.73	1.63	14.82	0.34	0.05	0.45	1.08	0.12	0.24	0.00	1.20		0.01	0.01	0.39
青海	6.34	3.00	1.68	0.45	0.32	3.34	1.24	7.87	7.82	18.09	7.20	1.39	2.94	1.34	11.81	3.08	1.80	1.67	14.47	0.33	0.05	0.48	1.12	0.11	0.23	0.00	1.49	0.02		0.01	0.31
宁夏	5.20	2.52	1.30	0.32	0.22	3.16	1.21	7.79	7.96	17.94	7.43	1.38	3.23	1.44	10.24	2.64	1.85	1.86	17.22	0.42	0.06	0.63	1.71	0.15	0.32	0.00	1.33	0.04	0.02		0.44
新疆	6.44	1.68	1.94	0.58	0.18	2.80	0.97	5.86	7.49	18.55	7.07	1.49	2.81	1.43	12.68	3.84	2.08	1.89	14.29	0.33	0.04	0.68	1.84	0.14	0.24	0.00	2.52	0.09	0.02	0.02	
均值	7.11	3.08	1.94	0.62	0.52	3.53	1.38	9.18	6.24	14.23	5.69	1.12	2.55	1.16	11.08	3.30	1.65	1.66	15.25	0.42	0.06	0.86	2.85	0.17	0.40	0.00	2.88	0.18	0.06	0.06	0.79

注：运用式（4-12）、式（4-16）与式（4-17）计算整理获取。表中创新资金流动偏好方向为从行到列，例如，第 1 行第 1 列为北京到天津的创新资金流动偏好为 0.90%。本书主要考察区域间的创新要素流动，不涉及区域内部的流动，所以区域自身间值为空，部分空格数据显示 0.00，并不表示为零值。因数据太小，取小数点后两位后显示为 0.00。

各省域平均超15%的创新资金流向广东,北京、天津、山东和江苏均分别超25%的创新资金流入广东,河北、山西、内蒙古、辽宁等不少省域向广东的创新资金流入量也不低。东部的海南、大部分西部地区(西藏、新疆、宁夏、青海、贵州、云南、广西、甘肃和内蒙古)是吸引创新资金流入的"低洼地"。创新资金流动空间流动偏好的这个不均衡格局与我国各区域的经济发展水平高低、创新活跃程度高低、创新执行主体企业的整体投资利润率高低和政府投资引导大战略的综合影响分不开。

表4-10　　　　2008年创新资金省域间流动偏好层次布局

第一偏好	第二偏好	第三偏好	第四偏好	第五偏好
广东、江苏、山东	北京、上海、浙江、黑龙江	辽宁、天津、福建、河南、陕西、四川	河北、吉林、安徽、江西、湖北、湖南	海南、山西、广西、贵州、重庆、云南、西藏、青海、新疆、甘肃、宁夏、内蒙古

再来分析创新资金省域空间流动偏好第一梯队广东、江苏和山东的创新资金流出路径(见表4-9)。①广东。广东创新资金流出的承接地主要在山东、江苏、黑龙江和北京,这四个地区承接了广东流出的近50%的创新资金;广东的创新资金对上海、浙江、河南、天津和辽宁的扩散效应也还尚可。对与其邻近的广西、江西、湖南和福建的整体扩散效应不高,特别是对广西、湖南和江西的创新资金扩散很低,分别流入这三个地区的创新资金比例均低于1%。②江苏。广东、黑龙江、山东与北京是江苏创新资金流出的核心承接地,承接了江苏近55%的创新资金流出量。江苏的创新资金流动对东部地区的天津,东北地区的辽宁,中部地区的河南、四川和陕西扩散效应都还尚可,但相对来说,对其相邻区域的上海和浙江扩散效应不是很高,对安徽的创新资金流动扩散效应更低。③山东。山东创新资金流出核心的承接地在广东(占26.26%)、江苏和黑龙江,对上海和浙江的扩散程度较高且基本相当,对东部的北京和福建、西部的四川和陕西、东北地区的辽宁的扩散效应也还尚可。对邻近区域河南和安徽的扩散效应不高,但对邻近区域河北的扩散效应很低。

4.2.2.2　2012年创新资金空间流动偏好布局

表4-11呈现了2012年我国创新资金省域空间流动偏好情况。结合表4-11的创新资金省域空间流动平均偏好,运用自然断裂点分位法可把创新资金省域空间流动偏好格局分成第一、第二、第三、第四和第五层次(见表4-12)。观察表4-11和表4-12,并与2008年比较,可以发现,2012年我国各省域间的创新

表4-11 2012年创新资金省域间流动偏好

单位：%

cf2012	北京	天津	河北	山西	内蒙古	辽宁	吉林	黑龙江	上海	江苏	浙江	安徽	福建	江西	山东	河南	湖北	湖南	广东	广西	海南	重庆	四川	贵州	云南	西藏	陕西	甘肃	青海	宁夏	新疆
北京		0.58	0.49	0.20	0.30	2.32	0.99	2.16	8.55	17.11	7.69	1.94	4.59	2.03	5.21	2.38	3.18	3.52	24.91	1.50	0.15	1.45	4.59	0.42	0.49	0.00	2.67	0.15	0.03	0.03	0.35
天津	0.89		0.52	0.23	0.39	2.42	1.06	2.34	8.27	16.37	7.51	1.88	4.62	2.03	4.26	2.36	3.19	3.60	25.66	1.57	0.15	1.53	4.91	0.44	0.52	0.00	2.85	0.16	0.03	0.04	0.21
河北	2.39	1.66		0.09	0.31	3.60	1.43	2.99	8.79	16.30	7.63	1.75	4.57	1.88	4.28	1.56	2.76	3.20	24.19	1.45	0.14	1.31	4.19	0.40	0.47	0.00	2.09	0.13	0.03	0.03	0.37
山西	3.32	2.46	0.31		0.25	3.92	1.50	3.05	9.03	16.80	7.68	1.76	4.39	1.77	6.05	1.40	2.55	2.90	22.12	1.29	0.13	1.10	3.45	0.34	0.41	0.00	1.54	0.10	0.02	0.02	0.32
内蒙古	2.66	2.27	0.57	0.14		2.97	1.10	2.20	9.00	18.00	7.78	1.96	4.27	1.85	7.51	2.16	2.86	3.02	21.20	1.21	0.12	1.09	3.27	0.33	0.37	0.00	1.83	0.09	0.02	0.02	0.12
辽宁	3.66	2.51	1.16	0.38	0.52		0.24	0.77	7.05	16.28	6.65	1.97	3.89	1.93	8.37	3.26	3.32	3.46	22.19	1.37	0.13	1.49	4.73	0.41	0.46	0.00	3.25	0.16	0.04	0.04	0.31
吉林	4.20	2.96	1.24	0.39	0.52	0.63		0.30	7.13	16.73	6.64	2.01	3.71	1.88	9.34	3.35	3.28	3.33	20.71	1.27	0.12	1.40	4.41	0.38	0.42	0.00	3.16	0.15	0.03	0.04	0.27
黑龙江	4.53	3.23	1.28	0.39	0.52	1.02	0.15		7.21	16.99	6.65	2.02	3.61	1.85	9.88	3.38	3.24	3.23	19.74	1.20	0.11	1.34	4.17	0.36	0.40	0.00	3.07	0.14	0.03	0.04	0.24
上海	10.19	6.49	2.15	0.66	1.20	5.33	2.01	4.10		12.40	6.05	1.04	2.15	1.19	12.40	3.81	2.48	2.79	19.15	1.41	0.13	1.71	6.00	0.45	0.55	0.00	4.25	0.25	0.05	0.07	0.57
江苏	10.37	6.53	2.02	0.62	1.22	6.26	2.40	4.91	6.05		1.38	2.32	2.81	1.10	11.02	3.14	1.98	2.67	21.49	1.54	0.14	1.72	6.12	0.46	0.59	0.00	4.00	0.26	0.06	0.07	0.63
浙江	11.16	7.18	2.27	0.68	1.27	6.13	2.28	4.60	5.56	13.56		0.46	1.71	0.90	13.56	3.76	2.10	2.38	17.08	1.31	0.12	1.61	5.76	0.42	0.52	0.00	4.13	0.25	0.05	0.07	0.58
安徽	10.20	6.50	1.89	0.56	1.15	6.56	2.49	5.06	1.68	3.94	3.16		0.87	0.87	10.76	2.56	1.34	2.17	19.63	1.40	0.13	1.49	5.42	0.41	0.54	0.00	3.41	0.23	0.05	0.06	0.60
福建	11.48	7.61	2.34	0.67	1.20	6.17	2.20	4.30	4.52	11.60	2.95	1.33		0.67	15.62	3.92	1.95	1.61	8.42	0.79	0.07	1.20	4.37	0.28	0.36	0.00	3.61	0.21	0.04	0.06	0.46
江西	11.55	7.63	2.19	0.61	1.18	6.98	2.54	5.02	5.67	10.30	3.55	0.95	1.52		14.64	3.16	0.91	0.87	10.22	0.85	0.08	1.05	4.05	0.26	0.37	0.00	3.05	0.20	0.04	0.06	0.51
山东	3.80	2.05	0.64	0.27	0.61	3.88	1.61	3.44	7.60	13.29	6.82	1.50	4.57	1.88		1.80	2.80	3.45	26.43	1.67	0.16	1.61	5.36	0.47	0.57	0.00	2.94	0.19	0.04	0.05	0.49
河南	6.16	4.03	0.83	0.22	0.63	5.37	2.05	4.17	8.27	13.44	6.72	1.26	4.07	1.44	6.40		1.77	2.42	21.34	1.31	0.13	1.10	3.81	0.34	0.44	0.00	1.61	0.14	0.03	0.04	0.44
湖北	10.39	6.85	1.85	0.51	1.05	6.88	2.53	5.04	6.79	13.46	6.94	0.84	2.55	0.52	12.53	2.23		0.98	13.69	0.96	0.10	0.93	3.67	0.26	0.38	0.00	2.35	0.17	0.03	0.04	0.50
湖南	11.02	7.40	2.05	0.55	1.06	6.87	2.46	4.82	7.31	13.78	5.12	1.29	2.02	0.48	14.78	2.92	1.11		7.62	0.57	0.06	0.66	2.81	0.16	0.26	0.00	2.33	0.16	0.03	0.05	0.42
广东	11.38	7.72	2.26	0.62	1.09	6.44	2.24	4.30	7.34	16.21	5.38	1.71	1.54	0.82	16.54	3.76	1.92	1.24		0.28	0.02	0.73	2.81	0.14	0.19	0.00	2.86	0.16	0.03	0.05	0.36
广西	10.17	7.00	2.01	0.53	0.92	5.89	2.03	3.86	7.98	17.18	6.08	1.80	2.14	1.01	15.43	3.42	1.98	1.41	4.13		0.01	0.47	1.82	0.07	0.09	0.00	2.30	0.12	0.02	0.04	0.27
海南	10.39	7.03	2.07	0.56	0.96	5.72	1.95	3.73	7.51	16.94	5.75	1.81	1.89	1.02	15.77	3.62	2.10	1.29	3.44	0.15		0.62	2.27	0.11	0.13	0.00	2.58	0.13	0.02	0.04	0.27
重庆	8.87	6.17	1.64	0.41	0.74	5.78	2.03	3.89	8.78	17.36	6.79	1.74	2.93	1.12	13.49	2.60	1.75	1.60	9.75	0.43	0.05		0.61	0.06	0.11	0.00	1.26	0.07	0.02	0.03	0.25
四川	8.17	5.76	1.53	0.37	0.65	5.34	1.86	3.54	8.95	17.98	7.07	1.84	3.11	1.27	13.06	2.61	2.00	1.60	10.93	0.48	0.06	0.18		0.09	0.10	0.00	1.18	0.05	0.01	0.02	0.20

续表

cf2012	北京	天津	河北	山西	内蒙古	辽宁	吉林	黑龙江	上海	江苏	浙江	安徽	福建	江西	山东	河南	湖北	湖南	广东	广西	海南	重庆	四川	贵州	云南	西藏	陕西	甘肃	青海	宁夏	新疆
贵州	9.56	6.62	1.83	0.47	0.83	5.88	2.04	3.90	8.45	17.32	6.47	1.76	2.55	1.04	14.52	3.00	1.82	1.17	6.94	0.23	0.04	0.22	1.08		0.07	0.00	1.76	0.09	0.02	0.03	0.26
云南	8.99	6.27	1.77	0.46	0.77	5.36	1.83	3.45	8.43	17.84	6.61	1.87	2.62	1.18	14.29	3.12	2.11	1.51	7.63	0.24	0.03	0.33	1.04	0.06		0.00	1.85	0.08	0.02	0.03	0.20
西藏	7.53	4.28	1.55	0.40	0.60	4.37	1.45	2.67	8.55	18.47	6.98	1.99	3.02	1.43	13.14	3.09	2.48	2.05	11.19	0.50	0.05	0.54	1.38	0.14	0.11		1.86	0.06	0.01	0.02	0.09
陕西	6.81	4.79	1.09	0.24	0.52	5.28	1.91	3.74	9.11	16.88	7.28	1.66	3.69	1.37	10.28	1.58	1.84	1.90	16.01	0.87	0.09	0.53	1.69	0.20	0.26	0.00		0.06	0.02	0.02	0.28
甘肃	6.27	4.56	1.16	0.26	0.42	4.46	1.55	2.96	9.10	18.22	7.44	1.90	3.58	1.50	11.09	2.30	2.30	2.13	14.79	0.74	0.08	0.50	1.20	0.18	0.19	0.00	0.96			0.00	0.16
青海	6.26	4.57	1.20	0.28	0.42	4.27	1.46	2.77	9.01	18.36	7.39	1.93	3.51	1.51	11.34	2.48	2.39	2.18	14.41	0.72	0.08	0.53	1.24	0.17	0.18	0.00	1.19	0.01		0.01	0.12
宁夏	5.12	3.82	0.93	0.20	0.29	4.02	1.42	2.73	9.14	18.15	7.60	1.91	3.85	1.61	9.80	2.12	2.45	2.42	17.09	0.91	0.10	0.69	1.89	0.23	0.25	0.00	1.06	0.03	0.01		0.17
新疆	6.34	2.55	1.39	0.36	0.24	3.57	1.14	2.05	8.61	18.78	7.24	2.06	3.35	1.61	12.15	3.09	2.75	2.46	14.19	0.72	0.07	0.75	2.04	0.21	0.19	0.00	2.01	0.07	0.01	0.02	
均值	7.22	4.81	1.43	0.40	0.70	4.64	1.68	3.32	7.27	14.61	5.9	1.57	3.09	1.31	10.89	2.71	2.21	2.20	15.36	0.93	0.09	0.96	3.23	0.27	0.32	0.00	2.36	0.13	0.03	0.04	0.32

注：运用式（4-12）、式（4-16）与式（4-17）计算整理获取。表中创新资金流动偏好方向为从行到列。第 1 列为天津到北京的创新资金流动偏好为 0.89%。本书主要考察区域间的创新要素流动，不涉及区域内部的流动，所以区域自身间值为空，如第 1 行第 1 列北京到北京的创新资金流动偏好为空。第 2 行第 1 列北京为 0.00，并不表示为零值，因数据太小，取小数点后两位后显示为 0.00。

资金流动偏好格局继续处于不均衡状态，广东、江苏和山东继续为第一偏好圈层，是吸引创新资金的最强大磁场；创新资金空间流动偏好第二梯队是辽宁、北京、上海、浙江和天津对创新资金的吸引力继续处于较强状态；第三偏好梯队是黑龙江、福建、河南、湖南、湖北、四川和陕西，对创新资金的吸引力也处于尚可程度。广东继续是创新资金偏好的最强磁核，全国各省域平均超15%的创新资金流向广东，北京、天津、山东和江苏均分别超25%的创新资金流入广东，河北、山西、内蒙古、辽宁等不少省域向广东的创新资金流入量也不低。创新资金对上海、湖南、湖北和福建流入偏好增加较明显，对黑龙江的流入偏好值下降明显。东部的海南、大部分西部地区（西藏、新疆、宁夏、青海、贵州、云南、广西、甘肃和内蒙古）仍然是吸引创新资金流入的"低洼地"。

表4-12　　　　　　　　2012年创新资金省域间流动偏好层次布局

第一偏好	第二偏好	第三偏好	第四偏好	第五偏好
广东、江苏、山东	北京、上海、浙江、天津、辽宁	福建、黑龙江、河南、湖北、湖南、陕西、四川	河北、吉林、安徽、江西、广西、重庆	海南、山西、贵州、云南、西藏、青海、新疆、甘肃、宁夏、内蒙古

结合2008年，再来分析2012年创新资金省域空间流动第一偏好梯队广东、江苏和山东的创新资金流出路径。①广东。广东创新资金流出的承接地主要为山东、江苏和北京，这三个地区承接了广东流出的近45%左右的创新资金；广东的创新资金对上海、浙江、天津和辽宁的扩散效应较好，且流向上海、浙江和天津的集聚程度在增加。与2008年相比，对与其邻近的广西、江西、湖南和福建的整体扩散效应有所提高，但对广西和江西的创新资金扩散程度继续很低，分别流入这两个地区的创新资金比例均低于1%。②江苏。广东、山东与北京是江苏创新资金流出的核心承接地，承接了江苏近45%的创新资金流出量。江苏的创新资金流动对东部的天津、东北的辽宁、西部的四川扩散效应较好，对东北的黑龙江、中部的河南、西部的陕西扩散效应也都还尚可。对其相邻区域的上海、浙江和安徽扩散效应到2012年都有提高，相对来说，对上海的扩散效应提高明显，对安徽的创新资金流动扩散效应仍然很低。③山东。山东创新资金流出核心的承接地在广东（占26.43%）和江苏，对上海、浙江和四川的扩散程度较高，对东部的北京和福建、中部的湖南和湖北、西部的陕西、东北的辽宁和黑龙江的扩散效应也还尚可。对邻近区域河南的扩散效应有所下降，对安徽的扩散效应有所提高，且总体对这两地区的扩散效应均不高，但对相邻区域河北的扩散效应更低。

4.2.2.3　2016年创新资金空间流动偏好布局

表4-13呈现了2016年我国创新资金省域空间流动偏好情况。结合表4-13的创新资金省域空间流动平均偏好，运用自然断裂点分位法把创新资金省域空间流动偏好格局分成五个层次（见表4-13）。观察表4-13和表4-14，并与2008年、2012年比较，可以发现，2016年我国各省域间的创新资金流动偏好格局继续处于很不均衡状态，第一偏好圈层发展为广东和江苏，是吸引创新资金的最强大磁场；创新资金空间流动偏好第二梯队发展为山东、北京、上海和浙江，对创新资金的吸引力继续处于较强状态；第三偏好梯队演变为天津、福建、河南、湖南、湖北和四川，对创新资金的吸引力也处于尚可程度。广东继续是创新资金偏好的最强磁核，且创新资金对其的偏好程度增加明显，广东成为汇聚全国各省域创新资金的强大"极核"越来越突出，全国各省域平均超20%的创新资金流向广东，北京、天津、山东和江苏均分别超30%的创新资金流入广东，河北、山西、内蒙古、辽宁、吉林、上海、安徽和河南向广东的创新资金流入量也不低，均超25%。当然创新资金对山东省的流入偏好有所下降，对辽宁和黑龙江的偏好下降较明显，对浙江、上海和福建的流入偏好持续增强，对江西、重庆、广西三地区的流入偏好有所改善。东部的海南，西部地区的西藏、新疆、宁夏、青海、贵州、云南、甘肃和内蒙古仍然是吸引创新资金流入的"低洼地"。

结合2008年和2012年，再来分析2016年吸引创新资金流动第一偏好梯队广东和江苏的创新资金流出路径。①广东。广东创新资金流出的主要承接地为江苏、山东、北京和上海，这四个地区承接了广东流出的约56%的创新资金，广东创新资金流出的最大承接地由山东发展成为江苏；广东的创新资金对浙江、天津扩散效应较好，且流向浙江的集聚程度在增加。与2008年、2012年相比，对与其相邻的广西、江西、湖南和福建的整体扩散效应持续有所提高，但对广西的创新资金扩散程度继续很低，流入广西的创新资金比例仍低于1%。②江苏。广东、山东与北京继续是江苏2016年创新资金流出的核心承接地，承接了江苏约50%的创新资金流出量。江苏的创新资金流入广东的集聚程度越来越突出，已由2008年的20.44%提高到2012年的21.49%再提高到2016年的30.43%。江苏的创新资金流动对东部的天津和西部的四川扩散效应较好，对东部的上海、浙江和福建，西部的重庆和陕西扩散效应也都还尚可。对其相邻区域的上海、浙江和安徽扩散效应到2016年都有持续提高，但对安徽的创新资金流动扩散效应仍然处于很低的状态。

表 4-13 2016 年创新资金省域空间流动偏好

单位：%

cf2016	北京	天津	河北	山西	内蒙古	辽宁	吉林	黑龙江	上海	江苏	浙江	安徽	福建	江西	山东	河南	湖北	湖南	广东	广西	海南	重庆	四川	贵州	云南	西藏	陕西	甘肃	青海	宁夏	新疆
北京		0.43	0.45	0.04	0.12	0.43	0.66	0.31	9.70	15.43	8.50	2.31	5.27	2.28	4.08	1.94	3.72	3.83	30.21	1.59	0.10	2.62	3.49	0.38	0.22	0.00	1.72	0.03	0.01	0.03	0.12
天津	0.70		0.48	0.04	0.16	0.44	0.70	0.34	9.38	14.75	8.30	2.23	5.30	2.28	3.34	1.93	3.73	3.90	31.11	1.66	0.10	2.77	3.73	0.40	0.23	0.00	1.84	0.04	0.01	0.03	0.07
河北	1.93	1.26		0.02	0.13	0.67	0.97	0.44	10.19	15.02	8.63	2.13	5.36	2.16	3.43	1.30	3.30	3.56	29.99	1.57	0.10	2.41	3.25	0.36	0.22	0.00	1.38	0.03	0.01	0.03	0.13
山西	2.73	1.89	0.30		0.11	0.74	1.03	0.46	10.61	15.69	8.79	2.17	5.21	2.06	4.91	1.18	3.09	3.26	27.79	1.42	0.09	2.05	2.72	0.32	0.19	0.00	1.03	0.02	0.00	0.02	0.12
内蒙古	2.16	1.73	0.54	0.03		0.56	0.74	0.33	10.44	16.59	8.80	2.38	5.01	2.13	6.02	1.80	3.42	3.35	26.29	1.31	0.09	2.00	2.54	0.30	0.17	0.00	1.21	0.02	0.01	0.01	0.04
辽宁	2.91	1.87	1.07	0.07	0.22		0.16	0.11	8.01	14.70	7.37	2.34	4.47	2.17	6.57	2.67	3.89	3.76	26.95	1.45	0.09	2.69	3.59	0.37	0.21	0.00	2.11	0.04	0.01	0.03	0.11
吉林	3.36	2.22	1.16	0.08	0.22	0.12		0.10	8.16	15.23	7.42	2.40	4.30	2.13	7.39	2.76	3.87	3.65	25.36	1.35	0.08	2.55	3.38	0.34	0.19	0.00	2.06	0.03	0.01	0.03	0.09
黑龙江	3.64	2.44	1.20	0.08	0.22	0.19	0.10		8.30	15.55	7.47	2.44	4.20	2.11	7.86	2.80	3.84	3.56	24.30	1.28	0.08	2.45	3.21	0.33	0.18	0.00	2.02	0.03	0.01	0.03	0.08
上海	9.46	5.65	2.32	0.15	0.59	1.14	1.56	0.70		6.39	1.79	1.45	2.90	1.56	11.39	3.64	3.40	3.55	27.21	1.74	0.10	3.62	5.33	0.47	0.29	0.00	3.22	0.07	0.01	0.07	0.23
江苏	9.59	5.67	2.18	0.14	0.59	1.34	1.85	0.83	3.00		3.77	1.44	3.77	1.22	10.09	2.99	2.70	3.39	30.43	1.90	0.10	3.63	5.43	0.48	0.31	0.00	3.02	0.07	0.01	0.07	0.25
浙江	10.66	6.43	2.53	0.16	0.63	1.35	1.82	0.81	4.08	6.04		1.25	2.37	1.56	12.80	3.70	2.95	3.11	24.96	1.66	0.10	3.51	5.27	0.45	0.28	0.00	3.22	0.07	0.01	0.07	0.24
安徽	9.51	5.68	2.05	0.13	0.56	1.41	1.94	0.87	6.12	12.92	4.18		1.96	1.44	9.91	2.45	1.85	2.77	27.99	1.73	0.11	3.17	4.83	0.43	0.28	0.00	2.60	0.06	0.01	0.06	0.24
福建	11.23	6.98	2.67	0.16	0.61	1.40	1.79	0.77	6.33	12.92	4.03	1.63		1.25	15.12	3.95	2.81	2.16	28.03	1.03	0.06	2.67	4.09	0.31	0.20	0.00	2.89	0.06	0.01	0.07	0.20
江西	11.35	7.03	2.51	0.15	0.61	1.58	2.08	0.90	7.97	11.52	4.86	1.39	2.16		14.23	3.20	1.32	1.17	19.93	1.11	0.07	2.34	3.81	0.29	0.21	0.00	2.44	0.06	0.01	0.06	0.21
山东	3.10	1.57	0.61	0.05	0.26	0.73	1.10	0.51	8.87	18.64	8.09	1.83	5.39	2.17		1.51	3.37	3.86	32.97	1.81	0.12	2.99	4.18	0.43	0.26	0.00	1.96	0.06	0.01	0.04	0.17
河南	5.29	3.25	0.83	0.05	0.28	1.07	1.47	0.66	10.17	18.43	7.67	1.63	5.06	1.75	5.43		2.85	2.85	28.03	1.50	0.10	2.16	3.13	0.33	0.22	0.00	1.13	0.03	0.01	0.03	0.16
湖北	9.88	6.12	2.05	0.12	0.52	1.51	2.01	0.88	9.25	11.55	6.25	1.19	3.51	0.70	11.79	2.19		1.27	19.93	1.21	0.08	2.02	3.34	0.28	0.20	0.00	1.82	0.05	0.01	0.05	0.20
湖南	10.75	6.77	2.33	0.13	0.54	1.55	2.00	0.86	10.20	15.28	6.97	1.89	2.84	0.66	14.25	2.93	1.35		11.36	0.74	0.05	1.46	2.62	0.18	0.14	0.00	1.85	0.04	0.01	0.05	0.18
广东	11.30	7.19	2.62	0.15	0.57	1.48	1.86	0.78	10.43	18.31	7.45	2.54	2.21	1.15	16.24	3.84	2.81	1.51		0.37	0.02	1.65	2.67	0.16	0.11	0.00	2.32	0.04	0.01	0.05	0.15
广西	9.70	6.26	2.24	0.12	0.46	1.30	1.62	0.67	10.90	18.64	8.09	2.95	2.95	1.36	14.55	3.35	2.79	1.62	6.02		0.01	1.03	1.66	0.07	0.05	0.00	1.79	0.03	0.01	0.04	0.11
海南	9.94	6.31	2.30	0.13	0.48	1.26	1.56	0.65	10.29	18.43	7.67	2.61	2.59	1.38	14.92	3.57	2.97	1.84	5.03	0.20		1.36	2.08	0.12	0.07	0.00	2.01	0.04	0.01	0.05	0.11
重庆	8.15	5.32	1.75	0.09	0.36	1.23	1.55	0.66	11.55	18.15	8.71	2.39	3.89	1.46	12.26	2.46	2.37	1.62	13.71	0.52	0.04		0.54	0.06	0.06	0.00	0.94	0.05	0.01	0.03	0.10
四川	7.35	4.86	1.60	0.08	0.31	1.11	1.39	0.58	11.52	18.40	8.87	2.47	4.05	1.61	11.61	2.42	2.65	1.97	15.05	0.57	0.04	0.36		0.09	0.05	0.00	0.87	0.01	0.00	0.02	0.08

第 4 章 创新要素空间流动估算及其空间布局分析

续表

cf2016	北京	天津	河北	山西	内蒙古	辽宁	吉林	黑龙江	上海	江苏	浙江	安徽	福建	江西	山东	河南	湖北	湖南	广东	广西	海南	重庆	四川	贵州	云南	西藏	陕西	甘肃	青海	宁夏	新疆
贵州	8.96	5.81	2.00	0.11	0.41	1.27	1.60	0.67	11.33	18.45	8.46	2.48	3.46	1.38	13.45	2.89	2.51	1.50	9.95	0.29	0.03	0.48	0.97		0.04	0.00	1.35	0.02	0.01	0.03	0.10
云南	8.27	5.41	1.90	0.10	0.37	1.14	1.41	0.58	11.10	18.67	8.49	2.57	3.49	1.54	13.00	2.96	2.86	1.90	10.74	0.29	0.03	0.69	0.92	0.06		0.00	1.39	0.02	0.00	0.03	0.08
西藏	6.62	3.53	1.59	0.09	0.28	0.89	1.06	0.43	10.77	18.48	8.57	2.62	3.84	1.78	11.43	2.80	3.22	2.47	15.06	0.59	0.04	1.08	1.16	0.14	0.05		1.34			0.02	0.03
陕西	5.93	3.91	1.11	0.05	0.24	1.06	1.39	0.60	11.36	16.73	8.85	2.17	4.66	1.69	8.86	1.42	2.36	2.27	21.34	1.01	0.07	1.04	1.41	0.20	0.13	0.00		0.01	0.00	0.02	0.11
甘肃	5.40	3.68	1.16	0.06	0.19	0.89	1.12	0.47	11.22	17.85	8.94	2.45	4.46	1.82	9.44	2.04	2.92	2.52	19.49	0.85	0.06	0.98	0.99	0.17	0.09	0.00	0.68		0.00	0.01	0.06
青海	5.38	3.68	1.21	0.06	0.19	0.85	1.05	0.44	11.09	17.97	8.88	2.49	4.37	1.84	9.65	2.19	3.03	2.57	18.97	0.82	0.06	1.03	1.02	0.17	0.09	0.00	0.84	0.00			0.05
宁夏	4.32	3.02	0.91	0.04	0.13	0.78	1.00	0.42	11.03	17.41	8.94	2.41	4.69	1.93	8.17	1.84	3.05	2.79	22.05	1.02	0.07	1.33	1.53	0.22	0.12	0.00	0.73	0.01	0.00		0.06
新疆	5.39	2.03	1.37	0.07	0.11	0.70	0.81	0.32	10.46	18.14	8.58	2.62	4.11	1.93	10.20	2.70	3.44	2.86	18.44	0.82	0.05	1.45	1.66	0.20	0.09	0.00	1.40	0.02	0.00	0.02	
均值	6.61	4.13	1.52	0.09	0.34	0.97	1.27	0.55	9.13	14.58	7.18	2.06	3.86	1.61	9.75	2.50	2.83	2.60	20.28	1.08	0.07	1.92	2.73	0.26	0.16	0.00	1.72	0.03	0.01	0.04	0.13

注：运用式（4-12）、式（4-16）与式（4-17）计算整理获取。表中创新资金流动偏好方向为从行到列，第 1 列为天津到北京的新资金流动偏好为 0.70%。本书考察区际间创新要素流动，不涉及区域自身内部的流动，所以区域自身间值为空。部分空格数据显示 0.00，并不表示北京到北京为空，因数据大小，取小数点后两位后显示为 0.00。

表4-14　　　　　　2016年创新资金省域间流动偏好层次布局

第一偏好	第二偏好	第三偏好	第四偏好	第五偏好
广东、江苏	北京、上海、山东、浙江	天津、福建、河南、湖北、湖南、四川	河北、吉林、辽宁、安徽、江西、广西、陕西、重庆	海南、山西、黑龙江、贵州、云南、西藏、青海、新疆、甘肃、宁夏、内蒙古

4.2.2.4 创新资金空间流动偏好布局总结

综合我国创新资金省域空间流动偏好从2008年、2012年发展到2016年可知：①我国各省域间创新资金流动偏好格局存在明显的空间不均衡。创新资金空间流入偏好磁场在东部地区，发展到2016年第一偏好梯队稳固在广东和江苏，其中广东一直为创新资金最偏爱的磁极，成为吸引全国各省域创新资金汇集的"极核"地位越来越突出。将目前创新资金流动偏好层次布局映射到中华人民共和国地图上，总体上直观呈现类似"川"字结构，东部沿海地带—河南、湖北和湖南—四川组成"川"字型，是全国创新资金的偏好区。②创新资金省域空间流动偏好性在不同时空有所发展变化，偏好的集中性越来越显现。上海、浙江、北京、天津和福建也已发展成为创新资金空间流入偏好性较高的区域，其中对上海的偏好有赶超山东的趋势，而对浙江的偏好有追赶山东的趋势。而中部湖北、湖南和江西，西部的重庆和广西，创新资金对它们的偏好程度在较稳步增强。至2016年，半数左右省域的创新资金流动偏好性下降。创新资金对山东的偏好性有所下降，从2008年与2012年的第一梯队下降到2016年第二梯队；对东北三省的偏好性在持续下降，特别是黑龙江，从2008年的第一梯队发展至2016年的第五梯队，创新资金空间流动对其的偏好程度已处于低下状态；河南、陕西的创新资金流动偏好性也在下降。而我国西部的西藏、青海、新疆、宁夏、甘肃、内蒙古和东部海南的创新资金流动偏好性持续低下，这些地区已成为我国吸引创新资金流入的"低洼地"。③从创新资金空间流动偏好第一梯队的创新资金扩散路径（流出的路径）来看，整体上多数都扩散到东部沿海区域的广东、江苏、山东、北京和上海，尤其是以广东和江苏最为明显。这些吸引创新资金集聚力强的区域对相邻的周边区域的扩散效应虽然不高但总体上处于提高的状态。综上所述，结合创新资金省域空间流动偏好格局和扩散路径发展，显示我国创新资金流动表现出较强的空间惰性和时间惯性。

4.2.3 创新技术空间流动偏好布局

4.2.3.1 2008年创新技术空间流动偏好布局

表4-15呈现了2008年我国创新技术省域空间流动偏好情况。结合表4-15的创新技术省域空间流动平均偏好，运用自然断裂点分位法可把创新技术省域空间流动偏好格局分成第一、第二、第三、第四、第五层次（见表4-16）。将表4-16内容映射到中华人民共和国地图上，可直观呈现2008年我国各省域间的创新技术流动偏好格局处于不均衡状态，总体上显现"东部沿海地带—四川"组成的横"二"字型流入偏好布局。观察表4-15与表4-16，广东、北京和上海为第一偏好梯队，不少省域流出的创新技术中有超过25%甚至30%以上比例流入这一梯队，是创新技术流入偏好最强大的磁场。创新技术空间流动偏好第二梯队是浙江、江苏和辽宁，很多省域流出的创新技术中有超过10%的流入这层，创新技术对其的偏好性处于较强状态。第三偏好梯队是山东、天津、福建和四川，创新技术的偏好性也处于尚可程度。广东是创新技术偏好的最强磁核，全国各省域平均超18%的创新技术流向广东，北京、天津和山东均分别超30%的创新技术流入广东，河北、山西、内蒙古、辽宁、吉林和江苏向广东的创新技术流入量也不低，均超25%以上。大部分西部地区（西藏、新疆、宁夏、青海、贵州、广西、甘肃、重庆、云南和内蒙古）、中部地区的山西和江西、东部的海南是创新技术流入的"低洼地"。创新技术流动空间流动偏好的这个不均衡格局与我国各区域的经济发展水平高低、区域创新发展对技术的需求程度、各区域技术吸纳能力强弱的综合影响分不开。

通过表4-15再来重点分析2008年创新技术省域空间流动第一偏好梯队广东、北京和上海的创新技术流出路径。①广东。广东创新技术流出的承接地主要在北京、上海、辽宁、江苏和浙江，这东部的五个地区承接了广东流出的约73%的创新技术。广东创新技术对东部的天津和山东的扩散效应也还尚可。对与其相邻的广西、江西、湖南和福建的整体扩散效应都很低下，分别流入这四个地区的创新技术比例均低于1%。可见，广东创新技术省域空间流动对中部和西部的扩散效应较低。②北京。从北京创新技术的流出路径来看，广东、上海、浙江和江苏为北京创新技术流出的主要承接地，承接了流出北京约73%的创新技术，特别是广东承接了北京超过30%的创新技术。相比较而言，对辽宁、福建、四川、湖北和湖南的扩散效应还尚可。但对地理位置邻近的天津、河北来说，北京的创新技术并未对其有较大的扩散，被转移到天津、河北的比重仅为0.32%、

表 4-15　2008 年创新技术省域间流动偏好

单位：%

t/2008	北京	天津	河北	山西	内蒙古	辽宁	吉林	黑龙江	上海	江苏	浙江	安徽	福建	江西	山东	河南	湖北	湖南	广东	广西	海南	重庆	四川	贵州	云南	西藏	陕西	甘肃	青海	宁夏	新疆
北京		0.32	0.51	0.22	0.23	4.31	0.68	0.63	17.50	12.02	13.60	1.19	2.94	0.71	1.94	1.24	1.91	1.91	31.10	0.38	0.08	0.53	2.76	0.21	0.58	0.01	1.04	0.26	0.04	0.04	1.11
天津	2.21		0.53	0.24	0.30	4.42	0.72	0.67	16.68	11.33	13.09	1.14	2.92	0.70	1.56	1.21	1.89	1.92	31.57	0.39	0.08	0.55	2.91	0.21	0.61	0.01	1.10	0.28	0.04	0.05	0.67
河北	5.70	0.86		0.09	0.23	6.29	0.92	0.82	16.99	10.80	12.75	1.02	2.76	0.62	1.51	0.76	1.56	1.64	28.51	0.35	0.08	0.45	2.38	0.18	0.53	0.01	0.77	0.22	0.03	0.03	1.11
山西	7.87	1.26	0.30		0.18	6.79	0.96	0.83	17.29	11.03	12.70	1.01	2.63	0.58	2.11	0.68	1.43	1.47	25.83	0.31	0.07	0.37	1.94	0.16	0.45	0.01	0.56	0.17	0.03	0.02	0.96
内蒙古	6.52	1.21	0.58	0.14		5.33	0.73	0.62	17.82	12.22	13.31	1.16	2.65	0.63	2.70	1.09	1.66	1.58	25.59	0.30	0.07	0.38	1.90	0.15	0.43	0.01	0.69	0.15	0.02	0.02	0.36
辽宁	9.39	1.39	1.23	0.41	0.42		0.16	0.23	14.63	11.59	13.31	1.23	2.53	0.69	3.16	1.72	2.02	1.90	28.08	0.35	0.07	0.55	2.88	0.20	0.55	0.01	1.29	0.30	0.04	0.05	0.99
吉林	10.68	1.63	1.31	0.42	0.41	1.18		0.16	14.66	11.80	11.81	1.24	2.39	0.66	3.49	1.75	1.98	1.81	25.98	0.32	0.06	0.51	2.66	0.19	0.50	0.01	1.24	0.27	0.04	0.05	0.85
黑龙江	11.44	1.77	1.34	0.42	0.41	1.89	0.10		14.75	11.92	11.75	1.24	2.31	0.65	3.67	1.75	1.94	1.75	24.61	0.30	0.06	0.49	2.50	0.18	0.47	0.01	1.20	0.26	0.04	0.05	0.75
上海	26.33	3.64	2.30	0.72	0.97	10.09	1.40	1.22		4.34	2.50	0.65	1.41	0.43	4.72	2.02	1.52	1.54	24.41	0.37	0.07	0.64	3.68	0.22	0.66	0.01	1.70	0.46	0.07	0.09	1.83
江苏	24.70	3.37	1.99	0.63	0.91	10.93	1.54	1.35	3.87		3.86	0.26	1.70	0.36	3.86	1.54	1.12	1.36	25.26	0.37	0.08	0.59	3.46	0.21	0.66	0.01	1.47	0.43	0.07	0.08	1.87
浙江	28.22	3.93	2.38	0.73	1.00	11.36	1.56	1.34	3.44	3.90		0.54	1.10	0.32	5.04	1.96	1.26	1.29	21.31	0.33	0.07	0.59	3.46	0.20	0.62	0.01	1.62	0.45	0.07	0.09	1.83
安徽	23.74	3.28	1.82	0.56	0.83	11.19	1.56	1.36	8.64	2.55	5.14		1.65	0.28	3.68	1.22	0.74	1.08	22.54	0.33	0.07	0.50	2.99	0.18	0.58	0.01	1.23	0.38	0.06	0.08	1.74
福建	28.24	4.06	2.38	0.70	0.92	11.12	1.46	1.22	8.99	7.92	5.07	0.80		0.23	5.65	1.14	1.98	0.85	10.23	0.20	0.04	0.42	2.55	0.13	0.41	0.01	1.37	0.36	0.05	0.08	1.42
江西	27.08	3.88	2.13	0.62	0.86	11.99	1.61	1.36	10.76	6.71	5.82	0.54	2.69		5.82	1.52	0.51	0.44	11.83	0.20	0.04	0.35	2.25	0.12	0.40	0.01	1.10	0.33	0.05	0.07	1.48
山东	8.84	1.03	0.62	0.27	0.44	6.61	1.01	0.92	14.30	8.58	11.09	0.84	0.65	0.61		0.86	1.55	1.72	30.32	0.39	0.08	0.54	2.96	0.21	0.62	0.01	1.06	0.31	0.05	0.07	1.42
河南	13.95	1.98	0.77	0.21	0.44	8.91	1.26	1.09	15.17	8.45	10.65	0.69	2.33	0.45	5.05		0.95	1.18	23.86	0.30	0.07	0.36	2.05	0.15	0.47	0.01	0.56	0.22	0.04	0.04	1.25
湖北	23.65	3.38	1.74	0.49	0.74	11.47	1.56	1.32	12.51	6.75	7.50	0.46	1.47	0.17	4.20	1.04		0.48	15.38	0.22	0.05	0.31	1.98	0.12	0.40	0.01	0.83	0.28	0.04	0.06	1.41
湖南	25.46	3.71	1.96	0.54	0.76	11.62	1.54	1.28	13.67	8.84	8.28	0.72	1.18	0.15	5.02	1.39	0.51		15.58	0.13	0.03	0.22	1.54	0.07	0.28	0.01	1.07	0.25	0.04	0.06	1.22
广东	27.50	4.04	2.26	0.64	0.82	11.39	1.46	1.20	14.35	10.87	9.08	1.00	0.94	0.27	5.88	1.87	1.10	0.58		8.68	0.07	0.25	1.61	0.07	0.21	0.01	0.85	0.27	0.04	0.06	1.08
广西	24.19	3.61	1.98	0.54	0.68	10.26	1.30	1.06	15.36	11.34	10.11	1.04	1.29	0.33	5.40	1.67	1.12	0.63	4.84		0.01	0.16	1.03	0.03	0.10	0.00	0.85	0.20	0.03	0.05	0.80
海南	25.06	3.67	2.06	0.57	0.72	10.11	1.27	1.04	14.66	11.34	9.69	1.06	1.15	0.34	5.59	1.80	1.20	0.73	4.09	0.04		0.22	1.30	0.05	0.14	0.00	0.96	0.22	0.03	0.05	0.83
重庆	20.45	3.08	1.56	0.40	0.53	9.76	1.26	1.03	16.39	11.11	10.95	0.97	1.71	0.36	4.58	1.23	0.96	0.64	11.09	0.10	0.03		0.33	0.03	0.12	0.00	0.45	0.12	0.02	0.03	0.73
四川	18.95	2.89	1.47	0.37	0.47	9.07	1.16	0.95	16.80	11.57	11.45	1.03	1.83	0.41	4.45	1.24	1.10	0.80	12.51	0.11	0.03	0.06		0.04	0.11	0.00	0.42	0.08	0.01	0.03	0.58

续表

t口2008	北京	天津	河北	山西	内蒙古	辽宁	吉林	黑龙江	上海	江苏	浙江	安徽	福建	江西	山东	河南	湖北	湖南	广东	广西	海南	重庆	四川	贵州	云南	西藏	陕西	甘肃	青海	宁夏	新疆
贵州	22.33	3.35	1.77	0.47	0.60	10.06	1.29	1.05	15.98	11.23	10.57	1.00	1.51	0.34	4.99	1.44	1.01	0.59	8.00	0.05	0.02	0.08	0.60		0.07	0.00	0.64	0.15	0.02	0.04	0.75
云南	21.25	3.22	1.73	0.46	0.56	9.28	1.17	0.94	16.14	11.71	10.93	1.07	1.57	0.39	4.97	1.52	1.18	0.77	8.90	0.06	0.02	0.11	0.58	0.03		0.00	0.68	0.14	0.02	0.04	0.58
西藏	17.98	2.21	1.53	0.41	0.45	7.65	0.93	0.74	16.54	12.25	11.67	1.15	1.82	0.47	4.62	1.52	1.40	1.05	13.20	0.12	0.03	0.19	0.78	0.06	0.12		0.69	0.10	0.01	0.03	0.25
陕西	15.55	2.37	1.03	0.23	0.37	8.83	1.18	0.99	16.84	10.70	11.62	0.92	2.13	0.43	3.45	0.74	0.99	0.93	18.04	0.20	0.05	0.17	0.92	0.09	0.28	0.00		0.09	0.02	0.02	0.81
甘肃	14.74	2.32	1.13	0.27	0.31	7.69	0.98	0.80	17.32	11.89	12.23	1.08	2.13	0.49	3.84	1.11	1.28	1.07	17.16	0.18	0.04	0.17	0.67	0.08	0.21	0.00	0.35		0.00	0.01	0.46
青海	14.82	2.34	1.18	0.29	0.31	7.41	0.94	0.76	17.27	12.08	12.25	1.11	2.11	0.50	3.95	1.21	1.34	1.10	16.84	0.17	0.04	0.18	0.70	0.08	0.20	0.00	0.44	0.02			0.36
宁夏	12.13	1.96	0.91	0.20	0.21	6.98	0.91	0.75	17.53	11.94	12.59	1.10	2.31	0.53	3.42	1.03	1.38	1.23	19.99	0.22	0.05	0.24	1.06	0.10	0.28	0.00	0.39	0.05	0.01		0.51
新疆	15.30	1.33	1.38	0.37	0.18	6.30	0.74	0.57	16.81	12.57	12.21	1.21	2.04	0.54	4.31	1.53	1.57	1.27	16.90	0.18	0.04	0.26	1.17	0.10	0.22	0.00	0.75	0.11	0.01	0.02	
均值	17.23	2.49	1.42	0.41	0.52	8.07	1.08	0.91	14.06	9.72	9.88	0.92	1.87	0.44	3.84	1.34	1.27	1.14	18.28	0.23	0.05	0.34	1.86	0.12	0.36	0.01	0.88	0.22	0.03	0.05	0.97

注:
1. 由式(4-18)、式(4-20)和式(4-21)计算整理获取。表中创新技术流动偏好方向为从行到列,例如,第 2 行第 1 列为天津到北京的创新技术流动偏好为 2.21%。本书考察区际间的创新要素流动,不涉及区域内部的流动,所以区域自身列值为空,如第 1 行第 1 列北京到北京显示为 0.00,并不表示为零值。部分空格数据显示 0.00,因数据太小,取小数点后两位后显示为 0.00。

0.51%。③上海。北京、广东和辽宁是上海创新技术的最主要承接地,承接了上海近61%的创新技术流出量。上海的创新技术流动对东部地区的天津、江苏和山东,西部地区的四川扩散效应都还过得去,相比较而言对其邻近地区浙江的创新技术扩散效应要低一些,没有江苏的高。

表4-16　　　　　　2008年创新技术省域间流动偏好层次布局

第一偏好	第二偏好	第三偏好	第四偏好	第五偏好
广东、北京、上海	江苏、浙江、辽宁	天津、山东、福建、四川	河北、黑龙江、吉林、河南、安徽、湖南、湖北、陕西、新疆	海南、山西、江西、广西、贵州、重庆、云南、西藏、青海、甘肃、宁夏、内蒙古

4.2.3.2　2012年创新技术空间流动偏好布局

表4-17呈现了2012年我国创新技术省域空间流动偏好情况。结合表4-17的创新技术省域空间流动平均偏好,运用自然断裂点分位法可把创新技术省域空间流动偏好格局分成第一、第二、第三、第四、第五层次(见表4-18)。表4-18并结合2008年比较可发现,2012年我国各省域间的创新技术空间流动偏好布局继续处于不均衡格局,映射到中华人民共和国地图上总体继续直观呈现"东部沿海地带—四川"组成的横"二"字型流入偏好格局。观察表4-17与表4-18:广东、北京和江苏为在第一偏好梯队,是全国各省域的创新技术最偏爱流入的区域,不少省域流出的创新技术中有超过20%的流入这一梯队。第二梯队为上海、辽宁和浙江,不少省域流出的创新技术中有超过10%的流入这一层,创新技术对其的偏好性处于较强状态。第三梯队是山东、天津和四川,创新技术的偏好性也处于尚可程度。广东是创新技术偏好的最强磁核,全国各省域平均超16%的创新技术流向广东,北京、天津、山东、河北和辽宁均分别超25%的创新技术流入广东。大部分西部地区(西藏、新疆、宁夏、青海、贵州、广西、甘肃和重庆)、中部的山西和江西、东部的海南仍然是吸引创新技术流入的"低洼地"。

通过表4-17,再来重点分析2012年创新技术省域空间流动第一偏好梯队广东、北京和江苏的创新技术流出路径。①广东。北京、江苏、上海和辽宁仍然是广东创新技术流出的主要承接地,广东创新技术对东部地区的天津、浙江和山东的扩散效应也较好,增强了对西部的四川和陕西的扩散效应,但对流入浙江的偏好在下降。对与其邻近的广西、江西、湖南和福建的整体扩散效应仍然较低,分别流入这四个地区的创新技术比例均低于1%。②北京。从北京创新技术的流

表 4–17 2012 年创新技术省域空间流动偏好

单位：%

地2012	北京	天津	河北	山西	内蒙古	辽宁	吉林	黑龙江	上海	江苏	浙江	安徽	福建	江西	山东	河南	湖北	湖南	广东	广西	海南	重庆	四川	贵州	云南	西藏	陕西	甘肃	青海	宁夏	新疆
北京		0.35	0.46	0.23	0.30	3.99	0.46	0.66	12.96	18.05	9.04	1.66	2.68	0.69	2.35	1.17	2.73	2.06	28.42	0.55	0.13	0.79	5.00	0.33	1.03	0.01	2.57	0.33	0.07	0.07	0.89
天津	2.11		0.47	0.26	0.38	4.09	0.48	0.71	12.34	17.00	8.69	1.58	2.65	0.68	1.89	1.14	2.69	2.07	28.82	0.57	0.13	0.82	5.27	0.34	1.07	0.01	2.71	0.36	0.07	0.08	0.54
河北	5.53	0.95		0.10	0.30	5.91	0.63	0.88	12.77	16.47	8.60	1.43	2.55	0.61	1.85	0.73	2.27	1.79	26.44	0.51	0.12	0.68	4.37	0.29	0.94	0.01	1.93	0.29	0.06	0.06	0.91
山西	7.68	1.41	0.28		0.24	6.42	0.66	0.89	13.07	16.92	8.61	1.43	2.44	0.57	2.60	0.66	2.09	1.62	24.09	0.45	0.11	0.57	3.59	0.25	0.82	0.01	1.42	0.22	0.05	0.04	0.79
内蒙古	6.30	1.33	0.52	0.15		4.99	0.50	0.66	13.34	18.56	8.94	1.64	2.43	0.62	3.31	1.04	2.40	1.73	23.65	0.44	0.11	0.58	3.48	0.25	0.76	0.01	1.73	0.19	0.04	0.03	0.29
辽宁	8.78	1.49	1.07	0.43	0.52		0.11	0.23	10.59	17.02	7.75	1.66	2.25	0.65	3.74	1.59	2.82	2.00	25.08	0.50	0.11	0.80	5.10	0.31	0.95	0.01	3.11	0.37	0.07	0.09	0.78
吉林	9.98	1.75	1.14	0.43	0.51	1.07		0.09	10.62	17.34	7.67	1.68	2.12	0.63	4.14	1.61	2.76	1.91	23.22	0.46	0.10	0.75	4.71	0.29	0.87	0.01	3.00	0.34	0.06	0.08	0.67
黑龙江	10.71	1.89	1.17	0.43	0.51	1.71	0.07		10.69	17.53	7.65	1.69	2.05	0.61	4.36	1.62	2.71	1.85	22.02	0.43	0.10	0.71	4.44	0.27	0.81	0.01	2.90	0.32	0.06	0.08	0.59
上海	23.84	3.76	1.93	0.72	1.17	8.85	0.90	1.21		6.17		0.86	1.21	0.39	5.41	1.80	2.05	1.58	21.12	0.50	0.11	0.90	6.31	0.33	1.11	0.01	3.97	0.55	0.11	0.14	1.39
江苏	23.56	3.68	1.77	0.66	1.15	10.09	1.04	1.41	2.56			0.36	1.54	0.35	4.67	1.45	1.59	1.47	23.02	0.53	0.12	0.88	6.26	0.34	1.16	0.01	3.63	0.55	0.11	0.14	1.50
浙江	25.71	4.10	2.01	0.74	1.21	10.02	1.00	1.34	4.38			0.71	0.95	0.29	5.82	1.76	1.71	1.32	18.55	0.46	0.12	0.83	5.98	0.31	1.04	0.01	3.80	0.54	0.10	0.14	1.40
安徽	22.83	3.60	1.63	0.59	1.07	10.41	1.06	1.43	6.43	3.85	5.59		1.51	0.27	4.48	1.16	1.06	1.17	20.70	0.47	0.11	0.75	5.45	0.29	1.03	0.01	3.05	0.48	0.10	0.13	1.41
福建	26.05	4.28	2.04	0.71	1.13	9.93	0.95	1.24	11.48	3.25	3.43	1.07		0.21	6.61	1.80	1.57	0.88	9.02	0.27	0.06	0.61	4.47	0.20	0.70	0.01	3.27	0.44	0.09	0.12	1.10
江西	25.68	4.20	1.88	0.64	1.09	11.01	1.08	1.41	7.90	3.83	9.99	0.74	0.81		6.07	1.42	0.72	0.47	10.72	0.29	0.07	0.52	4.05	0.19	0.71	0.01	2.70	0.41	0.08	0.12	1.18
山东	8.54	1.14	0.55	0.28	0.57	6.18	0.69	0.98	10.70	13.01	7.44	1.18	2.47	0.59		0.82	2.23	1.87	27.99	0.57	0.14	0.81	5.42	0.34	1.11	0.01	2.63	0.40	0.08	0.09	1.16
河南	13.69	2.22	0.71	0.23	0.58	8.47	0.87	1.18	11.53	13.02	7.26	0.99	2.18	0.45	2.65		1.40	1.30	22.37	0.44	0.11	0.55	3.81	0.24	0.85	0.01	1.43	0.29	0.06	0.07	1.03
湖北	22.94	3.75	1.57	0.53	0.96	10.77	1.07	1.41	9.40	10.28	5.05	0.65	1.35	0.16	5.16	1.00		0.52	14.25	0.32	0.08	0.46	3.65	0.19	0.72	0.01	2.07	0.36	0.07	0.10	1.15
湖南	24.47	4.08	1.75	0.58	0.97	10.81	1.04	1.35	10.45	13.33	5.53	1.01	1.08	0.15	6.11	1.31	0.74		7.97	0.19	0.05	0.33	2.81	0.11	0.50	0.01	2.06	0.32	0.06	0.10	0.99
广东	25.85	4.35	1.98	0.66	1.02	10.37	0.97	1.24	16.05	11.37	5.93	1.37	0.84	0.26	7.00	1.73	1.54	0.61		0.10	0.02	0.37	2.87	0.10	0.37	0.01	2.60	0.33	0.06	0.10	0.85
广西	23.11	3.94	1.76	0.57	0.87	9.49	0.88	1.11	17.02	17.02	6.71	1.44	1.17	0.32	6.53	1.57	1.59	0.68	4.42		0.01	0.24	1.86	0.05	0.17	0.00	2.09	0.25	0.05	0.08	0.65
海南	23.71	3.98	1.81	0.60	0.91	9.26	0.85	1.08	10.74	16.85	6.37	1.04	1.04	0.33	6.70	1.68	1.70	0.78	3.70	0.05		0.32	2.33	0.08	0.25	0.00	2.35	0.28	0.05	0.09	0.66
重庆	20.04	3.46	1.42	0.43	0.70	9.26	0.87	1.11	12.43	17.09	7.46	1.38	1.59	0.36	5.68	1.19	1.40	0.70	10.38	0.15	0.05		0.62	0.04	0.22	0.00	1.13	0.15	0.03	0.05	0.60
四川	18.62	3.25	1.34	0.40	0.62	8.63	0.81	1.02	12.78	17.86	7.82	1.47	1.71	0.40	5.54	1.21	1.61	0.88	11.74	0.17	0.05	0.09		0.06	0.20	0.00	1.07	0.11	0.02	0.04	0.48

续表

t2012	北京	天津	河北	山西	内蒙古	辽宁	吉林	黑龙江	上海	江苏	浙江	安徽	福建	江西	山东	河南	湖北	湖南	广东	广西	海南	重庆	四川	贵州	云南	西藏	陕西	甘肃	青海	宁夏	新疆
贵州	21.65	3.71	1.59	0.50	0.78	9.44	0.88	1.12	11.99	17.10	7.12	1.41	1.39	0.33	6.12	1.38	1.46	0.64	7.41	0.08	0.03	0.11	1.10		0.13		1.59	0.19	0.04	0.07	0.61
云南	20.54	3.55	1.56	0.49	0.73	8.68	0.80	1.00	12.08	17.78	7.34	1.50	1.44	0.38	6.09	1.45	1.70	0.84	8.22	0.08	0.03	0.17	1.07	0.04		0.00	1.69	0.17	0.03	0.06	0.47
西藏	17.34	2.44	1.38	0.43	0.57	7.15	0.64	0.78	12.35	18.55	7.82	1.61	1.67	0.46	5.64	1.44	2.02	1.14	12.16	0.18	0.04	0.28	1.43	0.10	0.22		1.71	0.13	0.02	0.05	0.21
陕西	15.40	2.69	0.95	0.26	0.49	8.47	0.82	1.07	12.92	16.64	8.00	1.32	2.01	0.43	4.33	1.47	1.04	1.04	12.17	0.30	0.08	0.27	1.73	0.14	0.50	0.01		0.12	0.03	0.03	0.68
甘肃	14.45	2.60	1.03	0.29	0.40	7.29	0.68	0.86	13.15	18.30	8.33	1.54	1.99	0.48	4.76	1.07	1.88	1.19	16.07	0.26	0.07	0.26	1.24	0.13	0.38	0.00	0.89		0.01	0.02	0.38
青海	14.47	2.62	1.07	0.31	0.41	7.01	0.65	0.81	13.06	18.52	8.31	1.58	1.96	0.49	4.89	1.16	1.96	1.22	15.72	0.25	0.07	0.27	1.29	0.13	0.36	0.00	1.10	0.03		0.02	0.30
宁夏	11.87	2.20	0.83	0.22	0.28	6.61	0.63	0.80	13.28	18.34	8.56	1.56	2.15	0.53	4.23	0.99	2.01	1.36	18.68	0.32	0.08	0.36	1.97	0.17	0.51	0.00	0.98	0.06	0.01		0.42
新疆	14.70	1.47	1.24	0.39	0.23	5.86	0.51	0.60	12.51	18.98	8.15	1.68	1.87	0.52	5.25	1.45	2.26	1.38	15.51	0.26	0.06	0.39	2.13	0.15	0.39	0.00	1.86	0.14	0.02	0.04	
均值	16.46	2.72	1.26	0.43	0.67	7.49	0.73	0.96	10.48	14.67	6.61	1.28	1.71	0.43	4.64	1.26	1.81	1.23	16.73	0.33	0.08	0.5	3.35	0.64	0.64	0.01	2.16	0.28	0.06	0.08	0.78

注:1. 由式(4-18)、式(4-20)和式(4-21)计算整理获取。表中创新技术流动偏好方向为从行到列,所以区域自身间值为空,如第1行第1列北京到北京为空,第2行第1列为天津到北京的创新技术流动偏好为2.11%。部分空格数据显示0.00,并不表示为零值,因数据最小,取小数点后两位后显示为0.00。

2. 本书考察区际间的创新要素流动,不涉及区域内部的流动,所以区域自身间值显示为0.00。

出路径来看，广东、江苏、上海和浙江仍然是北京创新技术流出的主要承接地，承接了流出北京约68%的创新技术，特别是广东承接了北京超过30%的创新技术。相比较而言，增强了对西部的四川和陕西、中部的湖北和湖南、东部的山东的创新技术流入量，整体上对上述地区及辽宁、福建的扩散效应还尚可。但对地理位置邻近的天津、河北来说，北京的创新技术对其有扩散作用仍然很低。③上海。北京、广东和辽宁是上海创新技术流出的主要承接地，承接了上海近54%的创新技术流出量。上海的创新技术流动对东部的天津、江苏和山东，西部的四川和陕西扩散效应都较好。总体上对浙江、辽宁的流入偏好在下降，对江苏、山东、四川和陕西的流入偏好在增加。

表4-18　　　　　2012年创新技术省域间流动偏好层次布局

第一偏好	第二偏好	第三偏好	第四偏好	第五偏好
广东、北京、江苏	上海、浙江、辽宁	天津、山东、四川	河北、福建、黑龙江、河南、安徽、湖南、湖北、陕西	海南、吉林、山西、江西、广西、贵州、重庆、云南、西藏、青海、新疆、甘肃、宁夏、内蒙古

4.2.3.3　2016年创新技术空间流动偏好布局

表4-19呈现了2016年我国创新技术省域空间流动偏好情况。结合表4-19的创新技术省域空间流动平均偏好，运用自然断裂点分位法把创新技术省域空间流动偏好格局分成五个层次（见表4-20）。将表4-20内容投射到中华人民共和国地图上，并与2008年、2012年比较，可以发现，2016年我国各省域间的创新技术流动偏好格局继续处于很不均衡状态，总体上发展成为"东部沿海地带—安徽、湖北、陕西和四川"组成的横"T"字型布局。观察表4-19和表4-20：北京和广东继续稳固在第一梯队，是创新技术偏好性最强的磁场区域，不少省域流出的创新技术中有超过20%甚至于超过30%比例的流入这一梯队。第二梯队发展为江苏、上海、山东和浙江，是创新技术偏好性较高的区域。第三梯队是天津、辽宁、安徽、湖北、四川和陕西，对创新资金的吸引力也处于尚可程度。创新技术偏好的最强磁核2016年为北京，全国各省域平均超19%的创新技术流向北京，广东、福建和江西均分别超30%的创新技术流入北京，上海、江苏、浙江、广东、湖南、湖北、广西等省域向北京的创新技术流入量也很高，均超25%。大部分西部地区（西藏、新疆、宁夏、青海、贵州、广西、甘肃、内蒙古和重庆）、中部的山西和江西、东部的海南仍然是吸引创新技术流入的

表 4-19 2016 年创新技术省域空间流动偏好

单位：%

Rtf2016	北京	天津	河北	山西	内蒙古	辽宁	吉林	黑龙江	上海	江苏	浙江	安徽	福建	江西	山东	河南	湖北	湖南	广东	广西	海南	重庆	四川	贵州	云南	西藏	陕西	甘肃	青海	宁夏	新疆
北京		0.29	0.50		0.18	1.30	0.62	0.56	9.71	15.18	9.96	3.07	2.61	0.80	4.02	1.29	4.44	1.68	31.33	0.93	0.17	0.90	4.71	0.45	1.12	0.02	2.82	0.46	0.08	0.08	0.56
天津	2.48		0.51	0.19	0.23	1.32	0.65	0.59	9.21	14.23	9.54	2.91	2.57	0.79	3.23	1.26	4.36	1.48	31.64	0.96	0.17	0.93	4.94	0.46	1.16	0.02	2.95	0.50	0.08	0.09	0.33
河北	6.60	0.79		0.08	0.18	1.95	0.87	0.75	9.69	14.03	9.61	2.69	2.52	0.72	3.21	0.82	3.74	1.33	29.53	0.87	0.16	0.79	4.17	0.41	1.05	0.02	2.15	0.40	0.07	0.07	0.58
山西	9.17	1.17	0.31			2.12	0.90	0.77	9.92	14.41	9.62	2.69	2.41	0.68	4.52	0.73	3.44	1.33	26.91	0.78	0.15	0.66	3.43	0.35	0.90	0.02	1.58	0.31	0.05	0.05	0.50
内蒙古	7.41	1.09	0.56		0.15		0.67	0.56	9.97	15.57	9.84	3.02	2.37	0.72	5.66	1.14	3.90	1.40	26.00	0.74	0.14	0.66	3.27	0.34	0.83	0.01	1.89	0.27	0.05	0.04	0.18
辽宁	9.82	1.16	1.11	0.30	0.30	1.62		0.19	7.53	13.58	8.11	2.92	2.08	0.72	6.08	1.66	4.36	1.55	26.24	0.74	0.14	0.87	4.56	0.41	0.99	0.02	3.24	0.48	0.08	0.09	0.46
吉林	11.22	1.37	1.18	0.31	0.30	3.19	0.14		7.59	13.91	8.07	2.97	1.98	0.70	6.76	1.70	4.29	1.48	24.42	0.74	0.13	0.82	4.24	0.38	0.90	0.02	3.13	0.45	0.07	0.09	0.40
黑龙江	12.08	1.49	1.22	0.31	0.30	0.53	0.09	0.07	7.67	14.11	8.07	2.99	1.92	0.69	7.14	1.71	4.23	1.44	23.23	0.70	0.12	0.78	4.00	0.36	0.85	0.01	3.04	0.43	0.07	0.08	0.35
上海	26.78	2.95	2.01	0.51	0.68	2.74	1.15	0.98		4.95	1.65	1.51	1.13	0.43	8.83	1.90	3.19	0.95	22.19	0.80	0.14	0.98	5.67	0.43	1.16	0.03	4.14	0.73	0.12	0.16	0.83
江苏	26.97	2.94	1.88	0.48	0.68	3.19	1.36	1.16	2.75		3.76	1.46	1.46	0.40	7.77	1.55	2.52	1.16	24.66	0.87	0.15	0.98	5.73	0.45	1.23	0.03	3.86	0.74	0.12	0.16	0.91
浙江	29.31	3.26	2.13	0.53	0.71	3.15	1.31	1.10	3.19	4.54		1.27	0.90	0.33	9.65	1.88	2.69	1.04	19.79	0.75	0.13	0.92	5.44	0.41	1.10	0.03	4.03	0.73	0.12	0.16	0.85
安徽	26.76	2.95	1.76	0.44	0.65	3.37	1.42	1.21	1.76	4.79	3.22		1.46	0.32	7.64	1.28	1.73	0.95	22.71	0.80	0.14	0.85	5.11	0.40	1.12	0.03	3.32	0.67	0.11	0.15	0.87
福建	30.20	3.46	2.19	0.52	0.67	3.18	1.26	1.03	4.79	9.50	3.53	1.94		0.24	11.14	1.96	2.51	0.71	9.78	0.45	0.07	0.69	4.14	0.28	0.75	0.02	3.53	0.60	0.10	0.14	0.68
江西	30.35	3.47	2.05	0.48	0.67	3.59	1.45	1.20	5.94	8.42	4.24	1.38	0.79		10.43	1.58	1.17	0.38	11.85	0.48	0.09	0.60	3.83	0.26	0.77	0.02	2.97	0.57	0.10	0.13	0.74
山东	10.22	0.95	0.61	0.21	0.35	2.04	0.94	0.84	8.13	11.10	4.24	2.22	2.44	0.70		0.92	3.69	1.55	31.32	0.97	0.18	0.94	5.18	0.47	1.23	0.03	2.93	0.56	0.10	0.11	0.73
河南	16.47	1.87	0.79	0.18	0.36	2.81	1.20	1.02	8.82	11.18	8.33	1.87	2.17	0.54	4.64		2.32	1.08	25.18	0.76	0.15	0.64	3.66	0.34	0.95	0.02	1.59	0.41	0.07	0.08	0.66
湖北	27.49	3.14	1.74	0.40	0.59	3.57	1.46	1.21	7.16	8.79	5.67	1.22	1.34	0.19	8.99	1.12		0.43	15.98	0.55	0.11	0.54	3.49	0.26	0.80	0.02	2.30	0.51	0.09	0.12	0.73
湖南	29.19	3.39	1.94	0.43	0.60	3.56	1.42	1.16	7.72	11.35	6.17	1.89	1.06	0.18	10.61	1.47	1.21		15.98	0.33	0.07	0.38	2.68	0.16	0.55	0.02	2.29	0.45	0.08	0.11	0.63
广东	30.65	3.60	2.17	0.49	0.63	3.40	1.31	1.05	7.88	13.58	6.58	2.55	0.83	0.31	12.07	1.93	2.53	0.50		0.16	0.02	0.43	2.72	0.14	0.41	0.01	2.86	0.47	0.08	0.12	0.54
广西	27.40	3.26	1.93	0.42	0.53	3.11	1.19	0.95	8.57	14.39	7.45	2.68	1.14	0.38	11.26	1.75	2.61	0.56	8.90		0.02	0.28	1.76	0.07	0.19	0.01	2.30	0.35	0.06	0.09	0.41
海南	27.95	3.27	1.98	0.44	0.55	3.01	1.14	0.91	8.05	14.17	7.03	2.69	1.01	0.38	11.49	1.85	2.77	0.63	4.91	0.09		0.37	2.20	0.11	0.27	0.01	2.57	0.39	0.06	0.10	0.41
重庆	23.91	2.88	1.57	0.33	0.43	3.05	1.19	0.95	9.43	14.55	8.32	2.59	1.57	0.42	9.85	1.33	2.31	0.58	11.59	0.25	0.06		0.59	0.06	0.24	0.01	1.26	0.21	0.04	0.06	0.38
四川	22.13	2.70	1.47	0.30	0.38	2.83	1.09	0.87	9.65	15.14	8.69	2.75	1.68	0.48	9.58	1.34	2.65	0.72	13.06	0.28	0.06	0.10		0.09	0.22	0.01	1.19	0.15	0.03	0.05	0.30

第 4 章　创新要素空间流动估算及其空间布局分析

续表

Rtfl2016	北京	天津	河北	山西	内蒙古	辽宁	吉林	黑龙江	上海	江苏	浙江	安徽	福建	江西	山东	河南	湖北	湖南	广东	广西	海南	重庆	四川	贵州	云南	西藏	陕西	甘肃	青海	宁夏	新疆
贵州	25.77	3.08	1.76	0.38	0.48	3.10	1.20	0.96	9.07	14.52	7.93	2.63	1.37	0.39	10.60	1.54	2.40	0.53	8.25	0.13	0.04	0.13	1.05		0.15		1.76	0.27	0.05	0.08	0.39
云南	24.31	2.94	1.71	0.36	0.44	2.84	1.08	0.85	9.09	15.01	8.13	2.79	1.41	0.45	10.47	1.61	2.79	0.68	9.10	0.14	0.04	0.20	1.01	0.06		0.01	1.86	0.24	0.04	0.07	0.29
西藏	20.30	2.00	1.49	0.32	0.35	2.31	0.85	0.66	9.19	15.50	8.56	2.97	1.62	0.54	9.61	1.59	3.27	0.92	13.32	0.30	0.06	0.32	1.34	0.14	0.24		1.86	0.18	0.02	0.05	0.13
陕西	18.46	2.25	1.06	0.19	0.30	2.80	1.13	0.92	9.84	14.23	8.97	2.49	1.99	0.52	7.55	0.82	2.44	0.86	19.14	0.51	0.10	0.31	1.65	0.20	0.56	0.01		0.17	0.04	0.04	0.43
甘肃	17.12	2.15	1.13	0.21	0.25	2.39	0.92	0.74	9.90	15.47	9.23	2.86	1.95	0.57	8.21	1.19	3.07	0.97	17.82	0.44	0.09	0.30	1.18	0.18	0.42	0.01	0.98		0.01	0.02	0.24
青海	17.08	2.16	1.17	0.23	0.25	2.28	0.87	0.69	9.80	15.60	9.18	2.92	1.91	0.57	8.39	1.29	3.19	0.99	17.36	0.43	0.08	0.31	1.22	0.18	0.39	0.01	1.21	0.04			0.19
宁夏	14.04	1.81	0.91	0.16	0.17	2.16	0.85	0.68	9.99	15.49	9.47	2.89	2.10	0.62	7.28	1.10	3.29	1.11	20.68	0.54	0.11	0.41	1.87	0.23	0.56	0.01	1.08	0.09	0.02		0.26
新疆	17.04	1.19	1.33	0.28	0.14	1.88	0.67	0.50	9.21	15.69	8.84	3.07	1.79	0.60	8.84	1.58	3.62	1.10	16.82	0.42	0.08	0.44	1.97	0.21	0.42	0.00	2.01	0.19	0.03	0.05	
均值	19.31	2.23	1.36	0.31	0.40	2.44	0.98	0.81	7.85	12.30	7.27	2.36	1.66	0.50	7.92	1.38	2.93	0.99	18.32	0.55	0.10	0.57	3.12	0.27	0.69	0.02	2.34	0.39	0.06	0.09	0.48

注：由式（4-18）、式（4-20）和式（4-21）计算整理获取。表中创新技术流动偏好方向为从行到列，第 1 行第 2 列为北京到天津的创新技术流动偏好为 2.48%。本书主要考察区域间的创新要素流动，不涉及区域自身内部的流动，所以区域自身间值为空。第 1 列为北京到北京为空。

表 4 – 20　　　　　　2016 年创新技术省域间流动偏好层次布局

第一偏好	第二偏好	第三偏好	第四偏好	第五偏好
广东、北京	江苏、浙江、山东、上海	天津、辽宁、安徽、湖北、陕西、四川	福建、河北、黑龙江、吉林、河南、湖南	海南、山西、江西、广西、贵州、重庆、云南、西藏、青海、新疆、甘肃、宁夏、内蒙古

"低洼地"。总体上，创新技术对湖北、山东的偏好性增加较明显，而对上海、辽宁偏好性下降较明显，2016 年创新技术对多数省域偏好性都呈一定提高状态。

接下来通过表 4 – 19，结合 2008 年与 2012 年，重点分析 2016 年创新技术省域空间流动第一偏好磁场北京和广东的创新技术流出路径。①北京。广东、江苏、上海和浙江仍然是北京创新技术流出的主要承接地，承接了北京流出的约 66% 的创新技术，特别是广东承接了北京超过 30% 的创新技术。相比较而言，增强了对西部四川和陕西、中部湖北和安徽、东部山东的创新技术流入量，对辽宁的扩散作用下降明显。但对地理位置邻近的天津、河北来说，北京的创新技术对其扩散作用仍然很低。②广东。广东创新技术流出的主要承接地为北京、江苏和山东，这三地承接了流出广东约 56% 的创新技术。广东创新技术对东部的上海和浙江的扩散效应仍然处于较好状态，但整体上降低了对上海、浙江、江苏的创新技术流入量，增加对北京和山东的流入，特别是向北京集聚的态势更突出。对西部的四川和陕西、东部的天津、中部地区的安徽和湖北、东北的辽宁扩散作用还可。但对与其相邻的广西、江西、湖南和福建的整体扩散效应仍然较低，分别流入这四个省域的创新技术比例仍均低于 1%。

4.2.3.4　创新技术空间流动偏好布局总结

综合我国创新技术省域空间流动偏好从 2008 年、2012 年发展到 2016 年可知：①我国各省域间创新技术流动偏好格局存在明显的空间不均衡。创新技术空间流入偏好磁场在东部地区，发展到 2016 年第一偏好梯队稳固在北京和广东，其中创新技术最偏爱的磁极由 2008 年、2012 年的广东发展为 2016 年北京。目前创新技术流动偏好布局总体上呈现由"东部沿海地带—安徽、湖北、陕西和四川"组成的横"T"字型格局，是全国创新技术的偏好区。②创新技术省域空间流动偏好性在不同时空有所发展变化，偏好呈现一定程度的分散性。创新技术对山东的偏好性持续增强趋势明显，对上海、辽宁偏好性下降态势明显。创新技术空间流动对中部地区的多数省域、西部大部分省域的偏好程度整体上都有所提高，但我国西部的西藏、新疆、宁夏、青海、贵州、广西、甘肃和重庆，东部的海南，中部的山西和江西，创新技术流动对它们的偏好程度一直处于低下状态，这些地区已成为我国创新技术流入的"低洼地"。③从创新技术青睐流入的第一偏好梯队的创新技术扩散路径（流出的路径）来看，在时空整体扩散发展过程中多数以流入东部沿海区域为主，尤其是以流入广东和北京为最。综上所述，创新技术流动偏好和扩散路径表现出一定的空间惰性和时间惯性。

4.3　创新要素空间流动的空间集聚中心布局

创新要素在市场机制下逐利性很强，容易偏好向收益高的区域流动而集聚。空间集聚中心主要指创新要素在不同省域空间流动过程中，较容易汇集较多创新要素并使创新要素发生复杂空间联系的区域。空间集聚中心对于创新要素的集聚和扩散极有可能发挥主导作用，并极有可能在提升区域创新水平和绩效、促进区域创新协调发展方面的影响也最大，因此是创新驱动发展战略促进现代经济社会发展的重要枢纽之一。

4.3.1　方法说明

本部分从创新要素省域空间流动偏好联系总量变化与 SOM（Self-Organizing Feature Map）神经网络聚类分析法两个角度来综合探析创新要素空间流动的空间集聚中心布局及其集聚强度的变化。

创新要素省域空间流动偏好联系总量能够反映出我国省域在创新要素上相互吸引、相互作用的总能力。一个区域的创新要素空间流动偏好联系总量相对越大，那么该区域对创新要素空间吸引能力相对就越大，汇集到该区域的创新要素也相对越多，对应的集聚中心地位也就相对越高，由此该区域创新要素流动向外辐射能力也就有可能越大。因此，从创新要素省域空间流动偏好联系总量的变化可粗略反映创新要素空间流动的空间集聚中心及其集聚强度的变化。

SOM 神经网络全称为自组织特征映射神经网络，是由 Kohonen 教授模拟人脑神经系统的这一自组织特征映射特点，提出的一种实现神经网络训练中无监督竞争式组织学习的数值模拟方法（Kohonen，1982，1987；Krishma et al.,

1999；肖强等，2012；杨志民等，2014）。SOM 神经网络主要通过神经网络学习的竞争、合作、权值调节 3 个过程，提取数据中的某种规律或重要特征，对数据实现聚类。由于其能模拟人脑的思维并拥有强大的学习能力，通过迭代运算优化出来的聚类效果相当出色和稳定（肖强等，2012；Jorge et al. , 2012；杨志民等，2014；刘晓晓等，2014），所以可用来识别创新要素省域空间流动的空间集聚中心等级。基本步骤是在初始化权值的基础上，输入一个输入模式并计算该模式与每个输出神经元间的距离，选出距离最小的输出神经元，然后更新选定神经元与邻接神经元的权值直至所有输入模式完成学习过程（Carpenter et al. , 1986；Kangas et al. , 1990；Ding et al. , 2007；杨志民等，2014）。Triguero（2013）提出企业研发投入和创新产出过程是持续的，受企业之前的创新行为影响。同样，区域创新要素投入与创新产出过程也是一个持续的过程，受区域之前的创新行为影响。因此，创新要素空间流动的空间集聚中心不仅受区域已有创新要素禀赋即创新要素存量的影响，也受流入该区域的创新要素流动量影响。也就是说，创新要素空间流动的空间集聚中心受创新要素存量 Y_1 和创新要素流量 Y_2 的双重影响。由此，构建的 SOM 神经网络输入模式集 Y 为：

$$Y = \{(Y_1^k, Y_2^k)\} \ (k = 1,2,3,\cdots,m) \tag{4-22}$$

接下来基于创新要素省域空间流动编好联系总量与 SOM 神经网络聚类分析法两个角度，分析创新要素空间流动的空间集聚中心布局及其变化。

4.3.2 创新人才空间流动的空间集聚中心布局

4.3.2.1 基于创新人才省域空间流动偏好联系总量比重变化分析

类比物理势能，创新人才省域空间流动偏好联系总量大小在一定程度上能够反映出某区域与其他区域之间在创新人才上相互吸引、相互作用的总能力强弱。具体来讲，一个区域的创新人才省域空间流动偏好联系总量相对越大，那么该区域对创新人才空间吸引能力相对就越大，其他区域流入该区域的创新人才规模就相对越大，该区域创新人才向外辐射能力也就有可能相对越大，对应的集聚中心地位也就相对越高。根据前面创新人才空间流动模拟测度引力模型，可以分别计算得到 2008～2016 年我国 31 个省域的创新人才流动偏好联系总量（pfl_j）。由于对应的联系量数据很多，不一一列出。为研究需要，计算和整理出创新人才省域空间流动偏好联系总量比重并取 2008 年、2012 年与 2016 年进行对比研究（详见表 4-21）。

表 4-21　　创新人才省域间流动偏好联系总量比重和排序

	偏好联系总量比重				比重排序		
	2008 年	2012 年	2016 年	比重增长均值	2008 年	2012 年	2016 年
东部地区	83.29%	80.55%	82.46%	-0.41%	1	1	1
北京	28.08%	19.80%	17.61%	-5.24%	1	1	1
天津	4.46%	5.53%	5.51%	0.52%	7	6	6
河北	0.92%	1.09%	1.12%	0.10%	16	18	17
上海	13.01%	10.31%	11.33%	-0.84%	3	4	4
江苏	8.02%	11.65%	13.76%	2.87%	5	3	3
浙江	8.18%	8.25%	9.66%	0.74%	4	5	5
福建	1.96%	2.96%	3.06%	0.55%	9	9	8
山东	4.68%	5.00%	5.06%	0.19%	6	7	7
广东	13.94%	15.83%	15.21%	0.64%	2	2	2
海南	0.04%	0.14%	0.16%	0.06%	30	29	29
东北地区	6.42%	6.22%	3.77%	-1.32%	2	3	4
辽宁	3.62%	3.11%	1.64%	-0.99%	8	8	10
吉林	1.10%	1.45%	1.12%	0.01%	13	13	16
黑龙江	1.70%	1.66%	1.01%	-0.35%	10	10	19
中部地区	4.44%	5.95%	6.01%	0.78%	4	4	3
江西	0.31%	0.36%	0.44%	0.07%	25	24	24
河南	1.01%	1.23%	1.24%	0.11%	14	15	14
湖北	0.96%	1.47%	1.59%	0.31%	15	12	11
湖南	0.74%	1.14%	1.29%	0.27%	19	17	13
山西	0.86%	0.70%	0.36%	-0.25%	17	21	25
安徽	0.56%	1.04%	1.09%	0.27%	21	19	18
西部地区	5.85%	7.28%	7.76%	0.95%	3	2	2
重庆	0.74%	0.88%	1.31%	0.29%	18	20	12
四川	1.44%	1.52%	1.79%	0.18%	11	11	9
贵州	0.12%	0.18%	0.29%	0.09%	28	27	26
云南	0.32%	0.36%	0.55%	0.11%	24	25	23
西藏	0.03%	0.03%	0.04%	0.01%	31	31	31
内蒙古	0.73%	1.17%	0.94%	0.10%	20	16	20
陕西	1.11%	1.33%	1.24%	0.06%	12	14	15

续表

	偏好联系总量比重				比重排序		
	2008年	2012年	2016年	比重增长均值	2008年	2012年	2016年
甘肃	0.27%	0.27%	0.24%	-0.02%	26	26	27
青海	0.07%	0.12%	0.08%	0.00%	29	30	30
宁夏	0.14%	0.18%	0.16%	0.01%	27	28	28
新疆	0.43%	0.66%	0.55%	0.06%	23	22	22
广西	0.44%	0.57%	0.56%	0.06%	22	23	21

注：偏好联系总量没有量纲，其比重为各省域的偏好联系总量值占我国31个省域偏好联系总量值总和的比值（%）；比重增长均值计算公式为2016年和2008年的比重值之差/2。下同。

分析表4-21可以发现：

2008年：创新人才省域空间流动偏好联系总量比重最大的前六位分别是北京、广东、上海、浙江、江苏和山东，六省域的流动偏好联系总量约占全国76%，其中北京在全国创新人才空间流动网络中的集聚中心地位最突出，全国28%的创新人才流入了北京。在东部地区，创新人才空间流动偏好联系总量最大的磁核即集聚性最强中心是北京，其次是上海和广东，然后是江苏和浙江。相比较而言，东北地区创新人才的空间集聚中心是辽宁，中部地区是河南，西部地区是四川和陕西。东部地区创新人才空间流动偏好总量占全国约83%且创新人才流动偏好总量比重前六位的省域都分布在东部地区，反映出我国创新人才空间流动分布比较集中于东部地区这一地理现象。东部地区是全国创新人才空间流动最活跃、最集聚区域，其次是东北地区。

2012年：创新人才空间流动偏好联系总量比重最大的前六位分别是北京、广东、江苏、上海、浙江和天津，六省域的流动偏好联系总量约占全国72%。与2008年的比重相比，北京对创新人才的集聚强度下降不少但仍然是全国创新人才空间流动网络中的最突出集聚中心。在东部地区创新人才空间流动偏好联系最大集聚中心的是北京，然后分别是广东、上海和江苏。相比较而言，东北地区吸引创新人才的集聚中心继续是辽宁。湖北崛起明显，发展为中部地区吸引创新人才的集聚中心，湖南和河南表现也不错。西部地区的集聚中心继续是四川和陕西。东部地区创新人才空间流动偏好联系总量占全国约81%且联系总量比重前六位的省域都分布在东部地区，东部地区继续是我国创新人才空间流动分布比较集中且相互作用最活跃的区域。

2016年：创新人才空间流动偏好联系总量比重最大的前六位与2012年一致，继续分别是北京、广东、江苏、上海、浙江和天津，六省域的流动总量约占全国73%。北京继续是全国创新人才空间流动网络中的最大集聚中心,但流动联系总量比重继续下降,且广东、江苏对创新人才的集聚强度在增强呈现追赶北京的势头。在东部地区,北京、广东、江苏和上海在吸引创新人才份额占比上差距在不断缩小,都属于东部地区创新人才集聚强度高的集聚中心。相比较而言,东北地区吸引创新人才的集聚中心继续是辽宁,但辽宁的创新人才集聚强度下降明显,与吉林和黑龙江差距非常小。中部地区是湖北、湖南和河南,西部地区继续是四川和陕西。东部地区继续是全国创新人才空间流动最活跃且相互作用最强的集聚区域,因为2016年东部地区创新人才空间流动偏好总量占全国约83%且总量比重前六位的省域仍都分布在东部地区。

综合比较2008年、2012年与2016年,可以发现:(1)创新人才空间流动偏好联系最强、最大中心稳固在北京,其次是广东、江苏、上海和浙江。(2)从创新人才空间流动偏好联系总量比重增长和变化来看,首先,31个省域中只有北京、上海、辽宁、黑龙江、山西和甘肃负增长,其他省域都是正增长,且北京比重下降明显,表明北京对创新人才的"虹吸效应"在弱化,大部分省域对创新人才的集聚吸引力强度都有所提升,从促进区域创新协调发展角度这是一个利好的趋势现象。其次,东部地区的创新人才空间流动偏好联系总量比重基本都稳固在略超80%的水平,说明东部地区持续是我国创新人才的主要集聚区域,也是创新人才空间流动过程中空间相互作用最强的区域。相比较而言,创新人才空间流动对中部和西部的相互作用强度有所提升,但东北地区减弱明显。这也在一定程度上反映了创新人才空间流动强度的区域差异性,目前创新人才集聚程度总体上呈现东部地区>西部地区>中部地区>东北地区的空间布局。

4.3.2.2 基于SOM神经网络聚类分析

类比Triguero(2013)的研究成果,创新人才省域空间流动集聚中心等级识别受到创新人才存量和创新人才流量的双重作用,根据前面建立创新人才省域空间流动集聚中心设别的SOM神经网络聚类输入模式 $Y = \{(Y_1^k, Y_2^k)\}$($k = 1, 2, 3, \cdots, m$),其中 Y_1 为创新人才存量,用研究开发人员全时当量数表示;Y_2 为创新人才流量,用创新人才省域空间流动偏好联系总量(pfl_i)衡量。然后运用Matlab R2015b平台编程模拟。过细或过粗划分聚类中心等级均不太适宜,结合本书研究对象是我国31个省域,并借鉴杨志民等(2014)、化祥雨(2016)的经验,划分为四级,采用2×2的输出层结构,网络训练最大迭代次数为500,其他参数选取默认值。我国创新人才省域空间流动集聚中心的等级设别结果见表4-22。本书把这四级分别取名为一级、二级、三级和四级空间集聚中心。

表4-22可以发现,从2008年至2012年再到2016年,创新人才省域空间

流动集聚中心最高等级即一级中心均为北京、上海、江苏、浙江和广东（排名不分先后），中心地位十分稳定，对创新人才的吸引力和集聚力最强。二级中心由2008年的天津、山东和辽宁发展成为2012年和2016年的天津和山东。三级中心2008年无，2012年为辽宁和福建，2016年变化为福建。2008年和2012年四级中心均为23个，2016年增加了辽宁，发展为24个。值得注意的是，辽宁对创新人才的吸引力和影响力下降明显，从2008年的二级中心下降为2016年的四级中心。究其原因与辽宁的老工业基地经济持续下滑（2015年GDP增长率全国排名垫底），整体创新活力和创新环境不尽如人意有密切关联。总体上，创新人才空间流动的空间集聚中心演变格局呈现较稳定局面。

表4-22 基于SOM神经网络聚类设别的创新人才省域间流动集聚中心等级布局

等级	年份	省域						
一级	2008	北京	上海	江苏	浙江	广东		
	2012	北京	上海	江苏	浙江	广东		
	2016	北京	上海	江苏	浙江	广东		
二级	2008	天津	山东	辽宁				
	2012	天津	山东					
	2016	天津	山东					
三级	2008							
	2012	辽宁	福建					
	2016	福建						
四级	2008	河北	山西	内蒙古	吉林	黑龙江	安徽	福建
		江西	河南	湖北	湖南	广西	海南	重庆
		四川	贵州	云南	西藏	陕西	甘肃	青海
		宁夏	新疆					
	2012	河北	山西	内蒙古	吉林	黑龙江	安徽	江西
		河南	湖北	湖南	广西	海南	重庆	四川
		贵州	云南	西藏	陕西	甘肃	青海	宁夏
		新疆						
	2016	河北	山西	内蒙古	辽宁	吉林	黑龙江	安徽
		江西	河南	湖北	湖南	广西	海南	重庆
		四川	贵州	云南	西藏	陕西	甘肃	青海
		宁夏	新疆					

4.3.3 创新资金空间流动的空间集聚中心布局

4.3.3.1 基于创新资金省域空间流动偏好联系总量比重分析

创新资金空间流动偏好联系总量大小能够反映出某区域与其他区域之间在创新资金上的空间相互作用总能力强弱。一个区域的创新资金空间流动偏好联系总量相对越大,那么该区域的创新资金空间吸引能力相对就越大,其他区域流入该区域的创新资金规模也就相对越大,该区域创新资金向外辐射能力也就有可能相对越大,对应的集聚中心地位也就相对越高。根据前面创新资金空间流动量模拟测度引力模型公式,可以分别计算得到2008~2016年我国31个省域的创新资金流动偏好量模拟值,数据较多本书不一一列出。为研究需要,计算和整理出创新资金空间流动偏好联系总量比重并选取2008年、2012年与2016年进行对比研究(详见表4-23)。

表4-23　　创新资金省域间流动偏好联系总量比重和排序

	偏好联系总量比重				比重排序		
	2008年	2012年	2016年	比重增长均值	2008年	2012年	2016年
东部地区	66.08%	70.34%	76.67%	5.30%	1	1	1
北京	6.14%	6.73%	5.06%	-0.54%	5	6	6
天津	2.73%	4.44%	3.21%	0.24%	12	7	8
河北	1.86%	1.41%	1.25%	-0.30%	15	19	17
上海	5.85%	7.25%	9.26%	1.70%	6	4	3
江苏	13.76%	14.93%	15.12%	0.68%	2	2	2
浙江	5.53%	5.99%	7.61%	1.04%	7	6	5
福建	2.70%	3.17%	4.24%	0.77%	13	10	7
山东	10.22%	10.72%	8.40%	-0.91%	3	3	4
广东	17.22%	15.60%	22.44%	2.61%	1	1	1
海南	0.06%	0.09%	0.08%	0.01%	29	28	26
东北地区	13.01%	9.11%	2.14%	-5.44%	2	4	4
辽宁	3.11%	4.37%	0.73%	-1.19%	11	8	20
吉林	1.27%	1.59%	0.98%	-0.15%	18	17	19
黑龙江	8.63%	3.15%	0.43%	-4.10%	4	11	21
中部地区	10.26%	11.03%	12.70%	1.22%	4	2	2

续表

	偏好联系总量比重				比重排序		
	2008年	2012年	2016年	比重增长均值	2008年	2012年	2016年
江西	1.27%	1.41%	1.85%	0.29%	17	18	15
河南	3.47%	2.84%	2.40%	-0.54%	8	12	12
湖北	1.83%	2.39%	3.19%	0.68%	16	14	9
湖南	1.92%	2.35%	2.98%	0.53%	14	15	10
山西	0.63%	0.40%	0.07%	-0.28%	22	23	27
安徽	1.14%	1.65%	2.21%	0.54%	19	16	13
西部地区	10.65%	9.52%	8.50%	-1.08%	3	3	3
重庆	1.03%	1.01%	2.03%	0.50%	20	20	14
四川	3.40%	3.29%	2.74%	-0.33%	9	9	11
贵州	0.21%	0.28%	0.28%	0.04%	26	26	22
云南	0.48%	0.32%	0.17%	-0.16%	25	24	24
西藏	0.00%	0.00%	0.00%	0.00%	31	31	31
内蒙古	0.52%	0.69%	0.27%	-0.13%	23	22	23
陕西	3.30%	2.46%	1.65%	-0.82%	10	13	16
甘肃	0.21%	0.13%	0.03%	-0.09%	27	27	29
青海	0.07%	0.03%	0.01%	-0.03%	28	30	30
宁夏	0.04%	0.04%	0.03%	0.00%	30	29	28
新疆	0.90%	0.31%	0.11%	-0.39%	21	25	25
广西	0.50%	0.96%	1.18%	0.34%	24	21	18

注：偏好联系总量没有量纲，其比重为各省域的偏好联系总量值占我国31个省域偏好联系总量值总和的比值（%）；比重增长均值计算式为：2016年和2008年的比重值之差/2。下同。

分析表4-23可以发现：

2008年：创新资金空间流动偏好联系总量比重最大的前六位分别是广东、江苏、山东、黑龙江、北京和上海，六省域的流动偏好总量约占全国62%，其中广东在全国创新资金空间流动网络中的集聚中心地位最明显，全国约17%的创新资金流入了广东。在东部地区，创新资金空间流动最强集聚中心是广东，其次是江苏和山东，然后是黑龙江、北京、上海和浙江。相比较而言，东北地区吸引创新资金的集聚中心是黑龙江，中部地区是河南，西部地区是四川和陕西。东部地区创新资金空间流动偏好联系总量约占全国66%且其比重前六位的省域除黑龙江外都分布在东部地区，反映出我国创新资金空间流动分布比较集中在东部地区的这一地理现象。

2012年：创新资金空间流动偏好联系总量比重最大的前六位分别是广东、江苏、山东、上海、北京和浙江，六省域的偏好流动总量约占全国61%。与2008年相比广东的比重有所下降但仍然是全国创新资金空间流动网络中最大流动联系总量中心。在东部地区创新资金空间流动偏好强度相对处于最大中心位置的依次是广东和江苏，其次是山东，然后是上海、北京和浙江。相比较而言，东北地区吸引创新资金的集聚中心是辽宁，中部地区继续是河南，不过湖南和湖北表现基本接近河南，西部地区继续是四川和陕西。东部地区创新资金空间流动偏好联系总量约占全国70%且比重前六位的省域都分布在东部地区，东部地区继续是我国创新资金空间流动分布比较集中且相互作用强度最大的区域。

2016年：创新资金空间流动偏好联系总量比重最大的前六位排序上与2012年相比有微调，分别是广东、江苏、上海、山东、浙江和北京，六省域的偏好流动总量约占全国68%。广东继续是全国创新资金空间流动网络中的最大集聚中心，且联系总量比重上升明显。在东部地区，创新资金空间流动集聚中心的极核依次是广东和江苏，次极核是上海、山东、浙江和北京。相比较而言，中部地区吸引创新资金的集聚中心是湖北和湖南，西部地区是四川和重庆，东北地区对创新资金的集聚吸引力强度下降明显，已没有相对呈现优势的省域。东部地区继续是全国创新资金空间流动最活跃且相互作用最强区域，因为2016年东部地区创新资金省域流动偏好联系总量约占全国77%且比重前六位的省域仍都分布在东部地区。

比较2008年、2012年与2016年，可以发现：（1）广东和江苏是最稳固的两大创新资金流动集聚中心，上海、山东和浙江也是较强大和较稳定的空间集聚中心。西藏、青海、甘肃和宁夏持续是创新资金集聚吸引力最低的省域。（2）从创新资金空间流动偏好联系总量比重增长和变化来看，首先，31个省域中有14个省域出现负增长，其他省域都是正增长。广东及东部地区的比重上升明显，表明广东及东部地区对创新资金的"虹吸效应"在增强，创新资金向广东及东部地区的集聚在增强。东北地区三省域均出现下降，西部地区有58.3%的省域出现下降，说明东北地区和西部地区对创新资金的集聚吸引力在下降。这从促进区域创新协调发展角度不是一个利好的趋势现象。其次，创新资金省域流动强度的区域差异性明显。东部地区的创新资金省域空间偏好流动联系总量比重从2008年的66%上升到2012年的71%再升至2016年的77%，说明东部地区是我国创新资金的主要集聚区域且汇集程度在不断增强。中部地区的创新资金空间流动强度在不断提升，而东北地区和西部地区在减弱。目前创新资金集聚程度总体上呈现东部地区 > 中部地区 > 西部地区 > 东北地区。

4.4.3.2 基于SOM神经网络聚类分析

类比Triguero（2013）的研究成果，创新资金空间流动集聚中心等级识别受到创新资金存量和创新资金流量的双重作用。根据前面建立创新资金省域空间流动集聚中心设别的SOM神经网络聚类输入模式 $Y = \{(Y_1^k, Y_2^k)\}(k=1,2,3,\cdots,m)$，其中 Y_1 为创新资金存量，用研究开发资本存量表示；Y_2 为创新资金流量，用创新资金省域空间流动偏好联系总量表示。然后运用Matlab R2015b平台编程模拟。过细或过粗划分聚类中心等级均不太适宜，结合本书研究对象是我国31个省域，并借鉴杨志民等（2014）、化祥雨（2016）的经验，划分为四级，采用2×2的输出层结构，网络训练最大迭代次数为500，其他参数选取默认值。我国创新资金空间流动集聚中心的等级分别为一级、二级、三级和四级，模拟实验的具体中心等级设别分类见表4-24。

表4-24　基于SOM神经网络聚类设别的创新资金省域间流动集聚中心等级布局

等级	年份	省域						
一级	2008	北京	上海	江苏	浙江	山东	广东	黑龙江
	2012	北京	上海	江苏	浙江	山东	广东	
	2016	上海	江苏	浙江	山东	广东		
二级	2008	天津	辽宁	福建				
	2012	天津	辽宁	四川				
	2016	北京	福建					
三级	2008	河南	四川	陕西				
	2012	黑龙江	福建	河南	湖北	湖南	陕西	
	2016	天津	安徽	河南	湖北	湖南	四川	
四级	2008	河北	山西	内蒙古	吉林	安徽	江西	湖北
		湖南	广西	海南	重庆	贵州	云南	西藏
		甘肃	青海	宁夏	新疆			
	2012	河北	山西	内蒙古	吉林	安徽	江西	广西
		海南	重庆	贵州	云南	西藏	甘肃	青海
		宁夏	新疆					
	2016	河北	山西	内蒙古	辽宁	吉林	黑龙江	江西
		广西	海南	重庆	贵州	云南	西藏	陕西
		甘肃	青海	宁夏	新疆			

从表4-24可以发现，创新资金省域空间流动集聚中心分布格局变化明显。最高等级即一级集聚中心是对创新资金吸引力和影响力最强的区域，从2008年的7个下降为2012年的6个最后发展为2016年的上海、江苏、浙江、山东和广东5个。二级中心从2008年的天津、辽宁和福建发展为2012年的天津、辽宁和四川，到2016年发展为北京和福建，三级中心由2008年的3个发展稳定在2012年和2016年的6个。四级中心徘徊在16~18个。可以关注到，黑龙江从2008年的一级中心下降到2012年的三级中心，再下降到2016年的四级中心；北京从2008年、2012年的一级中心下降到2016年的二级中心，辽宁从2008年和2012年的二级中心下降到2016年四级中心，陕西从2008年与2012年的三级中心下降到2016年的四级中心，中部的河南、湖南和湖北对创新资金的吸引力表现不错，从2008年的四级中心稳固在2012年和2016年的三级中心。总体上说明，创新资金省域空间流动集聚中心格局很不稳定，越来越向少数几个极化中心集聚的趋势明显。

4.3.4 创新技术空间流动的空间集聚中心布局

4.3.4.1 基于创新技术省域空间流动偏好联系总量比重分析

31个省域是创新技术省域空间流动网络中的重要节点。哪些节点是吸引力最大节点，即处于集聚中心位置，可以从其空间流动偏好联系总量大小来直观判断。创新技术省域空间流动偏好联系总量大小能够反映出某区域与其他区域之间在创新技术上空间相互作用的总能力强弱。一个区域的创新技术流动偏好联系总量相对越大，那么该区域的创新技术空间吸引能力相对就越强，从其他区域汇集到该区域的创新技术规模也就相对越大，该区域创新技术向外辐射能力也就有可能相对越大，对应的集聚中心地位也就相对越高。根据前面创新技术空间流动量模拟测算引力模型公式，可以分别计算得到2008~2016年我国31个省域的创新技术空间流动偏好联系量模拟值，由于偏好联系量模拟值数据较多，本书不一一列出。为研究需要，基于创新技术省域空间流动偏好联系总量经过简单计算和整理，得到表4-25，即创新技术省域空间流动联系总量比重和排序表，并选取2008年、2012年与2016年进行对比研究。

分析表4-25，可以发现创新技术空间流动网络中省域节点的如下变化：

2008年：创新技术省域空间流动偏好联系总量比重最大的前六位分别是广东、北京、上海、江苏、浙江和辽宁，六省域的流动偏好联系总量约占全国78%，其中广东、北京和上海在全国创新技术空间流动网络中的集聚中心地位相

表4-25 创新技术省域间流动偏好联系总量比重和排序

	偏好联系总量比重				比重排序		
	2008年	2012年	2016年	比重增长均值	2008年	2012年	2016年
东部地区	79.59%	76.20%	78.99%	-0.30%	1	1	1
北京	16.69%	15.85%	17.90%	0.61%	2	2	2
天津	2.35%	2.60%	2.07%	-0.14%	8	9	12
河北	1.42%	1.25%	1.31%	-0.05%	11	16	15
上海	14.48%	10.87%	8.31%	-3.08%	3	4	4
江苏	10.33%	15.62%	13.32%	1.50%	4	3	3
浙江	10.30%	6.94%	7.84%	-1.23%	5	6	6
福建	1.91%	1.76%	1.75%	-0.08%	9	12	13
山东	3.96%	4.77%	7.96%	2.00%	7	7	5
广东	18.10%	16.46%	18.41%	0.15%	1	1	1
海南	0.05%	0.08%	0.10%	0.03%	28	28	28
东北地区	9.45%	8.79%	3.88%	-2.78%	2	2	4
辽宁	7.60%	7.19%	2.25%	-2.68%	6	5	10
吉林	1.00%	0.69%	0.90%	-0.05%	15	18	17
黑龙江	0.84%	0.90%	0.74%	-0.05%	18	17	18
中部地区	5.78%	6.71%	8.99%	1.61%	3	4	2
江西	0.46%	0.45%	0.54%	0.04%	21	23	20
河南	1.40%	1.30%	1.41%	0.01%	12	14	14
湖北	1.35%	1.90%	3.14%	0.90%	13	11	7
湖南	1.17%	1.26%	1.04%	-0.07%	14	15	16
山西	0.41%	0.42%	0.30%	-0.05%	22	24	26
安徽	0.98%	1.37%	2.57%	0.79%	16	13	9
西部地区	5.18%	8.31%	8.13%	1.47%	4	3	3
重庆	0.32%	0.47%	0.53%	0.10%	24	22	21
四川	1.72%	3.04%	2.78%	0.53%	10	8	8
贵州	0.12%	0.18%	0.25%	0.07%	27	27	27
云南	0.34%	0.58%	0.63%	0.15%	23	21	19
西藏	0.01%	0.01%	0.01%	0.00%	31	31	31
内蒙古	0.48%	0.62%	0.36%	-0.06%	20	20	24
陕西	0.86%	2.05%	2.17%	0.65%	17	10	11

续表

	偏好联系总量比重				比重排序		
	2008年	2012年	2016年	比重增长均值	2008年	2012年	2016年
甘肃	0.20%	0.25%	0.33%	0.06%	26	26	25
青海	0.03%	0.05%	0.05%	0.01%	30	30	30
宁夏	0.04%	0.07%	0.07%	0.02%	29	29	29
新疆	0.84%	0.68%	0.41%	-0.21%	19	19	23
广西	0.22%	0.31%	0.53%	0.15%	25	25	22

注：偏好联系总量没有量纲，其比重为各省域的偏好联系总量值占我国31个省域偏好联系总量值总和的比值（%）；比重增长均值计算式为：2016年和2008年的比重值之差/2。下同。

对较明显，特别是广东的比重超18%。在东部地区，创新技术流动最强的集聚中心是广东，其次是北京和上海，然后江苏和浙江。相对而言，东北地区吸引创新资金的集聚中心点是辽宁，中部地区是河南和湖北，西部地区是四川，东部地区创新技术省域空间流动偏好联系总量约占全国80%且比重前六位的省域除辽宁外都分布在东部地区，反映出我国创新技术空间流动分布集中在东部地区的这一地理现象。

2012年：创新技术省域空间流动偏好联系总量比重最大的前六位分别是广东、北京、江苏、上海、辽宁和浙江，六省域的偏好流动联系总量约占全国73%。与2008年相比，广东的比重略有下降但继续与北京、江苏成为全国创新技术空间流动网络中的最强"铁三角"集聚中心。东部地区创新技术空间流动强度处于最强集聚中心位置的是广东，江苏和北京在广东之后，集聚吸引力基本相当。相比较而言，东北地区吸引创新技术的集聚中心继续是辽宁，中部地区为湖北但湖南、河南和安徽集聚吸引力基本接近，西部地区继续是四川和陕西。东部地区继续是我国创新技术空间流动分布比较集中且相互作用强度最大的区域，因为东部地区创新技术省域流动偏好总量约占全国76%且比重前六位的省域都分布在东部地区。

2016年：创新技术省域空间流动偏好联系总量比重最大的前六位排序分别是广东、北京、江苏、上海、山东和浙江，六省域的偏好流动联系总量约占全国74%。广东继续是全国创新技术空间流动网络中的最强集聚中心，且流动偏好比重与2012相比上升明显，北京对创新技术的集聚吸引力与广东基本接近。在东部地区，创新技术省域空间流动偏好联系强度最大的集聚中心依次是广东和北京，次集聚中心是江苏，上海、山东和浙江吸引力接近。相比较而言，中部地区吸引创新技术的集聚中心依次是湖北和安徽，西部地区是四川和陕西；东北地区是辽宁，但其对创新技术的吸引力和集聚力下降明显。东部地区继续是全国创新技术空间流动最活跃且相互作用最强区域，因为2016年东部地区创新技术省域空间流动偏好总量约占全国79%且比重前六位的省域都分布在东部地区。

比较2008年、2012年与2016年，可以发现：（1）广东和北京是最稳固最强的两大创新技术空间流动集聚中心，江苏是在广东和北京之后相对较强大和较稳定的集聚中心。西藏、青海、宁夏和海南持续是对创新技术吸引集聚力最低的区域。（2）从创新技术省域空间流动偏好联系总量比重增长和变化来看，首先，31个省域中有13个省域出现负增长，其他省域都是正增长。东部地区整体及东部地区内50%的省域出现负增长，东北地区及其三省域均出现负增长，西部地区和中部地区总体上是正增长，在一定程度上说明东部地区对创新技术的"虹吸效应"略有减弱趋势，东北地区对创新技术的集聚吸引力下降，创新技术对中部和西部地区的流动辐射作用在增强，这从促进区域创新协调发展、全面提升区域创新绩效角度算得上是一个良好的趋势现象。其次，创新技术省域空间流动集聚强度的区域差异性明显。东部地区的创新技术省域空间流动偏好联系总量比重从2008年的约80%降到2012年的76%再升至2016年的79%，说明我国创新技术流动主要汇聚在东部地区。中部地区和西部地区的创新技术空间流动强度在提升但都还没突破10%，而东北地区在减弱。目前我国创新技术集聚程度总体上呈现东部地区＞中部地区＞西部地区＞东北地区的空间布局。

4.3.4.2 基于SOM神经网络聚类分析

类比Triguero（2013）的研究成果，创新技术空间流动集聚中心等级识别受到创新技术存量和创新技术流量的双重作用。根据前面建立创新技术省域空间流动集聚中心设别的SOM神经网络聚类输入模式 $Y = \{(Y_1^k, Y_2^k)\}$ $(k = 1,2,3,\cdots,m)$，其中 Y_1 为创新技术存量，用技术合同成交数表示；Y_2 为创新技术流量，用创新技术省域空间流动偏好联系总量表示。然后运用Matlab R2015b平台编程模拟。过细或过粗划分聚类中心等级均不太适宜，结合本书研究对象是我国31个省域，并借鉴杨志民等（2014）、化祥雨（2016）的经验，划分为四级，采用 2×2 的输出层结构，网络训练最大迭代次数为500，其他参数选取默认值。我国创新技空间流动集聚中心的等级分别为一级、二级、三级和四级，具体设别分类见表4-26。

从表4-26可以发现，从2008年至2012年再到2016年，创新技术省域空间流动一级集聚中心较稳定，其中北京、上海、江苏、浙江和广东（排名不分先后）均保持不变，中心地位十分稳定，对创新技术的吸引力和影响力最强。辽宁由2008年、2012年的一级中心下降为2016年的三级中心。山东由2008年、2012年的二级中心上升为2016年的一级中心。三级中心由2008年的1个发展为

2012年的2个又扩展到2016年的6个。四级中心由2018年的23个下降到2012年的22个又缩减至2016年的19个。创新技术空间流动的这种空间集聚中心格局演变特别是低级集聚中心数量的减少，有利于发挥创新技术空间流动的溢出和辐射作用，有利于区域创新绩效的全面提升和区域创新协调发展。

表4-26 基于SOM神经网络聚类设别的创新技术省域间流动集聚中心等级布局

等级	年份	省域					
一级	2008	北京	上海	江苏	浙江	广东	辽宁
	2012	北京	上海	江苏	浙江	广东	辽宁
	2016	北京	上海	江苏	浙江	广东	山东
二级	2008	山东					
	2012	山东					
	2016						
三级	2008	天津					
	2012	天津	四川				
	2016	天津	四川	安徽	湖北	辽宁	陕西
四级	2008	河北	山西	内蒙古	吉林	黑龙江	安徽	福建
		江西	河南	湖北	湖南	广西	海南	重庆
		四川	贵州	云南	西藏	陕西	甘肃	青海
		宁夏	新疆					
	2012	河北	山西	内蒙古	吉林	黑龙江	安徽	福建
		江西	河南	湖北	湖南	广西	海南	重庆
		贵州	云南	西藏	陕西	甘肃	青海	宁夏
		新疆						
	2016	河北	山西	内蒙古	吉林	黑龙江	福建	江西
		河南	湖南	广西	海南	重庆	贵州	云南
		西藏	甘肃	青海	宁夏	新疆		

4.3.5 创新要素空间流动的空间集聚中心布局总结

从创新要素省域空间流动偏好联系总量比重变化态势看，创新人才省域空间流动偏好联系总量比重最大、最强中心是北京，创新资金和创新技术的最强、最大集聚中心均是广东。北京对创新人才的"虹吸效应"在减弱，广东对创新资金和创新技术的"虹吸效应"有增强趋势但对创新资金的"虹吸效应"更突出。

创新人才、创新资金、创新技术空间流动布局中的最大、最强集聚中心重叠性很高，发展到 2016 年，基本已稳固在北京、广东、江苏、上海和浙江（不分排名）。中部地区对创新人才、创新资金和创新技术的集聚吸引力均在持续提高中，主要在于中部地区的湖北、河南和湖南甚至安徽集聚吸引力在增强。西部地区对创新人才、创新技术的集聚吸引力在增强，但对创新资金的集聚吸引力在下降，四川和陕西是西部地区对创新人才、创新资金和创新技术综合吸引力最强的集聚中心。需要重点关注的是东北地区，对创新人才、创新资金和创新技术的集聚吸引力下降显著，创新要素"回流"或"倒吸"现象较明显，特别是辽宁和黑龙江变化明显。相对而言，从创新要素在东部地区的汇聚程度上，创新人才＞创新技术＞创新资金，但创新人才、创新技术在东部的汇聚有减弱趋势，在一定程度上意味着东部地区正在越来越积极地发挥创新人才、创新技术对其他地区的带动辐射作用，不过创新资金流动至东部地区汇聚的程度有持续提高现象。

从 SOM 神经网络聚类设别的等级中心看，相对来说，创新人才省域空间流动集聚中心等级分布格局最稳定，创新技术其次，而创新资金空间流动集聚中心等级分布格局最不稳定。从 2008 年发展至 2016 年，上海、江苏、浙江和广东（排名不分先后）均是创新人才、创新资金、创新技术空间流动的一级集聚中心，中心地位非常稳定，对各类创新要素的吸引力和影响力强度稳定处于全国最强行列。东北地区的辽宁、黑龙江对创新要素集聚吸引力的中心地位下降明显。中部少部分省域的集聚中心地位从四级提高到三级。外围地区集聚中心地位的提升意味着这些地区对创新要素的集聚吸引力在增强，这对促进区域创新协调发展是个利好现象。

4.4 创新要素空间流动的空间关联性布局

创新要素在区际空间之间流动存在什么样的空间关联性，其整体上的平均集聚关联或分散关联程度或随机关联如何，空间分布的具体集聚与分散布局又如何？可以用探索性空间数据分析来探研。

4.4.1 空间关联分析方法

ESDA（Exploratory Spatial Data Analysis），中文称探索性空间数据分析法，是空间经济学统计的重要方法之一，主要通过测量空间自相关程度来描述研究区域内变量是否具有空间依赖性、空间异质性等空间分布和空间关联格局。空间自相关以变量的空间邻近性位置属性的相似为依据，主要指同一变量在不同空间位置上的相关性，如果某一空间位置变量值呈现高值或负值，其附近空间位置上该变量值也同时呈现高值或负值，那就是空间正自相关，反之就是空间负自相关。空间正自相关对应的空间关联格局就是空间集聚状态，空间负自相关对应的空间关联格局就是空间离散格局。当不存在空间自相关时，变量观测值呈现随机分布状态（Griffth，2003；梁辉，2015；吕海萍，2017）。

按照研究范围的划分，ESDA 包括全局与局域自相关分析。全局自相关分析主要探索和反映某一变量属性在区域中的平均空间相关性与空间差异性。而局部空间自相关则用来回答这些总体空间差异的局部空间特征。全局自相关常用全局 Moran 指数来测度，即运用空间相邻区域单元属性值的相似程度来反映一定范围内的自相关从而检验整个研究区域的空间模式，从而揭示变量的空间集聚或分离的整体关联特征。全局 Moran 指数具体的计算公式可用如下表示（吕海萍等，2017）：

$$I = \frac{\sum_{i=1}^{n}\sum_{j=1}^{n} w_{ij}(x_i - \bar{x})(x_j - \bar{x})}{s^2 \sum_{i=1}^{n}\sum_{j=1}^{n} w_{ij}} \tag{4-23}$$

公式中的符号说明：

其中，$S^2 = \frac{1}{n}\sum_{i=1}^{n}(X_i - \bar{X})^2$，$\bar{X} = \frac{1}{n}\sum_{i=1}^{n} X_i$；n 为观测值数目；$x_i$、$x_j$ 分别表示 i、j 两区域的属性值。

w 为空间权重矩阵，用来表示各空间区域间的邻近关系进而刻画空间依赖性和空间差异性。文献研究中出现了不少 w 的构造方法，不同的 w 有可能影响到空间关联关系的判断，常用的主要构造方法有两种：一种是通过空间邻接关系构造 w（Lesage，1999；Lesage et al.，2008；吕海萍等，2017，2018；李晓琪，2018），主要依据空间地理单元是否相邻来设定。Cliff（1981）将其定义为：当两个区域是相邻区域即具有非零长度的共同边时，赋予 1，否则不相邻时，赋予 0。如浙江和江苏相邻，则空间权重矩阵中所对应的元素值为 1，浙江与北京不相邻则为 0。该矩阵的表达式为：$w_{ij} = \begin{cases} 1 & \text{当 i，j 两区域邻接时} \\ 0 & \text{当 i，j 两区域不邻接时} \end{cases}$。可根据中华人民共和国地图观察得到中国 31 个省、自治区和直辖市的空间相邻信息。另一种是基于地理距离构造 w（Pass et al.，2006；赵增耀等，2015；王钺，2017；程开明等，2018；汪浩瀚等，2018；李晓琪，2018）。地理距离空间权重是在考虑简单邻接关系的基础上，依据地理学第一定律衍生而来，通常用两个空间单元之间空间距离来设定。赵增耀等（2015）、化祥雨（2016）均认为距离倒数符合空间关联规律和地理学第一定律，距离间隔相对越大，区域间相关性相对越弱，距离间隔越小，区域间相关性会相对越强。因此，本书的地理距离空间权重矩阵的表达式为：$W_{ij} = \begin{cases} 1, & \text{if } i = j \\ 1/d_{ij}, & \text{if } i \neq j \end{cases}$，d 为空间单元之间的地理距离，本书用省会城市之间的直线距离来表示。

全局 Moran 指数相关值取值范围为 [-1, 1]，常用标准化统计量 $Z = [I - E(I)]/\sqrt{VAR(I)}$ 来检验全局 Moran's I 指数的显著性。全局 Moran 指数小于 0 且 Z 值显著，则表明变量属性值在各区域间为空间负相关，大于 0 且 Z 值显著，则为空间正相关（吕海萍等，2017）。I 的绝对值越大表示空间自相关（集聚或离散）的程度越强烈。

全局 Moran 指数是全局相关程度的平均值，在一定程度上掩盖了小范围的局部不稳定或异常的局部状况，要想进一步了解某一区域对邻近区域影响的方向和大小，找出哪些区域对全局空间自相关的影响最大，还需要通过局部空间自相关分析来实现对变量空间属性差异性的掌握。常用的局部空间自相关指数，也称为局部 Moran 指数或 LISA（Local Indicators of Spatial Association，LISA）具体的计算公式如下（Anselin，1995，2004）。

$$I_i = (X_i - \bar{X}) \sum_{j=1}^{n} W_{ij}(X_j - \bar{X}) \quad (4-24)$$

其中，x_i、x_j、$\bar{x}$、w_{ij} 含义同上。局部 Moran 指数能度量空间单元之间的关联程度与集聚特征。可用 Moran 散点图法将局部 Moran 相应数据可视化成二维图示后分成四个象限，分别对应四种类型的空间单元与邻近单元间局部空间关联形式，第一象限为高值区域被同样是高值的邻近区域所包围的空间关联形式，简称 H-H（高-高）；第二象限为低值的区域被高值的邻近区域所包围的空间关联形式，简称 L-H（低-高）；第三象限为低值的区域被同样是低值的邻近区域所包围的空间关联形式，简称 L-L（低-低）；第四象限为高值的区域被低值的邻近区域所包围的空间关联形式，简称 H-L（高-低）。局部 Moran's I 若为正值，则表示在研究区域范围内相似空间属性值水平的区域聚集在一起，也就是该区域与其周边区域呈现 H-H 或 L-L 局部空间集聚特征；如局部 Moran's I 为负值，则表示在研究区域范围内相异空间属性值水平的区域集聚在一起，也就是该区域与其他周边区域呈现 L-H 或 H-L 局部空间集聚特征。

为有个较全面的分析，下面同时采用空间邻接权重和地理距离倒数权重矩阵来反映创新要素空间流动的空间关联特征。因为海南是岛屿省份，与其他省份都不相邻，即没有显著的空间地理邻近性，因此，此部分所用的样本是除海南外我国 30 个省域。

4.4.2 创新人才空间流动的空间关联性布局

4.4.2.1 全局空间关联

根据式（4-23）并运用 Geoda 软件，得到创新人才省域空间流动偏好联系总量（pfl_j）的全局 Moran 指数（见表 4-27）。表 4-27 的全局 Moran 指数及其检验结果明确地拒绝了各省域空间之间的创新人才流动在空间邻接权重和地理距离空间权重情形下不存在空间自相关的零假设。且 2008~2016 各年份中空间邻接权重下的全局 Moran 指数值均大于地理距离空间权重下的全局 Moran 指数值，表明在创新人才省域空间流动的全局平均关联程度相邻区域比不相邻区域高，地理空间距离越邻近对创新人才流动的影响越大。

中国 30 个省域创新人才空间流动偏好联系总量（pfl_j）的全局 Moran 指数在 2008~2016 年都呈现正值，除个别年份通过 10% 水平下的显著性检验外，其他年份均通过了 5% 水平下的显著性检验，说明中国各省域间创新人才流动呈现正的空间自相关性，流动格局不是随机分布，而是存在显著的正向空间依赖性，空间邻近集聚特征的空间关联现象明显。从时间维度变化上来看，全局 Moran 指数值在略有波动的情况下整体呈现上升态势，在一定程度上显示我国创新人才省域之间流动的空间依赖性在增强，且创新人才容易向部分省域流动并产生集聚，空间集聚态势在加强。

表 4-27 创新人才省域间流动偏好联系总量（pfl_j）全局 Moran 指数

年份	空间邻接权重			地理距离空间权重		
	Moran'I	Z 值	P 值	Moran'I	Z 值	P 值
2008	0.125*	1.796	0.060	0.055*	1.480	0.057
2009	0.187**	2.097	0.035	0.092**	1.826	0.041
2010	0.214**	2.206	0.028	0.107**	2.022	0.036
2011	0.220**	2.257	0.026	0.108**	2.065	0.029
2012	0.209**	2.232	0.022	0.102**	2.061	0.030
2013	0.249**	2.530	0.019	0.118**	2.233	0.023
2014	0.261**	2.619	0.018	0.121**	2.267	0.023
2015	0.276**	2.741	0.016	0.121**	2.266	0.024
2016	0.278**	2.740	0.014	0.121**	2.251	0.022

注：**、* 分别表示能够通过显著性水平为 5%、10% 的统计检验。

4.4.2.2 局部空间关联

由创新人才省域空间流动偏好联系总量的全局 Moran 指数可知创新人才在中国各省域空间的流动呈现空间集聚现象,但未能具体指出哪些区域间呈现了怎么样的空间集聚布局。因此为进一步探查中国 30 个省域创新人才省域空间流动的空间关联性布局,接下来将通过局部 Moran'I 指数来直观刻画其是否存在局部的空间依赖性和异质性。下面以全局 Moran 值更大的空间邻接权重进行 Moran 散点图分析。根据式(4 – 24)和运用 Geoda 软件,分别得到创新人才省域空间流动偏好联系总量的 2008 年、2012 年和 2016 年的 Moran 散点布局图(分别见图 4 – 1、图 4 – 2 和图 4 – 3)。

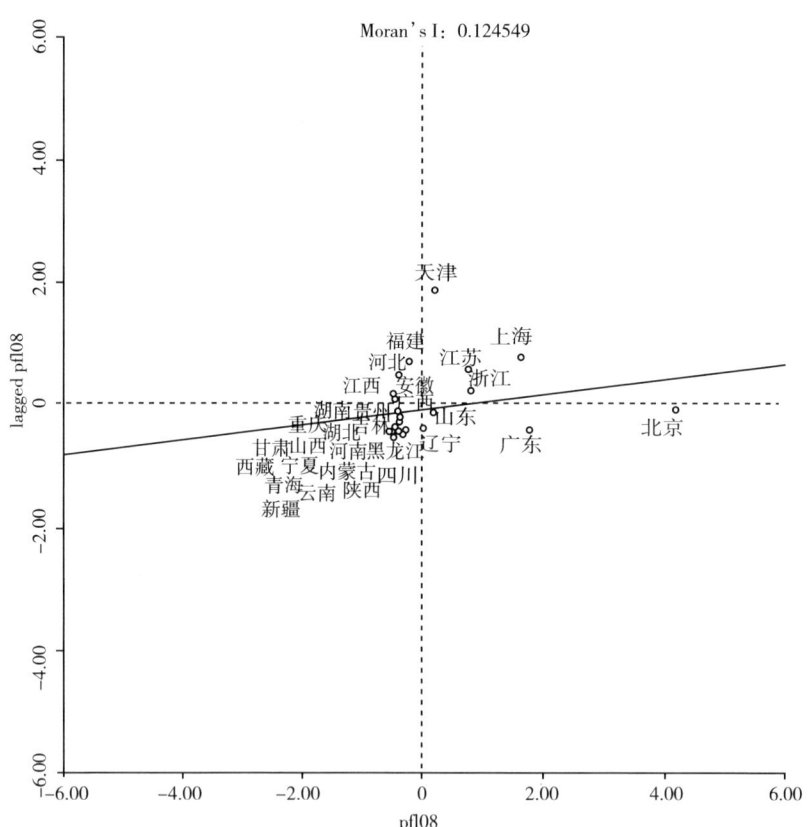

图 4 – 1　2008 年创新人才省域间流动偏好联系总量（pfl_j）的 Moran 散点布局图

在 Moran 散点布局图的基础上,整理得到我国 30 个省域创新人才省域空间流动偏好联系总量的空间集聚形式及其变化,见表 4 – 28。其中,H – L 和 L – H

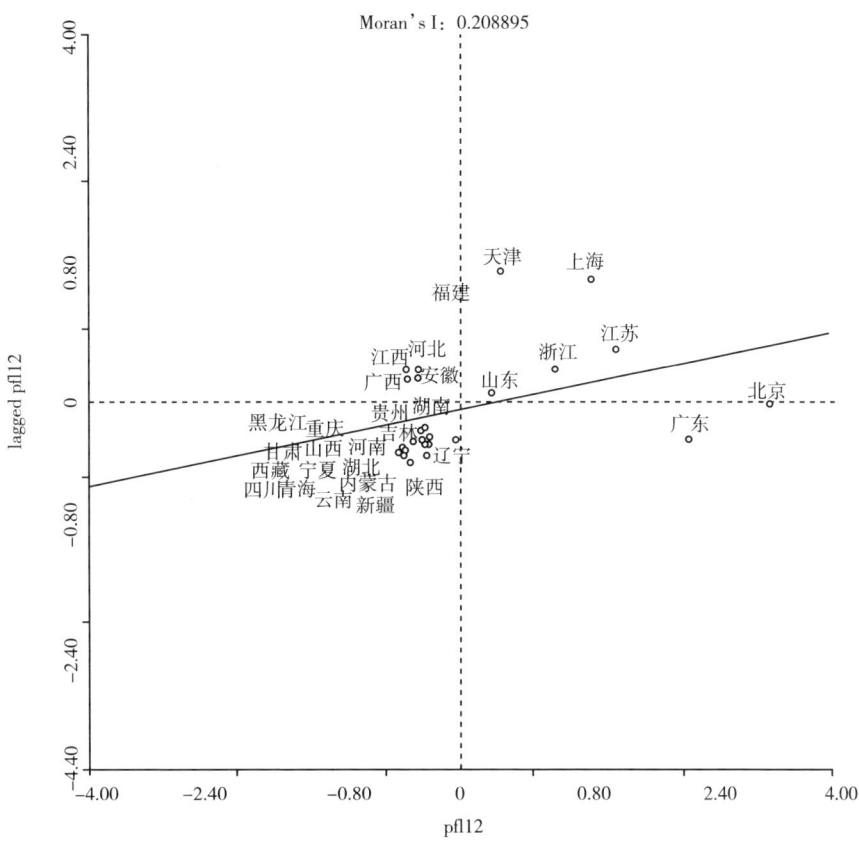

图 4-2　2012 年创新人才省域间流动偏好联系总量（pfl_j）的 Moran 散点布局图

区域为偏离全域正的空间自相关的省份，其区域的创新人才省域空间流动表现为非典型性。而 H-H 表征创新人才省域空间流动联系量高水平区域被相应的高水平区域所包围，而 L-L 则正好相反。

观察图 4-1、图 4-2 与图 4-3 和表 4-28：

（1）创新人才在大多数省份间的流动在地理空间上呈现正向空间相关性，与 2008 年相比，2012 年、2016 年的回归拟合线的斜率有所增大，说明了这种正向空间关联性在加强。2008 年，70% 省域的创新人才流动表现出正的空间关联性，其中 13.33% 的省域呈现 H-H 的空间集聚特征，56.67% 的省域呈现 L-L 空间集聚特征；到 2012 年，80% 省域的创新人才流动表现出正的空间关联性，其中 20% 的省域呈现 H-H 的空间集聚，60% 的省域为 L-L 空间集聚。2016 年的局部集聚格局与 2012 年类似。

（2）呈现 H-H 集聚形式的省域都为东部地区，其中上海、天津、浙江、江

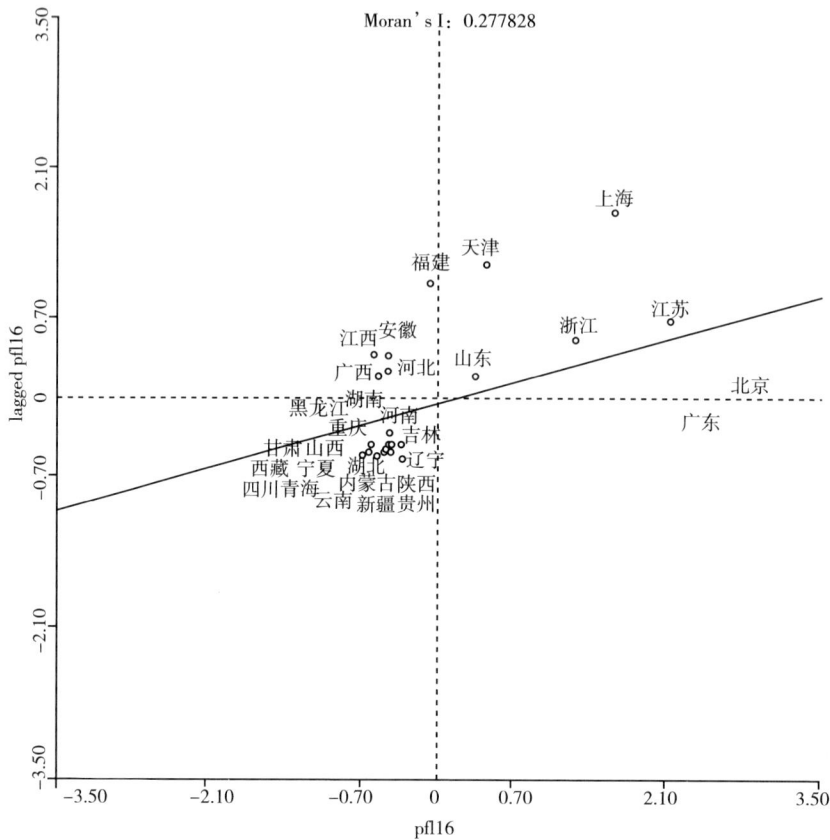

图 4-3 2016 年创新人才省域间流动偏好联系总量（pfl_j）的 Moran 散点布局图

表 4-28　基于 Moran 散点布局的省域间创新人才流动偏好联系总量（pfl_j）时空分布变化

	2008 年	2012 年	2016 年
H-H	上海、天津、浙江、江苏	上海、天津、浙江、江苏、北京、山东	上海、天津、浙江、江苏、北京、山东
L-L	湖南、湖北、河南、山西、陕西、四川、重庆、甘肃、宁夏、青海、云南、贵州、内蒙古、新疆、西藏、黑龙江、吉林	湖南、湖北、河南、山西、陕西、四川、重庆、甘肃、宁夏、青海、云南、贵州、内蒙古、新疆、西藏、黑龙江、吉林、辽宁	湖南、湖北、河南、山西、陕西、四川、重庆、甘肃、宁夏、青海、云南、贵州、内蒙古、新疆、西藏、黑龙江、吉林、辽宁
H-L	广东、北京、山东、辽宁	广东	广东
L-H	福建、河北、安徽、江西、广西	福建、河北、安徽、江西、广西	福建、河北、安徽、江西、广西

苏始终位于 H-H 俱乐部，北京和山东自 2012 年起一直处于 H-H 阵营。而 L-L 集聚省域都分布在中部、西部和东北地区。其中中部地区的湖南、湖北、河南和山西，西部地区的陕西、四川、重庆、甘肃、宁夏、青海、云南、贵州、内蒙古、新疆和西藏，及东北地区的黑龙江和吉林，2008~2016 年一直属于 L-L 俱乐部阵营。广东因更多与中部和西部地区相邻而一直处于 H-L 俱乐部。福建和河北虽属于东部地区，但自身吸引创新人才流入量一直较低，且周边持续被高值邻近区域包围，始终处于 L-H 阵营。上述局部空间集聚布局呈现出我国创新人才空间流动格局的空间依赖性、空间锁定性和空间不均衡性，主要原因为：东部地区创新驱动战略实施深入，创新环境和创新基础优良，创新活动活跃和频繁，高新技术产业和战略性新兴产业发展旺盛，经济和市场最为发达，对创新人才需求大且吸引力也大，更多优质创新人才愿意流入这些区域，且强-强区域间的竞争优化也促使创新人才在东部各区域间的充分流动。而对于经济发展相对落后、区域创新水平偏低下的中西部和东北地区，或虽经济发展水平还尚可但区域创新发展水平和能力一般的少部分东部省域而言，创新环境和创新活力欠佳，创新人才有效利用率也不高，对创新人才的吸引力不大。

（3）时空跃迁测度法可以刻画创新人才空间流动局部集聚格局的时空演化特征（焦翠红等，2018）。跃迁的具体动态类型呈现三类：第一类呈现的是某省份自身相对位移的跃迁，主要是辽宁，从 2008 年的 H-L 跃迁到 2012 年和 2016 年 L-L 俱乐部。第二类呈现的是空间邻近区域的跃迁，包括北京和山东两个省份。北京和山东从 2008 年的 H-L 俱乐部跃迁到 H-H 俱乐部。第三类呈现的是某省域自身及空间邻近地区的集聚形式维持原状，属于该跃迁类型的省域数量众多。90% 的省份表现出空间布局上的稳定性。需要注意的是，一是广东始终处于 H-L 俱乐部，说明广东省处于极化中心，吸引周边地区及其他地区创新人才流入量很高，但对邻近地区发展的扩散和溢出等带动作用很弱；二是福建、河北、安徽、江西和广西始终处于 L-H 俱乐部，表明虽然这些省份在地理空间上邻近创新人才流动非常活跃的省份，但是随着发展，创新人才跨区域流动的协同效应似乎并没有影响这些地区创新人才的流入，创新人才流入局部地区的空间格局具有一定的锁定效应。

进一步将 2008 年、2012 年与 2016 年创新人才流动偏好联系总量进行 LISA 集聚分析，反映 Moran 散点分布的显著性表现。具体呈现为：2008 年 H-H 集聚的显著区域主要在上海和天津，说明创新人才被吸引到上海、天津的量很高，与周边邻近区域产生的创新人才互动作用也很强，显示出显著的空间正相关。2012 年 H-H 集聚的显著区域继续为上海和天津，2016 年进一步发展为上海、天津及江苏，局部显著集聚态势开始呈现雏形。新疆、甘肃、宁夏、青海、陕西和四川始终处于显著的 L-L 集聚状态且连片分布。此外，其他集聚类型均处于不显著状态。如果把上海、江苏等东部省份比喻成吸引创新人才流入的"聚宝盆"，那么广大的西部地区就是创新人才流动的"低洼地"，如何吸引创新人才、留着创新人才值得关注。

4.4.2.3 创新人才空间流动的空间关联布局总结

基于 2008 年、2012 年与 2016 年的创新人才省域空间流动偏好联系总量的全局 Moran 指数值的时空发展变化可知，我国省域间创新人才的流动存在较强的空间依赖性，空间集聚态势明显。进一步运用局部的 Moran 散点图和 LISA 集聚图深入分析发现，我国绝大部分省域间创新人才空间流动呈现的是以正向依赖关系为主的 H-H 和 L-L 类型集聚布局，尤其以 L-L 集聚类型居多。其中 H-H 集聚俱乐部主要分布在东部地区，上海、天津、浙江、江苏始终位居 H-H 阵营，且上海和天津为显著的 H-H 集聚；L-L 集聚阵营主要分布在西部地区，且新疆、甘肃、宁夏、青海、陕西和四川始终处于显著的 L-L 集聚状态并连片分布。而对于不典型的 H-L 和 L-H 集聚，广东始终处于 H-L 集聚阵营，而福建、河北、安徽、江西和广西始终处于 L-H 阵营。上述局部空间集聚格局和模式演变整体较稳定，除了北京、山东、辽宁 2008~2016 年涉及位移跃迁变化，其他省域均保持不变。综上所述，我国创新人才空间流动形成了局部空间集聚关联格局，且这种空间格局呈现了较强的空间分布不均衡性及较稳定的空间锁定性等特征。

4.4.3 创新资金空间流动的空间关联性布局

4.4.3.1 全局空间关联

根据式（4-23）并运用 Geoda 软件，得到创新资金省域空间流动偏好联系总量的全局 Moran 指数（见表 4-29）。表 4-29 的全局 Moran 指数及其检验结果整体上基本较明显地拒绝了各省域空间之间的创新资金流动在空间邻接权重和地理距离空间权重情形下不存在空间自相关的零假设。还可发现 2008~2016 年各年份中空间邻近权重情形下的全局 Moran 指数值均大于地理距离空间权重下的全局 Moran 指数值且其显著性的表现更稳定，表明创新资金省域空间流动的全局关联程度，空间邻接权重下比地理距离空间权重下的要大，地理距离越邻近对创新资金流动的影响越大。

中国 30 个省域创新资金省域空间流动偏好联系总量的全局 Moran 指数除了

个别年份没有通过显著性检验外，其他年份均通过了5%或10%水平下的显著性检验，且都为正值，说明中国各省域创新资金空间流动呈现正的空间自相关性，流动格局不是随机分布，而是存在较显著的正向空间依赖，易在部分省域产生集聚，空间集聚特征的空间关联现象较明显。

表4-29　创新资金省域间流动偏好联系总量（cfl_j）全局 Moran 指数

年份	空间邻接权重			地理距离权重		
	Moran'I	Z值	P值	Moran'I	Z值	P值
2008	0.105	1.319	0.115	0.074*	1.506	0.052
2009	0.142**	1.829	0.045	0.104**	2.068	0.033
2010	0.185**	2.062	0.04	0.147**	2.236	0.031
2011	0.232**	2.397	0.027	0.083*	1.486	0.066
2012	0.241**	2.399	0.021	0.073	1.282	0.101
2013	0.266**	2.701	0.017	0.173***	2.576	0.009
2014	0.226**	2.650	0.017	0.107*	1.738	0.053
2015	0.238**	2.637	0.02	0.004	0.547	0.228
2016	0.260**	2.878	0.015	0.037	0.926	0.174

注：***、**、*分别表示能够通过显著性水平为1%、5%、10%的统计检验。

4.4.3.2　局部空间关联

由创新资金省域空间流动偏好联系总量的全局 Moran 指数可知，创新资金在中国各省域空间流动的全局正向空间聚集关联的确存在，但未能具体指出哪些区域间呈现了怎么样的空间集聚。因此为进一步探查中国30个省域间创新资金流动的具体空间关联布局，接下来通过局部 Moran 指数和 Moran 散点图来直观刻画其是否存在局部的空间依赖性和异质性。下面以全局 Moran 值更大的空间邻近权重进行 Moran 散点图分析。根据式（4-24）和运用 Geoda 软件，分别得到创新资金省域空间流动偏好联系总量的2008年、2012年和2016年的 Moran 散点布局图（分别见图4-4、图4-5与图4-6）。

在 Moran 散点图基础上，整理得到我国30个省域间创新资金流动偏好联系总量的空间集聚形式及其变化，见表4-30。其中，H-L 和 L-H 区域为偏离全域正的空间自相关的省份，其省域的创新资金空间流动表现为非典型性。而 H-H 表征创新资金空间流动联系量高水平区域被相应的高水平邻近区域所包围，为创新资金空间流动高水平集聚区域，而 L-L 则正好相反。

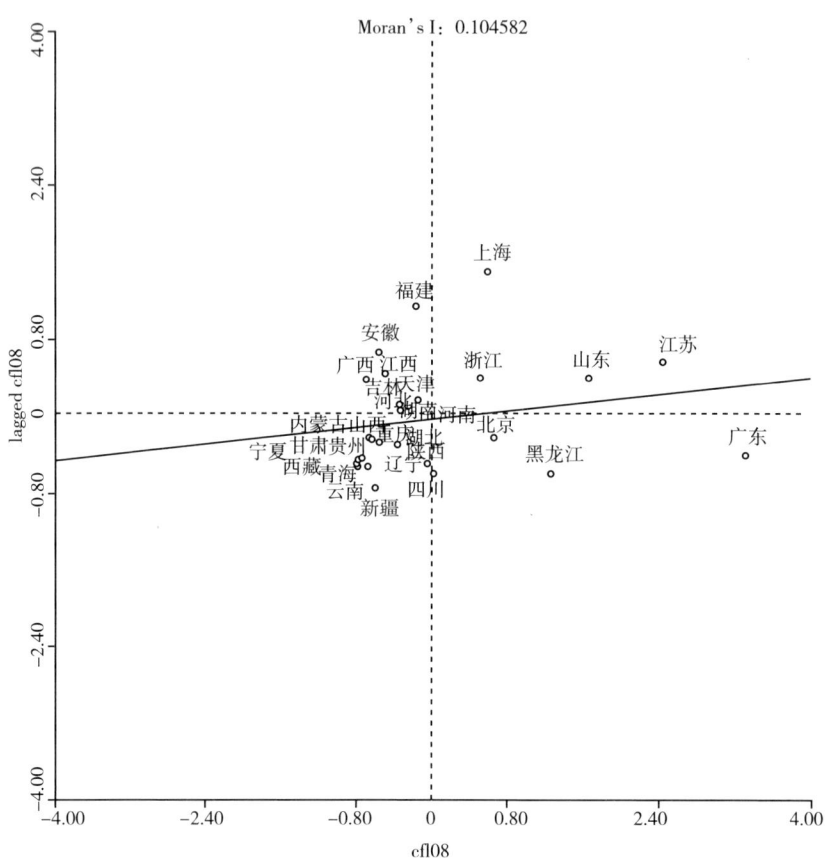

图 4-4 2008 年创新资金省域间流动偏好联系总量（cfl_j）的 Moran 散点布局图

观察图 4-4、图 4-5 与图 4-6 和表 4-30：

（1）在地理空间上，创新资金在大多数省域间的流动呈现正向空间相关性，2012 年、2016 年的回归拟合线的斜率与 2008 年相比有所增大，说明了这种正向的空间关联性在加强。2008 年，60% 省域的创新资金流动表现出正的空间关联性，其中 13.33% 的省域呈现 H-H 的空间集聚特征，46.67% 的省域呈现 L-L 空间集聚特征；到 2012 年，70% 省域的创新资金流动表现出正的空间关联性，其中 16.67% 的省域呈现 H-H 的空间集聚，53.33% 的省域为 L-L 空间集聚。2016 年，73.33% 省域的创新资金流动量表现出正的空间关联性，其中 20% 的省域呈现 H-H 的空间集聚，53.33% 的省域为 L-L 空间集聚。

（2）呈现 H-H 集聚形式的省域均为东部地区，其中上海、浙江、江苏、山东始终位于 H-H 俱乐部，天津自 2012 年起一直处于 H-H 阵营，2016 年的 H-H 俱乐部阵营在 2012 年基础上增加了福建。而 L-L 集聚省域涵盖了整个西

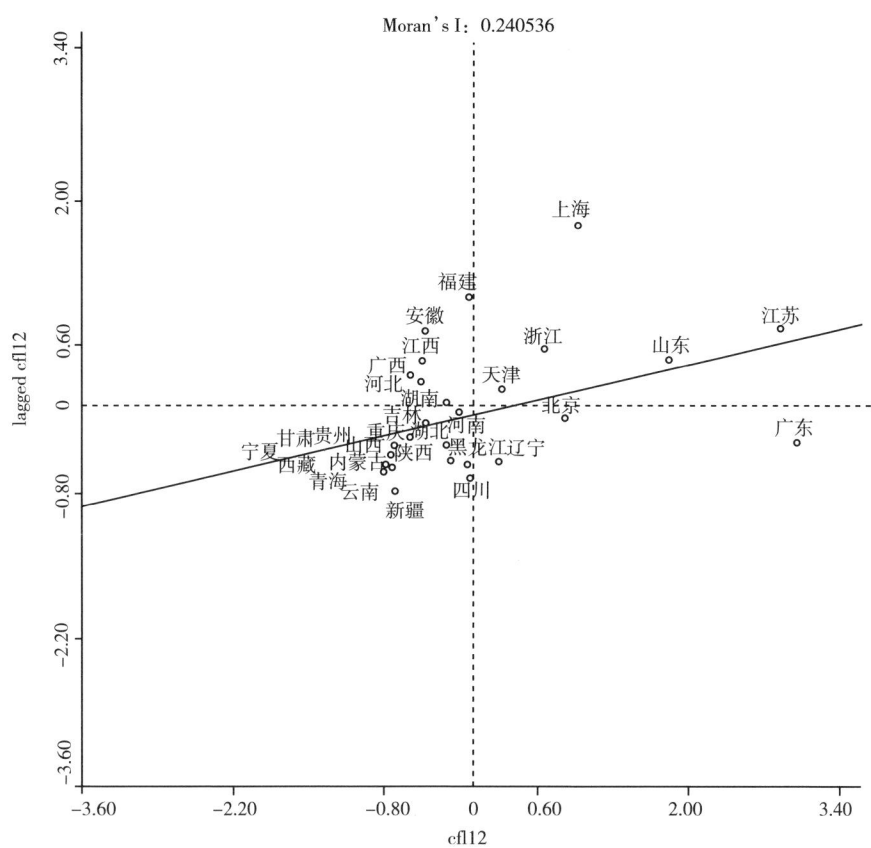

图 4-5　2012 年创新资金省域间流动偏好联系总量（cfl_j）的 Moran 散点布局图

部地区、部分中部地区和东北地区。其中，中部地区的湖北、山西，西部地区的陕西、四川、重庆、甘肃、宁夏、青海、云南、贵州、内蒙古、新疆和西藏 2008～2016 年一直属于 L-L 俱乐部阵营。广东和北京因更多与中部和西部地区相邻而一直处于 H-L 俱乐部。安徽、江西、广西与湖南对创新资金的吸引力较低，但周边持续被高值邻近区域包围，始终处于 L-H 俱乐部。上述局部空间集聚格局揭示出我国创新资金空间流动格局的空间依赖性和不均衡性，主要原因为：东部相对东北和中西部来说，区域创新水平和绩效最高，创新环境和创新基础设施优良，创新产业和创新活动非常活跃，对创新资金需求大，有效利用率和收益回报率更高，其他区域的创新资金也就更倾向投入这些区域。而对于区域创新水平偏低下的中西部特别是西部地区而言，情况正好相反，缺乏对创新资金的吸引力。

（3）结合时空跃迁测度法（焦翠红等，2018），创新资金省域空间流动格局

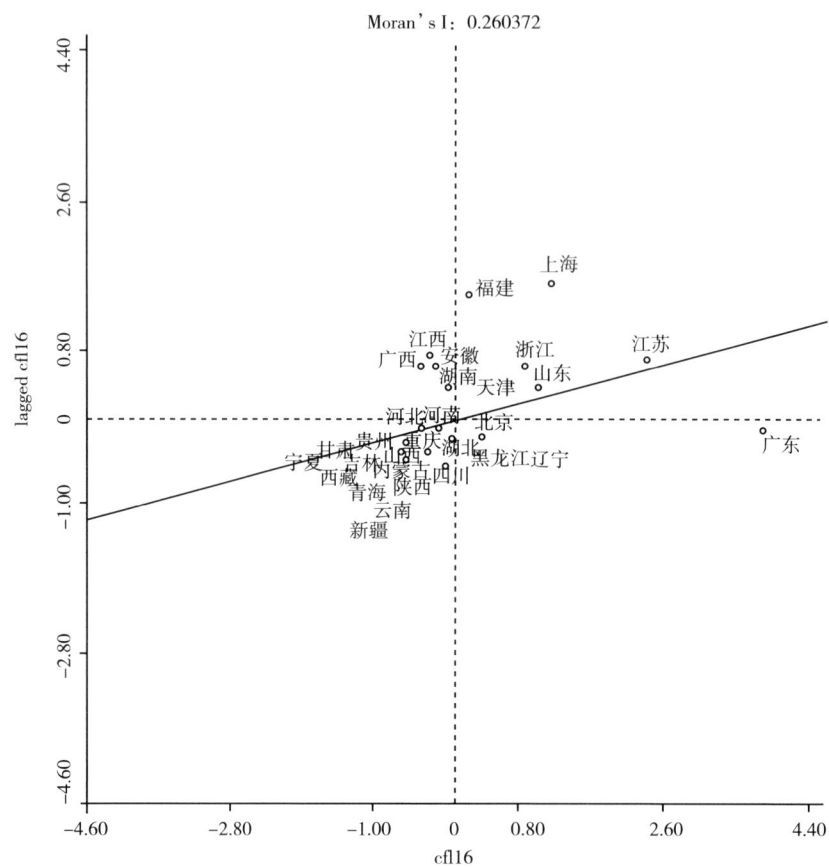

图 4-6　2016 年创新资金省域间流动偏好联系总量（cfl_j）的 Moran 散点布局图

表 4-30　基于 Moran 散点布局的创新资金省域间流动偏好联系总量（cfl_j）时空分布变化

	2008	2012	2016
H-H	上海、浙江、江苏、山东	上海、天津、浙江、江苏、山东	上海、天津、浙江、江苏、山东、福建
L-L	湖北、山西、陕西、四川、重庆、甘肃、宁夏、青海、云南、贵州、内蒙古、新疆、西藏、辽宁	湖北、河南、山西、陕西、四川、重庆、甘肃、宁夏、青海、云南、贵州、内蒙古、新疆、西藏、黑龙江、吉林	湖北、河南、山西、陕西、四川、重庆、甘肃、宁夏、青海、云南、贵州、内蒙古、新疆、西藏、吉林、河北
H-L	广东、北京、黑龙江、河南	广东、北京、辽宁	广东、北京、黑龙江、辽宁
L-H	福建、河北、安徽、江西、广西、吉林、天津、湖南	福建、河北、安徽、江西、广西、湖南	安徽、江西、广西、湖南

的动态跃迁类型表现为三类：第一类是关于某省份自身相对位移的跃迁，主要涉及五个省域，分别为：天津从 2008 年的 L-H 跃迁到 2012 年和 2016 年 H-H 俱乐部；福建从 2008 年和 2012 年的 L-H 跃迁到 2016 年 H-H 俱乐部；黑龙江从 2008 年的 H-L 跃迁到 2012 年的 L-L 再至 2016 年 H-L；河南从 2008 年的 H-L 跃迁到 2012 年和 2016 年的 L-L；辽宁从 2008 年的 L-L 跃迁到 2012 年和 2016 年的 H-L。第二类描述的是空间邻近区域的跃迁，主要为吉林从 2008 年的 L-H 俱乐部跃迁到 2012 年和 2016 年的 L-L 俱乐部。第三类是某省域自身及空间邻近地区的集聚形式维持原有状态，属于该跃迁类型的省域数量较多。76.67% 的省份表现出空间布局上的稳定性。需要注意的是，一是广东和北京始终处于 H-L 俱乐部，说明广东和北京处于创新极化发展中心，周边地区及其他地区的创新资金较多地流入广东和北京，但广东和北京对邻近地区发展所需的创新资金的扩散和溢出等带动作用较低。河北从 2008 年和 2012 年的 L-H 区域跃迁到 2016 年的 L-L 区域，更是说明北京还未成为真正的创新资金扩散中心。而福建从 2008 和 2012 年的 L-H 区域跃迁到 2016 年的 H-H 区域，一方面可能是由于福建邻近广东和浙江两个高值区域，受两区域共同扩散的影响；另一方面可能是与福建近几年加大出台鼓励和加强创新资金投入系列政策，对创新资金流入的吸引力增大有关。二是安徽、江西、广西、湖南始终处于 L-H 俱乐部，可能原因是这些省份可能存在整体的创新资金投资和获利环境欠佳，虽然邻近创新资金流入非常活跃的省份，但是创新资金跨区域流动的协同效应似乎并没有随着时间发展影响这些地区更多地吸引创新资金，存在弱-强极化发展，使创新资金流入局部地区的空间格局存在一定的锁定效应。

进一步将 2008 年、2012 年和 2016 年创新资金流动偏好联系总量进行 LISA 集聚分析，反映 Moran 散点分布的显著性表现。2008 年 H-H 集聚的显著区域主要在上海，说明上海对创新资金的吸引力非常强，与周边邻近区域产生的创新资金互动作用也很强，显示出显著的空间正相关。2012 年 H-H 集聚的显著区域继续拓展为上海和江苏，2016 年又演变发展为福建为显著的 H-H 集聚区域。H-L 显著区域 2008 年为四川，2012 年和 2016 年无。L-H 显著集聚区域由 2008 年的福建发展到 2012 年的安徽和福建再到 2016 年江西。L-L 显著集聚状态从 2008 年的新疆和陕西发展到 2012 年的新疆、陕西、甘肃、宁夏、青海和四川，又至 2016 年演变成新疆、甘肃、宁夏、青海、四川和内蒙古，连片成堆分布现象越来越明显，这说明广大的西部地区如何深入推进创新驱动发展战略，吸引更多创新资金是一个迫切需要关注和改善的问题。

4.4.3.3 创新资金空间流动的空间关联性布局总结

综合创新资金省域空间流动偏好联系总量在 2008 年、2012 年和 2016 年的全局 Moran 指数值的时空发展变化可知，我国省域间创新资金的空间流动存在较强的空间依赖性，空间集聚态势明显。进一步运用局部的 Moran 散点图和 LISA 集聚图深入分析发现，我国绝大部分省域间的创新资金流动呈现的是以正向空间依赖关系为主的 H-H 和 L-L 类型集聚分布，尤其以 L-L 集聚类型居多。其中 H-H 集聚俱乐部主要分布在东部地区，上海、浙江、江苏、山东始终位于 H-H 俱乐部。L-L 集聚阵营涵盖了几乎所有的西部地区。而对于不典型的 H-L 和 L-H 集聚，广东和北京始终处于 H-L 集聚阵营，而安徽、江西和广西始终处于 L-H 阵营。上述局部空间集聚格局演变整体较稳定，除了天津、福建、辽宁、黑龙江、吉林 2008~2016 年涉及位移跃迁变化外，其他省域均保持不变。综上所述，我国创新资金空间流动形成了具有较强空间锁定性的局部空间集聚关联格局。

4.4.4 创新技术空间流动的空间关联性布局

4.4.4.1 全局空间关联

根据式（4-23）并运用 Geoda 软件，得到创新技术省域空间流动偏好联系总量的全局 Moran 指数（见表 4-31）。表 4-31 的全局 Moran 指数及其检验结果整体上显著地拒绝了各省域空间之间的创新技术流动在空间邻接权重和地理距离空间权重情形下不存在空间自相关的零假设。还可发现 2008~2016 年各年份中空间邻接权重情形下的全局 Moran 指数值均大于地理距离空间权重下的全局 Moran 指数值，表明空间邻接特性的全局空间关联程度比地理距离特性的全局空间关联程度要强，呈现了地理距离越邻近对创新技术流动的影响越大的现象。

中国 30 个省域创新技术空间流动联系总量的全局 Moran 指数除 2016 年外其他年份均通过了 5% 或 10% 水平下的显著性检验，且全部为正值，说明中国各省域间创新技术流动格局不是随机分布，一个地区创新技术的流入受周边地区创新技术流入的影响，存在显著的正向空间依赖，集聚特征的空间关联现象明显。从时间维度变化上来看，创新技术省域空间流动偏好联系总量全局 Moran 指数值 2008~2016 年值的大小有波动整体处于略有下降状态，但始终是正值，表明正向的空间依赖性和空间集聚性一直存在。

表4-31 创新技术省域间流动偏好联系总量（tfl_j）全局Moran指数

年份	空间邻接权重			地理距离空间权重		
	Moran'I	Z值	P值	Moran'I	Z值	P值
2008	0.165**	1.754	0.050	0.110**	2.011	0.030
2009	0.149*	1.626	0.054	0.106**	1.954	0.035
2010	0.137*	1.510	0.067	0.104**	1.999	0.035
2011	0.134*	1.481	0.072	0.105**	2.037	0.032
2012	0.146*	1.578	0.064	0.108**	2.070	0.030
2013	0.153*	1.645	0.059	0.106**	2.086	0.031
2014	0.149*	1.639	0.060	0.107**	2.069	0.032
2015	0.138*	1.559	0.079	0.099**	2.049	0.033
2016	0.109	1.321	0.112	0.094**	1.956	0.036

注：**、*分别表示能够通过显著性水平为5%、10%的统计检验。

4.4.4.2 局部空间关联

创新技术省域空间流动呈现空间集聚特征的全局正向空间关联关系明确存在，但未能具体指出哪些区域间呈现了什么类型的空间集聚。因此，为进一步探查中国30个省域创新技术省域空间流动的具体空间关联布局，接下来运用局部Moran指数和Moran散点图来直观刻画其是否存在局部的空间依赖性和异质性。为保持分析的一致性和可比性，继续以全局Moran值更大一些的空间邻接权重计算结果进行Moran散点图分析。根据式（4-24）和运用Geoda软件，分别得到创新技术省域空间流动的2008年、2012年和2016年的Moran散点布局图（分别见图4-7、图4-8与图4-9）。

在Moran散点图基础上，整理得到我国30个省域间创新技术流动的空间集聚形式及其变化，见表4-32。其中，H-L和L-H区域为偏离全域正的空间自相关的省份，而H-H和L-L为全域正的空间自相关省份。

观察图4-7、图4-8与图4-9和表4-32：

（1）创新技术在大多数省域间的流动呈现正向的空间集聚相关性。2012年、2016年的回归拟合线的斜率与2008年相比略有所降低，说明了这种正向的空间自相关呈现减弱趋势。2008年，66.67%省域间的创新技术流动表现出正向的空间集聚关联性，其中呈现H-H型正向空间集聚特征的省域占13.33%，而53.33%的省域呈现L-L型正向空间集聚特征；到2012年，局部空间关联格局与2008年一致，仍然是66.67%省域的创新技术流动表现出正的空间关联性，

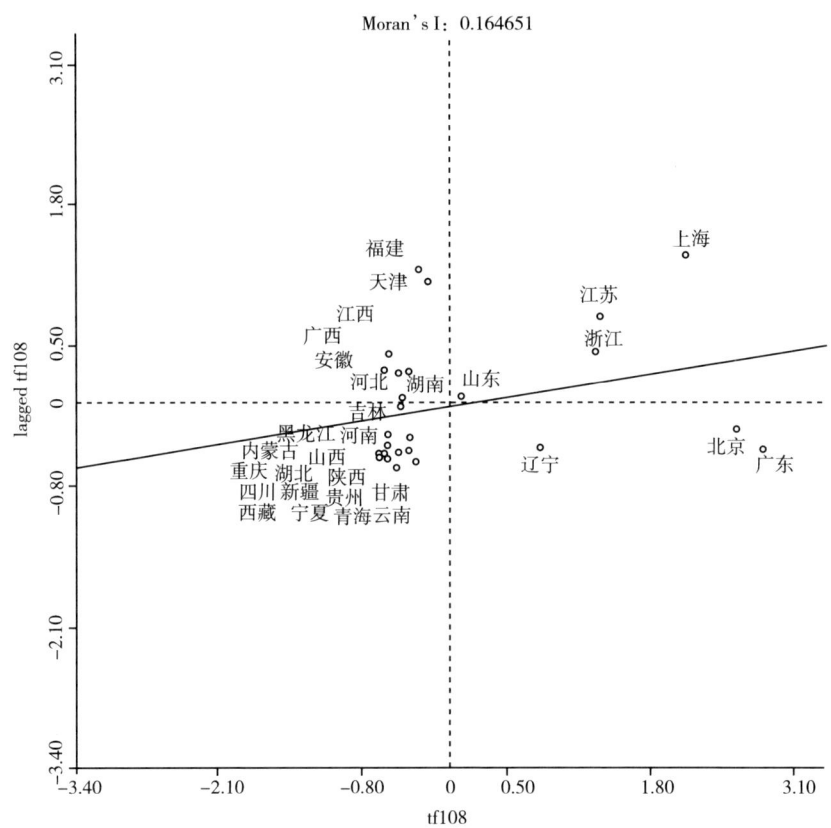

图 4-7 2008 年创新技术省域间流动偏好联系总量（tfl_j）的 Moran 散点布局图

其中 13.33% 的省域呈现 H-H 的空间集聚，53.33% 的省域为 L-L 空间集聚。2016 年，70% 省域的创新技术流动表现出正的空间关联性，其中 13.33% 的省域呈现 H-H 的空间集聚，56.67% 的省域为 L-L 空间集聚。

（2）呈现 H-H 集聚形式的省域均位居东部地区，其中上海、浙江、江苏、山东始终位于 H-H 俱乐部。而 L-L 集聚省域几乎涵盖了整个西部地区，及部分中部地区和东北地区。其中，中部地区的湖北、山西和河南，东北地区的黑龙江和吉林、除广西外的其他所有西部地区 2008~2016 年一直处于 L-L 俱乐部阵营。出现这种空间集聚格局的可能原因是：一是东部地区发达的经济为创新技术的吸收与应用提供了良好的物质基础。同时东部地区区域创新能力整体较强，技术引进接收、消化吸收与再创造能力较强，创新执行主体的创新活动频繁，对创新技术需求大，较易出现其他区域的创新技术向东部集中流动的空间集聚现象。二是区域创新是一个系统的过程，需要整合与协同各类创新资源要素才能获取好

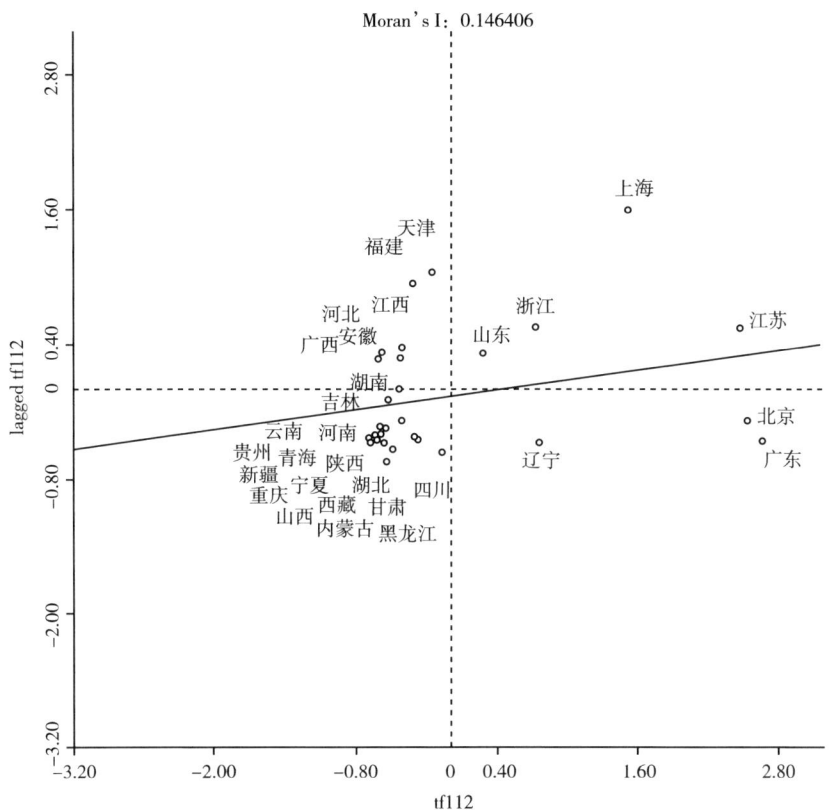

图 4-8　2012 我国省域间创新技术流动偏好联系总量（tfl$_j$）Moran 散点布局图

的创新绩效，而东部地区拥有丰富的创新人才、创新资金等创新资源储备，较易与新流入的创新技术实现最优配置而发挥最大效用。三是创新技术流入、区域创新水平提升与促进区域经济发展间的良性循环，使创新技术不断流入东部地区，而东部省域"强强"区域间的竞争优化又促使创新技术在东部省域之间充分流动。而与之相反的是，对于大部分中西部地区来说，经济发展滞后，创新环境和创新活力欠佳，创新资源要素本身较匮乏，技术吸收和利用率低，再加上邻近区域间同样欠佳的创新发展能力和环境，集聚和扩散效应无从发挥，创新技术流入量长期处于较低或很低水平。

（3）广东和北京一直处于非典型的 H-L 俱乐部，而东部的天津、福建和河北，中部的安徽、江西与湖南，西部的广西始终处于 L-H 俱乐部。可能是因为广东和北京拥有高的经济发展水平、丰富的创新资源要素储备、密集的创新活动和优良的创新绩效和创新环境这些突出的综合竞争实力，这些地区强的综合竞争

创新要素空间流动及其对区域创新绩效的影响研究

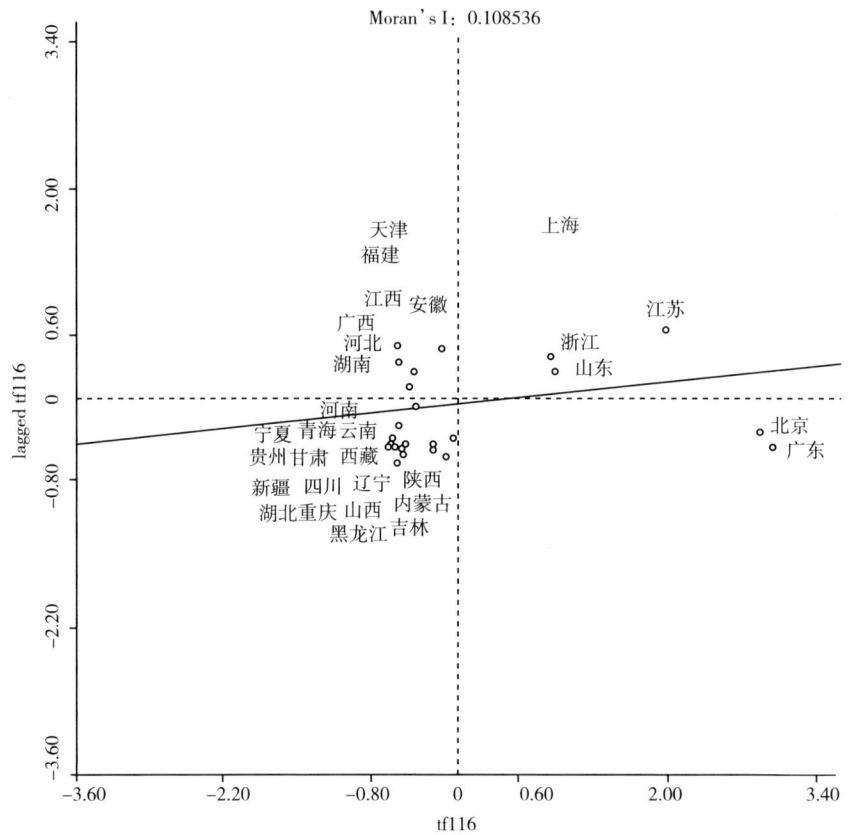

图 4-9 2016 年创新技术省域间流动偏好联系总量（tfl_j）的 Moran 散点布局图

表 4-32 基于 Moran 散点布局的创新技术省域间流动偏好联系总量（tfl_j）时空分布变化

	2008 年	2012 年	2016 年
H-H	上海、浙江、江苏、山东	上海、浙江、江苏、山东	上海、浙江、江苏、山东
L-L	湖北、河南、山西、陕西、四川、重庆、甘肃、宁夏、青海、云南、贵州、内蒙古、新疆、西藏、吉林、黑龙江	湖北、河南、山西、陕西、四川、重庆、甘肃、宁夏、青海、云南、贵州、内蒙古、新疆、西藏、黑龙江、吉林	湖北、河南、山西、陕西、四川、重庆、甘肃、宁夏、青海、云南、贵州、内蒙古、新疆、西藏、黑龙江、吉林、辽宁
H-L	广东、北京、辽宁	广东、北京、辽宁	广东、北京
L-H	天津、福建、河北、安徽、江西、广西、湖南	天津、福建、河北、安徽、江西、广西、湖南	天津、福建、河北、安徽、江西、广西、湖南

实力对其他区域创新技术的吸引力很强,产生了负的空间效应,使邻近区域等外部区域的创新技术集中流向广东和北京,而广东和北京创新技术流出对邻近地区的扩散和溢出效应很低,进一步拉大它们与周边省市的差距。而表现为 L-H 空间集聚形式的区域却正好相反,或许这些地区内部也有创新活力较强的企业、具有一定研究实力的高校或科研机构,但是整体的技术吸收、消化和应用环境并不理想,使多数新颖的、复杂的创新技术被周边强省所吸引和吸收,从而呈现弱与强各自极化,使 L-H 这种非典型现象持续存在。需要说明的是辽宁省,2008年、2012 年处于 H-L,到 2016 年发展为 L-L,主要原因是发展史上曾经经济基础不薄的辽宁省包括整个东北三省现今正在经历产业转型升级的"坎"。

(4)结合时空跃迁测度法(焦翠红等,2018),创新技术省域间流动的局部空间集聚格局的动态跃迁总体上较平稳,但也有个别区域有跃迁,具体表现为两类:第一类就是某省份自身相对位移的跃迁,主要涉及辽宁,从 2008 年、2012 年的 H-L 跃迁到 2016 年 L-L 俱乐部;第二类是某省域自身与空间邻近地区保持原有的集聚形式和水平,几乎所有省域属于该跃迁类型。96.67% 的省域表现出空间布局上的稳定性。可见,创新技术流动的局部空间格局存在较强的锁定效应。

进一步将 2008 年、2012 年与 2016 年创新技术流动偏好联系总量进行 LISA 集聚分析,反映 Moran 散点分布的显著性表现。可知,2008 年创新技术省域空间流动 H-H 集聚的显著区域主要在江苏和上海,说明江苏、上海对创新技术的吸引力非常强,与周边邻近区域产生的创新技术互动作用也很强,显示出显著的空间正相关。2012 年和 2016 年 H-H 集聚的显著区域发展演变为上海。2008年、2012 年和 2016 年 L-H 型表现显著的始终为福建地区。L-L 显著集聚状态从 2008 年、2012 年的四川、陕西和新疆发展至 2016 年的新疆、四川和内蒙古。其他省域集聚状态均不显著。

4.4.4.3 创新技术空间流动的空间关联性布局总结

由创新技术省域间流动偏好联系总量的全局 Moran 指数值在 2008 年、2012 年和 2016 年的发展变化可知,我国省域间创新技术的空间流动不是处于随机分布状态,而是存在正向的空间依赖性和空间集聚态势,但这种集聚态势在减弱。进一步运用局部的 Moran 散点图和 LISA 集聚图深入分析发现,我国绝大部分省域间的创新技术流动呈现 H-H 和 L-L 为主要集聚类型,尤其以 L-L 集聚类型居多。其中 H-H 集聚俱乐部主要分布在东部地区,上海、浙江、江苏、山东一直呈现 H-H 集聚,且上海是显著的 H-H 集聚。几乎所有的西部地区一直处于 L-L 集聚阵营,且新疆和四川是显著的 L-L 集聚。而对于不典型的 H-L 和

L-H集聚,广东和北京始终处于H-L集聚阵营,而天津、福建、河北、安徽、江西、广西、湖南始终处于L-H阵营,且福建一直是显著的L-H集聚。上述局部空间集聚格局和模式演变整体较稳定,除了辽宁2008~2016年涉及位移跃迁变化外,其他省域均保持不变。综上所述,我国创新技术空间流动形成了局部空间集聚关联格局,且这种空间格局分布不均衡具有较强的空间锁定性。

4.5　本章小结

本章的核心内容主要是在对创新要素空间流动量模拟测度基础上,剖析创新要素空间流动的空间布局。首先,基于改进引力模型,分别构建了创新人才空间流量模拟测度引力模型、创新资金空间流动量模拟测度引力模型和创新资金空间流动量模拟测度引力模型。其次,通过改进型引力模型分别估算出创新人才、创新资金空和创新技术省域空间流动偏好联系量基础上,分别探讨了创新人才空间流动、创新资金空间流动和创新技术空间流动的空间流动偏好布局、空间集聚中心布局和空间关联性布局。本章内容是深入了解我国省域创新要素空间流动具体空间布局及其空间特性发展变化情况的最重要内容。

第5章　创新要素空间流动影响区域创新绩效的模型构建

前面研究的创新要素空间流动的偏好布局、集聚布局和关联布局进一步表明现实世界中社会经济活动的空间差异是普遍存在的。人力、技术、资本、信息、知识、自然资源等要素并不均匀分布在地理空间中，且通过空间转移、转换、偏好、集聚、关联、扩散、溢出等空间作用，还会形成一定的复杂的空间影响和空间联系。因此，主流经济学理论因空间均质性及空间事物无关联假定的局限性，与忽视空间效应的经典计量线性回归分析及普通最小二乘法（OLS）的普遍使用，得出的各种推论和结果缺乏应有的解释力（吴玉鸣，2006），与现实经济社会活动的发展规律不太相符，需要新的计量方法来弥补。而空间经济计量学，简单地说是空间经济的计量，发端于空间相互作用理论及其发展，在继承和完善经典的统计和计量方法基础上，将空间维度作为重要的经济要素纳入分析并致力于空间影响的方法研究，正好是一种可用来弥补经典回归计量缺陷、对现实经济更具有解释力且应用正在越来越广泛的计量方法，也更能满足本书的研究所需。因此，本章在介绍空间计量经济模型简况基础上，构建创新要素空间流动影响区域创新绩效的空间计量经济模型，并对空间计量模型中涉及的各类变量和数据来源做了详细说明，特别是对因变量区域创新绩效的空间发展状况进行了具体分析，进一步佐证了选择空间计量经济模型的合适性。

5.1　空间计量经济模型简况

Tobler 的地理学第一定律认为世界上所有的现象或事物在空间上都是有联系的，存在随机、集聚及规则分布，且离得近的现象或事物总比离得远的现象或事物的关联性要高。地理学第二定律认为自然界存在秩序与格局的原因之一就是因为空间上的关联性或相关性。也就是说，不同于一般数据，空间数据具有空间相关性、时空多尺度等特质。空间数据的空间相关性或关联性表现出的空间影响主要有两类,即空间依赖性(也叫空间相关性)和空间异质性(也叫空间不均匀性或空间差异性)。空间依赖一方面说明地理空间上的观测值缺乏独立性,另一方面也意味着这些观测值的空间格局(绝对位置)和空间距离(相对位置)共同决定了空间依赖的强度和模式。空间异质性意味着不同地理空间上的区域缺乏均质性,存在诸如发达地区和落后地区、中国东部沿海地区与内陆地区等经济地理结构,从而导致形成具有较大空间差异性的区域经济发展和区域创新行为。空间数据表现出的空间异质性和空间相关性特性不能很好地通过一般的统计方法解决。然而,由 Paelinck 最早下定义的空间计量经济学,历经 Anselin、Brneeckner、Kelejian、Haining 和 Case 等一大批专家学者的不懈努力,及近些年诸如地理信息系统、空间数据分析软件等计算机技术和计算机模拟技术的快速发展,无论在理论方法还是应用方面都取得了突飞猛进的发展,为在横截面数据(cross-section data)和面板数据(panel data)的回归模型中有效处理空间相互作用和空间结构提供了重要的方法和模型。

空间计量建模的讨论在不断发展。21 世纪以前空间计量经济学主要关注空间误差模型(Spatial Error Model,SEM)和空间滞后模型(Spatial Lag Model,SLM)。但在 21 世纪后,空间计量建模方法有了很大的发展,出现了空间杜宾模型(Spatial Durbin Model,SDM),后 Lesage 和 Pace(2009)在其大作《空间计量经济学导论》中深入论证了空间杜宾模型的适用性,使空间杜宾模型也取得了广泛的认可和应用。因此,空间计量经济模型在经济社会实践中的应用常见的就是空间误差模型(SEM)、空间滞后模型(SLM)和空间杜宾模型(SDM)三种类型。这三类空间计量模型所假定的空间传导机制有所不同,代表的经济含义也是有所差别的(Manski,1993;Anselin et al.,1997a,2004;Lesage et al.,2009;Kelejian et al.,2010),接下来将对这三类空间计量模型一一进行简略介绍。

5.1.1 空间误差、空间滞后和空间杜宾模型概况

(1)空间误差模型(SEM)。空间误差模型假设通过误差项来体现空间观测单元的空间相互联系,可用来检验是否是地理空间的不同引起了不同地理空间观测单元的空间联系的差异性。SEM 的具体数学表达如下(吴玉鸣,2006;张宓之,2014;化祥雨,2016):

$$Y = \beta X + \varepsilon$$
$$\varepsilon = \lambda w \varepsilon + \mu$$

(5-1)

其中，Y表示因变量（被解释变量）观测值；X表示自变量（外生解释变量）观察值；β参数反映了自变量X对因变量Y的影响。ε表示随机误差项向量；μ表示正态分布随机误差向量；W表示空间权重系数矩阵；Wε是不同空间观测单位的干扰项之间的交互效应。λ表示空间误差系数（也叫空间自相关系数），其值大小用来反映存在于ε之中的空间依赖性强弱，取值范围为 $-1 \sim 1$；SEM模型的扰动误差项隐含了空间依赖作用，可以有效地测度本地区观测值受邻近地区被解释变量误差冲击的影响程度。由于时间序列模型中序列相关问题的表达在结构上相似于空间误差模型的表达，因此，SEM又可以称为SAC（Spatial Autocorrelation Model），即空间自相关模型。

（2）空间滞后模型（SLM）。如要探讨各变量在某个地理空间上是否存在空间溢出效应，即是否存在扩散现象，就可以运用空间滞后模型，其数学表达式如下（吴玉鸣，2006；张宓之，2014；化祥雨，2016）：

$$Y = \rho WY + X\beta + \varepsilon \tag{5-2}$$

其中，Y表示因变量（被解释变量）观察值；X表示自变量（外生解释变量）观察值；β回归参数反映了解释变量X对被解释变量Y的影响；ε表示随机误差序列向量；ρ表示空间自回归参数，用来测量外部空间溢出或空间分布对于地区行为的作用，其大小代表相邻地区之间的影响程度，取值范围为 $-1 \sim 1$；W表示空间权重系数矩阵；WY为空间滞后因变量，是因变量之间存在的内生性交互效应。由于时间序列中自回归模型的表达在结构上相似于空间滞后模型的表达，因此，SLM又可以称为SAR（Spatial Autoregressive Model），即空间自回归模型。

（3）空间杜宾模型（SDM）。空间杜宾模型既包含自变量（解释变量）的空间相关性，也包含因变量（被解释变量）的空间相关性，也就是说，因变量除了受本地自变量的影响外，还受其他地区滞后因变量及滞后自变量的影响，其数学表达式如下（胡煜等，2015；化祥雨，2016；王钺，2017）：

$$Y = \rho WY + X\beta + WX\theta + \varepsilon \tag{5-3}$$

其中，Y表示因变量（被解释变量）观察值；X表示自变量（外生解释量）观察值；β代表回归系数；ρ代表因变量（被解释变量）的空间自相关系数，取值范围为 $-1 \sim 1$；W为空间权重矩阵；WX为自变量的空间滞后项，代表自变量的空间关联关系，反映其他地理空间观测单位独立的自变量与本地理空间观测单位因变量之间存在的外生性交互效应；WY为因变量（被解释变量）的空间滞后项，反映因变量间的空间关联性。θ可以用来考察外生解释变量的空间交互作用大小，是外生解释变量的空间自相关系数。

当SDM模型只考察区域间存在单向空间相关，空间交互作用不存在，即θ

为零时，就为相应的 SLM 模型。当 SDM 模型中的回归系数 β、因变量空间滞后项系数 ρ 和空间交互项系数 θ 之间满足 θ = -ρ×β 时，就为相应的 SEM 模型。当 SDM 模型不考虑区域间的空间相关性，也就是 θ、ρ 都等于 0 时，就可获得相应的经典 OLS 模型。

5.1.2 空间影响效应分解

由于 SLM、SDM 等模型中存在空间滞后项，回归系数将不再简单地反映外生解释变量对被解释变量的影响。为进一步呈现空间交互关联作用的影响，可以具体分解成直接效应和间接效应来反映（lesage et al.，2009；化祥雨，2016；王钺，2017；吕海萍，2017）。如何度量不同地理空间观测单位的直接效应和间接效应是一个难题。直到 Lesage 和 Pace 提出了平均直接效应和平均间接效应，对直接效应和间接效应的有效测度才有了新进展。Lesage 和 Pace 利用偏微分方法，并根据空间影响效应作用的对象和范围的不同，将模型中的总空间影响效应分解为平均直接效应与平均间接效应。解释变量 X 对本区域的 Y（被解释变量）造成的平均影响用平均直接效应来反映，解释变量 X 对其他区域的 Y（被解释变量）造成的平均影响用平均间接效应来反映。在空间计量模型文献中，直接效应均指平均直接效应，间接效应均指平均间接效应（肖光恩等，2018），本章下面的分析中均使用直接效应和间接效应的简称。关于直接效应和间接效应的具体测算过程如下（Lesage et al.，2009；胡煜等，2015；王钺，2017；胡建团，2018；肖光恩等，2018）：

空间杜宾模型可转化成如下表达式：

$$(I - \rho W)Y = X\beta + WX\theta + \varepsilon \quad (5-4)$$

在式（5-4）两边同时乘以 $(I - \rho W)^{-1}$，又可写成如下形式：

$$Y = S(W)X + V(W)\varepsilon \quad (5-5)$$

其中，$S(W) = V(W)(I\beta + W\theta)$，$V(W) = (I - \rho W)^{-1} = I + \rho W + \rho^2 W^2 + \rho^3 W^3 + \cdots$。

将式（5-5）进一步转换成矩阵形式：

$$\begin{pmatrix} Y_1 \\ Y_2 \\ \vdots \\ Y_m \end{pmatrix} = \begin{pmatrix} S(W)_{11} & S(W)_{12} & \cdots & S(W)_{1m} \\ S(W)_{21} & S(W)_{22} & \cdots & S(W)_{2m} \\ \vdots & \vdots & \ddots & \vdots \\ S(W)_{m1} & S(W)_{m2} & \cdots & S(W)_{mm} \end{pmatrix} \begin{pmatrix} X_1 \\ X_2 \\ \vdots \\ X_m \end{pmatrix} + V(W)\varepsilon \quad (5-6)$$

矩阵中 S(W) 对角线元素的平均值大小就是直接效应，反映了特定地理空间单元 X 的变化对本空间单元 Y 造成的平均影响。而间接效应用非对角线元素的平均值大小来反映，呈现了特定地理空间单元 X 的变化对其他地理空间单元 Y 的平均影响，也就是空间扩散效应，也可称为空间溢出效应。Lesage 和 Pace（2009）提出的偏微分矩阵就是矩阵中等号右侧第一个矩阵 S(W)，通过对 x_m 微分编导可测度出直接效应和间接效应。由此，直接效应和间接效应可以依次记为：

$$\text{direct} = \frac{\partial y_i}{\partial x_{im}} = S_m(W)_{ii}, \text{indirect} = \frac{\partial y_i}{\partial x_{im}} = S_m(W)_{ij} \quad (5-7)$$

其他空间计量模型对应的直接效应和间接效应计算表达式，可根据上述方法分别求出模型对应的偏微分矩阵得到。表 5-1 呈现了常用空间计量模型的直接效应和间接效应计算公式（王钺，2017；肖光恩等，2018）。

表 5-1 不同空间计量模型下的直接效应、间接效应计算数学表达式

模型	直接效应	间接效应
SEM(SAC)	β	0
SLM(SAR)	$S_m(W)_{ii} - \text{sum}\{\theta_m \overline{\text{diagw} \cdot V(W)}\}$	$S_m(W)_{ij} - \theta_m \overline{\text{sum}\{\text{sum}[W \cdot V(W)]' - \text{diagW} \cdot V(W)\}}$
SDM	$S_m(W)_{ii}$	$S_m(W)_{ij}$

资料来源：王钺，2017；肖光恩等，2018。

5.1.3 模型选择和估计方法

在实际应用时，首先需要检验变量是否存在显著的空间相关性，如果不存在显著的空间相关性，那就只须运用非空间的计量模型，反之，就要运用空间计量模型。通常情况下可以用 Moran'I 检验、LM-error 和 LM-lag 两个拉格朗日乘数以及稳健的 R-LM error、R-LM lag 等方法来检验变量的空间相关性是否存在（Burridge，1980；Anselin，1988；Anselin et al.，1996；化祥雨，2016）。由于空间相关性呈现出的具体表现形式事先并不知道，因此，要判断哪一种空间计量模型更合适和更符合实际，就需要构建相应的判别准则。通用的判别准则是：比较两个统计量 LM-lag 与 LM-error 的显著情况，显著的那个统计量对应的空间计量模型就是可选择的模型；如果两个同时显著，则可以通过进一步比较 R-LM error 与 R-LM lag，将更显著的这个作为要采用的空间计量模型（Anselin et al.，2004；化祥雨，2016）。具体来说，从统计意义的角度，如果 LM-error 比 LM-lag 显著，且 R－LM error 显著而 R－LM lag 不显著，则选择 SEM 模型比较合适；如果 LM－lag 比 LM－error 显著，且 R－LM lag 显著而 R－LM error 不显著，则选择 SLM 模型比较合适。当然如果 R－LM error 检验结果的 P 值和 R－LM lag 检验结果的 P 值均显著，表明 LM 检验同时接受 SEM 和 SDM 模型，说明可以选择 SDM 模型（Elhorst，2010；程开明等，2018）。除了拟合优度检验外，还可以根据以下几个常用的指标进行检验判别：赤池信息准则（AIC）、施瓦茨准则（SC）、自然对数似然函数值（LogL）、似然比率（LR）。其中，AIC、SC 计算的值越小，或 LogL、LR 计算的值越大，对应的模型拟合效果越好（吴玉鸣等，2006；吴梅，2012；张宓之，2014；化祥雨，2016）。

由于 SEM、SLM 和 SDM 模型对空间相关性的计算都是从全域角度，因而内生性问题在空间计量回归模型中就有可能存在。如 OLS 即普通最小二乘法仍然继续采用进行估计的话，SLM 会呈现不一致且有偏的问题，而 SEM 会呈现无偏但不有效的问题。因此，为解决此类情形，极大似然法被 Anselin（1988）等学者建议运用。由此，空间面板极大似然法（Elhorst，2003；Anselin，2006）是本书估计空间计量模型采用的主要方法。

5.2 空间计量模型构建

5.2.1 模型构建的理论基础来源

创新要素的空间流动与区域创新绩效间的认识与研究除了受空间经济学理论、新经济增长理论等重要的理论支撑和影响外，也受知识生产函数等与知识和创新认识相关的理论的重要影响。

（1）知识生产函数（Knowledge Production Function，KPF）。KPF 是目前国内外分析创新投入与区域创新产出及其决定因素时普遍使用的分析框架和重要理论模型（Jaffe，1986；孙建等，2011；程开明等，2018）。由于创新产出来源于创新投入，1979 年 Griliches 将知识生产的变量纳入了科布—道格拉斯（Cobb－Douglas，C－D）生产函数进行改造，提出了最初的知识生产函数，1989 年 Jaffe 拓展了 Griliches 的知识生产函数框架，引进了空间维度。此后，学者们大多在改造 Griliches 和 Jaffe 知识生产函数（Griliches－Jaffe 知识生产函数）基础上进行应用和研究新问题，适用范围越来越广，既可用于高校、科研机构、企业等创新

第5章 创新要素空间流动影响区域创新绩效的模型构建

执行主体的创新活动，还可拓展运用到国家间和区域间创新活动的比较研究。目前，利用知识生产函数进行创新、研发活动以及技术（知识）溢出研究的成果有不少（e. g. Acs et al. , 1992；Feldman，1994；Audrestch et al. , 1996；Anselin et al. , 1997b, 2000；Audrestch，1998；Blind et al. , 1999；Fischer et al. , 2003；Bode，2004；Hans et al. , 2006；Ngai et al. , 2006、2007；Dirk et al. , 2009；刘凤朝等，2015），这些研究都发现知识生产函数作为一个经验模型确实存在，而且是创新研究中一个很好的可以拓展运用的统计模型。

知识生产函数在应用中因随机变量的离散性、模型加入空间维度、自变量的不确定性等影响而呈现多样性。这里需要说明的是在空间计量经济学视角下的知识生产函数应用。Anselin 等（1997b, 2000）基于空间计量经济学视角，运用 SEM 和 SLM 模型实现了 Griliches – Jaffe 知识生产函数框架，揭示大学研究与区域创新率存在显著的正相关关系，Fischer 等（2003）基于经典的知识生产函数，在空间计量方法应用下研究大学专利效果，给出了一个知识溢出距离衰减模式。当然在知识生产函数中运用空间计量方法，很重要的一个问题是关于权重的确定和计算，不少学者都是用地理邻近性来计算权重（Fischer et al. , 2003；Robert，2007）。现今，基于空间计量经济学视角下的知识生产函数应用越来越广泛。

（2）区域创新绩效的空间溢出性。区域创新过程中创新溢出无所不在（王敏等，2014）。创新地理学研究的核心内容之一就是创新溢出（Anne et al. , 2009）。创新溢出更适合加入空间维度研究其空间溢出（Audretsch et al. , 1996；赵增耀等，2015）。1998 年 Anselin 认为某一空间经济单元与邻近空间经济单元间必然会发生一定的溢出联系，并提出了空间溢出概念（沈能，2013）。已有大量文献研究显示地理空间溢出效应的确存在于区域之间的创新行为中（Jaffe，1993；Coe，1995；Anselin et al. , 1997b；Almeida，1999；Fritscha et al. , 2004；Rosina，2005）。国内越来越多的研究也证实了区域创新绩效存在空间溢出效应。李志宏等（2013）、赵增耀等（2015）、张贵等（2016）、白俊红等（2015）、吕新军等（2017）、吕海萍等（2017）、李晓琪（2018）和程开明等（2018）均证实我国区域创新绩效或区域创新产出存在显著的正向空间溢出效应。

由此，大量研究证实本地区与相邻地区间的研发或创新活动、本地区与相邻地区间的区域创新绩效存在一定的空间相互影响，易于形成空间溢出效应。区域创新空间溢出的本质来源于创新知识的交互作用，创新知识的交互作用源于创新人才、创新资金、创新技术等创新要素的区际空间流动，且创新要素在各个区域间的流动并不是相互独立的，由前面研究可知是存在明显的全局和局部空间集聚关联特征。因此，模型选用和构建时需要能够将区域创新活动及创新活动绩效的空间相关性、空间溢出考虑在内。

5.2.2 理论模型构建

引入空间维度的 Griliches – Jaffe 知识生产函数是可将区域创新活动中的空间关联关系融入基于区域创新投入而带来区域创新产出过程中去进行计量分析的常用理论框架（Jaffe，1986；程开明等，2018）。本书将对其改进运用。

经过修正的 Griliches – Jaffe 知识生产函数的 Cobb – Douglas 形式为（吴玉鸣，2006）：

$$\text{output}_{it} = RD_{it}^{\beta} \cdot Z_{it}^{\gamma} \cdot \varepsilon_{it} \tag{5-8}$$

其中，output 为创新产出，i 为地理空间观测单元，RD 为 R&D 投入；Z 为一系列影响创新产出的经济社会变量；ε_i 为随机扰动项；β、γ 为回归系数，反映 RD、Z 对被解释变量 output 的具体影响。结合本书研究的需要，我们进一步将模型（5-8）中 output 替换为区域创新绩效（regional innovation performanc，rip）。RD 投入替换为创新要素空间流入量，即创新人才空间流动偏好联系总量（pfl）、创新资金空间流动偏好联系总量（cfl）和创新技术空间流动偏好联系总量（tfl）；某地区区域创新绩效的高低还受该地区其他重要因素的影响，因此必须对这些重要影响因素加以控制，Z 就替代为影响区域创新绩效的控制变量 con。i 为中国 31 个省、自治区和直辖市，不包括港澳台。由此，对模型（5-8）的变量符号进行替换，调整为：

$$\text{rip}_{it} = \text{pfl}_{it}^{\beta_1} \cdot \text{cfl}_{it}^{\beta_2} \cdot \text{tfl}_{it}^{\beta_3} \cdot \text{con}_{it}^{\gamma} \cdot \varepsilon_{it} \tag{5-9}$$

等式两边取自然对数，得到传统面板数据的实证计量模型如下：

$$\ln\text{rip}_{it} = \beta_1 \ln\text{plf}_{it} + \beta_2 \ln\text{cfl}_{it} + \beta_3 \ln\text{tfl}_{it} + \gamma\ln\text{con}_{it} + \varepsilon_{it} \tag{5-10}$$

鉴于区域创新空间不是均质空间，区域创新活动及区域创新绩效存在空间关联性等特性，具有严重设定误差可能性的传统面板数据模型将无法有效地捕捉到创新要素空间流动与区域创新绩效之间的内在空间关系。因此，本书将在模型（5-10）中纳入空间效应。由前面对空间计量模型的介绍可知，考虑空间效应的不同类型的空间计量模型所反映的经济含义是不同的，且各类空间计量模型还存在合适性问题。因此，本书进一步构建空间误差面板模型（Spatial Error Panel Model，SEPM）、空间滞后面板模型（Spatial Lag Panel Model，SLPM）和空间杜宾面板模型（Spatial Durbin Panel Model，SDPM），以利于全面获取创新要素空间流动对区域创新绩效的具体影响状况。由此，模型（5-10）加入空间效应后，调整成相应的 SEPM、SLPM 和 SDPM，分别如下：

（1）空间误差面板模型（SEPM）。SEPM 用来检验区域创新绩效的空间依赖性是否受周边区域的区域创新绩效空间误差冲击的影响。基于 5.1.1 节，结合相关研究经验（Lesage et al.，2009；化祥雨，2016；吕海萍等，2017、2018；王钺，2017），建立创新要素空间流量影响区域创新绩效的空间误差面板数据计量模型：

$$\ln rip_{it} = \beta_1 \ln plf_{it} + \beta_2 \ln cfl_{it} + \beta_3 \ln tfl_{it} + \gamma \ln con_{it} + \alpha_i + v_t + \varepsilon_{it}$$
$$\varepsilon_{it} = \lambda W \varepsilon_{it} + \mu_{it} \tag{5-11}$$

其中，λ 用来反映回归残差之间的空间关联强度，称为空间滞后相关系数。W 为空间权重矩阵，$W\varepsilon_{it}$ 为空间滞后误差项，α_i 表示个体效应，v_t 表示时间效应，ε_{it} 满足古典回归模型的所有假设条件，表示随机扰动项，下同。

（2）空间滞后面板模型（SLPM）。SLPM 通过观察邻近区域的区域创新绩效对本地区的区域创新绩效是否存在影响，来检验区域创新绩效是否存在空间溢出效应。基于 5.1.1 节，借鉴相关研究（Lesage et al.，2009；王钺，2017；吕海萍，2017，2018），建立创新要素空间流动影响区域创新绩效的空间滞后面板计量模型：

$$\ln rip_{it} = \rho W \ln rip_{it} + \beta_1 \ln plf_{it} + \beta_2 \ln cfl_{it} + \beta_3 \ln tfl_{it} + \gamma \ln con_{it} + \alpha_i + v_t + \varepsilon_{it} \tag{5-12}$$

其中，ρ 为空间滞后相关系数，用来测量邻近区域创新绩效对本区域区域创新绩效的影响方向和大小，反映区域创新绩效的空间溢出性状况。W 为空间权重矩阵，$W\ln rip_{it}$ 内生空间滞后因变量。

（3）空间杜宾面板模型（SDPM）。SDPM 可用来检验因变量、自变量对区域创新绩效的空间溢出效应。基于 5.1.1 节，借鉴相关研究（Lesage et al.，2009；胡煜等，2015；程开明等，2018；汪浩瀚等，2018），建立创新要素空间流动影响区域创新绩效的空间杜宾面板计量模型：

$$\ln rip_{it} = \rho W \ln rip_{it} + \beta_1 \ln plf_{it} + \beta_2 \ln cfl_{it} + \beta_3 \ln tfl_{it} + \gamma \ln con_{it} + \theta_1 W \ln plf_{it} + \theta_2 W \ln cfl_{it} + \theta_3 W \ln tfl_{it} + \sigma W \ln con_{it} + \alpha_i \tag{5-13}$$

其中，W 为空间权重矩阵；$W\ln rip_{it}$ 为空间滞后因变量，$W\ln plf_{it}$、$W\ln cfl_{it}$、$W\ln tfl_{it}$ 和 $W\ln con_{it}$ 为空间滞后外生变量，ρ、θ_1、θ_2、θ_3、σ 为空间滞后相关系数，如该模型中空间滞后相关系数都不显著，则不存在所谓的"空间溢出效应"，反之，如果一个或多个空间滞后相关系数显著，那么"溢出效应"是存在的。这里的 ρ、θ_1、θ_2、θ_3、σ 的显著性水平、正负号和大小则分别反映了创新要素空间流量影响区域创新绩效过程中"空间溢出效应"的存在性、性质与力度。

关于空间权重矩阵 W 的进一步说明。SEPM、SLPM 和 SDPM 空间计量面板模型中都以空间权重矩阵来刻画空间依赖性和空间差异性。空间权重矩阵（W）因实际操作中的自由度限制，没法通过模型和数据自动生成，但不同的 W 不仅有可能影响到空间关联关系的判断，而且还有可能会影响到空间计量经济模型的检验与估计结果。在实际应用中，常用的 W 主要构造方法有两种：一种是通过空间邻接关系构造 W；另一种是在考虑简单邻接关系的基础上，依据地理学第一定律衍生而来，通过地理距离来构造 W。空间邻接矩阵对现实的经济发展运行中的区域之间关联的客观事实有可能反映不充分：一方面，所有的地区都能观测到某一个空间单位的创新策略，因此创新活动的空间效应不只局限于与之相邻的区域，而是呈现随着距离的增加相应的空间影响强度会衰减的现象；另一方面，空间关联强度在区域与其不相邻区域间也是存在差异的。例如，根据空间邻接关系矩阵，山东、新疆与浙江间的空间邻接权重都为 0，相对来说，浙江省对与其区位距离远的新疆的空间影响肯定要小于与其区位相近的山东的影响。为有个较全面的分析，本书同时采用空间邻接权重和地理距离倒数权重矩阵来反映创新要素空间流动与距离的衰减关系，空间邻接权重和地理距离倒数权重的构造公式见 4.3.1 节。

5.3 因变量区域创新绩效分析

5.3.1 区域创新绩效衡量

结合第 2 章的相应国内外文献研究，对区域创新绩效（rip）的衡量并没有一个统一的标准，许多学者都是用诸如专利、新产品销售收入这些指标来直接表征区域创新绩效，尤其是专利指标衡量最多（见表 5-2）。也有不少学者基于创新投入和产出的效率角度构建区域创新绩效指标体系来表征区域创新绩效。本书认为区域创新绩效要突出的是区域创新活动的成绩。因此更侧重体现区域创新产出总体水平。鉴于区域创新活动既包括改进工艺、技术和产品的中间过程，也包括促进区域经济发展的最终阶段（伊凡等，2011）。因此本书认为区域创新活动的成绩即区域创新绩效，除了要包含能反映区域创新活动中间阶段成绩的知识产出成果外，还应该包含能反映区域创新活动最终阶段成绩的经济产出成果。知识产出成绩主要用专利和科技论文来衡量。专利和科技论文都可以很好地表征区域创新活动投入相应的人力、财力后产生的知识创新成果，体现了区域创新活动人员的创新能力和创新素质。在反映一国或地区自我创新能力方面的指标中，专利可谓是所有指标之最，其申请量能反映出区域创新主体进行创新活动的努力程度。高校和研发机构都越来越重视高水平论文的发表，都将高水平论文的发表视为自身创新能力提升的表现，因此专利和论文在一定程度上反映出一个区域的技术成果情况和技术进步程度。经济产出包括技术性产出、竞争性产出和收益性产出。本书的经济产出成绩以收益性产出为代表进行衡量,以区域创新主要执行主体企业的新产品销售收入来表示,来客观反映创新的市场价值、创新产品或服务的市场接收程度,及创新活动的商业化水平,能较好地呈现区域创新投入对经济发展所做的贡献。综上所述,本书的区域创新绩效主要用专利、科技论文和新产品销售收入来表征(见表5-3)。

表5-2　　　　　　　　　区域创新绩效衡量指标文献概况

	衡量侧重点	指标	具体指标	文献来源
区域创新绩效衡量	创新产出	单一指标	专利	Jaffe, 1989; Acs et al., 2002; Bode, 2004;; Bottazzi et al., 2003; 官建成等, 2005; 吴玉鸣, 2006; Bettencourt et al., 2007; 袁立科, 2007; 温军等, 2012; 蒋天颖等, 2013; Funk, 2014; Hsu, 2014; 程叶青等, 2014; 卓乘风等, 2017a; 苏屹等, 2017; 马双等, 2017; 李晓琪, 2018; 吕海萍等, 2018
			新产品销售收入	袁立科, 2007; Pellegrino et al., 2010; 冯宗宪等, 2011; 苏屹等, 2013、2017; Kafouros et al., 2015; 吕海萍等, 2018
		多指标	专利、新产品销售收入、科技论文等	刘家树, 2011; Michael D Santoro, 2000; 白俊红, 2011; 解学梅等, 2015; 卓乘风等, 2017, 贺伟, 2018; 李婧, 2018
	创新效率	多指标	创新投入和创新产出指标	池仁勇等, 2004; 袁鹏等, 2007; Wang, 2007; Li, 2009; 张海洋等, 2011; 李婧等, 2011; 苏屹等, 2013; 白俊红等, 2015; 陈志宗, 2016; 谭俊涛等, 2016; 胡静静, 2018

注:结合文献笔者自行整理。

表5-3　　　　　　　　　本书的区域创新绩效衡量指标

区域创新绩效	衡量指标	衡量值
	知识产出成绩	专利申请量
		国外主要检索工作收录我国科技论文数量
	经济产出成绩	新产品销售收入

依据本书对区域创新绩效的理解,为有效测度区域创新绩效,本书选取了代表知识产出成绩和经济产出成绩的多种指标来综合测算我国各区域的创新绩效。结合国内外文献研究经验,引入熵值法来测算更合适。因为 DEA 这类生产前沿

面方法虽能测出基于投入和产出视角的区域创新效率高低，但不能反映区域创新绩效的总体水平。熵值法更适用于测度区域创新绩效总体水平，主要原因体现在两个方面（产海兰，2018）：一方面，熵值法在估算权重值时，相较于其他主观赋权法，消除了确定权重的人为臆断性和随意性，实质上是由各个创新指标自身所携带的信息价值折算而来，保证了区域创新绩效中各个指标权重的客观性和有效性；另一方面，区域创新绩效的有效性关键在于评价指标体系构建的科学性和全面性，这不是单一指标所能实现的。因此，在基于多指标测度区域创新绩效时，创新绩效评价指标的离散程度所映射出的信息量大小，确定了该指标在区域创新绩效评价体系中的重要性大小。例如，若某一设定的绩效评价指标的离散程度越大，则该指标对于区域创新绩效总得分的测算影响就越大，其在区域创新评价指标体系中的重要性也就越明显。基于此，本书依照熵权法的步骤（见2.3.3节），估算出中国31个省、自治区、直辖市的区域创新绩效。

5.3.2 区域创新绩效的空间发展特征分析

根据基于熵权法估算得出的我国31个省域区域创新绩效值（见附录），可以分析了解我国区域创新绩效水平和空间发展特性。

5.3.2.1 区域创新绩效的空间分布发展特征

将熵权法计算得出的各省域区域创新绩效根据其值大小整理出排名表（见表5-4）。为便于直观比较，选取2008年、2012年和2016年度的各省域区域创新绩效值，分别运用自然断裂点分级法并依据区域创新绩效均值的大小微调，将区域创新绩效划分为高、较高、中、较低和很低五个等级，具体空间分布见表5-5。

表5-4　　　　　　　　　　我国各省域区域创新绩效位次

年份	2008	2009	2010	2011	2012	2013	2014	2015	2016
北京	4	4	4	4	5	5	4	4	4
天津	8	10	11	10	10	8	10	10	11
河北	19	19	18	19	17	17	17	17	17
山西	21	20	21	20	22	22	23	23	22
内蒙古	25	25	25	26	26	26	27	27	26

续表

年份	2008	2009	2010	2011	2012	2013	2014	2015	2016
辽宁	9	7	7	8	11	11	13	15	15
吉林	17	12	17	17	18	19	19	19	19
黑龙江	18	18	19	18	19	18	18	18	20
上海	5	5	6	6	6	6	6	6	6
江苏	1	1	1	1	1	1	1	1	1
浙江	3	3	3	3	3	3	3	3	3
安徽	15	15	10	11	9	10	8	7	7
福建	13	16	16	15	14	15	16	16	13
江西	20	22	20	22	20	20	20	20	18
山东	6	6	5	5	4	4	5	5	5
河南	12	14	15	16	15	13	12	12	12
湖北	7	8	8	7	7	7	7	8	8
湖南	11	11	12	9	8	9	9	9	9
广东	2	2	2	2	2	2	2	2	2
广西	22	21	22	21	21	21	21	21	21
海南	29	29	28	28	29	29	29	29	29
重庆	16	17	14	14	16	16	15	13	16
四川	10	9	9	12	12	12	11	11	10
贵州	26	26	26	25	25	25	25	25	25
云南	24	24	24	24	24	24	24	24	24
西藏	31	31	31	31	31	31	31	31	31
陕西	14	13	13	13	13	14	14	14	14
甘肃	23	23	23	23	23	23	22	22	23
青海	30	30	30	30	30	30	30	30	30
宁夏	28	28	29	29	28	28	28	28	28
新疆	27	27	27	27	27	27	26	26	27

注：该表排序依据为本研究运用熵权法计算获得的我国各省域区域创新绩效值（见附录）。

表5-5清晰呈现了我国各省域区域创新绩效水平的分布变化。将表5-5内容投射到中华人民共和国地图上，可直观呈现我国区域创新总体绩效水平从东到中到西降低的梯度分布布局，这与经济的不平衡分布基本类似。结合表5-4和表5-5，2008~2016年，区域创新绩效最强区域分布在东部沿海地区，江苏、广东、浙江、北京、山东和上海一直处于区域创新绩效的前六强。其中江苏、广东、

浙江、北京和上海的区域创新绩效均处于高水平状态，上海 2012 年和 2016 年处于区域创新绩效较高状态。江苏、广东和浙江连续多年都分别居第一位、第二位和第三位，说明这三省的区域创新活动非常活跃且十分有效。内蒙古、甘肃、云南、贵州、宁夏、新疆、青海、西藏等广大的西部地区持续处于区域创新绩效低下水平。中部地区的湖北和湖南区域创新活动较活跃，区域创新绩效一直处于较高水平。东北三省的区域创新绩效整体上呈现下降趋势。中部地区安徽的区域创新绩效可能因为临近江苏、浙江、上海和湖北而有较好的创新成绩表现，从 2012 年起区域创新绩效中等水平发展为较高水平。东部地区的河北、中部地区的山西这些处于转型过程中的资源型省域，其区域创新绩效并没有因为临近北京、山东、湖北等绩效表现好的省域而有较好的表现。中部的江西、东部的福建也同样没有因为临近广东、浙江、湖北、湖南等区域创新绩效有较好表现的省域而有大的改进。

表 5-5　2008 年、2012 年和 2016 年我国省域区域创新绩效水平等级布局

等级	年份	省域						
高	2008	江苏	广东	山东	浙江	北京	上海	
	2012	江苏	广东	山东	浙江	北京		
	2016	江苏	广东	山东	浙江	北京		
较高	2008	天津	湖南	湖北	四川	辽宁		
	2012	上海	湖南	湖北	安徽			
	2016	上海	湖南	湖北	安徽			
中等	2008	安徽	福建	河南	陕西	重庆	吉林	
	2012	天津	福建	河南	陕西	重庆	吉林	辽宁
		河北	黑龙江	四川				
	2016	天津	福建	河南	陕西	重庆	四川	辽宁
		河北						
较低	2008	河北	山西	黑龙江				
	2012	江西						
	2016	江西	广西	黑龙江	吉林			
低	2008	贵州	云南	西藏	青海	新疆	甘肃	宁夏
		内蒙古	海南	江西	广西			
	2012	贵州	云南	西藏	青海	新疆	甘肃	宁夏
		内蒙古	海南	山西	广西			
	2016	贵州	云南	西藏	青海	新疆	甘肃	宁夏
		内蒙古	海南	山西				

图 5-1 反映了全国与四大区域 2008~2016 年区域创新绩效均值的发展变化。2008~2016 年全国区域创新绩效均值在 0.15~0.2 波动变化，2008 年至 2012 年再到 2016 年处于一个宽口"V"形，在 2012 年降到最低值后开始上升，至 2016 年一直处于缓慢提高状态。东部地区区域创新绩效均值远高于全国区域创新绩效均值，在 0.35~0.45 波动变化，变化规律与全国区域创新绩效均值一致，2008 年至 2012 年再到 2016 年处于一个"V"形发展，在 2012 年降到最低值后开始上升，至 2016 年一直处于逐步提高状态。西部、中部与东北部的区域创新绩效均值都比全国区域创新绩效均值要低，西部与中部处于区域创新绩效均值缓慢提升状态，东北部处于区域创新绩效不断下降状态。

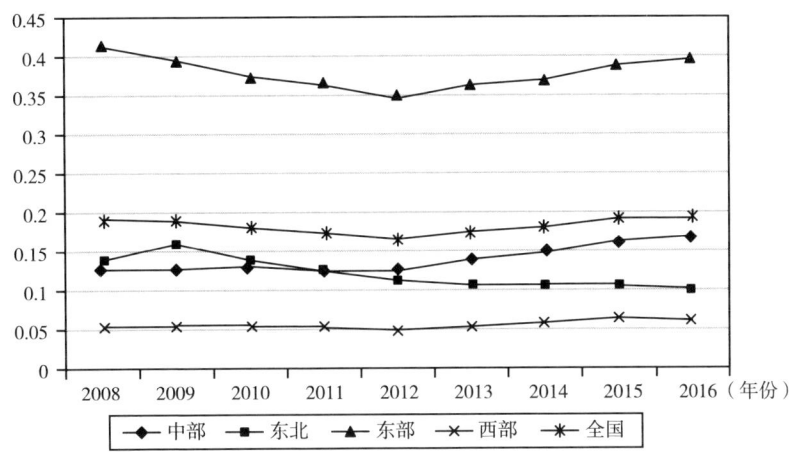

图 5-1 2008~2016 年全国及四大区域的区域创新绩效均值变化趋势

5.3.2.2 区域创新绩效的空间趋势发展特征

为了能更直观模拟出在区域创新绩效在不同省域空间上的分布规律和变化趋势，进一步运用空间趋势面来抽象描述区域创新绩效的总体空间分异状况。假设 $Z_i(x_i, y_i)$ 为省域 i 的区域创新绩效值，(x_i, y_i) 为平面空间坐标，根据趋势面技术公式（徐维祥等，2015；吕海萍等，2017）可知：

$$Z_i(x_i, y_i) = T(x_i, y_i) + \varepsilon_i \tag{5-14}$$

其中，$T(x_i, y_i)$ 为趋势函数，表示大范围内的趋势值，ε_i 表示第 i 个区域创新绩效趋势值与真实值之间的偏差，即为自相关随机误差。本书根据相应年份的中国各省域区域创新绩效值和地理空间位置，借鉴相关研究经验（李强等，2013；徐维祥等，2015；吕海萍等，2017），采用二阶多项式趋势函数计算区域创新绩效趋势值，即：

$$T(x_i, y_i) = \alpha_0 + \alpha_1 x + \alpha_2 y + \alpha_3 x^2 + \alpha_4 y^2 + \alpha_5 xy \tag{5-15}$$

根据式（5-14）和式（5-15），运用 ArcGIS10.1 测绘出中国各省域区域创新绩效的立体空间趋势面。为便于比较分析并限于篇幅，以 2008 年、2012 年、2016 年为例（见图 5-2）。由图 5-2 可知，近 10 来中国各区域创新绩效整体呈现出"东、南高和西、北低"的空间分异趋势特征，与 2008 年相比，2012 年、2016 年其立体趋势面变化趋势不是非常明显。在东西方向上，整体呈现自西向东提高且"西低、东高"的斜线状空间结构，表明中国东部地区的区域创新绩效始终显著大于西部地区。2012 年和 2016 年的最东端与 2008 年相比略有下降，意味着东部地区与西部地区间的创新绩效高低差距有微弱的缩小。在南北方向上，由 2008 年、2012 年的倒"U"形向 2016 年的半抛物线空间结构演变，且趋势曲线呈南端上升、北端基本不变态势，意味着中国北部地区的区域创新绩效变化不大，而南部地区处于区域创新绩效提升且高于北部地区态势，这从一定程度上也说明南北部间的区域创新绩效高低差距有增大现象。综上可见，中国各区域创新绩效存在较为明显的空间指向性，且这一空间指向性与中国区域经济发展水平和区域创新能力强弱的空间布局较为吻合。区域创新绩效这一总体空间动态发展趋势表明：区域创新绩效在中国各区域间可能存在着复杂的不均匀的动态空间联系。

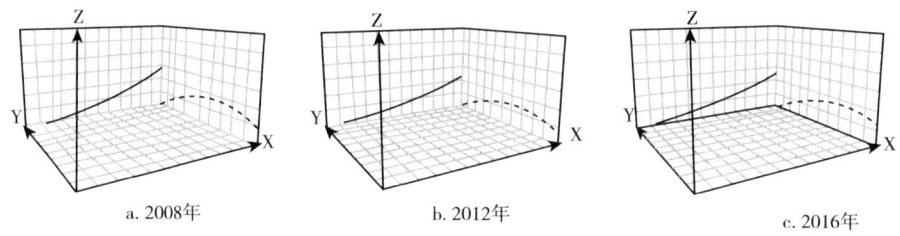

图 5-2　我国区域创新绩效空间趋势面

5.3.2.3　区域创新绩效的空间关联发展特征

此部分进一步探研地图上直观呈现的区域创新绩效的空间分布及空间立体趋势面抽象呈现的整体空间分异现象是否存在空间依赖性，也就是说，一个省域的区域创新绩效与其周边邻近省域的区域创新绩效有多大程度上的关联，如果有正向关联的存在，在一定程度上可以用来判断我国区域创新绩效存在省域间的空间溢出。运用 4.3.1 小节的全局 Moran 指数来估计区域创新绩效的空间依赖性和空间溢出性（因海南是岛屿，在估算区域创新绩效空间关联时剔除）。

结合前面相应公式和运用 Geoda 软件，得到我国区域创新绩效的全局 Moran 指数（见表5-6）。表5-6的全局Moran指数及其检验结果明确地拒绝了我国各省域空间之间的区域创新绩效在空间邻近和地理距离邻近情形下不存在空间自相关的零假设。且2008~2016年各年份中空间邻近情形下的全局Moran指数值均大于地理距离邻近下的全局Moran指数值。再具体来看空间邻接权重和地理距离权重下的Moran值大小和显著性：中国30个省域的区域创新绩效的全局Moran指数在2008~2016年都呈现0.184~0.347的正值，且都通过了1%或5%的显著性检验，说明中国各省域的区域创新绩效存在显著的正向空间依赖，空间邻近集聚特征的空间关联现象非常明显。这可以较好地粗略说明：我国省域间的区域创新绩效空间格局不是随机分布，而是存在较强的具有地理衰减效应的区际空间溢出，一个省域的区域创新绩效高低受到邻近省域的区域创新绩效强弱的影响，使区域创新绩效呈现显著的空间集聚状态。由此，也进一步说明本书选择空间计量模型的适合性。

表5-6　　　　　　　　我国区域创新绩效的全局Moran指数

年份	空间邻接权重			地理距离空间权重		
	Moran'I	Z值	P值	Moran'I	Z值	P值
2008	0.331***	3.1852	0.004	0.186**	3.061	0.013
2009	0.332***	3.2048	0.003	0.184**	3.0833	0.012
2010	0.347***	3.3728	0.003	0.189**	3.2007	0.013
2011	0.344***	3.3905	0.004	0.185**	3.1919	0.011
2012	0.345***	3.4691	0.003	0.184**	3.2519	0.011
2013	0.344***	3.4335	0.003	0.192***	3.3069	0.01
2014	0.328***	3.26	0.005	0.190**	3.2595	0.011
2015	0.324***	3.2148	0.008	0.196**	3.2898	0.011
2016	0.318***	3.1685	0.008	0.203**	3.4103	0.011

注：***、**、*分别表示能够通过显著性水平为1%、5%、10%的统计检验。

接下来运用局部Moran'I指数和Moran散点图进一步探查区域创新绩效的局部的空间依赖性和异质性情况。下面以全局Moran值更大一些的空间邻近计算结果进行Moran散点图分析。根据4.3.1小节的相应公式和运用Geoda软件，分别得到区域创新绩效2008年、2012年和2016年的Moran散点图（分别见图5-3、图5-4和图5-5）。

在Moran散点图的基础上，整理得到我国30个省域区域创新绩效的空间集聚形式及其变化，见表5-7。其中，H-H和L-L为全域正的空间自相关省域，而H-L和L-H区域为偏离全域正的空间自相关的省。

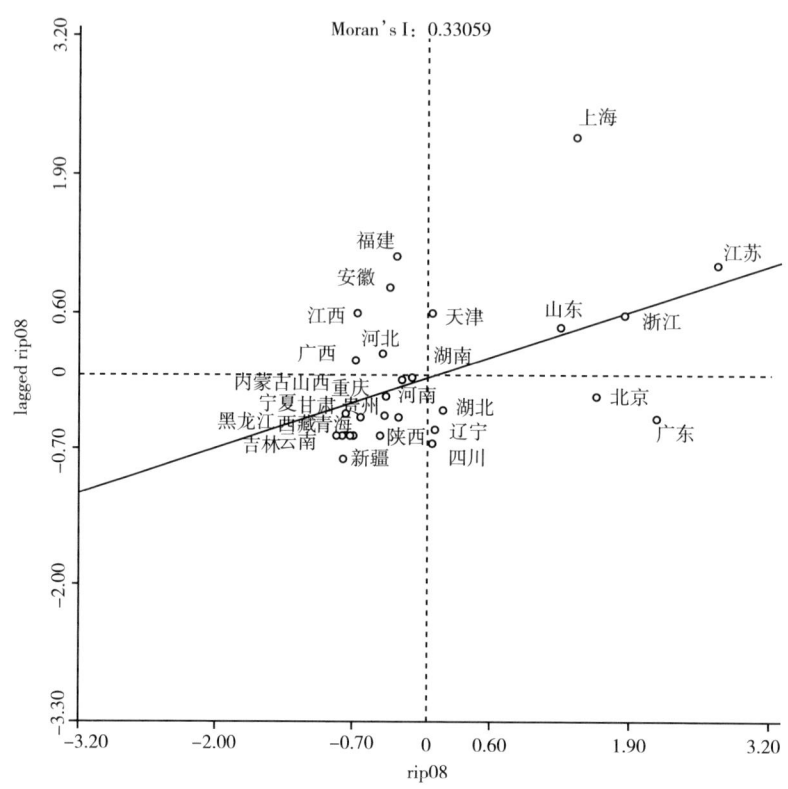

图 5-3　2008 年我国各省域区域创新绩效 Moran 散点图

观察图 5-3、图 5-4、图 5-5 和表 5-7：

（1）区域创新绩效在多数省域空间上呈现正向空间依赖性。2008 年，66.67% 省域的区域创新绩效表现出正的空间关联性，其中 20% 的省域呈现 H-H 的空间集聚特征，46.67% 的省域呈现 L-L 空间集聚特征；到 2012 年，局部关联格局与 2008 年一致，仍然是 66.67% 省域的区域创新绩效表现出正的空间关联性，其中 16.67% 的省域呈现 H-H 的空间集聚，50% 的省域为 L-L 空间集聚。2016 年，70% 省域的区域创新绩效表现出正的空间关联性，其中 20% 的省域呈现 H-H 的空间集聚，50% 的省域为 L-L 空间集聚。

（2）呈现 H-H 集聚形式的省域多为东部地区，其中上海、江苏、浙江和山东始终位于 H-H 矩阵类型。安徽 2012~2016 年稳固在 H-H 俱乐部，而湖南 2008~2016 年处于 H-H 俱乐部。而 L-L 集聚省域几乎涵盖了整个西部地区和东北地区。其中，西部地区的 11 个省域内蒙古、山西、重庆、宁夏、甘肃、贵州、西藏、青海、云南、新疆、陕西及东北地区的黑龙江、吉林，2008~2016

第5章 创新要素空间流动影响区域创新绩效的模型构建

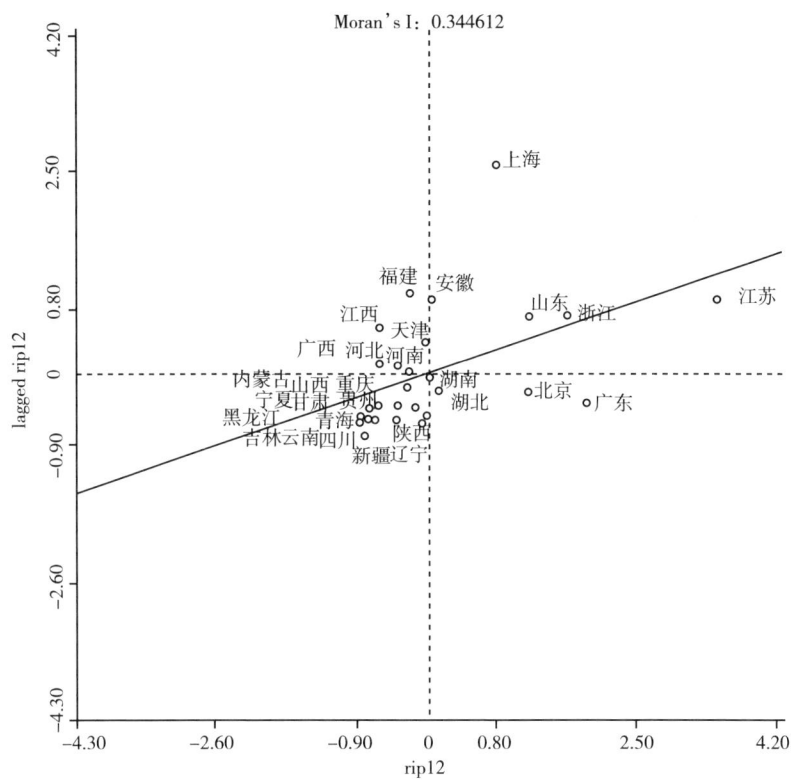

图 5-4 2012 年我国各省域区域创新绩效 Moran 散点图

年一直处于 L-L 俱乐部阵营。出现这种空间集聚格局的可能原因是：东部地区优良的经济基础和创新环境、较强的区域创新能力是不争的事实，特别是上海、江苏和浙江一直是创新人才、创新技术和创新资金的一级集聚中心，山东是创新人才和创新技术的二级集聚中心、创新资金的一级集聚中心，相互之间吸引汇集了更多的优秀创新人才、先进创新技术和各类创新资金。安徽、湖南在吸引创新资金、创新技术等创新要素流入的能力上也在不断提高，因此这些区域间更容易整合与协同各类优质创新资源获取好的创新绩效。而这些"强强"区域间的竞争优化会不断促使创新要素的充分流动、区域创新绩效提升与促进区域经济发展间持续实现良性循环。而与之相反的是，对于西部地区来说，经济发展滞后，创新环境和创新能力欠佳，各类创新资源要素本身较匮乏又缺乏新鲜血液即外部优质创新要素的流入，再加上邻近区域间同样欠佳的创新发展能力和创新绩效，创新集聚和溢出扩散效应很低，只能长期处于低—低集聚状态。而东北地区的三省域因近些年老工业基地经济下滑严重、处于经济振兴发展的阵痛期，大大降低了

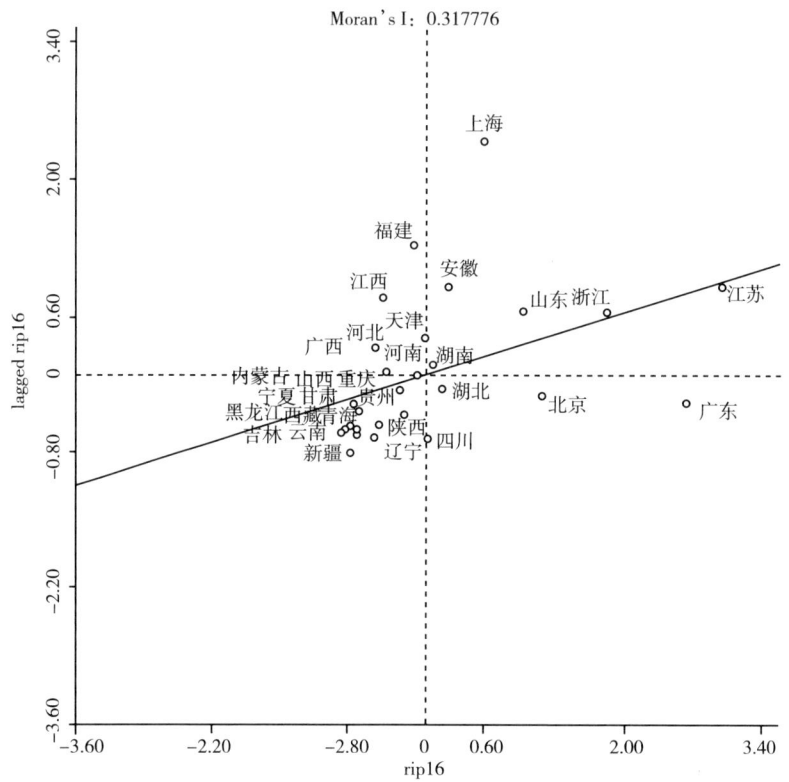

图 5-5　2016 年我国各省域区域创新绩效 Moran 散点图

表 5-7　基于 Moran 散点图的我国各省域区域创新绩效时空分布变化

年份	H-H	H-L	L-L	L-H
2008	上海、江苏、浙江、山东、天津、湖南	广东、北京、湖北、辽宁、四川	河南、内蒙古、山西、重庆、宁夏、甘肃、贵州、西藏、青海、云南、新疆、陕西、黑龙江、吉林	福建、河北、安徽、江西、广西
2012	上海、江苏、浙江、山东、安徽	广东、北京、湖北、湖南	内蒙古、山西、重庆、宁夏、甘肃、贵州、西藏、青海、云南、新疆、陕西、四川、黑龙江、吉林、辽宁	福建、河北、天津、河南、江西、广西
2016	上海、江苏、浙江、山东、安徽、湖南	广东、北京、湖北	内蒙古、山西、重庆、宁夏、甘肃、贵州、西藏、青海、云南、新疆、陕西、四川、黑龙江、吉林、辽宁	福建、天津、河北、江西、河南、广西

对各类创新要素的吸引力，区域创新绩效也就低迷在 L-L 矩阵区域。

（3）广东、北京和湖北一直处于非典型的 H-L 俱乐部，而东部的福建和河北、中部的江西与西部的广西始终处于 L-H 俱乐部。说明广东、北京和湖北自身的创新绩效强，对周边地区创新要素的吸引力也相对较高，但对周边区域的带动作用很低，使它们与周边省市的差距有可能拉大。而表现为 L-H 空间集聚形式的区域却正好相反。

（4）区域创新绩效局部集聚格局的时空动态跃迁总体上还算平稳。涉及三类动态跃迁：第一类跃迁就是某省份自身的位移跃迁。具体为：天津从 2008 年的 H-H 跃迁到 2012 年和 2016 年的 L-H，四川和辽宁从 2008 年 H-L 跃迁到 2012 和 2016 年的 L-L，安徽从 2008 年的 L-H 跃迁到 2012 和 2016 年的 H-H。第二类跃迁是邻近区域相对位移的跃迁。湖南省从 2008 年的 H-H 跃迁至 2012 年的 H-L 又至 2016 年的 H-H；河南从 2008 年的 L-L 跃迁到 2012 和 2016 年的 L-H。第三类跃迁是某省域自身及邻近地区保持原有集聚水平，属于该跃迁类型的省份数量较多。80% 的省域的区域创新绩效表现出空间集聚布局上的稳定性。由此可见，区域创新绩效的局部空间格局存在较强的锁定效应。

进一步将 2008 年、2012 年和 2016 年区域创新绩效进行 LISA 集聚分析，反映 Moran 散点分布的显著性表现。总体表现为：2008 年区域创新绩效 H-H 集聚的显著区域主要在江苏和上海，说明江苏和上海的区域创新绩效很高，与周边邻近区域的创新互动作用也很强，显示出显著的强强空间正相关。2012 年和 2016 年 H-H 集聚的显著区域为江苏、上海和安徽。L-H 集聚显著的区域，2008 年是安徽和福建，2012 年无，2016 年是福建和江西。H-L 集聚显著的区域 2008 年是四川，2012 年和 2016 年无。L-L 集聚显著区域 2008 年是甘肃和新疆，2012 年和 2016 年为大部分西部地区（甘肃、新疆、内蒙古、青海、宁夏、西藏和四川）。可以发现，这些显著集聚区域正呈现连片成堆趋势现象。

5.4 其他变量说明

5.4.1 自变量

本书核心考察创新要素空间流动对区域创新绩效的影响，自变量主要包含三个，分别为创新人才空间流动量、创新资金空间流动量、创新技术空间流动量。

创新人才空间流动量，用4.1节相应公式模拟测度获得的创新人才空间流动偏好联系总量（pfl_j）来衡量。

创新资金空间流动量，用4.1节相应公式模拟测度获得的创新资金空间流动联系偏好总量（cfl_j）来衡量。

创新技术空间流动量，用4.1节相应公式模拟测度获得的创新技术空间流动偏好联系总量（tfl_j）来衡量。

5.4.2 控制变量

由前面的文献梳理可知区域创新绩效受到许多因素的影响。余泳泽等（2015）研究自主创新和模仿创新模式时控制了经济水平、人力资本、工业化程度、基础设施的影响。白俊红等（2015a）研究协同创新、空间关联对区域创新绩效的影响时控制了地区经济发展水平、地区劳动者素质、开放水平、地区基础设施等因素的影响。白俊红等（2015b）在研究研发要素区际流动对区域创新效率的影响时控制了对外开放度、企业规模、交通基础设施、金融环境等因素的影响。张贵等（2016）研究区域创新生态系统与创新效率关系时分析了经济发展水平、劳动者素质、产业结构特征、基础设施建设、市场化水平、金融支持力度等因素的影响。卓乘风等（2017b）在研究两类创新要素集聚水平对区域创新绩效影响时，控制了经济发展水平、人力资本水平、地区基础设施水平、对外开放程度等因素的影响。何宜丽（2017）研究知识溢出对区域创新绩效影响时控制了人力资本水平、对外开放程度和地区基础设施水平等因素的影响。吕海萍等（2018）研究研发人员、研发资本空间联系对区域创新绩效影响时控制了对外开放度、信息化水平和政府支持等因素的影响。张贵等（2018）在研究京津冀城市群创新产出空间差异时检验了经济密度、对外开放程度、产业结构和研发支出的影响。上述文献研究中学者们对区域创新绩效产生影响的控制因素中使用频率较高的主要是地区经济发展水平、人力资本水平、对外开放水平、地区基础设施水平。基于此，考虑选择过多的控制变量可能会干扰其他变量（谢其军，2017），从本书的研究目的出发，为稳健地考察创新要素空间流动与区域创新绩效关系，选择地区经济发展水平、人力资本水平、对外开放水平、地区基础设施水平和市场化发展水平作为研究的控制变量，这些变量也正好反映了前面所定义的不流动性创新要素。

地区经济发展水平（eco）。地区经济发展水平主要指地区经济发展的速度、规模和所达到的水准情况。地区经济发展水平越高，这个地区的经济发展实力和潜力就越大，创新的能动性就越强，创新的需求也越旺盛。地区经济发展水平的高低能表征出这个地区创新经济环境的优良状况,而且一个地区经济发展水平越高,投入区域创新活动中的各类资源就可能越丰富,由此产生的区域创新绩效也就可能越高。因此,地区经济发展水平是影响区域创新绩效的重要因素。GDP是学者们较一致用来表示地区经济发展水平的指标,本书也遵循这一习惯做法,用某区域 GDP 占全国 GDP 总量的比值来表示。

地区人力资本水平(hum)。人力资本通过人力投资形成,主要反映劳动者身上的各类知识、技能以及文化、健康素质等状况。提升人力资本质量有利于提升区域技术创新水平(Lucas,1988)。某地区越高的人力资本水平,意味着该地区劳动者的质量、技能、素质等越高,开展区域创新活动也就越有效,对从创新要素流动中伴随的新知识的效仿、学习及快速转化为自身的创新生产能力的实力也就越强,从而有利于提高区域创新绩效。关于地区人力资本水平的表征,学者们常用各类教育加权人均受教育年限来表示,本书也采用该常用指标来衡量,具体计算公式为:

$$\text{hum}_{it} = \frac{W_{it} \cdot 0 + X_{it} \cdot 6 + C_{it} \cdot 9 + G_{it} \cdot 12 + D_{it} \cdot 16}{M_{it} + X_{it} + C_{it} + G_{it} + D_{it}} \tag{5-16}$$

其中,hum_{it} 为第 i 区域第 t 年的人力资本水平,W_{it}、X_{it}、C_{it}、G_{it}、D_{it} 分别表示第 i 区域第 t 年未上过学人数、小学人数、初中人数、高中人数和大专及以上人数。

地区基础设施水平(inf)。基础设施包括运输系统、能源系统、通讯系统、医疗系统等基础设施,具体如公路、铁路、港口、航空、电力、通信、医疗机构等。区域创新绩效会因区域基础设施水平的不同而有差异。地区基础设施的不断建设和完善可以为区域创新活动的开展提供便捷的条件保障和支撑,还可缩减创新要素空间流动的交易成本,因而能有效促进创新人才、资本、技术等要素跨区域转移和扩散,进而实现创新资源的有效配置和创新产出的增加。文献中有用邮电业务总量、公里里程数、移动电话和国际互联网用户数、长途光缆线路长度等指标来反映地区基础设施水平。本书认为各类基础设施的建设和完善都会引起全社会固定资产投资的增加,因此用全社会固定资产投资额来表征地区基础设施水平。

地区对外开放水平(ope)。区域开放会引发贸易、投资等的蓬勃开放发展。现有文献普遍认为贸易开放、投资开放会通过竞争效应、管理效应、技术扩散、产业关联、人才流动等方式对本地区产生溢出效应,从而可以进一步促进区域创新活动的有效开展。因此,有必要将地区对外开放水平作为影响区域创新绩效的重要控制变量之一。由于进出口总额可以反映区域的对外贸易规模,较好地呈现各区域对外的开放程度和交流水平,且以往文献研究中也多采用进出口总额与

GDP的比值来表征地区对外开放水平。因此，本书的地区对外开放水平衡量，也遵循这一常用做法，用各地区进出口总额与当年名义GDP的比值来衡量。

地区市场化发展水平（mar）。地区市场化发展水平主要指一个地区的市场化进程状况，影响着市场配置资源的程度（孙早等，2014；王钺，2017），能综合反映一个地区的创新环境。一个地区市场化发展水平越高，地方保护和市场分割就会更弱，市场竞争就会更充分，创新知识技术分散速度就越快，知识密集型要素流动性就会增强，资源配置效率就会更高，创新主体的创新动机就会更强，就越有利于区域创新绩效的提高和创新的空间溢出。当然市场化程度高的区域也可能会存在过度依赖外部创新资源、创新资源配置扭曲等"市场失灵"的现象。樊纲团队编制的地区市场化指数，从政府与市场的关系、非国有经济的发展、产品市场的发育程度、要素市场的发育程度、市场中介组织发育和法律制度环境五个方面来综合衡量中国各省、自治区和直辖市的市场化发展水平，并进行了持续的测度。提供了一个能较稳定地反映我国各地区市场化变革情况的观测框架，被不少学者直接用于地区市场化发展水平的衡量。本书也不例外，直接借鉴运用樊纲团队编制的地区市场化指数。由于最新的市场化指数只更新到2014年度，对于2015年、2016年短期的市场化指数，本书借鉴马青等（2017）、邵汉华等（2018）的方法，根据其自身特征选取移动平均或指数平滑方法进行预估处理。

结合前面的研究，将本章模型中涉及的各类变量做个整理总结，见表5-8。

表5-8　　　　　　　　　　本书模型中的各类变量概况

变量类型	变量名称	变量符号	变量衡量
因变量	区域创新绩效	rip	熵权法估算得出
自变量	创新人才空间流动量	pfl	基于改进引力模型模拟测度得出的创新人才空间流动偏好联系总量
自变量	创新资金空间流动量	cfl	基于改进引力模型模拟测度得出的创新资金空间流动偏好联系总量
自变量	创新技术空间流动量	tfl	基于改进引力模型模拟测度得出的创新技术空间流动偏好联系总量
控制变量	地区经济发展水平	eco	某省域GDP/全国GDP
控制变量	地区人力资本水平	hum	加权人均受教育年限
控制变量	地区基础设施水平	inf	全社会固定资产投资总额
控制变量	地区对外开放水平	ope	进出口总额/GDP
控制变量	地区市场化水平	mar	市场化指数（樊纲等，2016）

5.5 数据来源说明

本部分实证研究，鉴于原始数据的可得性及数据统计口径的一致性，以港澳台地区外的中国 31 个省域为空间样本，研究时间范围为 2008~2016 年。除市场化水平指标外，其他原始数据均来源于《中国科技统计年鉴》（2009~2017 年）、《中国统计年鉴》（2009~2017 年）。一些特殊处理的情况说明如下：

地区人力资本水平。在《中国统计年鉴》中，大专及以上受教育人数很多年度并没有直接提供数据，本书遵循惯常统计处理方法，默认大专（含大专）以上学历的受教育年限为 16 年。还有，本书运用 2009 年和 2011 年数据的平均值替代 2010 年缺少的该指标数据。

新产品销售收入。《中国科技统计年鉴》中没有呈现 2010 年规模以上工业企业新产品销售收入的数据，本书基于 2009 年与 2011 年的数据做了平均值处理。

异常值和缺省值。如西藏出现个别年份的个别数据缺值，一般都以相邻两年平均值的插值处理。极个别年份个别省份的异常值取该年度最低值来替代。

5.6 本章小结

本章在介绍空间计量经济学模型特征、类型、选择方法和估算方法等常规知识基础上，基于知识生产函数、区域创新绩效空间溢出等知识与创新相关的理论基础，构建了创新要素空间流动影响区域创新绩效的空间滞后面板模型（SLPM）、空间误差面板模型（SEPM）和空间杜宾面板模型（SDPM）。并进一步进行了模型中因变量、自变量、控制变量和数据来源的说明。其中关于因变量区域创新绩效（rip），在选择了区域创新绩效衡量指标（主要是专利申请量、新产品销售收入和论文数）基础上，运用熵权法估算了 2008~2016 年我国 31 个省域的具体创新绩效，并从区域创新绩效空间分布特征、区域创新绩效空间趋势面特征、区域创新绩效空间关联特征三个方面分析了区域创新绩效的空间发展特征，同时也进一步佐证了本书选择用空间计量模型的合适性。关于自变量，主要就是创新人才空间流动偏好量（plf）、创新资金空间流动偏好量（cfl）和创新技术空间流动偏好量（tfl），具体值由第 4 章估算得出。关于控制变量，本书根据需要，设置了五个，分别为地区经济发展水平（eco）、地区人力资本水平（hum）、地区基础设施水平（inf）、地区对外开放视频（ope）和地区市场化水平（mar）。最后，说明了空间计量模型实证分析的数据来源。本章内容为后续创新要素空间流动对区域创新绩效影响的实证分析奠定了建模基础。

第6章 创新要素空间流动影响区域创新绩效的实证分析

本章主要是在第5章模型构建基础上，对创新要素空间流动与区域创新绩效的关系展开空间计量回归分析，揭示两者的实际关系并进行稳健性检验。

6.1 创新要素空间流动与区域创新绩效空间拟合

运用Arcgis软件，分别将创新人才、创新资金和创新技术的省域间流动偏好联系总量用自然断裂点法分成五级（高、较高、中、较低与低），与前面区域创新绩效的高、较高、中、较低和低的五级水平进行空间拟合，可以发现，从2008年发展到2016年我国创新要素省域间流动偏好与区域创新绩效的空间拟合状态粗略呈现两种现象：一种是同向或递进方向的空间拟合。创新人才省域空间流动偏好联系总量与区域创新绩效的空间拟合上：例如，北京、广东、江苏等处于"高－高"拟合，浙江、山东等处于"较高－高"拟合，安徽、湖北、重庆等处于"中－较高"拟合，西藏、青海、海南、宁夏、甘肃、贵州、山西等处于"低－低"拟合等。创新资金省域空间流动偏好联系总量与区域创新绩效的空间拟合上：例如，江苏、广东、浙江、山东等处于"高－高"拟合，北京处于"较高－高"拟合，湖南、湖北、安徽等处于"中－较高"拟合，西藏、青海、甘肃、宁夏、山西、海南、新疆、云南等处于"低－低"拟合等。创新技术省域空间流动偏好联系总量与区域创新绩效的空间拟合上：例如，江苏、广东、浙江、北京、山东等处于"高－高"拟合，湖北、安徽等处于"较高－较高"拟合，河北、河南、福建等处于"中－中"拟合，西藏、青海、宁夏、海南、贵州、山西、甘肃、内蒙古等省域处于"低－低"空间拟合状态等。另一种就是异向的空间拟合。创新人才省域空间流动偏好联系总量与区域创新绩效的空间拟合上：例如，上海处于"高－较高"拟合，天津处于"较高－中"拟合，吉林处于"中－较低"拟合，云南、新疆等处于"较低－低"拟合等。创新资金省域空间流动偏好联系总量与区域创新绩效的空间拟合上：例如，上海处于"高－较高"拟合，天津、福建等处于"较高－中"拟合等。创新技术省域空间流动偏好联系总量与区域创新绩效的空间拟合上：例如，上海处于"高－较高"拟合，四川、天津、陕西、辽宁等处于"较高－中"拟合等。

  上述的空间拟合状态，从理论上说有可能呈现的空间交互效果主要在于是否有利于实现"创新要素空间流动偏好与区域创新绩效提升间的良性循环"。对于创新要素省域空间流动偏好与区域创新绩效间呈现"高－高""较高－较高""较高－高""中－较高"等的空间拟合，相对来说较易实现这个空间良性循环效果。例如，区域创新绩效高或较高的区域，往往区域创新能力较强，区域创新活动也较旺盛，对创新要素的需求也就越大，对创新人才、创新资金、创新技术等各类创新要素的吸引力也就越强，流入的创新人才、创新资金、创新技术等创新要素规模也会相对越大，越有可能最大限度地激发创新要素动态优化配置效应、创新知识跨区溢出效应、创新规模经济效应、跨区创新合作网络效应等多种正向效应，从而有利于自身区域和周边区域创新绩效的提升。当然这类拟合特别是"高－高"拟合也有可能带来另一种情况：任何区域在创新发展过程中都会面临一个创新环境承载力问题，当创新人才、创新资金和创新技术等创新要素流入量超过了环境和要素承载力时，有可能在区域创新绩效高的区域引发过度竞争、过度拥挤，从而有可能使创新要素的有效利用率和边际产出下降，促使区域创新绩效增长滞缓而形成倒"U"形影响。当然这类区域本身创新环境优良、区域创新绩效处于高或较高的状态，拥挤竞争并不会马上全盘改变其中心区域的地位，可能其区域创新绩效还处于相对较高状态，只是与创新要素投入增长相比，其创新产出增长滞缓甚至不增长或负增长。而对于"低－低"空间拟合的区域，自身创新要素禀赋状况本身不好，区域创新能力相对低下，对各类创新要素的吸引力本身很低，再加上创新要素被虹吸或倒流呈现创新要素的流出与流入间差距大，处于创新要素流动与区域创新绩效间不良性循环状态中的可能性就越大。创新要素禀赋差、流入很少，导致区域创新能力和绩效难以提升，这又导致降低了对其他区域创新要素的吸引力，使区域创新绩效持续处于低下状态。如此循环，如果纯粹靠市场力量没有其他外力介入的话，那么各创新要素流入量低与区域创新绩效低空间拟合的区域，低的创新要素流动量对区域创新绩效的提升作用不大。对于创新要素省域空间流动偏好量与区域创新绩效间呈现"高－较高""较高－中""中－较低"等的异向的空间拟合，表明创新要素的一定幅度的流入并没有引发区域创新绩效相同幅度或更高幅度的提高，并没有显现较好状态的良性循环。

因此，我国创新人才、创新资金与创新技术的各省域空间流动偏好，对我国区域创新绩效各自的具体影响如何，目前整体上呈现的促进作用还是抑制作用，各自影响是否存在差异等，均有待进一步实证探明。

6.2 空间计量实证分析

为使创新要素空间流动对区域创新绩效影响的实证结果有一个全面的比较和分析，本部分在假定维持模型稳健性的控制变量不变的情况下，先检验单个创新要素空间流动对区域创新绩效的影响，再检验综合的创新要素空间流动对区域创新绩效的影响。

6.2.1 基于创新人才空间流动的实证结果

6.2.1.1 面板数据平稳性检验

为提高实证分析结果和结论的稳健性、可信性，需要先对变量进行平稳性检验。本书用 LLC、ADF – Fisher 和 PP – Fisher 进行变量平稳性的判断和调整（下同）。EViews 6.1 运行结果见表 6 – 1。LLC、ADF – Fisher 和 PP – Fisher 的 p 值均为 0.000，很显著地拒绝面板单位根的原假设，表明本部分的面板数据是平稳的。进一步进行 Kao 协整检验，显示数据存在明显协整关系，可以进行多元回归的分析。

表 6 – 1　　　　基于创新人才省域间流动面板数据的单位根检验

检验	统计值	P 值
LLC	-23.1826***	0.0000
ADF – Fisher	873.5090***	0.0000
PP – Fisher	1465.9800***	0.0000

注：*** 表示能够通过显著性水平为 1% 的统计性检验。

6.2.1.2 空间计量具体模型适合性判断

首先判别是选择空间固定效应模型、空间随机效应模型还是空间混合效应模型。一般来说，固定效应模型适合面板回归只限于某些个体样本。Baltagi（2001）、李倩（2015）、产海兰（2018）均在研究中指出：如回归分析研究的样本只局限于一些特定个体的样本，那么固定效应模型比随机效应模型更合适。本书的面板回归仅局限于我国 31 个省域的样本，在横截面上可把 31 个省域作为一个总体看待，我国 31 个省域的异质性也是基本不会随着时间随机改变，因此样本特征本身比较符合用空间固定效应模型（下同）。接下来通过 F 统计检验和 Hausman 检验来进一步确定。F 统计量检验确定选择个体固定效应还是混合效应模型，检验结果显示混合效应模型被显著拒绝，选择个体固定效应模型。基于 Hausman 检验在随机效应和固定效应中作出选择，结果为采取个体固定效应模型是适合的。

然后是对空间滞后面板模型（SLPM）、空间误差面板模型（SEPM）和空间杜宾面板模型（SDPM）的适合性作进一步的判别。一般先要用 Moran's I 检验进行初步空间相关性的判断，如果构成空间面板数据的各变量间存在空间相关性，那么初步选择用空间计量面板模型来分析是合适的。接下来结合 LM – lag 与 LM – error、R – LM error 与 R – LMlag 进一步进行空间计量模型选择（判断标准见 5.1 节）。表 6 – 2 报告了两种不同空间权重（空间邻接权重和地理距离空间权重）矩阵构建的模型的空间相关性和 LM 乘数诊断结果（通过 Matlab 软件计算得出）。

表 6 – 2　　　　　　　　创新人才省域间流动模型空间依赖性诊断

空间邻接权重			地理距离权重		
检验	统计值	P 值	检验	统计值	P 值
Moran's I	0.2114***	0.0000	Moran's I	0.1766***	0.0000
LM – lag	27.4364***	0.0000	LM – lag	62.3367***	0.0000
R – LM – lag	0.0663	0.3450	R – LM – lag	4.279**	0.0390
LM – error	26.6112***	0.0000	LM – error	84.0485***	0.0000
R – LM – error	20.8915*	0.097	R – LM – error	25.9908***	0.0000

注：***、**、*表示能够通过显著性水平为 1%、5%、10% 的统计性检验。

从表 6 – 2 可以看出，在空间邻近权重和地理距离空间权重两种不同模型下，Moran 指数检验结果均显示在 1% 显著性水平上我国 31 个省域间的创新人才流动与区域创新绩效存在明显的空间相关性，初步判断采用空间计量面板模型是合理的。空间邻接权重模型 LM – lag 和 LM – error 均通过了 1% 水平的显著性检验，

R-LM-lag 没有通过显著性检验而 R-LM-error 的值更大、更显著一些，初步判断选择 SEPM 更合适一些。地理距离空间权重模型的 LM-lag 和 LM-error 均通过了 1% 水平的显著性检验，R-LM-error 比 R-LM-lag 更显著，初步说明在地理距离权重下 SEPM 更适合。

6.2.1.3 实证结果

为了充分探讨创新人才省域空间流动与区域创新绩效的关系，研究对 OLS、空间邻接权重 SEPM 和地理距离空间权重 SEPM 的回归估计综合呈现，见表 6-3。

表 6-3　创新人才省域间流动影响区域创新绩效的回归估计结果

变量	OLS	空间邻接权重 SEPM	地理距离空间权重 SEPM
C	-14.4162***		
	0.0000		
λ		0.5750***	0.8760***
		(0.0000)	(0.0000)
Lnpfl	0.4486***	0.0561	0.1257**
	(0.0000)	(0.2558)	(0.0118)
Lneco	0.4277***	0.0030	0.0123
	(0.0000)	(0.8777)	(0.4952)
Lnhum	-1.3424***	0.0737	0.2201
	(0.0017)	(0.7044)	(0.2571)
Lnope	0.1710***	0.1220***	0.1433***
	(0.0095)	(0.0008)	(0.0000)
Lninf	0.1517**	0.1006**	0.2376***
	(0.0485)	(0.0460)	(0.0000)
Lnmar	0.6135***	-0.0315	-0.0040
	(0.0000)	(0.3561)	(0.8996)
R^2	0.8709	0.9926	0.9864
Log-L	-237.477	199.1340	215.8230

注：***、** 表示通过显著性水平为 1%、5% 的统计性检验。( ) 内为 P 值，下同。

从表 6-3 可知，空间邻接权重与地理距离空间权重的空间计量模型的 R^2 和 Log-L 均大于 OLS，进一步说明选择运用空间计量面板模型的合适性。λ 显著为正值，表明基于创新人才省域空间流动影响的区域创新绩效，由于受周边省域区域创新活动的扰动误差影响，与周边省域的区域创新绩效存在正向空间依赖性。综合 OLS、空间邻接权重和距离空间权重的估计结果，总体上创新人才在省域空间的流动对区域创新绩效存在一定的促进作用，特别是在距离空间权重下显示存在 5% 显著性水平下的正向影响。进一步观察，地理距离权重下的正向促进作用（0.1257）显著大于空间邻接权重下的促进作用（0.0561），表明区域创新活动的地理距离特征更明显，不相邻甚至相距甚远的两个区域间也是存在创新的辐射、扩散等创新联系，因此地理距离特征比空间邻接特征更符合区域创新活动的现实状况。在控制变量上地区基础设施水平和对外开放水平对区域创新绩效有显著正影响。

6.2.2 基于创新资金空间流动的实证结果

6.2.2.1 面板数据平稳性检验

对变量数据进行平稳性检验，LLC 检验、ADF-Fisher 检验和 PP-Fisher 检验结果见表 6-4。LLC、ADF-Fisher 和 PP-Fisher 检验的 P 值为 0.000，在 1% 水平下明确拒绝面板单位根的原假设。因此，本部分研究拥有平稳的面板数据。进一步进行 Kao 协整检验显示数据存在明显协整关系，可以进行多元回归的分析。

表 6-4　基于创新资金省域间流动面板数据的单位根检验

检验	统计值	P 值
LLC	-20.6567***	0.000
ADF-Fisher	794.9310***	0.000
PP-ADF	1317.9800***	0.000

注：*** 表示通过显著性水平为 1% 的统计检验。

6.2.2.2 空间计量具体模型适合性判断

结合 Baltagi（2001）、李倩（2015）、产海兰（2018）的研究成果，本部分的面板回归仅局限于我国 31 个省域的样本，因此固定效应模型比随机效应模型更合适。综合 F 统计检验和 Hausman 检验，确定选择个体固定效应模型是合适的。再结合表6-5，可以发现，在空间邻近权重和地理距离空间权重两种不同模型下，Moran 指数检验结果均显示在1%以下的显著性水平上我国31个省域间的创新资金流动与区域创新绩效存在明显的正向空间关联性，初步表明采用空间计量面板模型是合理的。空间邻接权重模型下 LM – lag 和 LM – error 均通过了1%水平的显著性检验，R – LM – error 不显著而 R – LM – lag 值更大、更显著一些，初步说明 SLPM 解释力更合适一些。地理距离空间权重下 LM – lag 和 LM – error 均通过了1%水平的显著性检验，R – LM – lag 和 R – LM – error 均通过显著性检验但 R – LM – lag 没有 R – LM – error 显著，因此 SLPM 与 SEPM 初步都合适但 SEPM 的解释力更强。考虑与空间邻接矩阵下回归结果有一个比较性，地理距离空间权重下同时呈现 SLPM 与 SEPM。

表6-5　　　　　创新资金省域间流动模型空间依赖性诊断

空间邻接权重			地理距离空间权重		
检验	统计值	P 值	检验	统计值	P 值
Moran's I	0.2259***	0.0000	Moran's I	0.1886***	0.0000
LM – lag	31.1421***	0.000	LM – lag	74.1068***	0.000
R – LM – lag	0.9377*	0.0930	R – LM – lag	3.8292**	0.050
LM – error	30.4093***	0.000	LM – error	95.4788***	0.000
R – LM – error	0.2049	0.651	R – LM – error	25.2012***	0.000

注：***、**、*表示能够通过显著性水平为1%、5%、10%的统计性检。

6.2.2.3　实证结果

创新资金空间流动影响区域创新绩效的 OLS、空间邻近权重下 SLPM、地理距离权重下 SEPM 和 SLPM 的回归估计和效应分解结果见表6-6。

表6-6　　创新资金省域间流动影响区域创新绩效的回归估计和效应分解

变量	OLS	空间邻接权重 SLPM	地理距离权重 SEPM	地理距离权重 SLPM
C	-3.2227**			
	0.0360			
ρ/λ		0.4110***	0.8570***	0.6330***
		(0.0000)	(0.0000)	(0.0000)
Lncfl	-0.0220	-0.0447***	0.0181	-0.0461***
	(0.6570)	(0.0033)	(0.3894)	(0.0022)

续表

变量	OLS	空间邻接权重 SLPM	地理距离权重 SEPM	地理距离权重 SLPM
Lneco	0.5261***	0.0011	0.0116	0.0078
	(0.0000)	(0.9501)	(0.5269)	(0.6536)
Lnhum	0.0361	-0.0508	0.2662	-0.0105
	(0.9340)	(0.7632)	(0.1727)	(0.9499)
Lnope	0.5358***	0.0850***	0.1450***	0.1004***
	(0.0000)	(0.0082)	(0.0000)	(0.0018)
Lninf	0.5008***	0.1694***	0.2877***	0.1630***
	(0.0000)	(0.0000)	(0.0000)	(0.0000)
Lnmar	0.5650***	0.0751*	-0.0088	0.0826**
	(0.0000)	(0.0534)	(0.8292)	(0.0321)
R^2	0.848	0.9945	0.9875	0.9946
Log-L	-260.3453	195.8311	212.96674	199.35155

效应分解

	变量	直接效应	间接效应
空间邻接权重	Lncfl	-0.0464***	-0.0295**
		(0.0083)	(0.0304)
	Lneco	0.0014	0.0008
		(0.9380)	(0.9473)
	Lnhum	-0.0574	-0.0374
		(0.7481)	(0.7585)
	Lnope	0.0912**	0.0574**
		(0.0102)	(0.0288)
	Lninf	0.1763***	0.1115***
		(0.0002)	(0.0044)
	Lnmar	0.0811*	0.0517
		(0.0624)	(0.1019)
地理距离空间权重	Lncfl	-0.0479***	-0.0832*
		(0.0046)	(0.0632)
	Lneco	0.0085	0.0147
		(0.6445)	(0.6664)
	Lnhum	-0.0136	-0.0207
		(0.9380)	(0.9499)

续表

	效应分解		
	变量	直接效应	间接效应
地理距离空间权重	Lnope	0.1034***	0.1754**
		(0.0055)	(0.0387)
	Lninf	0.1697***	0.2900**
		(0.0003)	(0.0298)
	Lnmar	0.0850**	0.1471
		(0.0425)	(0.1218)

注：***、**、* 表示能够通过显著性水平为1%、5%、10%的统计性检验。( ) 为P值。

观察表6-6：空间邻接权重与地理距离权重下的空间计量模型的 R^2 和 Log-L 值均大于OLS的，说明空间计量面板模型的选用是适合的。ρ 和 λ 显著为正值，表明基于创新资金省域空间流动影响的区域创新绩效，不仅受周边省域的区域创新绩效空间溢出影响，还受周边省域区域创新活动的扰动误差影响，与周边省域的区域创新绩效、区域创新活动存在正的空间关联关系。在地理距离权重中，SEPM的 R^2 比SLPM的 R^2 高，与前面LM检验判断较一致。综合OLS、空间邻接权重和地理距离空间权重的估计结果，创新资金省域空间流动（cfl）在OLS下为不显著的负影响，空间邻接权重和地理距离权重下的SLPM均为1%显著性水平下负影响，而地理距离权重下的SEPM为不显著的正影响，表明整体上创新资金在省域空间的流动对区域创新绩效未表现出明显的积极影响，而更倾向抑制作用。进一步观察，空间邻接权重下SLPM中的绝对值0.0447小于地理距离权重下SLPM中的绝对值0.0461，表明地理距离特征比空间邻接特征更能反映出区域创新间的实际创新联系，不相邻甚至相距甚远的两个区域间同样存在一定的创新关系。在控制变量上地区基础设施水平和对外开放水平对区域创新绩效有显著正影响。

结合5.1.2小节的内容，对于SLPM模型来说，因为存在自变量空间滞后项，其回归系数已不再只是简单地反映自变量对因变量的影响，而是可进一步分解成直接效应和间接效应来揭示创新资金省域空间流动与区域创新绩效的空间交互影响。直接效应反映创新资金省域间流动对本省域的区域创新绩效的平均影响；间接效应反映创新资金省域间流动对我国其他省域的区域创新绩效的平均影响（化祥雨，2016）。运用Matlab软件，空间邻接权重和地理距离权重下SLPM的具体分解结果详见表6-6。由表6-6可知，创新资金省域间流动的直接效应和间接效应均为较显著的负值，说明创新资金省域空间流动对本省域的区域创新绩效没有促进作用，而是呈现竞争拥挤效应，对其他省域的区域创新绩效影响也没有呈现空间溢出效应，而呈现空间异质性效应。在控制变量上，地区基础设施水平和对外开放水平无论对于本省域还是其他省域的区域创新绩效均存在正的空间影响效应。

6.2.3 基于创新技术空间流动的实证结果

6.2.3.1 面板数据平稳性检验

在具体回归分析前，先运用 LLC、ADF-Fisher 和 PP-Fisher 对变量数据进行平稳性检验，结果见表 6-7。LLC、ADF-Fisher 和 PP-Fisher 单位根检验的 P 值显示，面板存在单位根的原假设被显著拒绝。因此，本部分的面板数据是平稳的。进一步进行 Kao 协整检验，显示 1% 的显著性水平下数据存在协整关系，可以进行多元回归的分析。

表 6-7　　　　基于创新技术省域间流动面板数据的单位根检验

检验	统计值	P 值
LLC	-22.4874***	0.0000
ADF-Fisher	737.7310***	0.0000
PP-ADF	1164.6400***	0.0000

注：*** 表示能够通过显著性水平为 1% 的统计检验。

6.2.3.2 空间计量具体模型适合性判断

由于本部分的面板回归局限于我国 31 个省域的样本，结合 Baltagi（2001）、李倩（2015）、产海兰（2018）等的研究成果，选择运用固定效应模型比随机效应模型更合适。结合 F 统计检验和 Hausman 检验，选择个体固定效应模型是合适的。从表 6-8 可以发现，在空间邻接权重和空间距离权重两种不同模型下，Moran 指数检验结果均显示在 1% 以下的显著性水平上我国 31 个省域间的创新技术流动与区域创新绩效存在明显的正向空间相关性，表明采用空间计量面板模型是初步合理的。空间邻接权重下虽然 LM-error 和 LM-lag 均通过了 1% 水平的显著性检验，但 R-LM-lag 没有通过显著性检验，而 R-LM-error 通过 5% 水平下的显著性检验，所以 SEPM 更合适。地理距离权重模型下 LM-error 与 LM-lag、R-LM-error 与 R-LM-lag 均 1% 水平下显著。Elhorst（2010）、程开明等（2018）认为 R-LM error 和 R-LM lag 检验结果的 P 值均显著时，表明

第6章 创新要素空间流动影响区域创新绩效的实证分析

LM 检验同时接受 SEPM 和 SDPM 模型，说明可以选择 SDPM 模型。因此，地理距离权重下 SEPM 和 SDPM 均可采用但 SDPM 的解释力更强。考虑与空间邻接权重的 SEPM 结果有个比较性，地理距离权重下同时呈现 SEPM 和 SDPM。

表 6-8　　　　　　创新技术省域间流动模型空间依赖性诊断

	空间邻接权重			地理距离权重		
检验	统计值	P 值	检验	统计值	P 值	
Moran's I	0.2365***	0.000	Moran's I	0.1976***	0.000	
LM-lag	29.4066***	0.000	LM-lag	66.1739***	0.000	
R-LM-lag	0.8684	0.351	R-LM-lag	15.4928***	0.000	
LM-error	33.307***	0.000	LM-error	104.6969***	0.000	
R-LM-error	4.7689**	0.029	R-LM-error	54.0158***	0.000	

注：***、** 表示能够通过显著性水平为 1%、5% 的统计性检。

6.2.3.3　实证结果

创新技术省域空间流动影响区域创新绩效的 OLS、空间邻近权重 SEPM、地理距离权重 SEPM 和 SDPM 的回归估计结果见表 6-9。

表 6-9　　创新技术省域间流动影响区域创新绩效的回归估计与效应分解

变量	OLS	空间邻接权重		地理距离空间权重		
		SEPM	SEPM	SDPM		
	变量值	变量值	变量值	变量值	直接效应	间接效应
C	-16.1623***					
	0.0000					
λ/ρ		0.5410***	0.8420***	0.3710***		
		(0.000)	(0.000)	(0.0027)		
Lntfl	0.6576***	0.0349	0.0440	0.0409	0.0416	0.0457
	(0.0000)	(0.3594)	(0.2494)	(0.2769)	(0.2803)	(0.8003)
Lneco	0.3404***	0.0025	0.0124	0.0225	0.0245	0.0981
	(0.0000)	(0.8991)	(0.4997)	(0.2148)	(0.1675)	(0.4148)
Lnhum	-1.4426***	0.0837	0.2744	0.3576*	0.3669*	0.0382
	(0.0000)	(0.6625)	(0.1571)	(0.0635)	(0.0684)	(0.9562)

续表

变量	OLS	空间邻接权重	地理距离空间权重			
		SEPM	SEPM	SDPM		
	变量值	变量值	变量值	变量值	直接效应	间接效应
Lnope	0.0070	0.1235***	0.1480***	0.1545***	0.1514***	-0.1018
	(0.8925)	(0.0006)	(0.0000)	(0.0000)	(0.0001)	(0.4737)
Lninf	0.0961	0.1501***	0.2732***	0.3453***	0.3341***	-0.6252**
	(0.1484)	(0.0004)	(0.0000)	(0.0000)	(0.0000)	(0.0115)
Lnmar	0.4387***	0.0092	0.0127	0.0147	0.0352	1.1852***
	(0.0000)	(0.7715)	(0.6911)	(0.6394)	(0.2716)	(0.0050)
WLntfl				0.0112		
				(0.9166)		
Wlneco				0.0554		
				(0.4189)		
WLnhum				-0.0966		
				(0.8209)		
WLnOpe				-0.1191		
				(0.1740)		
WLnInf				-0.5268***		
				(0.0001)		
WLnMar				0.7523***		
				(0.0013)		
R^2	0.9095	0.9929	0.9893	0.9955		
Log-L	-187.9396	198.53016	212.7515	229.5976		

注：***、**、*表示能够通过显著性水平为1%、5%、10%的统计性检。()为P值。

从表6-9可知，空间邻接权重与地理距离空间权重的空间计量模型的 R^2 和 Log-L 均大于OLS，进一步说明选择运用空间计量面板模型的合适性。λ 和 ρ 显著为正值，表明基于创新技术省域空间流动影响的区域创新绩效，受周边区域创新活动的扰动误差和周边区域创新绩效的空间溢出双重影响。地理距离空间权重下 SDPM 的 R^2 与 Log-L 均比 SEPM 大，与前面 LM 检验的结果一致。综合 OLS、空间邻接权重和地理距离空间权重的估计结果，整体上创新技术在省域间的流动对区域创新绩效存在促进作用但不显著。进一步观察，SEPM 下空间邻接权重和地理距离权重下的影响值，表明区域创新活动的地理距离特征比空间邻接特征更明显。在控制变量上,地区基础设施水平和对外开放水平对区域创新绩效总体上存在显著的正影响。

对于 SDPM 模型来说,因为存在自变量空间滞后项,其回归系数可进一步分解成直接效应和间接效应来揭示创新技术省域空间流动与区域创新绩效的空间交互影响。直接效应反映创新技术省域间流动对本省域的区域创新绩效的平均影响;间接效应反映创新技术省域间流动对我国其他省域的区域创新绩效的平均影响。运用 Matlab 软件,地理距离权重下 SDPM 的具体分解结果详见表 6-9。由表 6-9 可知,创新技术省域空间流动的直接效应和间接效应均为正值但不显著,说明创新技术省域空间流动对本省域的区域创新绩效存在弱的正向影响,对其他省域的区域创新绩效存在弱的空间溢出效应。从直接效应和间接效应值的大小上看,创新技术省域空间流动对区域创新绩效的集聚作用略小于扩散辐射作用。

6.2.4 基于创新要素空间流动的实证结果

此部分主要是综合创新人才空间流动、创新资金空间流动和创新技术空间流动对区域创新绩效的空间计量回归分析。

6.2.4.1 面板数据平稳性检验

同样,为提高实证分析结果的可信性和稳健性,先对所有变量开展 LLC、ADF-Fisher 和 PP-Fisher 的平稳性检验。EViews 6.1 运行结果见表 6-10。LLC 检验中,P 值为 0.000 小于 1% 下显著拒绝面板中包含单位根的原假设,认为面板数据是平稳过程。Fisher-ADF 和 PP-Fisher 单位根检验的 P 值也均为 0.000,显著地拒绝面板单位根的原假设。因此,综合三种单位根检验的结果,本部分的面板数据是平稳的。进一步进行 Kao 协整检验,显示数据显著存在协整关系,可以进行多元回归的分析。

表 6-10   基于创新要素省域间流动面板数据的单位根检验

检验	统计值	P 值
LLC	-23.8331***	0.0000
ADF-Fisher	991.289***	0.0000
PP-ADF	1664.420***	0.0000

注:*** 表示能够通过显著性水平为 1% 的统计检验。

6.2.4.2 空间计量具体模型适合性判断

Baltagi（2001）、李倩（2015）、产海兰（2018）均在研究中指出，固定效应模型比随机效应模型更加适合面板回归只限于某些个体样本的研究。本部分的面板回归仅局限于我国31个省域的样本，因此样本特征本身较符合用空间固定效应模型。F统计检验和Hausman检验显示可以运用个体固定效应模型。

接下来运用Moran's I检验、两个拉格朗日系数和Robust（鲁棒斯）检验来判别选择空间滞后面板模型（SLPM）、空间误差面板模型（SEPM）和空间杜宾面板模型（SDPM）的适合性。表6-11报告了两种不同空间权重（空间邻接权重和地理距离空间权重）矩阵构建的创新要素省域空间流动模型的空间相关性和LM乘数诊断结果（Matlab软件计算得出）。

从表6-11可以看出，在空间邻近权重和空间距离权重两种不同模型下，Moran指数检验结果显示：我国31个省域间的创新要素流动与区域创新绩效存在1%显著性水平下的正向空间关联性，采用空间计量面板模型初步合理。先观察空间邻接权重模型，LM-lag和LM-error均1%水平下显著，可能SLPM与SEPM均合适。进一步观察R-LM-lag和R-LM-error，R-LM-lag的统计值更大更显著一些，初步判断SLPM比SEPM解释力更强一点。再看地理距离权重下，LM-lag、LM-error、R-LM-lag与R-LM-error均显著，但R-LM-error比R-LM-lag更显著，因此在初步判断采用SEPM和SLPM均存在一定合适下SEPM的解释力更强一点。当然上述并不是非常严格以上的判断选择，本部分后面会同时呈现SLPM和SEPM的结果分析。

表6-11　　　　　创新要素省域间流动模型空间依赖性诊断

空间邻接权重			地理距离空间权重		
检验	统计值	P值	检验	统计值	P值
Moran's I	0.2227***	0.0000	Moran's I	0.1900***	0.000
LM-lag	30.8742***	0.0000	LM-lag	75.1598***	0.0000
R-LM-lag	1.3860**	0.0239	R-LM-lag	4.3061**	0.038
LM-error	29.5418***	0.0000	LM-error	96.9259***	0.0000
R-LM-error	0.0535*	0.0817	R-LM-error	26.0721***	0.0000

注：***、**、*表示能够通过显著性水平为1%、5%、10%的统计性检验。

6.2.4.3 空间计量结果分析

运用Matlab软件，基于空间邻接权重面板模型和距离空间权重面板模型的

SEPM 和 SLPM 的回归结果见表 6-12。从表 6-12 可以看出，空间邻接权重和地理距离权重下的 SEPM 和 SLPM 的 R^2 和 Log-L 均大于 OLS，表明选择运用空间计量面板模型的解释力更强。空间邻接权重下 SLPM 的 R^2 高于空间邻接权重下 SEPM 的 R^2，地理距离权重下 SEPM 的 Log-L 大于地理距离权重下 SLPM 的 Log-L，与前面根据 LM 检验选择模型基本一致。

表 6-12　创新要素省域间流动影响区域创新绩效的空间计量回归结果

变量	OLS	空间邻接权重		地理距离空间权重	
		SEPM	SLPM	SEPM	SLPM
C	-14.8044***				
	0.000				
λ/ρ		0.5480***	0.4260***	0.8670***	0.6560***
		(0.0000)	(0.0000)	(0.0000)	(0.0000)
Lnpfl	0.0568	0.1311**	0.0599	0.1294**	0.0737
	(0.4685)	(0.0232)	(0.3052)	(0.0237)	(0.2044)
Lntfl	0.6556***	0.0033	0.0141	0.0139	0.0290
	(0.0000)	(0.9358)	(0.7188)	(0.7172)	(0.4537)
Lncfl	-0.1349***	-0.0586***	-0.0570***	-0.0071	-0.0623***
	(0.0017)	(0.0092)	(0.0025)	(0.7703)	(0.0008)
Lneco	0.3072***	0.0057	0.0008	0.0125	0.0067
	(0.0000)	(0.7652)	(0.9644)	(0.4904)	(0.7072)
Lnhum	-1.2056***	0.08850	-0.0593	0.2177	-0.0147
	(0.0007)	(0.6458)	(0.7274)	(0.2632)	(0.9306)
Lnope	0.1025	0.1282***	0.0782**	0.1438***	0.0908***
	(0.2523)	(0.0004)	(0.0175)	(0.0000)	(0.0059)
Lninf	0.0342	0.1382**	0.1331**	0.2232***	0.1116**
	(0.5402)	(0.0155)	(0.0103)	(0.0001)	(0.0285)
Lnmar	0.5584***	0.0306	0.0821**	0.0038	0.0925**
	(0.0000)	(0.4488)	(0.0376)	(0.9258)	(0.0179)
R^2	0.9129	0.9930	0.9945	0.9873	0.9946
Log-L	-182.5674	202.9024	196.4747	215.9206	200.5828

注：***、**表示能够通过显著性水平为 1%、5% 的统计检验。( ) 为 P 值。

接下来详细分析表 6-12。先看 λ 和 ρ。空间邻接权重和地理距离权重下的所有空间计量模型（SEPM 和 SLPM）的 λ 和 ρ 均是正值，均呈现 1% 的显著性水平，表明基于创新要素省域空间流动影响的我国区域创新绩效存在较明显的空间溢出和空间依赖现象，区域创新绩效水平不仅受周边省域的区域创新绩效的空间溢出影响，也受周边省域区域创新活动的误差干扰影响。然后分析创新人才省域空间流动（pfl）、创新资金省域空间流动（cfl）和创新技术省域空间流动（tfl）的回归系数。创新人才省域空间流动（pfl）在各空间计量模型中的回归系数都是正值，且空间邻接权重下的 SEPM、地理距离权重下的 SEPM 均在 5% 水平下显著，表明创新人才在省域间的流动对区域创新绩效有较积极的正向作用。创新技术省域空间流动（tfl）在各空间计量模型中的回归系数都是不显著的正值，表明创新技术在省域间的流动对区域创新绩效存在弱的促进作用。创新资金省域空间流动（cfl）的回归系数在空间邻接权重下的 SEPM 和 SLPM 及其地理邻接权重下的 SLPM 均显著为负，总体上表明创新资金在省域间的空间流动对区域创新绩效积极的促进作用并没显示，呈现一定程度的抑制作用。从同一空间计量模型的回归系数值的大小上来看，创新人才省域空间流动对区域创新绩效的正值均比创新技术省域空间流动促进区域创新绩效的正值要大，而创新技术省域空间流动的回归系数值都比创新资金省域空间流动的回归系数值大，由此可知创新人才省域空间流动对区域创新绩效的影响最大，其次是创新技术省域空间流动，最小的是创新资金省域空间流动。从少数服从多数的角度，地理距离权重下的回归系数值总体上基本都比空间邻接权重下的回归系数值要大一些，表明区域创新活动的地理距离特征比空间邻接特征更接近现实。最后观察控制变量，地区对外开放水平（ope）和地区基础设施水平（inf）在不同空间计量模型下均是 1% 或 5% 显著性水平下的正值，表明两者对区域创新绩效起积极的促进作用。

对于 SLPM 模型来说，可将其回归系数分解为直接效应和间接效应来进一步揭示创新要素省域空间流动与区域创新绩效的空间交互影响。运用 Matlab 软件，具体分解结果详见表 6-13。其中，直接效应反映创新要素省域空间流动对本省域区域创新绩效的平均影响；间接效应反映创新省域要素空间流动对我国其他省域区域创新绩效的平均影响。

由表 6-13 可知，创新人才省域空间流动、创新技术省域空间流动在空间邻接权重和地理距离权重下的直接效应和间接效应分别均为正值，说明创新人才省域空间流动、创新技术省域空间流动分别对本省域的区域创新绩效存在一定程度的促进作用，对其他省域的区域创新绩效存在一定程度的空间溢出作用。创新资金省域空间流动对区域创新绩效的直接效应和间接效应，在空间邻接权重和地理距离权重下的 SLPM 为 1% 或 5% 水平的显著负值，表明创新资金省域空间流动对本省域区域创新绩影响倾向的是抑制作用，对周边其他省域的区域创新绩效存在空间异质性影响，没有发挥空间溢出效应。比较对应模型中创新人才省域空间流动、创新技术省域空间流动和创新资本省域空间流动对区域创新绩效的直接效应和间接效应值的大小可知，创新人才省域空间流动的直接效应和间接效应最大，其次是创新技术省域空间流动，最小是创新资金省域空间流动。控制变量中，需要提及的是，综合地区人力资本水平（hum）显著性水平、效应值方向，对区域创新绩效的直接效应、间接效应总体上没有发挥应有的积极促进作用。

表6–13 创新要素省域间流动影响区域创新绩效的直接效和间接效应分解

	变量	空间邻接权重		地理距离权重	
		直接效应	间接效应	直接效应	间接效应
SPLM	Lnpfl	0.0613	0.0409	0.0729	0.1373
		(0.3228)	(0.3495)	(0.2335)	(0.3002)
	Lntfl	0.0139	0.0088	0.0303	0.0598
		(0.7358)	(0.7582)	(0.4536)	(0.4896)
	Lncfl	-0.0605***	-0.0405**	-0.0642***	-0.1245**
		(0.0037)	(0.0176)	(0.0021)	(0.0463)
	Lneco	0.0012	0.0009	0.0071	0.0142
		(0.9501)	(0.9475)	(0.7142)	(0.7331)
	Lnhum	-0.0637	-0.0425	-0.0151	-0.0256
		(0.7221)	(0.7413)	(0.9319)	(0.9463)
	Lnope	0.0825**	0.0551*	0.0953***	0.1812**
		(0.0262)	(0.0568)	(0.0074)	(0.0354)
	Lninf	0.1432**	0.0961**	0.1179**	0.2272*
		(0.0123)	(0.0404)	(0.0319)	(0.0944)
	Lnmar	0.0858**	0.0575*	0.0969**	0.1881*
		(0.0430)	(0.0801)	(0.0211)	(0.0906)

注：***、**、*分别表示能够通过显著性水平为1%、5%、10%的统计检验。（ ）为P值。

6.2.5 实证结果总结和分析

汇总基于单个创新要素空间流动对影响区域创新绩效的实证结果和基于综合创新要素空间流动影响区域创新绩效的实证结果可知：

（1）不同类型创新要素空间流动对我国区域创新绩效的影响存在较大差异。从对区域创新绩效的影响大小来看，总体上呈现"创新人才空间流动的影响＞创新技术空间流动的影响＞创新资金空间流动的影响"。具体来看，创新人才空间流动对我国区域创新绩效存在较积极的促进作用，进一步直接效应和间接效应分解也证实创新人才空间流动对本省域的区域创新绩效存在一定程度的正向影响，对周边其他省域的区域新绩效存在一定程度的正向空间溢出影响。创新技术空间流动对我国区域创新绩效存在正向影响但不明显，直接效应和间接效应均表明对本省域、我国其他省域存在不明显的正向效应。创新资金空间流动对我国区域创新绩效总体的影响更倾向一定的抑制作用，从直接效应和间接效应的进一步分解也能说明。这表明创新资金空间流动所产生的动态优化配置效应、规模经济效应、创新知识技术跨区溢出效应、跨区创新合作网络效应等正向作用力没有高于其由于过度集聚产生的拥挤竞争效应及倒吸效应等产生的负向作用力。这从一定程度上说明我国目前演变发展成的创新资金空间流动偏好集聚布局对区域创新绩效的全面协调提升并不有利。由前面分析可知，与创新人才和创新技术的空间流动相比，创新资金省域间流动偏好显现更集中性趋势，其集聚格局呈现广东及东部地区对创新资金的"虹吸效应"在增强且集聚强度在提高，而东北地区和西部地区创新资金的集聚吸引力下降较明显的集聚格局演变态势。这样的空间流动偏好集聚格局较容易导致：一方面，在区域创新环境承载力有限的情况下，创新资金省域空间流动过度集聚于东部地区，特别是过度集聚到东部地区的几个省域尤其是广东省，出现创新资金相对富余闲置，或创新人才等其他创新要素与其配置不足，进而抑制了创新资金的最优使用效率和生产效率，使创新资金流动对区域创新绩效易形成倒"U"形影响并处于倒"U"形的抑制这一侧影响。另一方面，对于创新资金集聚吸引力低下的区域来说，面临的是创新资金的缺乏和不足，增加了运营成本，降低了创新生产效率，同样不利于区域创新绩效的提升。毕竟创新资金自身不能发挥主观能动性，必须与创新人才等其他创新要素有效结合才能发挥最大产出效益，相对富裕或不足都会降低创新资金的产出能力。

（2）区域创新绩效存在显著的空间溢出等空间交互作用，且其呈现地理距离空间特征明显于空间邻接特征的态势。通过空间计量模型的因变量滞后项系数、扰动误差项系数可知，我国区域创新绩效受其他省域的区域创新绩效空间溢出、其他省域的区域创新活动的扰动误差影响显著。而且这些影响足以说明创新的空间溢出和扩散在不是相邻的区域甚至远距离的区域也是可以发生和存在的。

（3）地区对外开放水平、地区基础设施水平对区域创新绩效促进作用较明显，进一步效应分解，也显示其对本省域、周边省域均存在较强的正向影响。地区经济发展水平对本省域、周边省域存在一定的促进作用但还有待加强。综合实证结果，地区市场化水平对区域创新绩效的促进作用不稳定，表明我国地区市场化水平有待提高。地区人力资本水平对区域创新绩效的空间促进作用没有明显呈现。可能原因是：一般来说，对区域创新产出真正贡献的是需要那些知识和技术密集型人力资本,而本书研究的地区人力资本水平是按照各区域未上过学人数、小学人数、初中人数、高中人数和大专及以上人数按照受教育年限加权平均,在一定程度上稀释了大专及以上人力资本的作用。当然也正好说明,要提高区域创新绩效,需要丰富的知识密集型人才储备,而我国现有的人力资本教育结构还不是很合理,高素质人才的培养和储备与发达国家存在较大的差距,需要尽可能增大高中阶段教育、高等教育和全民终身教育等的普惠面。这也说明大力、稳步推进《我国教育现代化 2035》、实现教育现代化和教育强国的必要性和紧迫性。

6.3 稳健性检验

前面的实证分析在考虑区域间空间相互关系形式时都是基于最基础的地理邻近性特征,也就是空间邻接权重和地理距离空间权重,并研究发现地理距离特征的区域创新活动比空间邻接特征的更明显、更符合实际。其实在现实中,除了物理距离特征影响外,也受许多虚拟距离特征影响,如最常见的就是经济距离。因此,借鉴林光平等(2005)、王钺(2017)的研究,此部分在考虑地理距离特征基础上纳入经济活动距离,构建能同时考虑地理和经济上空间关联性的综合空间权重矩阵 TW,以检验上述实证结果的稳健性。

TW 的计算表达式为:

$$TW = DW \times EW \tag{6-1}$$

其中,DW 就是前面的地理距离空间权重矩阵,即 $DW_{ij} = \begin{cases} 0, & \text{if } i = j \\ \dfrac{1}{d_{ij}}, & \text{if } i \neq j \end{cases}$。而 EW 表示经济活动距离,用来反映各区域间的区域经济发展水平差异,具体计算列式为:$EW_{ij} = \begin{cases} 0, & \text{if } i = j \\ \dfrac{1}{|\bar{Y}_i - \bar{Y}_j|}, & \text{if } i \neq j \end{cases}$,$\bar{Y}$ 为各地区在样本期间的平均国内生产总值。

运用综合空间权重 TW 后,Moran 指数为 0.1566 且在 1% 以下水平显著。从表 6-15 可知,LM-lag 和 LM-error 均在 1% 水平下显著,R-LM-lag 与 R-LM-error 也均显著但 R-LM-error 更显著,初步说明可运用 SLPM 和 SEPM 且 SEPM 的解释力更强一些,当然上述并不是非常严格以上的判断选择。将综合空间权重矩阵 TW 重新代入空间计量面板模型进行回归分析,并将 SLPM 进一步效应分解。具体结果见表 6-15。

表 6-14 基于综合空间权重的创新要素省域间流动模型空间依赖性诊断

检验	统计值	P 值	检验	统计值	P 值
LM – lag	12.3064***	0.000	R – LM – lag	6.2236**	0.013
LM – error	1.3860***	0.000	R – LM – error	12.2111***	0.000

注：***、** 表示能够通过显著性水平为 1%、5% 的统计检验。

表 6-15 基于综合空间权重的创新要素省域间流动影响区域创新绩效回归结果稳健性检验

	SEPM	SLPM		
	变量值	变量值	直接效应	间接效应
λ/ρ	0.5230***	0.2720***		
	(0.0000)	(0.0012)		
Lnpfl	0.1232**	0.0385	0.0430	0.0153
	(0.0471)	(0.5317)	(0.5769)	(0.6266)
Lntfl	0.0100	0.0236	0.0236	0.0089
	(0.8028)	(0.5669)	(0.5663)	(0.5928)
Lncfl	–0.0364*	–0.0468**	–0.0485**	–0.0178
	(0.0979)	(0.0183)	(0.0245)	(0.1110)
Lneco	0.0049	0.0058	0.0054	0.0021
	(0.7951)	(0.7613)	(0.7668)	(0.7771)
LnHum	–0.0218	–0.1016	–0.1046	–0.0363
	(0.9128)	(0.5705)	(0.5742)	(0.6228)
Lnope	0.1671***	0.0942***	0.0963***	0.0351*
	(0.0000)	(0.0062)	(0.0081)	(0.0643)
Lninf	0.1142**	0.1324**	0.1335**	0.0485*
	(0.0484)	(0.0152)	(0.0182)	(0.0830)
Lnmar	0.0625	0.0993**	0.0995**	0.0365
	(0.1267)	(0.0167)	(0.0198)	(0.1025)
R^2	0.9928	0.9940		
Log – L	194.7711	186.6574		

注：***、**、* 分别表示能够通过显著性水平为 1%、5%、10% 的统计检验。( ) 为 P 值。

从表 6-15 可知，采用综合空间权重矩阵后的 SEPM 和 SLPM 回归结果的显著性与方向总体上没有发生根本性的改变。综合两个模型，继续是创新人才空间流动（pfl）对区域创新绩效的正向影响更明显些且回归系数值也最大，创新技术空间流动（tfl）存在正向影响但不显著，创新资金空间流动（cfl）对区域创新绩效更倾向存在一定程度的抑制作用，与邻接空间权重、地理距离空间权重下的回归结果一致，表明研究结果稳健。进一步效应分解的结果也显示与空间邻接权重、地理距离空间权重下的效应分解结果较一致，结果较稳健。

6.4 本章小结

本章主要从空间计量实证分析、稳健性检验两个方面来呈现创新要素空间流动对区域创新绩效的具体影响。空间计量实证分析基于两种思路，第一种是基于单一创新要素空间流动对区域创新绩效影响的实证分析，分别从基于创新人才空间流动对区域创新绩效的实证分析，基于创新资金空间流动对区域创新绩效的实证分析，基于创新技术空间流动对区域创新绩效的实证分析展开；第二种思路是综合创新人才、创新资金、创新技术空间流动对区域创新绩效影响的实证分析。两种思路实证分析的结果显示：在空间邻接矩阵权重和地理距离权重下，创新人才空间流动、创新技术空间流动对区域创新存在一定程度的促进作用，进一步直接效应和间接效应的分解也表明对本省域、周边其他省域存在正向效应。创新资金空间流动倾向呈现一定程度的抑制效应。创新人才空间流动对区域创新绩效的影响最大，其次是创新技术空间流动，创新资金空间流动的影响最小。最后，通过构建地理距离权重和经济活动距离权重的综合空间权重矩阵进行稳健性检验，发现总体结果稳健。

第7章 结论、启示和展望

经过前面的探研,对创新要素空间流动及其对区域创新绩效影响进行了深入的理论和实证分析。本章在前面研究内容的基础上,进一步概括主要研究结论,提出相应政策启示,并梳理研究的不足和展望。

7.1 主要结论

我国经济已由高速增长阶段转向高质量发展阶段,正在大步迈入创新驱动发展的新时代。与以往任何时候相比,区域创新的战略意义越来越突出和重要,已经化作国家发展的指向针。怎样才能在持续推动区域创新发展的基础上,着力解决好区域创新发展不平衡、不充分问题?创新要素在不同地理空间的有效流动是一个新的探研视角。创新要素是实施创新驱动、保障区域创新绩效提升的重要战略资源。在越来越开放的经济时代,人才、资金、技术等各类创新要素都将处于流动越来越充分的动态状态,创新要素跨区流动将是一种"常态"。因此,促进区域创新发展、提高区域创新绩效的内源性动力不仅只局限于本地区自身创新要素的绝对供应量情况,也需要更多地依靠创新要素通过在不同地理空间流动而产生的相互作用和相互联系情况。没有创新要素自由、高效、充分地在不同省域空间流动是无法真正统筹实现我国区域创新的协调发展和区域创新绩效的全面提高。区域创新能力和区域创新绩效提高的过程实质上就是创新要素在各区域间有效配置和流动的动态过程。近年来,不少学者在创新要素流动的影响因素、流动规律、对区域创新绩效的实证影响等方面展开了研究并取得了不少研究成果,但这一方向的研究仍然处于探索和起步阶段。有关创新要素空间流动的模式、动因、对区域创新绩效影响的理论机理等还缺乏较系统性的研究,对创新要素空间流动的空间布局和特性变化还鲜有研究,对创新要素空间流动对区域创新绩效的实证研究还有待进一步丰富。

基于此，本书首先在详细分析创新要素空间流动形式、主要渠道、主要动因的基础上，全面剖析了创新要素空间流动影响区域创新绩效的理论作用机理；其次，构建能模拟估算创新要素流动可能性、方向性和规模性的引力模型，模拟估算创新要素空间流动偏好联系量，深入分析我国创新要素空间流动偏好、空间聚集中心和空间关联性布局及演变；最后，构建创新要素空间流动影响区域创新绩效的空间计量面板模型，实证分析了创新要素空间流动对区域创新绩效的具体空间影响及影响的差异性，上述研究对优化我国创新要素空间流动机制和布局、全面提高区域创新绩效、推进创新驱动发展战略、统筹我国区域创新协调发展提供了重要的理论和实践指导意义。现将本书的主要研究结论总结如下。

7.1.1 关于创新要素空间流动机理

创新人才、创新资金和创新技术的空间流动形式均丰富多样。目前我国创新要素空间流动主要的综合性流动渠道分别为创新人才迁移渠道、研发直接投资渠道、研发外包渠道、技术联盟渠道、产学研合作创新渠道、技术与高技术产品省际贸易渠道及政府筑巢引凤渠道。创新要素在不同区域间的流动主要受市场拉动、政府推动和市场与政府协同三个动因决定，其中以市场拉动为主、政府推动为辅的协同动因是目前及将来我国创新要素流动的主流动因。创新要素空间流动如何影响区域创新绩效呢？从理论上来分析，适度的创新要素空间流动易形成创新要素动态优化配置效应、创新知识跨区溢出效应、规模经济效应、跨区创新合作网络效应等对区域创新绩效的正向影响效应。不适度的创新要素空间流动一来较易在中心地区形成过度集聚拥挤竞争效应而可能对区域创新绩效产生倒"U"形影响，二来外围地区创新要素倒吸效应也会对这些地区区域创新绩效提升形成抑制作用。

7.1.2 关于创新要素空间流动偏好布局

（1）创新人才空间流动偏好布局。①目前我国各省域间创新人才流动偏好格局总体上符合"胡焕庸"线分布，存在较明显的空间不均衡，"胡焕庸"线的东南部是全国创新人才流入的偏好区域。其中偏好主磁场在东部地区并稳固在北京、广东、上海、江苏和浙江，且北京和广东一直为创新人才偏好差异不大的最强磁极。②创新人才省域空间流动偏好性在不同时空有所发展变化，偏好的分散性越来越显现。发展至2016年，全国多数省域对创新人才的吸引力都有所增强，这对促进我国区域创新协调发展的实现是个利好趋势。具体来说，创新人才对北京、上海偏好性的增长势头已经不再显现,对东北三省的偏好性在持续下降,对江苏、浙江的偏好性持续"走高",且偏好江苏的程度已超过了上海,而对浙江的偏好程度已逼近上海。创新人才流动对福建省的偏好有追赶山东和天津的趋势,对东部的河北、中部的河南和湖北、西部的四川的偏好程度也在较稳健提升,而对我国最西部的西藏、青海、新疆、宁夏、甘肃、广西和东部海南的偏好程度持续低下,这些地区已成为我国吸引创新人才流入的"低洼地"。③从创新人才省域空间流动第一偏好梯队的创新人才扩散路径来看,整体上多数以扩散到东部沿海区域为主,且各自对相邻的周边区域的扩散效应都较低或很低。可见,我国创新人才省域空间流动偏好布局表现出一定的空间惰性和时间惯性。

(2) 创新资金空间流动偏好布局。①目前我国各省域间创新资金流动偏好格局总体上呈现"川"字结构,存在明显的空间不均衡。创新资金空间流入偏好磁场主要在东部地区并稳固在广东和江苏,其中广东一直为创新资金最偏爱的磁极且其"极核"地位越来越突出。②创新资金省域空间流动偏好性在不同时空有所发展变化,偏好的集中性越来越显现。创新资金对广东的偏好性增强显著,对上海、浙江、湖北、湖南、江西、重庆和广西等的偏好性在较稳步增强,其中对上海的偏好性有赶超山东的趋势,而对浙江的偏好性有追赶山东的势头。但半数左右省域的创新资金流动偏好性在下降,如对山东、陕西、河南等的偏好性有所下降,对东北三省的偏好性在持续下降。而我国西部的西藏、青海、新疆、宁夏、甘肃、内蒙古和东部海南的创新资金流动偏好性持续低下,已成为我国吸引创新资金流入的"低洼地"。③从创新资金空间流动偏好第一梯队的创新资金扩散路径(流出的路径)来看,主要的扩散承接地多数为东部沿海区域的广东、江苏、山东、北京和上海,尤其是以广东和江苏最为明显,但对相邻的周边区域的扩散效应虽处于提高状态但总体仍处于较低状态。可见,我国创新资金流动偏好表现出较强的空间惰性和时间惯性。

(3) 创新技术空间流动偏好布局。①我国各省域间创新技术流动偏好格局存在明显的空间不均衡,目前总体上呈现横"T"字型格局,由"东部沿海地带——安徽、湖北、陕西和四川"组成的横"T"字型布局是我国创新技术流动偏好区域,当然偏好主磁场分布在东部地区并稳固在北京和广东,其中创新技术最偏好的磁极由2008年、2012年的广东发展为2016年的北京。②创新技术省域空间流动偏好性在不同时空有所发展变化,偏好呈现一定程度的分散性。创新技术对山东的偏好性持续增强趋势明显,对上海、辽宁偏好性下降态势明显。创新技术空间流动对中部地区的多数省域、西部大部分省域的偏好程度整体上都有所提高,但我国西部的西藏、新疆、宁夏、青海、贵州、广西、甘肃和重庆,东部海南,中部的山西和江西,创新技术流动对它们的偏好性一直处于低下状态,这些地区已成为我国创新技术流入的"低洼地"。③从创新技术青睐流入的第一偏好梯队的创新技术扩散路径来看，主要扩散承接地多数位于东部沿海区域，尤其是以广东和北京为最。因此，我国创新技术空间流动偏好也表现出一定的空间惰性和时间惯性。

综上所述，发展到2016年，我国创新人才、创新资金和创新技术流动偏好的空间格局均处于较不均衡状态并表现出一定的空间惰性，均最青睐流向东部地区。其中创新人才流动偏好的最强磁场是北京和广东（两者差异不大），创新资金流动偏好的最强磁场是广东，创新技术流动偏好的最强磁场是广东和北京（两者差异不大）。总体上，广东、北京、上海、江苏、浙江和山东（排名不分先后）均是创新人才、创新资金和创新技术流动偏好的主要省域。相对而言，广东是创新资金、创新技术流动对其的偏好强于创新人才，北京是创新人才、创新技术流动对其的偏好强于创新资金，上海是创新人才流动对其的偏好强于创新资金和创新技术，浙江省是创新人才流动对其的偏好强于创新资金和创新技术流动，山东是创新人才、创新技术流动对其的偏好强于创新资金。而江苏创新人才、创新资金和创新技术流动对其的偏好性均很强，差异不明显。我国西部地区西藏、青海、新疆、宁夏、甘肃和东部的海南持续处于创新人才、创新资金和创新技术流入的"低洼地"。

7.1.3 关于创新要素空间流动的空间集聚中心布局

（1）基于创新要素空间流动偏好联系总量及其比重变化分析。2008~2016年，①创新人才空间流动的空间集聚中心布局。北京、广东、江苏、上海和浙江这五个省域的创新人才流动偏好联系总量比重持续稳固在前六名内，其比重总和占据了全国的60%~70%，是创新人才省域空间流动网络格局中最大、最强、最稳定的空间集聚中心。全国和东部地区创新人才空间流动的最强集聚中心是北京，东北地区是辽宁，中部地区是河南，西部是四川。从区域角度看，东部地区是汇集创新人才最强的集聚中心，其次是西部地区，然后是中部地区。从创新人才空间流动偏好联系总量比重增长来看空间集聚中心发展，全国范围内北京、上海、辽宁、黑龙江、山西和甘肃负增长且北京比重下降明显，表明这些省域创新人才的集聚程度在下降；其他省域都是正增长，对创新人才的集聚程度在增加。②创新资金空间流动的空间集聚中心布局。广东、江苏、山东、北京和上海这五个省域的创新资金空间流动偏好联系总量比重持续稳固在前六名内，比重总和占据了全国50%以上，是创新资金空间流动网络格局中最大、最强、最稳定的空间集聚中心。全国和东部地区创新资金空间流动的最强集聚中心是广东，中部地区是湖北，西部地区是四川，东北地区没有特别显现优势的省域。从区域角度看，东部地区是汇集创新资金最强的集聚中心，其次是中部地区，然后是西部地区。从创新资金空间流动联系总量比重增长来看空间集聚中心发展，全国范围31个省域中，包括北京、山东、河北、黑龙江、吉林、辽宁等14个省域集聚程度在下降均出现负增长，西部地区有58.3%的省域出现下降，东北三省均下降，其他省域都是正增长且广东及东部地区的比重上升明显。③创新技术空间流动的空间集聚中心布局。广东、江苏、北京、上海和浙江这五个省域的创新资金空间流动偏好联系总量比重持续稳固在前六名内，比重总和占据了全国60%以上，是创新技术空间流动网络格局中最大、最强、最稳定的空间集聚中心。全国和东部地区创新技术空间流动的最强集聚中心是广东，中部地区是湖北，西部地区是四川，东北地区是辽宁。从区域角度看，东部地区是汇集创新技术最强的集聚中心，其次是中部和西部地区。从创新技术空间流动偏好联系总量比重增长来看空间集聚中心发展，全国范围31个省域中，包括上海、浙江等13个省域出现负增长对创新技术的集聚程度在下降，其他省域都是正增长对创新技术的集聚程度在增加。东部地区整体及东部地区内50%的省域出现负增长，东北地区及其三省域均出现负增长，西部地区和中部地区总体上是正增长。

（2）基于SOM神经网络聚类分析。2008~2016年，①创新人才省域空间流动一级集聚中心均为北京、上海、江苏、浙江和广东（排名不分先后），中心地位十分稳定。天津和山东一直处于二级集聚中心，所有的中部地区和西部地区均处于最低的四级中心。辽宁集聚等级下降，福建集聚等级上升，总体上创新人才省域空间流动的空间集聚中心格局演化稳定性强。②创新资金省域空间流动的空间集聚中心格局演变较明显。一级中心由2008年的7个演变发展到2016年的上海、江苏、浙江、山东和广东5个省域。二级中心由2008年的3个省域演变为2016年的2个省域。三级中心由2008年的3个演变为2016年的6个。北京、黑龙江、辽宁集聚等级均下降。③创新技术省域空间流动集聚中心格局演变基本明显。一级集聚中心广东、北京、上海、江苏和浙江（排名不分先后）中心地位十分稳定。二级集聚中心力量薄弱，三级集聚中心数量增加，四级集聚中心数量减少。

综上所述，目前创新人才流动的集聚程度总体上呈现"东部地区＞西部地区＞中部地区＞东北地区"的空间布局，而创新资金和创新技术流动的集聚程度均呈现"东部地区＞中部地区＞西部地区＞东北地区"的布局。创新人才、创新资金和创新技术空间流动最强的集聚区域均是东部地区，全国65%以上的流动创新要素都汇集到了东部地区，且创新资金流动至东部地区汇聚的程度有持续提高的现象。中部地区对创新人才、创新资金和创新技术的集聚吸引力均在持续提高中。西部地区对创新人才、创新技术的集聚吸引力在增强，但对创新资金的集聚吸引力在下降。需要重点关注的是东北地区，其对创新人才、创新资金和创新技术的集聚吸引力下降显著。总体来说，创新人才省域空间流动集聚中心格局演变最稳定，创新技术其次，而创新资金最不稳定。其中，上海、江苏、浙江和广东（排名不分先后）均是创新人才、创新资金和创新技术空间流动的一级空间集聚中心，中心地位非常稳定。创新人才空间流动的最强集聚中心是北京，创新资金和创新技术的均是广东。从空间集聚中心的发展来看，北京对创新人才的"虹吸效应"在减弱，广东对创新资金的"虹吸效应"有增强趋势但对创新技术的"虹吸效应"呈现略减弱现象。

7.1.4 关于创新要素空间流动的空间关联性布局

（1）创新人才空间流动的空间关联性布局。总体上我国创新人才空间流动形成了具有较强空间锁定性的正向的局部空间集聚关联格局，且这种空间集聚格局呈现空间不均衡状。主要以 H-H 和 L-L 的集聚类型为主，尤其以 L-L 集聚类型居多。其中 H-H 集聚俱乐部主要分布在东部地区，上海、天津、浙江、江苏始终位居 H-H 阵营，且上海和天津为显著的 H-H 集聚；L-L 集聚阵营主要分布在西部地区，且新疆、甘肃、宁夏、青海、陕西和四川始终处于显著的 L-L 集聚状态并连片分布。而对于不典型的 H-L 和 L-H 集聚，广东始终处于 H-L 集聚阵营，而福建、河北、安徽、江西和广西始终处于 L-H 阵营。上述局部空间集聚格局演变整体较稳定，2008~2016 年，除了北京、山东、辽宁涉及位移跃迁变化外，其他省域均保持不变。

（2）创新资金空间流动的空间关联性布局。我国创新资金空间流动形成了具有正向的一定空间锁定性的不均衡的局部空间集聚关联格局。绝大部分省域间的创新资金流动呈现的是以 H-H 和 L-L 为主要集聚类型的正向空间依赖关系，尤其以 L-L 集聚类型居多。其中 H-H 集聚俱乐部主要分布在东部地区，上海、浙江、江苏、山东始终位于 H-H 俱乐部。L-L 集聚阵营涵盖了几乎所有的西部地区。广东和北京始终处于 H-L 集聚阵营里，而安徽、江西和广西始终处于 L-H 阵营。上述局部空间集聚格局演变整体较稳定，2008~2016 年，除了天津、福建、辽宁、黑龙江、吉林涉及位移跃迁变化外，其他省域均保持不变。

（3）创新技术空间流动的空间关联性布局。我国创新技术空间流动形成了正向的不均衡的局部空间集聚关联格局，且这种空间格局具有很强的空间锁定性。主要以 H-H 和 L-L 集聚类型为主，尤其以 L-L 集聚类型居多。其中 H-H 集聚俱乐部主要分布在东部地区，上海、浙江、江苏、山东一直呈现 H-H 集聚，且上海是显著的 H-H 集聚。几乎所有的西部地区一直处于 L-L 集聚阵营，且新疆和四川是显著的 L-L 集聚。广东和北京始终处于 H-L 集聚阵营，而天津、福建、河北、安徽、江西、广西、湖南始终处于 L-H 阵营，且福建一直是显著的 L-H 集聚。上述局部空间集聚格局演变整体较稳定，2008~2016 年，除了辽宁涉及位移跃迁变化外，其他省域均保持不变。

综上所述，2008~2016 年，我国创新人才、创新资金和创新技术省域空间的流动，均呈现明显的正向的局部空间集聚关联格局，且这种空间集聚格局均表现出较稳定的空间锁定性。均是 L-L 集聚类型最多，主要分布在西部地区；H-L 不典型集聚类型最少，广东省无论是创新人才、创新资金还是创新技术的省域空间流动均呈现 H-L 类型。H-H 集聚省域均位居东部地区，且上海、浙江和江苏均呈现创新人才、创新资金和创新技术省域空间流动的 H-H 集聚类型。而安徽、江西和广西在时空发展中均处于创新人才、创新资金和创新技术省域空间流动的 L-H 集聚阵营。出现这种具有较强锁定性的空间集聚格局的可能原因是：区域创新是一个系统的过程，需要整合与协同各类创新资源要素才能获取好的创新绩效，而东部地区拥有丰富的创新人才、创新资金等创新资源储备，较易与新进入的创新要素实现动态最优配置而发挥更大的效用。且创新要素流入、区域创新水平提升与区域经济发展间的良性循环，使创新要素不断流入东部地区，而东部省域"强—强"区域间的竞争优化又促使创新要素在东部省域之间充分流动。而与之相反的是，对于大部分中西部和东北地区来说，创新环境和创新活力欠佳，创新资源要素本身较匮乏，再加上邻近区域间同样欠佳的创新发展能力和环境，集聚、扩散等协同发展效应无从发挥，创新要素流入量长期处于较低或很低的水平。

7.1.5 关于区域创新绩效的空间发展特征

2008~2016 年，我国区域创新总体绩效水平从东到中再到西的梯度递减分布明显。区域创新绩效最强区域分布在东部沿海地区，江苏、广东、浙江、北京、山东和上海一直处于区域创新绩效的前六强。中部创新绩效总体处于中下水平，西部处于低下水平，东北三省处于较低水平。东部地区的区域创新绩效水平高于全国均值并处于提高状态。西部、中部与东北部的区域创新绩效均值比全国区域创新绩效均值都要低，西部与中部处于区域创新绩效均值缓慢提升状态，东北部处于区域创新绩效不断下降状态。

从空间趋势面分析，我国区域创新绩效的空间指向性很明显，整体呈现出"东、南高和西、北低"的空间分异趋势特征。在东西方向上，呈现自西向东攀升且"西低、东高"的斜线状空间结构，表明中国东部地区的区域创新绩效始终显著大于西部地区但差距有微弱的缩小。在南北方向上，由2008年、2012年的倒"U"形向2016年的半抛物线空间结构演变，且趋势曲线呈南段上升、北段基本不变的态势，意味着南部地区处于区域创新绩效提升且高于北部地区态势，这从一定程度上说明南北部间的区域创新绩效高低差距有增大现象。从区域创新绩效这一总体空间动态发展趋势表明，区域创新绩效在中国各区域间可能存在复杂的动态空间联系，这些空间联系并不是随机均匀发生的。

从全局 Moran 指数和局部 Moran 指数来进一步分析区域创新绩效的空间分异现象。我国各省域的区域创新绩效呈现显著的正的空间自相关性，集聚特征的空间关联现象非常明显。多数省域的创新绩效以 H-H 和 L-L 的正向集聚为主，尤其是 L-L 集聚居多。H-H 集聚形式的省域多为东部地区，其中上海、江苏、浙江和山东始终位于 H-H 矩阵类型，安徽和湖南 2016 年均发展为 H-H 俱乐部。而 L-L 集聚省域几乎涵盖了整个西部地区和东北地区。广东、北京和湖北一直处于非典型的 H-L 俱乐部，而东部的福建和河北、中部的江西与西部的广西始终处于 L-H 俱乐部。上述区域创新绩效的局部空间集聚格局演变整体较稳定，存在一定的空间锁定性，2008~2016年，除了天津、四川、辽宁、安徽、湖南和河南涉及位移跃迁变化外，其他省域均保持不变。

7.1.6 关于创新要素空间流动对区域创新绩效的具体影响

创新人才、创新资金和创新技术空间流动对区域创新绩效影响存在较大差异。其中，创新人才和创新技术空间流动对区域创新绩效产生一定的正向影响，创新资金空间流动对区域创新绩效影响倾向一定程度的抑制作用。创新人才空间流动对区域创新绩效的影响最大，其次是创新技术空间流动，影响最小的是创新资金空间流动。进一步效应分解，创新人才空间流动、创新技术空间流动对区域创新绩效的直接效应和间接效应均为正值，在一定程度上不仅可以通过直接效应促进本区域创新绩效提升，还可通过间接效应的空间溢出促进其他区域创新绩效提升。创新资金空间流动对本区域、其他区域创新绩效的提升存在一定程度的抑制。

创新资金与创新人才、创新技术空间流动对区域创新绩效影响的差异性，可以用其空间流动偏好、集聚格局发展的差异性来解释。与创新人才和创新技术的空间流动偏好、集聚格局相比，我国创新资金省域间流动偏好格局呈现更集中性的趋势，其集聚格局呈现广东及东部地区对创新资金的"虹吸效应"在增强且集聚强度在提高，而东北地区和西部地区创新资金的集聚吸引力下降呈较明显的格局发展态势。也就是说,创新资金呈现越来越向东部地区及东部地区的广东集聚,这在一定程度上也表明创新资金与创新人才、创新技术相比,其逐利性最明显。创新资金这样的空间流动偏好集聚格局发展趋势较容易导致:一方面创新资金空间流动过度集聚于东部地区,尤其是广东等少数几个省域,出现创新资金相对富余闲置,或创新人才等其他创新要素与其配置不足,进而抑制了创新资金的最优使用效率和创新生产效率,使创新资金对区域创新绩效的提升出现倒"U"形影响并处于倒"U"形的抑制这一侧影响。另一方面,对于创新资金集聚吸引力低下而流入量低下并同时呈现倒吸的外围区域来说,面临的是创新资金的严重缺乏和不足,降低了创新生产效率,同样不利于区域创新绩效的提升。毕竟创新资金要素自身不能发挥主观能动性,必须与创新人才等其他创新要素有效结合才能发挥最大产出效益,相对富裕或不足都会降低创新资金的产出能力。

7.2 政策启示

(1) 在继续以"效率优先,兼顾公平"为基本出发点的基础上,差异化促进各区域创新发展。东部地区要鼓励发挥创新要素空间流动所引发的创新辐射带动作用;中部地区、东北地区和西部地区需要加大力度支持创新,特别是西部地区更应政策倾斜,直接引导创新要素流入的增加。

东部地区:是我国区域创新发展的"火车头",区域创新绩效总体上处于较高水平,是创新人才、创新资金、创新技术等各类创新要素空间流动偏好程度最强的区域,广东、北京、上海、江苏、浙江、山东均是是我国创新人才、创新资金、创新技术等创新要素流入的最强或较强空间集聚中心。但从这些空间集聚中心的创新要素流出主要承接地来看,均是在东部地区,因此创新要素仍然处于在"强—强"区域之间基于竞争优化效应的流动,东部地区"火车头"的带领作用并没有很好展示。所以东部地区在继续保持区域创新优先发展势头的同时,必须多渠道多途径大力发挥和提升对中部、西部和东北地区的辐射和带动作用。

中部地区:中部六省目前区域创新发展势头不错,湖北、湖南、安徽等区域创新绩效都处于中上水平,湖北、湖南尤其是湖北在对创新资金、创新技术、创新人才的吸引力上在不断增强。无论是从创新要素空间流动偏好的选择,还是区域创新绩效高低上,中部六省现均处于我国区域创新发展中的第二梯队,但与东部地区创新发展相比,仍差距悬殊。因此,必须继续大力推进"中部崛起"战略，加快深入实施"中部地区区域创新战略工程"，在持续增强创新要素的吸引力的同时，持续提升区域创新绩效。

东北地区：东北三省近些年区域创新发展"滑铁卢"明显。区域创新绩效处于下降状态至较低水平，对创新人才、创新资金、创新技术等创新要素流入的集聚吸引力也在不断下降，特别是辽宁退步明显，从曾经是创新资金、创新人才空间流动的二级空间集聚中心分别下降为现在的四级也就是最低级集聚中心，创新技术也从曾经的最高级即一级集聚中心下降为现在的三级集聚中心。因此，中央政府和地方政府协同配合，继续加大力度做好"全面振兴东北"战略，深入推进东北地区的产业转型升级，恢复和增强东北地区区域创新的活力，有了创新活力就能更好地带动创新要素在区域内外的流动共享，并积极提高区域创新绩效。

西部地区：对于我国西藏、新疆、青海、甘肃、宁夏、云南、贵州、广西、内蒙古等绝大部分西部地区来说，区域创新绩效一直处于低下水平状态，外部创新人才、创新资金、创新技术等创新要素的流入量极低，按目前状况通过市场机制吸引更多外部创新要素的流入存在较大困难。再加上存在创新人才、创新技术、创新资金等创新要素向东部地区等发达或较发达地区"倒吸"或"回流"的现象，特别是创新资金的"回流"或"倒吸"更明显，致使创新要素空间流动所产生的积极的动态的空间效应难以有效发挥，创新要素流动、创新要素集聚、区域创新绩效提高间的良性循环在西部地区还没有有效建立起来。在此前提下，要实现在培育和留住本区域创新要素的基础上，加大外部区域创新要素的流入并积极提高区域创新绩效，实施政策倾斜就显得很有必要，须大力发挥和加强政府对创新活动的直接引导和调节作用，从机制、体制、制度和政策等多方着手。在西部大开发战略的推进实施中，本书建议中央政府要统筹全局，在保证各区域创新发展适度差异的同时，积极优先西部地区实施产业发展方面的政策倾斜。产业特别是新兴产业、技术密集型产业是吸引、集聚各类创新要素的"温床"，也是提高区域创新绩效的"芯片"。中央政府在统筹和优化全国产业空间布局，因地制宜地向西部地区倾斜规划，并积极推进一些新兴产业和高新技术产业向西部地区集聚，构建西部地区战略性新兴产业生态圈，培育西部地区创新的"核动力"。这样，在继续运用科技特派员、增加西部地区的财政投入等创新要素"政策性供给"或"政策性输出"的基础上，夯实了西部地区吸引外部创新要素流入的能力和提高西部地区区域创新绩效的产业基础，促进西部地区创新跨越式发展的实现。

（2）加强建设或完善一批创新要素流动的空间集聚中心，提高或突出其空间集聚中心的地位和作用。从本书的研究可知，创新空间联系存在地理距离特性，随着距离扩大，联系的强度和效应都会减弱。而空间集聚中心对各类创新要素有强大的集聚吸引力，也更容易通过创新要素流动等复杂的创新空间交互作用对周边邻近地区产生辐射作用。由此，首先，重点扶持和建设中、西部和东北地区的创新要素集聚中心，提高其空间集聚中心地位。结合创新人才、创新资金、创新技术等创新要素空间流动偏好程度的整体增加情况，中部地区建议加强建设湖北、湖南和河南，西部地区建议重点建设四川、陕西、重庆和广西，东北地区建议重点建设辽宁。由这些发展起来的空间集聚中心就近带动各自中部、西部和东北地区创新发展，并最终连片成堆地承接东部地区的辐射作用而实现协同发展。其次，对我国最主要的也是最强的广东、北京、上海、浙江和江苏五大创新要素空间流动的空间集聚中心来说，要不断完善并突出其空间集聚中心的辐射带动作用，尤其是广东。这些空间集聚中心在吸引、汇集创新要素过程中，不能盲目追求创新要素的规模，如过度吸引并汇集同质性创新人才导致闲置，过度吸引并汇集创新资金而导致有效利用率下降等，这些都将对区域创新绩效产生消极影响。而是应该统筹区内外优质的创新资源，注意引入多样化的创新要素并保证创新要素质量。在吸引更高级创新要素的同时，促使部分创新要素向周边区域流动，转移自身过剩创新产能，带动周边区域共同发展，乃至撬动全国实现创新驱动式发展。

（3）注重利用区域间创新的空间关联关系，统筹区域创新空间发展战略，形成和实现跨区协同创新格局。从本书的研究可知，创新人才、创新资金、创新技术空间流动和区域创新绩效分别都存在显著的正向空间依赖性，结合实证还可知区域创新绩效存在显著的空间溢出效应，这就表明一个地区区域创新绩效的高低、创新要素对其流入偏好的强弱并不完全取决于自身内部，在一定程度上受周边区域创新要素流动偏好、周边地区区域创新绩效高低的空间关联影响，而且这种空间关联影响随着时间推移还呈现一定程度的空间锁定性。对于H-L集聚类型，H区域应增强对L区域创新人才、创新资金、创新技术、创新知识信息等的输送，主动带动L区域的创新发展；对于L-H集聚类型，L区域应着力打破与H区域间的创新联系壁垒，接受周边H区域应创新要素集聚、区域创新绩效优良而引发的辐射带动；而L-L集聚类型，应注重培育创新中心极发展从而带动周边落后地区的共同崛起；而对于H-H集聚类型，在注重区域间竞争优化互促发展的同时，更应增强对远距离区域的创新辐射带动。也就是说，各区域间必须注重区域创新活动间的这种空间关联关系，打破各区域间的行政区地理限制，打破影响区域创新要素流动、溢出等交互作用的市场壁垒和体制壁垒，统筹区域创新空间差异化战略规划，强化创新要素流动强与弱、区域创新绩效强与弱地区间的全方位合作，在区域间搭建如产业技术研究平台、新兴创新功能平台等创新的共享和合作平台，促进创新人才、创新技术、创新资金等创新要素的跨区流动，形成和推动创新跨区协同格局，从而达到事半功倍、共同提升区域创新绩效水平的效果。

（4）注重创新要素空间流动的适度性，以适度集聚为主，辅以有效扩散流动，增强创新要素空间流动对全面提升区域创新绩效的正向影响。从本书的研究可知，创新人才空间流动对区域创新绩效的促进作用较明显，且影响最大；创新技术空间流动对区域创新绩效有正向影响但不显著，影响次之；创新资金空间流动对区域创新绩效呈现一定程度的消极影响，影响最小。创新要素空间流动对区域创新绩效影响的差异性，源自于创新要素空间流动偏好、集聚格局发展的差异性。相比较而言，创新人才在我国各省域间流动中，向北京的流动偏好和集聚程度下降明显，向东部地区的流入偏好和集聚程度也呈现下降态势，而向中部地区、西部地区的流入量在增加。创新技术在我国各省域流动中，向东部地区及东部地区的上海、浙江等的流入偏好和集聚程度也下降，而向中部地区、西部地区的流入量在增加。而创新资金与创新人才、创新技术流动集聚格局的演变有所不同，创新资金在我国各省域流动中，逐利性最明显，向东部地区及东部地区的广东流入偏好和集聚程度提升明显，广东及东部地区对西部地区的创新资金"虹吸效应"在增强，西部的大部分省域都呈现创新资金流入增比下降。这样的流动格局与对区域创新绩效的具体影响相对应表明，只有适度的创新要素空间流动及由此形成的适度的创新要素集聚水平才能对区域创新绩效产生促进作用。我国区域创新绩效的全面提升，仅靠东部地区或东部地区的几个创新极核的发展是行不通的，必须要东、中、西和东北区域间的协调发展，由此必须实现创新要素向不同区域流动中形成向东部适度集聚而向中、西和东北地区有效扩散流动的格局。一方面，要加大力度推进创新人才、创新技术的这种空间集聚中显扩散的流动格局，增强其对区域创新绩效的提升作用；另一方面要引导创新资金分流，适当降低创新资金在东部地区的汇集，加强向东北地区、西部地区和中部地区的流入，扭转创新资金空间流动对区域创新绩效的抑制作用。

（5）各区域要继续加强基础设施、信息化水平、市场化水平等的建设和完善。一方面，这些因素对区域创新绩效的提高有积极的促进作用；另一方面，这些因素是保障创新要素充分流动、降低创新要素流动中的成本、提高创新要素流动中动态空间配置能力、扩大创新要素流动中创新知识空间溢出效应的基础性条件。区域创新是区域经济发展的关键驱动力，区域创新发展归根结底要靠创新人才，因此，在区域经济发展过程中，要不断增强对区域创新活动和人才教育培养的投入，从而增强地区经济发展水平和人力资本水平对区域创新绩效的正向作用。

7.3 研究不足和展望

在走进高质量发展新时代里，创新是解决经济社会发展不充分、不平衡的新动能和不竭动能。要统筹实现我国区域创新协调发展和区域经济一体化发展，创新要素充分、自由流动是基础和保障。随着我国改革开放的不断深入推进、市场化水平的不断提高，创新要素在不同区域间的流动越来越频繁和复杂，研究创新要素空间流动及其对区域创新绩效的影响具有重要的理论和实践指导价值。本书通过对创新要素空间流动估算、创新要素空间流动偏好布局变化、创新要素空间流动的空间集聚中心布局变化、创新要素空间流动的空间关联性布局变化、创新要素空间流动与区域创新绩效关系等内容进行了深入的探讨，取得了一些具有实际意义的研究结论。但是，鉴于笔者自身学术水平和精力的局限性及研究主题的复杂性，使本书的研究仍存在不少不足之处，有待于在后续的研究中不断提高自己，并进行进一步完善和扩展。

第一，关于研究样本数据。本书将创新要素流动作为研究对象，从我国省域层面考察了创新要素空间流动的空间布局特性及其与区域创新绩效的关系，考虑到数据的可获得、统计口径的一致性，构建了 2008～2016 年的 31 个省域的面板数据，具有一定的局限性。首先，创新要素跨区流动并不是近些年才出现的，较短的时间跨度并不能全面反映我国创新要素空间流动的空间特征变化，及对区域创新绩效的具体影响；其次，影响创新要素空间流动方向性、可能性的因素很复杂，但由于各省域间在数据公开上存在一定的差异性，不少数据因为难以收集齐全或收集不到而没有加入研究模型中。因此，在未来的研究中，可以加大数据收集力度，结合最新的数据并拓展时间跨度展开研究，并与本书的主要结论进行比对分析，进一步挖掘和探寻我国创新要素空间流动的空间特性发展变化规律及对区域创新绩效的具体影响。

第二，关于研究的地域空间范围。本书着重研究了我国行政省域层面之间创新要素的流动。由于样本时间跨度较短，如区分东部、中部、西部和东北地区进行分别考察创新要素空间流动对区域创新绩效的影响，因为涉及样本数量偏少由此形成的研究结论的可信性有偏差，所以并未涉及研究。其实每个省域内部不同城市间本身发展也存在较大差异，创新要素流动的表现和效应也不尽相同，本书也并未涉及。事实上创新要素在不同地理空间的流动非常复杂，流动原因、流动表现和流动空间效应都会存在差异性，需要从多个地域空间范围分别去研究，并从中找寻出其中的共性和异性,那样更具有理论和现实的指导意义。现实中,各个区域间的经济联系和创新联系更多的是通过更小空间单元如城市这一级别发生。因此,今后除了更进一步深入省域层面创新要素流动的研究外,拟打算从我国地级行政区域角度,从我国290多个地级城市角度探研创新要素流动规律和对区域创新绩效的影响,并结合我国目前经济圈或城市群经济发展特征,比较研究京津冀城市群、长三角城市群、成渝城市群、长江中游城市群、中原城市群、关中平原城市群等城市群的创新要素流动规律和效应。

第三,关于研究方法和研究内容。研究创新要素空间流动,对创新要素空间流动量的衡量是个首要解决的难题。由于严重缺乏创新要素在不同空间流动的真实数据,本书借鉴主流的估算方法引力模型进行估算。首先,引力模型本身没有方向,本书虽改进了引力模型,加入影响创新人才、创新资金、创新技术流向的因素进行流动方向、规模的反映,但这是个理论模拟推算,模拟出来的数据更大限度地反映的是创新要素流动呈现出来的空间联系状况,不是创新要素的流动量,也不能反映创新要素的净流动程度。其次,本书构建的引力模型粗略反映了创新要素流动的方向性,所以所对应的矩阵数据是不对称的,但本书研究时仅侧重单向作用方向的创新要素流动研究,确切地说以研究创新要素流入联系为主,对创新要素流动的反映和研究并不全面。再次,区域创新是个复杂的涵盖多方面的系统,绝不是几个简单的指标就能准确、全面衡量出区域创新绩效。且只侧重考虑了空间邻接、地理距离倒数和经济活动距离这些最基础的空间权重矩阵,实际中创新空间联系也受制度距离、技术距离等多种虚拟距离的影响。最后,关于各创新要素对区域创新绩效正向影响的空间流动适度规模问题本书也没有涉及研究。因此,在未来的研究中,需要进一步探寻能更明确创新要素流入量及流出量的方法,拓展研究创新要素空间流动网络及网络结构的演变发展,更系统全面地考察区域创新绩效,并从创新要素流入量、流出量及净流量角度探研对区域创新绩效的影响,及定量探研创新要素空间流动对区域创新绩效影响的适度规模问题,以期能够使研究方法更切合实际,研究内容更全面、更深入、更具有现实指导意义。

附录

附录1

创新人才空间流动量模拟测度 matlab 运算代码

```
function [pfl,pflI,pflO,RpflI,RpflO] = pfl(P,Wage,Gdp,D)
%%%%%%%%%%%%%%%%%%%%%%%%%%%%%%%%%%%
% 计算创新人才空间流动模拟量
% 输入 P 各个省域创新人才数 Wage 各个省域工资水平 Gdp 各个省域 GDP D 地理距离
% 输出 pfl 各个地区创新人才空间流动联系量 pflI 为 j 省域流入偏好总量 pflO 为 i 省域流出总量 % RpflI 为各个省域流入 j 比例 RpflO 为 i 地区流向各个省域比例
[m,n] = size(P);
%%%%%%%%%%%%%%%%%%%%%%%%%%%%%%%%%初始化存储矩阵
pfl = zeros(m,m);
pflI = zeros(1,m);
pflO = zeros(m,1);
RpflI = zeros(m,m);
RpflO = zeros(m,m);
%%%%%%%%%%%%%%%%%%%%%%%%%%%%%%%%%计算联系量
for i = 1:m
    for j = 1:m
        pfl(i,j) = (P(i) * P(j) * (Wage(j)/Wage(i)) * (Gdp(j)/Gdp(i)))./D(i,j);
        if i = = j
```

```
            pfl(i,j) = 0;
        end
    end
end
%%%%%%%%%%%%%%%%%%%%%%%计算流入流出联系总量及比例
pflI = sum(pfl,1);
pflO = sum(pfl,2);
for i = 1:m
    for j = 1:m
        RpflI(i,j) = pfl(i,j)./pflI(j);
        RpflO(i,j) = pfl(i,j)./pflO(i);
    end
end
end
```

附录 2

创新资金空间流动量模拟测度 matlab 代码

```matlab
function[cfl,cfII,cflO,RcfII,RcflO] = cfl(c,Pro,Mak,D)
%%%%%%%%%%%%%%%%%%%%%%%%%%%%%%%%%%
% 计算创新资金空间流动模拟量
% 输入 c 各个省域创新资金 Pro 各个省域投资利润水平 Mak 各个省域市场化水平 D 地理距离
% 输出 cfl 各个省域创新资金联系量 cfII 为 j 省域流入偏好总量 cflO 为 i 省域流出总量
% RcfII 为各个省域流入 j 比例 RcflO 为 i 省域流向各个地区比例
[m,n] = size(c);
%%%%%%%%%%%%%%%%%%%%%%%%%%%%% 初始化存储矩阵
cfl = zeros(m,m);
cfII = zeros(1,m);
cflO = zeros(m,1);
RcfII = zeros(m,m);
RcflO = zeros(m,m);
%%%%%%%%%%%%%%%%%%%%%%%%%%%%% 计算联系量
for i = 1:m
    for j = 1:m
        cfl(i,j) = (c(i)*c(j)*(Pro(j)/Pro(i))*(Mak(j)/Mak(i)))./D(i,j);
        if i = = j
            cfl(i,j) = 0;
        end
```

```
        end
    end
%%%%%%%%%%%%%%%%%%%% 计算流入流出联系总量及比例
cflI = sum(cfl,1);
cflO = sum(cfl,2);
for i = 1:m
    for j = 1:m
        RcflI(i,j) = cfl(i,j)./cflI(j);
        RcflO(i,j) = cfl(i,j)./cflO(i);
    end
end
end
```

附录 3

创新技术空间流动量模拟测度 matlab 代码

```matlab
function [tfl,tflI,tflO,RtflI,RtflO] = tfl(t,Abs,Dep,D)
%%%%%%%%%%%%%%%%%%%%%%%%%%%%%%%%%
% 计算创新技术空间流动模拟量
% 输入 t 各个省域创新技术 Abs 各个省域技术吸纳水平 Dep 各个省域产业结构水平 D 地理距离
% 输出 tfl 各个省域创新技术空间联系量 tflI 为 j 省域流入偏好总量 tflO 为 i 省域流出总量
% RtflI 为各个省域流入 j 比例 RtflO 为 i 省域流向各个地区比例
[m,n] = size(t);
tfl = zeros(m,m);
tflI = zeros(1,m);
tflO = zeros(m,1);
RtflI = zeros(m,m);
RtflO = zeros(m,m);
%%%%%%%%%%%%%%%%%%%%%%%%%%%%% 计算联系量
for i = 1:m
    for j = 1:m
tfl(i,j) = (t(i)*t(j)*(Abs(j)/Abs(i))*(Dep(j)/Dep(i)))./D(i,j);
        ifi = = j
tfl(i,j) = 0;
        end
    end
```

```
end
%%%%%%%%%%%%%%%%%%%%% 计算流入流出联系总量及比例
tflI = sum( tfl,1 ) ;
tflO = sum( tfl,2 ) ;
for i = 1 : m
    for j = 1 : m
        RtflI( i,j ) = tfl( i,j ). /tflI( j ) ;
        RtflO( i,j ) = tfl( i,j ). /tflO( i ) ;
    end
end
end
```

附录4

我国各省域的区域技术吸纳水平

年份	2008	2009	2010	2011	2012	2013	2014	2015	2016
北京	0.48	0.49	0.47	0.46	0.46	0.47	0.48	0.51	0.49
天津	0.33	0.36	0.37	0.38	0.39	0.41	0.44	0.44	0.35
河北	0.29	0.32	0.31	0.31	0.33	0.35	0.34	0.35	0.35
山西	0.17	0.18	0.18	0.19	0.19	0.20	0.19	0.19	0.17
内蒙古	0.19	0.22	0.23	0.24	0.24	0.25	0.25	0.23	0.22
辽宁	0.41	0.46	0.49	0.50	0.53	0.56	0.55	0.35	0.25
吉林	0.18	0.19	0.19	0.19	0.20	0.20	0.20	0.20	0.19
黑龙江	0.20	0.20	0.21	0.21	0.21	0.22	0.21	0.21	0.20
上海	0.49	0.49	0.47	0.43	0.45	0.46	0.49	0.45	0.48
江苏	0.71	0.72	0.77	0.78	0.80	0.80	0.80	0.79	0.77
浙江	0.49	0.49	0.50	0.49	0.52	0.55	0.57	0.62	0.60
安徽	0.20	0.23	0.24	0.26	0.30	0.30	0.32	0.35	0.35
福建	0.27	0.29	0.30	0.31	0.31	0.32	0.34	0.36	0.34
江西	0.19	0.20	0.21	0.22	0.22	0.23	0.24	0.27	0.27
山东	0.49	0.50	0.52	0.55	0.55	0.57	0.59	0.62	0.61
河南	0.32	0.35	0.36	0.39	0.39	0.42	0.46	0.49	0.48
湖北	0.26	0.28	0.29	0.30	0.32	0.33	0.34	0.37	0.38
湖南	0.25	0.26	0.26	0.28	0.29	0.31	0.33	0.36	0.36
广东	0.74	0.75	0.74	0.75	0.74	0.75	0.80	0.83	0.83

续表

年份	2008	2009	2010	2011	2012	2013	2014	2015	2016
广西	0.14	0.15	0.16	0.18	0.17	0.18	0.18	0.20	0.18
海南	0.07	0.07	0.08	0.08	0.08	0.08	0.08	0.09	0.09
重庆	0.16	0.18	0.19	0.22	0.20	0.21	0.23	0.24	0.22
四川	0.26	0.30	0.32	0.35	0.37	0.39	0.39	0.40	0.36
贵州	0.07	0.07	0.08	0.10	0.10	0.11	0.12	0.13	0.13
云南	0.12	0.12	0.13	0.15	0.15	0.16	0.16	0.18	0.16
西藏	0.02	0.02	0.02	0.02	0.01	0.01	0.02	0.02	0.02
陕西	0.21	0.23	0.24	0.25	0.26	0.27	0.27	0.28	0.27
甘肃	0.08	0.08	0.09	0.10	0.10	0.10	0.09	0.10	0.09
青海	0.03	0.03	0.04	0.04	0.04	0.04	0.04	0.05	0.04
宁夏	0.05	0.06	0.06	0.07	0.07	0.07	0.07	0.07	0.07
新疆	0.11	0.11	0.12	0.13	0.14	0.14	0.14	0.14	0.12

注：熵权法估算得出。

附录5

我国各省域的区域创新绩效估算值

年份	2008	2009	2010	2011	2012	2013	2014	2015	2016
北京	0.56	0.51	0.47	0.44	0.41	0.43	0.46	0.46	0.46
天津	0.21	0.19	0.18	0.17	0.16	0.19	0.19	0.20	0.19
河北	0.10	0.09	0.09	0.08	0.09	0.10	0.10	0.11	0.11
山西	0.06	0.05	0.05	0.05	0.04	0.05	0.04	0.04	0.04
内蒙古	0.02	0.02	0.02	0.02	0.02	0.02	0.02	0.02	0.02
辽宁	0.21	0.22	0.20	0.18	0.16	0.17	0.16	0.15	0.14
吉林	0.10	0.16	0.12	0.10	0.09	0.06	0.08	0.08	0.09
黑龙江	0.10	0.10	0.09	0.09	0.09	0.08	0.08	0.08	0.08
上海	0.51	0.49	0.44	0.40	0.33	0.33	0.33	0.33	0.33
江苏	0.82	0.84	0.85	0.86	0.87	0.87	0.87	0.87	0.87
浙江	0.62	0.56	0.50	0.50	0.50	0.56	0.55	0.61	0.61
安徽	0.12	0.13	0.18	0.16	0.17	0.19	0.21	0.23	0.25
福建	0.14	0.13	0.13	0.13	0.12	0.13	0.13	0.15	0.17
江西	0.05	0.04	0.05	0.05	0.05	0.06	0.07	0.08	0.10
山东	0.48	0.48	0.45	0.44	0.41	0.43	0.42	0.45	0.42
河南	0.15	0.14	0.13	0.13	0.12	0.16	0.17	0.18	0.18
湖北	0.23	0.22	0.20	0.19	0.19	0.20	0.21	0.23	0.23
湖南	0.16	0.18	0.17	0.17	0.18	0.19	0.19	0.21	0.20
广东	0.69	0.65	0.63	0.61	0.55	0.59	0.63	0.71	0.79

续表

年份	2008	2009	2010	2011	2012	2013	2014	2015	2016
广西	0.04	0.05	0.05	0.05	0.05	0.06	0.06	0.07	0.08
海南	0.01	0.00	0.01	0.01	0.01	0.01	0.01	0.01	0.01
重庆	0.11	0.13	0.13	0.13	0.11	0.12	0.14	0.17	0.14
四川	0.21	0.22	0.19	0.16	0.16	0.17	0.19	0.20	0.20
贵州	0.02	0.02	0.02	0.02	0.02	0.02	0.03	0.03	0.03
云南	0.03	0.03	0.03	0.03	0.03	0.03	0.04	0.04	0.04
西藏	0.00	0.00	0.00	0.00	0.00	0.00	0.00	0.00	0.00
陕西	0.14	0.14	0.14	0.14	0.13	0.14	0.15	0.16	0.15
甘肃	0.04	0.04	0.04	0.04	0.04	0.04	0.04	0.04	0.04
青海	0.00	0.00	0.00	0.00	0.00	0.00	0.00	0.00	0.00
宁夏	0.01	0.01	0.01	0.01	0.01	0.01	0.01	0.01	0.01
新疆	0.02	0.01	0.02	0.02	0.02	0.02	0.02	0.02	0.02

注：熵权法估算得出。

附录6

估算区域创新绩效的熵权法 matlab 代码

```matlab
function [S, W] = Shangquan (X)
% 函数 Shangquan.m，实现用熵值法求各指标（列）的权重及各数据行的得分
% X 为原始数据矩阵，一行代表一个时间序列，每列对应一个指标
% S 返回各行得分，W 返回各列权重
[m, n] = size(X); % m = 31 个时间序列，n = 3 个指标
%% 数据的归一化处理
% [XX, ps] = mapminmax (X');
% ps.ymin = 0.002; % 归一化后的最小值
% ps.ymax = 0.996; % 归一化后的最大值
% ps.yrange = ps.ymax - ps.ymin; % 归一化后的极差，若不调整该值，则逆运算会出错
% XX = mapminmax (X', ps);
[XX, ps] = mapminmax (X', 0.001, 0.999);% 单位化到 [0, 1]，以防数据过小，单位化到 [0.001, 0.999]
% mapminmax ('reverse', XX, ps); % 反归一化，回到原数据
% XX = XX * 40 + 60;% 功效系数评分法标准化到 (60, 100)
XX = XX';% X 为归一化后的数据，31 行（时间序列），3 列（指标）
%% 计算第 j 个指标下，第 i 个记录占该指标的比重 p(i, j)
for i = 1:m
    for j = 1:n
        p(i, j) = XX(i, j) /sum(XX(:, j));
    end
```

```
end
%% 计算第 j 个指标的熵值 e(j)
k = 1/log(m);
for j = 1:n
    e(j) = -k * sum(p(:, j) .* log(p(:, j)));
end
d = ones(1, n) - e;    % 计算信息熵冗余度
W = d./sum(d);         % 求权值 W
S = W * XX';           % 求综合得分
plot(S)
end
```

参考文献

［1］安虎森．空间经济学原理［M］．北京：经济科学出版社，2005：1-70.

［2］白俊红，江可申，李婧．应用随机前沿模型评测中国区域研发创新效率［J］．管理世界，2009（10）：51-61.

［3］白俊红，江可申，李婧．中国区域创新效率的收敛性分析［J］．财贸经济，2008（9）：119-123.

［4］白俊红，蒋伏心．协同创新、空间关联与区域创新绩效［J］．经济研究，2015a，50（7）：174-187.

［5］白俊红，王钺，蒋伏心等．研发要素流动、空间知识溢出与经济增长［J］．经济研究，2017，52（7）：109-123.

［6］白俊红，王钺．研发要素的区际流动是否促进了创新效率的提升［J］．中国科技论坛，2015b（12）：27-32.

［7］白俊红．中国的政府R&D资助有效吗？来自大中型工业企业的经验证据［J］．经济学（季刊），2011，10（4）：1375-1400.

［8］白俊红．中国区域创新效率的实证研究［D］．南京：南京航空航天大学，2010.

［9］白明，李国璋．市场竞争与创新：熊彼特假说及其实证检验［J］．中国软科学，2006（11）：15-21.

［10］白雪洁，闫文凯，沈溪悦．源于区位与城市政治级别差异的经营效率及创新效率背反——基于MR模型的我国国家级高新区效率解构［J］．科技进步与对策，2014，31（9）：28-33.

［11］本杰明·J．科恩著．代先强译．货币地理学［M］．成都：西南财经大学出版社，2004：1-280.

［12］毕先萍．劳动力流动对中国地区经济增长的影响研究［J］．经济评论，2009（1）：48-53.

［13］才国伟，钱金保．解释空间相关的来源：理论模型和经验验证［J］．经济学季刊，2013，12（3）：869-894.

[14] 蔡兵. 技术联盟现象初探 [J]. 自然辩证法研究, 1995 (8): 38-42.

[15] 蔡晓慧, 茹玉骢. 地方政府基础设施投资会抑制企业技术创新吗?——基于中国制造业企业数据的经验研究 [J]. 管理世界, 2016 (11): 32-52.

[16] 蔡翼飞, 刘春雨, 马佳丽. 区域资本流动估算及其影响因素分析 [J]. 劳动经济研究, 2017, 5 (4): 83-109.

[17] 曹洁琼, 其格其, 高霞. 合作网络"小世界性"对企业创新绩效的影响——基于中国ICT产业产学研合作网络的实证分析 [J] 中国管理科学, 2015, 23 (S1): 657-661.

[18] 曹霞, 宋琪. 产学合作网络中企业关系势能与自主创新绩效?——基于地理边界拓展的调节作用 [J]. 科学学研究, 2016, 34 (7): 1065-1075.

[19] 曹霞, 于娟. 创新驱动视角下中国省域研发创新效率研究——基于投影寻踪和随机前沿的实证分析 [J]. 科学学与科学技术管理, 2015, 36 (4): 124-132.

[20] 曹贤忠, 曾刚, 邹琳. 长三角城市群R&D资源投入产出效率分析及空间分异 [J]. 经济地理, 2015, 35 (1): 104-111.

[21] 曹泽. 区域创新资源投入结构及其绩效评价研究 [D]. 南京: 南京航空航天大学, 2011.

[22] 产海兰. R&D人员流动对区域创新绩效的影响 [D]. 南京: 南京师范大学, 2018.

[23] 常爱华. 区域科技资源集聚能力研究 [D]. 天津: 天津大学, 2012.

[24] 陈东, 樊杰. 区际资本流动与区域发展差距——对中国银行间信贷资本流动的分析 [J]. 地理学报, 2011, 66 (6): 723-731.

[25] 陈菲琼, 任森. 创新资源集聚的主导因素研究——以浙江省为例 [J]. 科研管理, 2011, 32 (1): 89-96.

[26] 陈光华, 王婢, 杨国梁. 地理距离阻碍跨区域产学研合作绩效了吗? [J]. 科学学研究, 2015 (1): 76-82.

[27] 陈怀超, 张晶, 费玉婷, 等. 中部六省产学研创新效率对省域创新的影响——基于Malmquist指数与灰色关联度的分析 [J]. 科技进步与对策, 2018, 35 (20): 137-143.

[28] 陈盼盼. 政策力度、政策工具组合与区域创新绩效 [D]. 杭州: 浙江理工大学, 2017.

[29] 陈锐, 王宁宁, 赵宇, 周永根. 基于改进重力模型的省际流动人口的

复杂网络分析 [J]. 中国人口. 资源与环境, 2014, 24 (10): 104-113.

[30] 陈思宇. 安徽省创新要素集聚及其对创新产出的影响研究 [D]. 合肥: 合肥工业大学, 2017.

[31] 陈秀山, 张可云. 区域经济理论 [M]. 北京: 商务印书馆, 2003: 175-190.

[32] 陈秀山, 张若, 中部地区省际产品贸易流量估算与空间分析 [J]. 华中师范大学学报 (人文社会科学版), 2007, 46 (5): 36-42.

[33] 陈彦光, 刘继生. 基于引力模型的城市空间互相关和功率谱分析——引力模型的理论证明、函数推广及应用实例 [J]. 地理研究, 2002, 21 (6): 742-752.

[34] 陈宇峰, 朱荣军. 中国区域 R&D 资本存量的再估算: 1998-2012 [J]. 科学学研究, 2016, 34 (1): 69-81.

[35] 陈元志, 陈劲, 吉超. 中国不同类型企业技术创新效率的趋势与比较 [J]. 科研管理, 2018, 39 (5): 1-10.

[36] 陈园园, 李宁, 丁四保. 城市群空间联系能力与 SOM 神经网络分级研究——以辽中南城市群为例 [J]. 地理科学, 2011, 31 (12): 1461-1467.

[37] 陈志宗. 基于超效率背景依赖 DEA 的区域创新系统评价 [J]. 科研管理, 2016, 37 (s1): 363-369.

[38] 程华, 钱芬芬. 政策力度、政策稳定性、政策工具与创新绩效——基于2000-2009年产业面板数据的实证分析 [J]. 科研管理, 2013 (10): 103-108.

[39] 程开明, 章雅婷. 中国城市创新空间溢出效应测度及分解 [J]. 科研管理, 2018, 39 (12): 86-94.

[40] 程时雄, 柳剑平. 中国工业行业 R&D 投入的产出效率与影响因素 [J]. 数量经济技术经济研究, 2014, (2): 36-51, 86.

[41] 程叶青, 王哲野, 马靖. 中国区域创新的时空动态分析 [J]. 地理学报, 2014, 69 (12): 1779-1789.

[42] 程中华, 刘军. 产业集聚, 空间溢出与制造业创新——基于中国城市数据的空间计量分析 [J]. 山西财经大学学报, 2015 (4): 34-44.

[43] 池仁勇, 刘娟芳, 张宓之, 李瑜娟, 何九. 创新要素集聚与区域创新绩效研究—基于浙江中小企业的实证分析 [J]. 浙江工业大学学报 (社会科学版), 2014, (2): 153-158.

[44] 池仁勇, 唐根年. 基于投入与绩效评价的区域技术创新效率研究 [J]. 科研管理, 2004b (4): 23-27.

[45] 池仁勇,虞晓芬,李正卫.我国东西部地区技术创新效率差异及其原因分析 [J]. 中国软科学,2004a (8): 128-131+127.

[46] 池仁勇.区域中小企业创新网络的结点联结及其效率评价研究 [J]. 管理世界,2007,23 (1): 105-112,121.

[47] 崔佳丽.产业集聚影响区域创新绩效的研究 [D]. 上海: 上海师范大学,2014.

[48] 代明,刘可新,陈俊.中国高技术产业研发创新效率研究 [J]. 中国科技论坛,2016 (1): 5-10.

[49] 党建民.R&D 经费配置对创新绩效的影响及结构优化研究 [D]. 徐州: 中国矿业大学,2017.

[50] 豆晓,ARELLANO Blanca,ROCAJose. 基于相互作用关系的中国省际人口流动研究 [J]. 地理研究,2018,9 (37): 1848-1861.

[51] 段珊.企业资源整合能力、联盟网络与知识共享关联机制研究 [D]. 杭州: 浙江大学,2018.

[52] 樊纲,王小鲁,朱恒鹏.中国市场化指数——各地区市场化相对进程 2011 年报告 [M]. 北京: 经济科学出版社,2011.

[53] 樊琦,韩民春.我国政府 R&D 投入、市场竞争与自主创新关系研究 [J]. 中国科技论坛,2011 (3): 10-14.

[54] 樊维,王新红,冯套柱.三大研发主体 R&D 投资结构效率比较分析 [J]. 西安科技大学学报,2011,31 (2): 241-247.

[55] 樊新生.20 世纪 80 年代以来河南省经济空间结构演变研究 [D]. 开封: 河南大学,2005.

[56] 范剑勇.产业集聚与地区间劳动生产率差异 [J]. 经济研究,2006 (11): 72-81.

[57] 范群林,邵云飞,唐小我,王剑峰.结构嵌入性对集群企业创新绩效影响的实证研究 [J]. 科学学研究,2010,28 (12): 1891-1900.

[58] 方远平,谢蔓.创新要素的空间分布及其对区域创新产出的影响——基于中国省域的 ESDA-GWR 分析 [J]. 经济地理.2012,32 (9): 8-14.

[59] 冯南平,魏芬芬.创新要素区域流动的影响因素及其时间差异分析 [J]. 中国科技论坛,2017 (2): 114-120.

[60] 冯之俊.国家创新系统的理论与政策 [M]. 北京: 经济科学出版社,1999: 1-80.

[61] 冯宗宪,王青,侯晓辉.政府投入、市场化程度与中国工业企业的技术创新效率 [J]. 数量经济技术经济研究,2011 (4): 3-17.

［62］符文颖. 区域吸收能力的多维度衡量——基于珠江三角洲电子产业的微观考察 [J]. 华南师范大学学报：(自然科学版)，2014 (3)：118-123.

［63］付韶军. "一带一路"建设与中国出口效率提升——基于面板数据随机前沿引力模型的实证研究 [J]. 工业技术经济，2016 (10)：63.

［64］高丽娜，蒋伏心. 创新要素集聚与扩散的经济增长效应分析——以江苏宁镇扬地区为例 [J]. 南京社会科学，2011 (10)：30-36.

［65］高文洁. 基于我国省际资本流动的"卢卡斯悖论"研究 [D]. 南京：南京财经大学，2013.

［66］顾新，李久平，徐梅. 四川三次产业结构的比较分析 [J]. 理论与改革，2001 (3)：108-110.

［67］官建成，陈凯华. 我国高技术产业技术创新效率的测度 [J]. 数量经济技术经济研究，2009，26 (10)：19-33.

［68］官建成，何颖. 基于DEA方法的区域创新系统的评价 [J]，科学学研究. 2005 (2)：265-272.

［69］桂黄宝. 区域创新系统创新要素交互关系探讨 [J]. 华北水利水电学院学报（社科版），2009，25 (6)：41-53.

［70］郭嘉仪，张庆霖. 省际知识溢出与区域创新活动的空间集聚——基于空间面板计量方法的分析 [J]. 研究与发展管理，2012，24 (6)：1-11，126.

［71］郭净，陈永旭，刘兢轶. 市场-政策双重战略导向均衡对技术创新绩效的影响——以京津冀地区的高新技术企业为例 [J]. 河北大学学报：哲学社会科学版，2013 (4)：135-140.

［72］郭小婷. 研发集群及知识溢出的区域创新效应研究 [D]. 上海：上海社会科学研究院，2017.

［73］国彦兵. 西方国际贸易理论：历史与发展 [M]. 杭州：浙江大学出版社，2004：1-390.

［74］过凌燕，刘和东. 中国R&D投入的产出效应分析 [J]. 工业技术经济，2010，29 (8)：127-129.

［75］何宜丽. 空间相关性视角下知识溢出与区域创新绩效的影响研究 [D]. 南京：南京师范大学，2017.

［76］贺伟. 区域创新绩效对出口贸易的影响研究 [D]. 南京：南京师范大学，2018.

［77］洪群联，辜胜阻. 产业集聚结构特征及其对区域创新绩效的影响——基于中国高技术产业数据的实证研究 [J]. 社会科学战线，2016 (1)：51-57.

[78] 侯爱军. 区域人才流动的经济适配度和知识溢出效应研究 [D]. 北京：北京理工大学，2015.

[79] 胡建团. 创新集聚的空间效应研究 [D]. 北京：中国地质大学，2018.

[80] 胡静静. 长江经济带科技资源集聚水平对区域创新绩效的影响研究 [D]. 南京：南京师范大学，2018.

[81] 胡欣悦，李媛媛，汤勇力. 专利许可对区域创新绩效的影响 [J]. 科技进步与对策，2015，32 (11)：26 - 30.

[82] 胡煜，李红昌. 交通枢纽等级的测度及其空间溢出效应——基于中国城市面板数据的空间计量分析 [J]. 中国工业经济，2015 (5)：32 - 43.

[83] 化祥雨. 金融空间联系研究——以长三角为例 [D]. 杭州：浙江工业大学，2016.

[84] 黄亮，杜德斌. 创新型城市研究的理论演进与反思 [J]. 地理科学，2014，34 (7)：773 - 779.

[85] 黄鲁成. 关于区域创新系统研究内容的探讨 [J]. 科研管理，2000，21 (2)：43 - 48.

[86] 黄蔚然. 山东省区域经济运行的空间尺度结构及其经济效应研究 [D]. 济南：山东大学，2018.

[87] 霍明，胡继连，赵伟，等. 山东省 R&D 投入对区域技术效率的影响作用研究——基于 17 地市面板数据的实证分析 [J]. 华东经济管理，2015，29 (9)：22 - 29.

[88] 江剑，官建成. 中国中低技术产业创新效率分析 [J]. 科学学研究，2008，26 (6)：1325 - 1332.

[89] 蒋伏心，华冬芳，胡潇. 产学研协同创新对区域创新绩效影响研究 [J]. 江苏社会科学，2015 (5)：64 - 72.

[90] 蒋天颖，谢敏，刘刚. 基于引力模型的区域创新产出空间联系研究——以浙江省为例 [J]. 地理科学，2014，34 (11)：1320 - 1326.

[91] 蒋天颖. 我国区域创新差异时空格局演化及其影响因素分析 [J]. 经济地理，2013，33 (6)：22 - 29.

[92] 蒋天颖. 浙江省区域创新产出空间分异特征及成因 [J]. 地理研究，2014，33 (10)：1825 - 1836.

[93] 焦翠红，陈钰芬. R&D 资源配置、空间关联与区域全要素生产率提升 [J]. 科学学研究，2018，36 (1)：81 - 92.

[94] 焦翠红，孙海波，董直庆. R&D 资源配置效率演化及研发补贴效

应——来自制造业的经验证据［J］．山西财经大学学报，2017，39（2）：58-71．

［95］焦媛媛．主体异质性对产学研合作关系质量的影响机制研究［D］．吉林：吉林大学，2017．

［96］解学梅，刘丝雨．协同创新模式对协同效应与创新绩效的影响机理［J］．管理科学，2015，28（2）：27-39．

［97］金祥荣，余冬筠．创新效率、产业特征与区域经济增长［J］．浙江大学学报（人文社会科学版）预印本．2010，40（5）：116-125．

［98］金雪军，欧朝敏，李杨．全要素生产率、技术引进和 R&D 投入［J］．科学学研究，2006（5）：702-705．

［99］康进．城乡一体化背景下要素区域流动机制研究［D］．西安：西安理工大学，2017．

［100］科学技术部火炬高技术产业开发中心，首都科技发展战略研究院．中国创业孵化发展报告 2017［M］．北京：科学技术文献出版社，2018：1-100．

［101］匡爱民．基于数据包络法的我国区域创新绩效地区差异动态分析［J］．江西社会科学，2010（6）：71-74．

［102］赖明勇，包群．外商直接投资与技术外溢：基于吸收能力的研究［J］．经济研 2005，（8）：95-105．

［103］赖文凤，骆晨．广东省产业结构发展水平的空间格局研究［J］．地域研究与开发，2017，36（2）：29-34．

［104］赖永剑，贺祥民．金融发展与区域创新绩效的非线性关系——基于面板平滑转换回归模型［J］．华中科技大学学报（社会科学版），2015，29（2）：92-99．

［105］雷鸣，周国华．技术要素自由流动及相应策略研究［J］．西南财经大学学报，2013（5）：35-41．

［106］黎杰生，胡颖．金融集聚对技术创新的影响——来自中国省级层面的证据［J］．金融论坛，2017（7）：39-52．

［107］李柏洲，周森．科研院所创新行为与区域创新绩效间关系研究［J］．科学学与科学技术管理，2015，36（1）：75-87．

［108］李建华，刘玲利，盛丽．我国区域研发资源配置效率测度实证研究［J］．工业技术经济，2007（5）：33-36．

［109］李婧，白俊红，谭清美．考虑空间效应的区域创新效率测评［J］．研究与发展管理，2011，23（1）：17-22．

［110］李婧，白俊红，谭清美．中国区域创新效率的实证分析——基于省

际面板数据及 DEA 方法 [J]. 系统工程, 2008, 26 (12): 1-7.

[111] 李婧, 产海兰. 空间相关视角下 R&D 人员流动对区域创新绩效的影响 [J]. 管理学报, 2018, 15 (3): 399-409.

[112] 李婧, 何宜丽. 基于空间相关视角的知识溢出对区域创新绩效的影响研究——以省际数据为样本 [J]. 研究与发展管理, 2017, 29 (1): 42-54.

[113] 李婧, 谭清美, 白俊红. 中国区域创新生产的空间计量分析——基于静态与动态空间面板模型的实证研究 [J]. 管理世界 (月刊), 2010 (7): 43-65.

[114] 李琳, 韩宝龙, 高攀. 地理邻近对产业集群创新影响效应的实证研究 [J]. 中国软科学, 2013a (1): 167-175.

[115] 李琳, 雒道政. 多维邻近性与创新: 西方研究回顾与展望 [J]. 经济地理, 2013b, 33 (6): 1-7.

[116] 李琳, 杨田. 地理邻近和组织邻近对产业集群创新影响效应——基于对我国汽车产业集群的实证研究 [J]. 中国软科学, 2011 (9): 133-143.

[117] 李梦琦, 胡树华, 王利军. 基于 DEA 模型的长江中游城市群创新效率研究 [J]. 软科学, 2016, 30 (4): 17-21, 45.

[118] 李培楠, 赵兰香, 万劲波. 创新要素对产业创新绩效的影响——基于中国制造业和高技术产业数据的实证分析 [J]. 科学学研究, 2014, 32 (4): 604-612.

[119] 李小平, 朱钟棣. 国际贸易、R&D 溢出和生产率在增长 [J]. 经济研究, 2006 (3): 31-43.

[120] 李晓琪. 分行业制造业转移对区域创新绩效的影响研究 [D]. 太原: 山西财经大学, 2018.

[121] 李晓钟, 张小蒂. 江浙区域技术创新效率比较分析 [J]. 中国工业经济, 2005 (7): 57-64.

[122] 李嫣君, 基于空间自相关的中国技术类创新资源流动影响因素分析 [D]. 杭州: 浙江大学. 2015.

[123] 李志宏, 王娜, 马倩. 基于空间计量的区域间创新行为知识溢出分析 [J]. 科研管理, 2013, 34 (6): 9-16.

[124] 李左峰. 创新型企业创新投入要素的产出弹性估计 [J]. 管理世界, 2013 (2): 176-177.

[125] 梁辉. 省际信息流动空间结构及其对区域等级体系的影响 [M]. 北京: 中国社会科学出版社, 2015: 51-78.

[126] 林光平, 龙志和, 吴梅. 我国地区经济收敛的空间计量实证分析:

1978~2002 [J], 经济学（季刊），2005（4）：67-82.

[127] 凌峰，戚涌，朱婷婷. 战略性新兴产业创新要素供给体系与协同机制 [J]. 科技进步与对策，2016，33（22）：56-63.

[128] 刘飞，王欣亮. 创新要素、空间配置与产业结构升级——基于我国1998~2015年面板数据 [J]. 大连理工大学学报（社会科学版），2018，39（4）：7-14.

[129] 刘凤朝，刘靓，马荣康. 区域间技术交易网络！吸收能力与区域创新产出——基于电子信息和生物医药领域的实证分析 [J]，科学学研究，2015，33（5）：774-782.

[130] 刘凤朝，马荣康，姜楠. 区域创新网络结构、绩效及演化研究综述 [J]. 管理学报，2013，10（1）：140-145.

[131] 刘继生，陈彦光. 分形城市引力模型的一般形式和应用方法——关于城市体系空间作用的引力理论探讨 [J]. 地理科学，2000，20（6）：528-533.

[132] 刘家树，菅利荣. 知识来源、知识产出与科技成果转化绩效——基于创新价值链的视角 [J]. 科学学与科学技术管理，2011，32（6）：33-40.

[133] 刘霆，谭晓萍. 跨区域流动要素对区域经济发展的影响 [J]. 经济地理，2009（4）：595-599.

[134] 刘晓晓，叶持跃，李加林等. 城市职能分类中周—布方法与SOFM网络方法比较研究 [J]. 经济地理，2014，34（6）：87-91.

[135] 刘修岩. 集聚经济与劳动生产率：基于中国城市面板数据的实证研究 [J]. 数量经济技术经济研究，2009（7）：109-119.

[136] 刘友金，易秋平，贺灵. 产学研协同创新对地区创新绩效的影响——以长江经济带11省市为例 [J]. 经济地理，2017，37（9）：1-10.

[137] 柳卸林，田凌飞. 不同产业研发投入对区域创新产出的影响 [J]. 科技进步与对策，2019，36（4）：33-39.

[138] 卢奇. 技术要素在知识经济增长中的作用 [J]. 武汉理工大学学报，2005，27（3）：132-135.

[139] 鲁康. 我国新能源汽车国际竞争策略——以比亚迪为例 [D]. 武汉：华中师范大学，2017.

[140] 吕海萍，池仁勇，化祥雨. 创新资源协同空间联系与区域经济增长——基于中国省域数据的实证分析 [J]. 地理科学，2017，37（11）：1649-1658.

[141] 吕海萍，化祥雨，池仁勇，刘洪民. 研发要素空间联系及其对区域创新绩效的影响——基于浙江省的实证研究 [J]. 华东经济管理，2018，32（5）：20-26.

[142] 吕新军，代春霞. 研发投入异质性与区域技术创新溢出效应 [J]. 经济经纬，2017, 34 (4): 19-24.

[143] 马琳. 中国研发投入及其产出效率省际比较研究 [D]. 吉林：吉林大学, 2014.

[144] 马青，傅强. 地区市场规模与金融发展：制度环境的门槛效应 [J]. 国际金融研究，2017 (2): 24-35.

[145] 马双，曾刚，张翼鸥，刘刚. 中国地方政府质量与区域创新绩效的关系 [J]. 经济地理，2017, 37 (5): 35-41.

[146] 马歇尔 (英). 经济学原理 [M]. 朱志泰，译. 北京：商务印书馆，1981：1-90.

[147] 迈克尔·波特 (Michael E. Porter). 国家竞争优势 [M]. 李明轩，邱如美，译. 北京：华夏出版社，2002：72.

[148] 毛广绘. 衢州打造创新飞地发展高地 [OL/DB]. http://news.hexun.com/2017-05-23/189305904.html, 2017年05月23日.

[149] 毛良虎，姜莹. 长江经济带区域创新效率及空间差异研究 [J]. 华东经济管理，2016, 30 (8): 73-78.

[150] 孟令熙. 高新技术企业研发人才流动研究 [D]. 上海：东华大学, 2011.

[151] 孟卫东，孙广绪. 中国高技术产业各行业资源配置效率研究——基于R&D存量Malmquist指数方法 [J]. 科技管理研究，2014, 34 (4): 38-42+79.

[152] 宓泽锋，曾刚. 创新松散型产业的创新网络特征及其对创新绩效的影响研究——以长江经济带物流产业为例 [J]. 地理研究，2017, 36 (9): 1653-1666.

[153] 那军，跨国公司技术创新要素的国际流动研究 [M]. 北京：中国经济出版社, 2011：1-141.

[154] 宁军明. 知识溢出的机理分析 [J]. 科技与经济，2008 (3): 22-24.

[155] 欧庭高，邓旭霞. 创新系统的要素与纽带 [J]. 系统科学学报，2007, 15 (3): 37-41.

[156] 潘娟，张玉喜. 政府、企业、金融机构科技金融投入的创新绩效 [J]. 科学学研究，2018, 36 (5): 831-838, 846.

[157] 潘文卿. 中国的区域关联与经济增长的空间溢出效应 [J]. 经济研究，2012 (1): 54-65.

[158] 齐亚伟，陶长琪. 环境约束下要素集聚对区域创新能力的影响——基于GWK模型的实证分析 [J]. 科研管理，2014, 35 (9): 17-24.

[159] 齐亚伟. 区域创新环境对三大创新主体创新效率的影响比较研究 [J]. 科技进步与对策, 2015, 32 (14): 41-46.

[160] 让·巴蒂斯特·萨伊. 政治经济学概论 [M]. 北京: 华夏出版社, 2014: 1-200.

[161] 任胜钢, 关涛. 区域创新系统内涵、研究框架探讨 [J]. 软科学, 2006, 20 (4): 90-94.

[162] 任晓红, 张宗益, 余元全. 中国省际资本流动影响因素的实证分析 [J]. 经济问题, 2011 (1): 31-35.

[163] 邵汉华, 钟琪. 研发要素空间流动与区域协同创新效率 [J]. 软科学, 2018, 32 (11): 120-124.

[164] 沈能, 赵增耀, 周晶晶. 生产要素拥挤与最优集聚度识别——行业异质性的视角 [J]. 中国工业经济, 2014 (5): 83-95.

[165] 沈能. 基于地理溢出的我国研发效率的时空演化特征 [J], 科研管理, 2013 (4): 123-130.

[166] 盛垒. 外资在华研发空间集聚及知识溢出研究 [D]. 上海: 华东师范大学, 2009.

[167] 盛亚, 孔莎莎. 中国知识产权政策对技术创新绩效影响的实证研究 [J]. 科学学研究, 2012, 30 (11): 1735-1740.

[168] 施红星, 刘思峰, 方志耕. 科技生产力流动机理研究. 科技政策与管理, 2007 (11): 25-28.

[169] 时省, 赵定涛, 洪进, 董慧萍. 集聚视角下知识密集型服务业对区域创新的影响研究 [J]. 科学学与科学技术管理, 2013, 34 (12): 167-174.

[170] 史修松, 赵曙东, 吴福象. 中国区域创新效率及其空间差异研究 [J]. 数量经济技术经济研究, 2009, 26 (3): 45-55.

[171] 宋保林. 企业技术创新过程中的技术知识流动研究 [D]. 沈阳: 东北大学, 2011.

[172] 苏屹, 安晓丽, 王心焕, 雷家骕. 人力资本投入对区域创新绩效的影响研究——基于知识产权保护制度门限回归 [J]. 科学学研究, 2017, 35 (5): 771-781.

[173] 苏屹, 李柏洲. 基于随机前沿的区域创新系统创新绩效分析 [J]. 系统工程学报, 2013 (1): 125-133.

[174] 孙德梅, 胡媚琦, 王正沛, 杨早立. 政府行为、金融发展与区域创新绩效——基于省际面板数据的实证研究 [J]. 科技进步与对策, 2014, 31 (20): 34-41.

[175] 孙建, 齐建国. 中国区域知识溢出空间距离研究 [J]. 科学学研究, 2011, 29 (11): 1643-1650.

[176] 孙凯, 李煜华. 我国各省市技术创新效率分析与比较 [J]. 中国科技论坛, 2007 (11): 8-11.

[177] 孙早, 刘李华, 孙亚政. 市场化程度、地方保护主义与R&D的溢出效应——来自中国工业的经验证据 [J]. 管理世界, 2014 (8): 78-89.

[178] 孙早, 徐远华. 信息基础设施建设能提高中国高技术产业的创新效率吗?——基于2002~2013年高技术17个细分行业面板数据的经验分析 [J]. 南开经济研究, 2018 (2): 72-92.

[179] 谭俊涛, 张平宇, 李静. 中国区域创新绩效时空演变特征及其影响因素研究 [J]. 地理科学, 2016, 36 (1): 39-46.

[180] 唐清泉, 卢博科, 袁莹翔. 工业行业的资源投入与创新效率——基于中国大中型工业部门的研究 [J]. 数量经济技术经济研究, 2009, 26 (2): 3-17.

[181] 唐小波. 西方空间相互作用模型评析 [J]. 北京教育学院学报, 1994 (2): 26-34.

[182] 陶锋. 吸收能力价值链类型与创新绩效——基于国际代工联盟知识溢出的视角 [J]. 中国工业经济, 2011 (1): 140-150.

[183] 陶晓丽, 王海芸, 黄露, 等. 高端创新要素市场化配置模式研究 [J]. 中国科技论坛, 2017 (5): 5-11.

[184] 藤田昌久, 保罗·克鲁格曼, 安东尼·J. 维纳布尔斯. 空间经济学——城市、区域与国际贸易 [M]. 梁琦主译. 北京: 中国人民大学出版社, 2005: 1-295.

[185] 万勇. 空间创新与经济增长研究 [M]. 北京: 经济科学出版社, 2014: 1-200.

[186] 汪彩君, 唐根年. 长江三角洲地区制造业空间集聚、生产要素拥挤与集聚适度识别研究 [J]. 统计研究, 2011 (2): 59-65.

[187] 汪浩瀚, 徐建军. 市场潜力、空间溢出与制造业集聚 [J]. 地理研究, 2018, 37 (9): 1737-1750.

[188] 王楚鸿, 杨干生. 全国高校科技经费投入产出效率分析——基于1992—2007年面板数据的研究 [J]. 科技管理研究, 2010, 30 (13): 125-129.

[189] 王春杰. 我国区域技术转移的空间相关性及影响因素研究 [D]. 大连: 大连理工大学, 2017.

[190] 王春杨, 孟卫东. 基础研究投入与区域创新空间演进——基于集聚结构与知识溢出视角 [J]. 经济经纬, 2019, 36 (2): 1-8.

[191] 王春杨，吴国誉．研发资源配置、溢出效应与中国省域创新空间格局［J］．研究与发展管理，2018，30（1）：106－114.

[192] 王丹萁．高等教育集聚、区域创新绩效对产业结构升级的影响分析［D］．南昌：南昌大学，2018.

[193] 王栋，赵志宏．金融科技发展对区域创新绩效的作用研究［J］．科学学研究，2019，37（1）：45－56.

[194] 王金浩．我国短期国际资本流动的影响因素研究［D］．北京：首都经济贸易大学，2018.

[195] 王静宇．中国新能源汽车产业联盟发展现状及技术创新模式研究［J］．科技管理研究，2016（22）：162－171.

[196] 王黎萤，王佳敏，虞微佳．区域专利密集型产业创新效率评价及提升路径研究—以浙江省为例［J］．科研管理，2017，38（3）：29－37.

[197] 王敏，辜胜阻．国外关于技术创新溢出的学术探究［J］．国外社会科学，2014（11）：27－37.

[198] 王宁．地方分层，人才流动与城市人才吸引力——“理流动与社会流动”理论探究之二［J］．同济大学学报（社会科学版），2014，25（6）：47－56，109.

[199] 王庆喜，王巧娜，徐维祥．我国高技术产业省际知识溢出：基于地理和技术邻近的分析［J］．经济地理，2013，33（5）：111－116，136.

[200] 王庆喜．多维邻近与我国高技术产业区域知识溢出——项空间面板数据分析（1995－2010）［J］．科学学研究，2013，31（7）：1068－1076.

[201] 王锐兰，顾建强，刘思峰．区域创新人才流动的进化博弈分析［J］．科技进步与对策，2006（5）：156－158.

[202] 王森．知识型员工流动路径及其价值评价［D］．天津：天津大学，2007.

[203] 王淑英．基于 SNA 方法的产业集群知识流动研究［J］．河南大学学报（社会科学版），2007，47（2）：67－73.

[204] 王小鲁，樊纲．中国收入差距的走势和影响因素分析［J］．经济研究，2005，（10）：24－36.

[205] 王小鲁，樊纲，余静．中国分省份市场化指数报告（2016）［M］．上海：社会科学文献出版社，2017：1－225.

[206] 王小鲁，樊纲．中国地区差距的变动趋势和影响因素［J］．经济研究，2004（1）：33－44.

[207] 王小鲁等：中国市场化八年进程报告［DB/OE］．http://

jer. whu. edu. cn/jjgc/14/2016 - 06 - 03/2794. html，2016 - 06 - 03.

[208] 王钺，刘秉镰．创新要素的流动为何如此重要？——基于全要素生产率的视角 [J]．中国软科学，2017 (8)：91 - 101．

[209] 王钺．研发要素流动、空间溢出与经济增长 [D]．南京：南京师范大学，2017．

[210] 王铮，马翠芳，王莹，翁桂兰．区域间知识溢出的空间认识 [J]．地理学报，2003 (5)，773 - 750．

[211] 威廉·配第 (英)．赋税论 [M]．北京：商务印书出版社，1963：1 - 75．

[212] 韦倩，王安，王杰．中国沿海地区的崛起：市场的力量 [J]．经济研究，2014 (8)：170 - 183．

[213] 魏后凯．现代区域经济学 [M]．北京：经济管理出版社，2006：1 - 599．

[214] 魏守华，吴贵生，吕新雷．区域创新能力的影响因素——兼评我国创新能力的地区差距 [J]．中国软科学 2010 (9)：76 - 85．

[215] 温军，冯根福．异质机构、企业性质与自主创新 [J]．经济研究，2012 (3)：53 - 64．

[216] 吴福象，王新新．行业集中度、规模差异与创新绩效——基于 GVC 模式下要素集聚对战略性新兴产业创新绩效影响的实证分析 [J]．上海经济研究，2011 (7)：69 - 76．

[217] 吴梅．广东工业产业中知识溢出效应的空间经济计量实证研究 [D]．广州：华南理工大学，2012．

[218] 吴延兵．R&D 存量、知识函数与生产效率 [J]．经济学 (季刊)，2006，5 (4)：1129 - 1156．

[219] 吴瑛，杨宏进．基于 R&D 存量的高技术产业科技资源配置效率 DEA 度量模型 [J]．科学学与科学技术管理，2006 (9)：28 - 32．

[220] 吴玉鸣．空间计量经济模型在省域研发与创新中的应用研究 [J]．数量经济技术经济研究，2006，23 (5)：74 - 86．

[221] 伍蓓，陈劲．吴增源，陈钰芬．研发外包进程探索：效率/创新外包模式的动态演进 [J]．科学学研究．2013，31 (6)：948 - 955．

[222] 伍蓓．企业研发外包的模式、机理及动态演化特征研究 [D]．杭州：浙江大学管理学院，2010．

[223] 夏东南．中国省际资本服务估算：巧93 - 2013 [D]．大连：东北财经大学，2015．

[224] 肖光恩，刘锦学，谭赛月明．空间计量就学——基于 MATLAB 的应用分析［M］．北京：北京大学出版社，2018：1-200．

[225] 肖强，钱晓东，武振锋．一种改进的 SOM 神经网络对 Web 用户的聚类［J］．情报科学，2012，30（6）：820-824．

[226] 肖泽磊，封思贤，韩顺法．我国高技术产业两阶段效率的测算及其提升路径分析——基于改进 SBM 方向性距离函数的实证［J］．产业经济研究，2012（4）：10-18．

[227] 谢科范，张诗雨，刘骅．重点城市创新能力比较分析［J］．管理世界，2009（1）：176-177．

[228] 谢其军．技术创新合作网络对滞后区域创新绩效的影响研究［D］．合肥：中国科学技术大学，2018．

[229] 谢姗，比较优势理论过时了吗？——基于国内区际贸易的实证分析［J］，经济与管理研究，2015，36（10）：71-79．

[230] 熊娟娟．空间异质性视角下要素集聚对区域创新效率的影响机制研究［D］．南昌：江西财经大学，2016．

[231] 徐德英，韩伯棠．地理、信息化与交通便利邻近与省际知识溢出［J］．科学学研究，2015，33（10）：1555-1563．

[232] 徐维祥，齐昕，刘程军，等．企业创新的空间差异及影响因素研究——以浙江省为例［J］．经济地理，2015，35（12）：50-56．

[233] 徐维祥，杨蕾，刘程军，等．长江经济带创新产出的时空演化特征及其成员［J］．地理科学，2017（4）：501-511．

[234] 徐竹青．高端要素、产业升级与城市化发展——基于浙江区域经济转型升级的战略思考［J］，中共浙江省委党校学报，2010（3）：111-115；．

[235] 许庆瑞，蒋键，郑刚．各创新要素全面协同程度与企业特质的关系实证研究［J］，研究与发展管理，2005，17（3）：16-21．

[236] 许学强，周一星，宁越敏．城市地理学［M］．北京：高等教育出版社，2009：1-100．

[237] 闫海洲．要素投入、技术外溢与信息化的生产率小于［J］．上海经济研究，2012（4）：74-82．

[238] 闫人华，熊黑钢，瞿秀华，郑丽丽．1975 年以来新疆县域产业结构的空间分异研究［J］．经济地理，2013，33（3）：99-105．

[239] 严浩坤．中国跨区域资本流动：理论分析与实证研究［D］．杭州：浙江大学，2008．

[240] 晏宗新．创新型广东［M］．厦门大学出版社，2013：1-60．

[241] 杨浩昌, 李廉水, 刘军. 本土市场规模对技术创新能力的影响及其地区差异 [J]. 中国科技论坛, 2015 (1): 27-32.

[242] 杨开忠, 冯等田, 沈体雁. 空间计量经济学研究的最新进展 [J]. 开发研究, 2009 (2): 7-12.

[243] 杨晴晴. 京津冀城市群要素流动偏好及回流效应分析 [D]. 天津: 天津理工大学, 2018.

[244] 杨若愚. 市场竞争、政府行为与区域创新绩效—基于中国省级面板数据的实证研究 [J]. 科研管理, 2016, 37 (12): 73-81.

[245] 杨省贵, 顾新. 区域创新体系间创新要素流动研究 [J]. 科技进步与对策, 2011, 28 (23): 60-64.

[246] 杨志民, 化祥雨, 叶娅芬, 等. 金融空间联系与 SOM 神经网络中心等级识别——以浙江省县域为例 [J]. 经济地理, 2014, 34 (12): 93-98.

[247] 杨治, 闫泽斌, 余林徽, 徐骏辉. 国有企业研发投入对民营企业创新行为的影响 [J]. 科研管理, 2015 (4): 82-90.

[248] 义旭东. 论要素流动对新型区域发展之推动效应 [J]. 现代经济, 2011, 31 (2): 28-45.

[249] 游小珺. 多维邻近视角下美国高校科研合作的空间演化与动力机制研究 [D]. 上海: 华东师范大学, 2018.

[250] 余东华, 王青. 地方保护、区域市场分割与产业技术创新能力——基于 2000-2005 年中国制造业数据的实证分析 [J]. 中国地质大学学报 (社会科学版), 2009 (3): 73-78.

[251] 余文涛. 创新产业集聚对区域创新与生产效率的影响 [D]. 安徽: 中国科学技术大学, 2014.

[252] 余晓, 王晓军, 王虹. 浙江省 R&D 投入现状及不同机构类型 R&D 产出效率评价 [J]. 工业技术经济, 2010 (11): 117-121.

[253] 余永泽. 创新要素集聚、政府支持与科技创新效率——基于省域数据的空间面板计量分析 [J]. 经济评论, 2011 (2): 93-101.

[254] 余泳泽, 刘大勇. 创新要素集聚与科技创新的空间外溢效应 [J]. 科研管理, 2013, 34 (1): 46-54.

[255] 余泳泽, 张先轸. 要素禀赋、适宜性创新模式选择与全要素生产率提升 [J]. 管理世界, 2015 (9): 13-31, 187.

[256] 俞立平. 不同来源科研经费对内贸与外贸贡献的比较——基于省际高技术产业的实证 [J]. 财经科学, 2013 (4): 111-119.

[257] 袁立科. 邻近对技术创新的影响研究 [D]. 重庆: 重庆大学, 2007.

[258] 袁鹏,陈圻,胡荣. 我国区域创新绩效动态变化的 Malmquist 指数分析 [J]. 科学学与科学技术管理, 2007 (1): 44 – 49.

[259] 约瑟夫·熊彼特. 经济发展理论 [M]. 北京: 商务印书馆, 1990: 5 – 242.

[260] 曾国平,谢庆红. 从落差理论看入世后贸易要素的国际流动 [J]. 经济师, 2002 (7): 8 – 9.

[261] 张彩江,覃婧,周宇亮. 技术扩散效应下产业集聚对区域创新的影响研究——基于两阶段价值链视角 [J]. 科学学与科学技术管理, 2017, 38 (12): F124 – 132.

[262] 张凤,何传启. 国家创新系统——第二次现代化的发动机 [M]. 北京: 高等教育出版社, 1999: 1 – 80.

[263] 张贵,李涛. 京津冀城市群创新产出空间差异的影响因素分析 [J]. 华东经济管理, 2018, 32 (1): 69 – 76.

[264] 张贵,梁莹,徐杨杨. 生态系统视阈下区域创新效率的多维溢出效应——对面板数据的空间计量分析 [J]. 科技进步与对策, 2016, 33 (15): 30 – 37.

[265] 张贵,吕长青. 基于生态位适宜度的区域创新生态系统与创新效率研究 [J]. 工业技术经济, 2017, 36 (10): 12 – 21.

[266] 张海峰. 人力资本集聚与区域创新绩效——基于浙江的实证研究 [J]. 浙江社会科学, 2016 (2): 103 – 108, 158 – 159, 2.

[267] 张海洋,史晋川. 中国省际工业新产品技术效率研究 [J]. 经济研究, 2011, 46 (1): 83 – 96.

[268] 张浩,孟宪忠. 不同机构类型的 R&D 效率 DEA 评价与比较 [J]. 科学学与科学技术管理, 2005, 26 (12): 78 – 82.

[269] 张惠娜,栾鸾,王晋. 创新要素向企业集聚模式与机制分析——以北京地区为例 [M]. 北京: 北京理工大学出版社, 2017: 1 – 9.

[270] 张建华,曾勇. 市场规模与创新——基于产业水平的宏观视角 [J]. 工业技术经济, 2018 (3): 3 – 11.

[271] 张洁瑶. 创业企业多维邻近性对协同创新关系影响研究 [J]. 科研管理, 2018, 39 (9): 78 – 85.

[272] 张可. 不同产业集聚对区域创新的影响及其空间溢出效应 [J]. 西安交通大学学报 (社会科学版), 2019, 39 (2): 12 – 19.

[273] 张丽华,林善浪. 创新集聚与产业集聚的相关性研究 [J]. 科学学研究, 2010, 28 (4): 635 – 640.

［274］张宓之．区域要素集聚、空间效应与企业集群发展能力提升研究——基于浙江省的实证分析要素集聚［D］．杭州：浙江工业大学，2014.

［275］张鸣鹤．中国新能源汽车产业技术联盟选择研究［D］．沈阳：辽宁大学，2015.

［276］张昕，李廉水．制造业聚集、知识溢出与区域创新绩效——以我国医药、电子及通讯设备制造业为例的实证研究［J］．数量经济技术经济研究，2007（8）：35－43，89.

［277］张昕．产业聚集对区域创新绩效的影响——以我国电子通讯设备制造业面板数据为例［J］．软科学，2007（6）：112－115.

［278］张旭．产业转移与创新要素流动互动机理研究［D］．安徽：合肥工业大学，2016.

［279］张艺，陈凯华，朱桂龙．产学研合作与后发国家创新主体能力演变——以中国高铁产业为例［J］．科学学研究，2018，36（10）：1896－1913.

［280］张艺．产学研合作网络对科研团队学术绩效的影响研究［D］．广州：华南理工大学，2017.

［281］张幼文，马飒，周琛等．要素流动——全球化经济学原理［M］．北京：北京大学出版社，2013.

［282］张玉明，李凯．中国创新产出的空间分布及空间相关性研究——基于1996－2005年省际专利统计数据的空间计量分析［J］．中国软科学，2007（11）：97－103.

［283］张战仁．地理空间视角下我国区域创新非均衡发展的时空模式研究［D］．上海：华东师范大学，2011.

［284］张振刚，林春培，薛捷．区域创新系统（RIS）内的知识转移研究［J］科技进步与对策，2011，28（19）：37－39.

［285］张振山，赵新力，王丹．人力和资本要素的集聚与流动对区域创新效率的影响［J］．中国科技资源导刊，2018，50（2）：66－70.

［286］赵儒煜，邵昱晔．要素流动与区际经济增长［J］．求索，2011（2）：69－71.

［287］赵炎，王琦，郑向杰．网络邻近性、地理邻近性对知识转移绩效的影响［J］．科研管理，2016（1）：128－136.

［288］赵炎，王琦．联盟网络的小世界性对企业创新影响的实证研究——基于中国通信设备产业的分析［J］．中国软科学，2013（4）：108－116.

［289］赵昱，杜德斌，柏玲．国际创新资源流动对区域创新的影响［J］．中国科技论坛，2015（2）：97－101.

[290] 赵增耀, 章小波, 沈能. 区域协调创新效率的多维溢出效应 [J]. 中国工业经济, 2015, 322 (1): 32-44.

[291] 郑刚. 产学研合作创新中地理邻近效应研究 [D]. 长沙: 湖南大学, 2012.

[292] 郑伟. 技术转移与经济增长研究——基于科技支撑和引领经济发展的视角 [J]. 数量经济技术经济研究, 2008 (10): 3-16.

[293] 周迪, 程慧平. 中国产业结构水平的分布动态及其空间依赖 [J]. 经济经纬, 2015, 32 (4): 79-84.

[294] 周浩. 中原经济内部创新要素集聚差异性研究 [D]. 安徽: 安徽财经大学, 2013.

[295] 周杰文, 张云, 蒋正云. 创新要素集聚对绿色经济效率的影响——基于空间计量模型的实证分析 [J]. 生态经济, 2018, 34 (6): 57-62.

[296] 周圣强, 朱卫平. 产业集聚一定能带来经济效率吗: 规模效应与拥挤效应 [J]. 产业经济研究, 2013 (3): 12-22.

[297] 周天芸, 周开国, 黄亮. 机构集聚, 风险传染与香港银行的系统性风险 [J]. 国际金融研究, 2012 (4): 77-82.

[298] 周元元. 创新要素集聚及其对区域自主创新能力的影响研究 [D]. 合肥: 合肥工业大学, 2015.

[299] 周正, 尹玲娜, 蔡兵. 我国产学研协同创新动力机制研究 [J]. 软科学, 2013, 27 (7): 52-56.

[300] 朱桂龙, 张艺, 陈凯华. 产学研合作国际研究的演化 [J]. 科学学研究, 2015, 33 (11): 1669-1686.

[301] 朱贻文, 曾刚, 邹琳, 曹贤忠. 长江经济带区域创新绩效时空特征分析 [J]. 长江流域资源与环境, 2017, 26 (12): 1954-1962.

[302] 朱苑秋, 谢富纪. 长三角大都市圈创新要素整合 [J]. 科学学与科学技术管理, 2007 (1): 97-100.

[303] 卓乘风, 艾麦提江·阿布都哈力克, 白洋, 邓峰. 创新要素集聚对区域创新绩效的非线性边际效应演化分析 [J]. 统计与信息论坛, 2017b, 32 (10): 84-90.

[304] 卓乘风, 邓峰. 创新要素流动与区域创新绩效——空间视角下政府调节作用的非线性检验 [J]. 科学学与科学技术管理, 2017a, 38 (7): 15-26.

[305] 卓乘风, 邓峰. 创新要素区际流动与产业结构升级 [J]. 经济问题探索, 2018 (5): 70-79.

[306] 邹文杰. 研发要素集聚、投入强度与研发效率: 基于空间异质性的

视角 [J]. 科学学研究, 2015, 33 (3): 390 – 397.

[307] 邹璇, 安虎森. 区际资本流动风险对地区引资能力影响研究 [J]. 求索, 2008 (5): 1 – 4.

[308] 邹游. 区域创新要素集聚对创新绩效的影响研究 [D]. 深圳: 深圳大学, 2017.

[309] Abramo G D, Angelo C A, Costa F D, et al. The role of information asymmetry in the market for university – industry research collaboration [J]. The Journal of Technology Transfer, 2011, 36 (1): 84 – 100.

[310] Acemoglu D, Joshua L. Market size in innovation: theory and evidence from the pharmaceutical industry [J]. The Quaterly Journal of Economics, 2003, 119 (3): 1049 – 1090.

[311] Acs Z J, Anselin L, Varga A. Patents and innovation counts as measures of regional production of new knowledge [J]. Research Policy, 2002, 31 (7): 1069 – 1085.

[312] Acs Z J, Audrestch D B, Feldman M. Real effects of academic research: comment [J], The American Economic Review, 1992, 82 (11): 363 – 3671.

[313] Agrawal A K, Cockbum I M, Galasso A, et al. Why are some regions more innovation than others? The role of small firms in the presence of large labs [J]. Journal of Urban Economics, 2014 (81): 149 – 165.

[314] Agrawal A K, Cockburn I M, Mchale J. Gone but not forgotten: knowledge flows: labor mobility, and enduring social relationships [J]. Journal of Economic Geography, 2006, 6 (5): 571 – 591.

[315] Alegre J, Chiva R. Assessing the impact of organizational learning capability on product innovation performance: an empirical test [J]. Technovation, 2008, 28 (6): 315 – 326.

[316] Alfaro L, Sebnem K O, Vadym V. Why doesn't capital flow from rich to poor countries? an empirical investigation [J]. Review fo Economics and Statistics, 2008, 90 (2): 347 – 368.

[317] Alic J A. Technical knowledge and technology diffusion: new issues for US government policy [J]. Technology Analysis & Strategic Management, 1993, 5 (4): 369 – 383.

[318] Allio R. J., Sheehan D.. Allocation R&D Resources Effectively: Research Management [J]. The Journal of Science Policy and Research Management, 1987, 2 (4): 14 – 20.

[319] Almeida P, Kogut B. Localization of knowledge and the mobility of engineers in regional networks [J]. Management Science, 1999, 45 (7): 905 – 917.

[320] Anderson J E, Wingcoop E. Gravity with gravitas: A solution to the border puzzle [J]. American Economic Review, 2003, 93 (1): 170 – 192.

[321] Anderson J E. A theoretical foundation for the gravity equation [J]. American Economic Review, 1979, 69 (1): 106 – 116.

[322] Anne M K, Hart E, Posen B W. Spillover asymmetry and why it matters [J]. Management Science, 2009, 55 (3): 373 – 388.

[323] Anselin L, Bera A, Florax S J R., et al. Simple diagnostic test for spatial dependence [J]. Regional Science and Urban Economics, 1996, 26 (1): 77 – 104.

[324] Anselin L, Rey S. Introduction to the special issue on spatial economitrics [J]. International Regional Science Review, 1997a, 20 (1 – 2): 1 – 7.

[325] Anselin L, Varga A, Acs Z. Geographic spillovers and university research: a Spatial econometric perspective [J]. Growth and Change, 2000, 31 (4): 501 – 516.

[326] Anselin L, Varga A, Acs Z. Local geographic spillovers between university research and high technology innovations [J]. Journal of Urban Economics, 1997b, 42 (3): 422 – 448.

[327] Anselin L. Florax R, Rey S J. Advances in spatial econometrics : methodology, tools and applications [M]. Berlin: Springer OVerlag, 2004: 20 – 450.

[328] Anselin L. Lagrange multiplier test diagnostics for spatial dependence and spatial heterogeneity [J]. Geographical Analysis, 1988, 20 (1): 1 – 17.

[329] Anselin L. Spatial dependence and spatail structural instability in applied regression analysis [J]. Journal of Regional Science, 2006, 30 (2): 185 – 207.

[330] Anselin L. The local indicators of spatial association – LISA [J]. Geographical Analysis, 1995, 27 (2): 93 – 115.

[331] Archibugi D. The inter – industry distribution of technological capabilities: a case study in the application of Italian patenting in the USA [J], Technovation, 1988, 7 (3): 259 – 274.

[332] Arntz M. What attracts human capital? Understanding the skill composition of interregional job matches in Germany [J]. Regional Studies, 2010, 44 (4): 423 – 444.

[333] Arrow K J. The economic implications of learning by doing [J]. Review of Economic Studies, 1962, 29 (3): 155 – 173.

[334] Arundel A, Kabla I. What Percentage of Innovations is Patented? Empirical Estimates for European Firms [J]. Research Policy, 1998, 27 (2): 127–141.

[335] Arundel A. The Relative Effectiveness of Patents and Secrecy for appropriation [J]. Research Policy, 2001, 30 (4): 611–624.

[336] Asheim B, Coenen C. Vang J. Face to face, buzz, and knowledge bases: sociospatial implicationns for learning innovation and innovation policy [J]. Environment and Planning, 2007, 25 (5): 655–670.

[337] Audrestch D B. Agglomeration and the location of innovative activity [J]. Oxford Review of Economic Policy, 1998, 14 (12): 18–29.

[338] Audretsch D B, Feldman M P. R&D spillovers and the geography of innovation and production [J]. The American Economic Review, 1996, 86 (3): 630–640.

[339] Autio E. Evaluation of R&D in regional systems of innovation [J]. European Planning Studies. 1998, 6 (2): 131–140.

[340] Ayyagair M, Demirgüc-Kunt A, Maksimovic V. Firm innovation in emerging markets: the role of finance, governance, and competition [J]. Journal of Financial and Quantitative Analysis, 2011, 46 (6): 1545–1580.

[341] Baptista R, Swann G M P. Do firms in clusters innovate more? [J]. Research Policy, 1998, 27 (5): 525–540.

[342] Barro R J, Salaimartin X. Convergence, Journal of Political Economy, 1992, 100 (2): 23–251.

[343] Bass F. A new product growthmodel for consumer durables [J]. Management Science, 1969, 15 (5): 215–227.

[344] Bathelt H, Li P F. Global cluster networks—foreign direct investment flows from Canada to china [J]. Jourral of Economic Geography, 2014, 14 (1): 45–71.

[345] Battke B, Schmidt T S, Stollenwerk S, et al. Internal or external spillovers which kind of knowledge is more likely to flow within or across technologies [J]. Research policy, 2016, 45 (1): 27–41.

[346] Beechler S, Woodward I C. The global "war of talent" [J]. Journal of International Management, 2009, 3 (15): 273–285.

[347] Beine M, Docquier F, Rapoport H. Brain drain and economic growth: Theory and evidence [J]. Journal of Development Economics, 2001, 64 (1), 275–289.

[348] Belussi F, Pilotti L. Knowledge creation, leammg and innovation in Italian industrial districts [J]. Geografiska Annaler Series B: Human Geography, 2002,

84 (2): 125-139.

[349] Bergstrand J H. The generalized gravity equation, monopolistie competition and the factor proportions theory in international trade [J]. Review of Economics and Statistics, 1989, 71 (1): 143-153.

[350] Bergstrand J H. The gravity equation in international trade: some microeconomic foundations and empirical evidence [J]. Review of Economics and Statistics, 1985, 67 (3): 474-481.

[351] Bettencourt L M A, Lobo J, Strumsky D. Invention in the city: Increasing returns to patenting as a scaling function of metropolitan size [J]. Research Policy, 2007, 36 (1): 107-120.

[352] Blind K, Grupp H. Interdependencies between the science and technology infrastructure and innovation activities in German regions: empirical findings and policy consequences [J]. Research Policy, 1999, 28 (5): 451-468.

[353] Blume K M E, Sood N. Market size and innovation: effects of Medicare part D on pharmaceuticval research and development [J]. Journal of Public Economics, 2013, 97: 327-336.

[354] Bode E. The spatial pattern of localized R&D spillovers: an empirical investigation for Germany [J]. Journal of Economic Geography, 2004, 4 (1): 43-64.

[355] Bonilla D, Bishop J D, Axon C, et al. Innovation, the diesel engine and vehicle markets: evidence from OECD engine patents [J]. Transportaion Research Part D: Transporty Environment, 2014 (27): 51-58.

[356] Borts G H, Stein I L. Economic Growth in a Free Market [M]. New York: Columbia University Press, 1964: 5-200.

[357] Boschma R, Marrocu E, Paci R. Symmetric and asymmetric effects of proximities. The case of m&a deals in italy [J]. Journal of Economic Geography, 2015, 16 (2): 505-535.

[358] Boschma R. Proximity and innovation: A critical assessment [J]. Regional studies, 2005, 39 (1): 61-74.

[359] Bottazzi L, Peri G. Innovation and Spillovers in Regions: evidence from Europe - an Patent Data [J]. European Economic Review, 2003, 147 (4), 687-710.

[360] Boyreau - Debray G, Shangjin Wei. Can China grow faster? A diagnosis of the fragmentation of its domestic capital market [J/OL]. IMF working paper, http://dx.doi.org/10.5089/9781451849905.001, 2004, 04/76.

[361] Branstetter L D, Nakamura Y. Is Japan's innovative in decline [J/OL].

https://www.nber.org/chapters/c9576.pdf, 2003.

[362] Branstetter L, Saggi K. Intellectual property rights, foreign direct investment and industrial development [J]. The Economic Journal, 2011, 121 (555): 1161-1191.

[363] Brien O. Global financial integration: the end of geography [M]. London: Royal Institute of International Affairs, 1992: 1-150.

[364] Broersma L, Oosterhaven J. Regional labor productivity in the Nethelands: evidence of agglomeration and congestion effects [J]. Journal of Regional Science, 2009, 49 (3): 483-511.

[365] Bruecckner J K. Strategic interaction among governments: an overview of empirical studies [J]. International Regional Science Review, 2003, 26 (2): 175-188.

[366] Buenstorf G, Fritsch M, Luis F M. Regional knowledge, organizational capabilities and the emergence of the West German Laser Systems Industry, 1975-2005 [J]. Regional Studies, 2015, 49 (1): 59-75.

[367] Burridge P. On the cliff-ord test for spatial autocorrelation [J]. Journal of the Royal Statistical Society, 1980 (42): 107-108.

[368] Cairncross F. The death of distance: how the communications revolution will change our Lives [M]. Boston, MA: Harvard Business School Press, 1997: 10-320.

[369] Calvo G A, Leiderman L, Reinhart C M. Capital inflows and real exchange rate appreciation in Latin America: the role of external factors [J]. Staff Papers (International Monetary Fund), 1993, 40 (1): 108-151.

[370] Carpenter G A, Grossberg S. A massively parallel architecture for a self-organizing neural pattern recognition machine [J]. Computer vision. Graphics and Image Processing, 1986, 36 (2-3): 396.

[371] Case A. Rosen H S, Hines J R. Budget spillovers and fiscal policy interdependence evidence from the states [J]. Journal of Public economics, 1993, 52 (3): 285-307.

[372] Castells M. The rise of the network society [M]. Oxford: Blackwell Publishers, 1996: 1-594.

[373] Cebula R J, Zaharoff M. Interregional capital transfers and interest rate differentials: An empirical note [J]. Annals of Regional Science, 1974, 8 (1): 87-94.

[374] Cesaroni F. Technological outsourcing and product diversification: do markets for technology affect firms' strategies? [J]. Research Policy, 2003, 33 (10): 1547-1564.

[375] Chapple W, Lockett A, Siegel D, et al. Assessing the relative performance of UK university technology transfer offices: parametric and non – parametric evidence [J]. Research Policy, 2005, 34 (3): 369-384.

[376] Chen k, Guan J. Measuring the efficiency of China's regional innovation systems: Application of network data envelopment analysis (DEA) [J]. Regional Studies, 2012, 46 (3): 355-377.

[377] Christoph K. Market – based financing in the capital markets union: the European commissionn's proposals to foster financial innovation the EU [J]. European Cpmpany and Financial Law Review, 2017, 14 (2): 336-364.

[378] Ciccone A. Agglomeration effects in Europe [J]. European Economic Review, 2002, 46 (2): 213-227.

[379] Cliff A D, Ord V. Spatial processes: model and application [M]. London: Pion, 1981: 1-266.

[380] Coe D T, Helpman E. International R&D spillovers [J]. European Economic Review, 1995, 39 (5): 859-887.

[381] Cohen W M, Goto A, Nagata A, et al. R&D SPILLOVERS, patents and the incentives to innovate in Japan and the United States [J]. Research Policy, 2002, 31 (8-9): 1349-1367.

[382] Cohen W M, Klepper S. The anatomy of industry of R&D intensity distribution [J]. American Economics Review, 1992, 82 (4): 773-799.

[383] Colombo M G, Delmastro M. How effective are technology incubators? Evidence from Italy [J]. Research Policy, 2002, 31 (7): 1103-1122.

[384] Cooke P. Regional Innovation Systems: Competitive Regulation in the New Europe. GeoForum, 1992, 23 (3): 365-382.

[385] Cooke P. Knowledge Economies: Clusters, Learning and Cooperative Advantage [M]. London: Routledge, 2002: 1-256.

[386] Coombes M, Green A E, Openshaw S. An efficient algorithm to generate official statistical reporting areas: The case ofthe 1984 travel – to – work area revision in Britain. Journal of the Operational Research Society, 1986, 37 (10): 943-953.

[387] Cuddington. J T, Moss. D L. Technological Change, Depletion, and the US Petroleum Industry [J]. The American Economic Review, 2001, 9 (4): 1135-1148.

[388] Cummings J N, Kiesler S. Collaborative research across disciplinary and organizational boundaries [J]. Social Studies of Science, 2005, 35 (5): 703-722.

[389] Czaika M, Parsons C R. The gravity of high – skilled migration policies [J]. Demography, 2017, 54 (2): 603 – 630.

[390] Davis D R, Weinstein D E. MarketSize, linkages, and productivity: a study of Japanese Regions [R]. National Bureau of Economic Research, 2001.

[391] Deardorff A V. Determinants of bilateraltrade: does gravity work in a neo-classical world? [M]. In Jeffrey A F (ed.). The Regionalization of the World Economy. Chicago: National Bureau of Economic Research, Inc., 1998: 7 – 31.

[392] Delisle Francoise, Shearmur Richard. Where does all the talent flow? Mitration of young graduates and nongraduate, Canada 1996 – 2001 [J]. Canadian geographer, 2010, 54 (3): 305 – 323.

[393] Ding C, Patra J C. User Modeling for Personalized Web Search with Self – Organizing Map [J]. Journal of the American Society for information Science and Technology, 2007, 58 (4): 494 – 507.

[394] Dirk C, Komelius K, Susanne T. The knowledge production of 'R' and 'D' [J]. Zew Discussion Paper, 2009, 105 (1): 141 – 143.

[395] Docquier F, Lohest O. Marfouk A. Brain drain in developing countries [J]. The World Bank Economic Review, 2007, 21 (2): 193 – 218.

[396] Dow S C, Rodríguez – fuentes C J. Regional finance: A survey [J]. Regional Studies, 1997 (31): 903 – 920.

[397] Duffy. The idea of the Industrial District: its genesis [M]. In Pkye F, Becattini G, Sengenberger W (eds), Industrial DistrictsFand Inter – Firm Co – operation in Italy, Geneva: International Institute for Labour Studies, 1990: 10 – 19.

[398] Elhorst J P. Spatial panel data models [C]. In Fischer Manfred M, Getis Arthur (ed.). Handbook of applied spatial analysis: Software tools, methods and applications. Springer, 2010: 37 – 93.

[399] Elhorst J P. Specification and estimation of spatia panel data models [J]. International Regional Science Review, 2003, 26 (3): 244 – 268.

[400] Elhorst J P. Unconditional maximum likelihood estimation of linear and log – linear dynamic models for spatial panels [J]. Geographical Analysis, 2005, 37 (1): 85 – 106.

[401] Emmanuel M, David D. What we should know about knowledge – intensive business services [J]. Technology in Society, 2009, 31 (2): 64 – 72.

[402] Etzkowitz H, Leydesdorff L. The dynamics of innovation: from national systems and "mode 2" to a triple helix of university – industry – government relations

[J]. Research Policy, 2000, 29 (2): 109 – 123.

[403] Evenett S J, Keller W. On theories explaining the success of the gravity equation [J]. The Journal of Political Economy, 2002, 110 (2): 281 – 316.

[404] Fan F, Du D, Wang X Z. The measure and characteristics of spatial temporal evolution of China's science and technology resource allocation efficiency [J]. Journal of Geographical Sciences, 2014, 24 (3): 492 – 508.

[405] Feldman M P. The Geography of Innovation [M]. Dordrecht: Kluwer Academic Publishers, 1994: 1 – 156.

[406] Filippettia A. Innovation in times of crisis: national systems of innovation, structure, and demand [J]. Research Policy, 2011, 40 (2): 179 – 192.

[407] Fischer M M, Varga A. Spatial knowledge spillovers and university research: evidence from Austria [J]. Ann Reg Science, 2003, 37 (2): 303 – 322.

[408] Fleming L, KingC, Juda A. I. Small worlds and regional innovation [J]. Organization Science, 2007, 18 (6): 938 – 954.

[409] Foster C L. Managing the flow of talent through organizations a – boundary – less mode [J]. Development and Learning in Organizations. 2015, 29 (1): 15 – 19.

[410] Frank A G, Cortimiglia M N, Ribeiro J L, et al. The effect of innovation activities on innovation outputs in the Brazilian industry: market – orientation vs. technology – acquisition strategies [J]. Research Policy, 2016, 45 (3): 577 – 592.

[411] Franzoni C, Scellato G, Stephan P. Foreign born scientists: mobility patterns for 16 countries [J]. Nature Biotechnology, 2012, 30 (12): 1250 – 1253.

[412] Freeman. C, Soete. L. The economic of industrial innovation (Third edition) [M]. London: Printer, 1997.

[413] Frenken K, Hardeman S, Hoekman J. Spatial scientometrics: Towards a cumulative research program [J]. Journal of Inforxnetrics, 2009, 3 (3): 222 – 232.

[414] Friedman J R. Regional Development Policy: A Case – study of Venezuela [M]. Mass: MIT Press, 1966: 1 – 150.

[415] Fritsch, M. Measuring the quality of regional innovation systems: a knowledge production function approach [J]. International Regional Science Review, 2002, 25 (1): 86 – 101.

[416] Fritscha M, Frankeb G. Innovation, regional knowledge spillovers and R&D cooperation [J]. Research Policy, 2004, 33 (2): 245 – 255.

[417] Fujiki H, Yukinobu K. Feldstein – Horioka Paradox revisited [J]. bank

of Japan, Monetary and Economic Studies, 1995, 13 (1): 1 – 16.

[418] Fujita M, Mori T. Frontiers of the New Economic Geography [J]. Regional Science, 2005, 84 (3): 377 – 405.

[419] Fujita M, Thisse J R. Economics of agglomeration [J]. Journal of the Japaneseand international economies, 1996, 10 (4): 339 – 378.

[420] Fujita M, Thisse J R. The Economics of Agglomeration [M]. Cambridge: Cambridge University Press, 2002: 1 – 480.

[421] Fukugawa N. Science parks in Japan and their value added contributions to new technology – based firms [J]. international Journal of Industrial Organization, 2006, 24 (2): 381 – 400.

[422] Funk R J. Making the most of where you are: geography, networks, and innovation in organizations [J]. Academy of Management Journal, 2014, 57 (1): 193 – 222.

[423] Funke M, Niebuhr A. Regional Geographic Research and Development Spillovers and Economic Growth: evidence from West Germany [J]. Regional Studies, 2005, 39 (1): 143 – 153.

[424] Furman J L, Porter M E, Stern S. The determinants of national innovative capacity [J]. Research Policy, 2002, 31 (6): 899 – 933.

[425] Gertler M S. Tacit Knowledge and the Economic Geography of Context [J]. Journal of Economic Geography, 2003, 3 (1): 75 – 99.

[426] Gibson J, Mckenzie D. The economic consequences of 'brain drain' of the best and brightest: Microeconomic evidence from five countries [J]. The Economic Journal, 2012, 122 (5): 339 – 375.

[427] Glaeser E L, Kallal H D. Scheinkman J A, et al. Growth in cities [J]. Journal of Political Economy [J]. 1992, 100 (6): 1126 – 1152.

[428] Goldsmith R W. A perpetual inventory of nationalweath [J]. NBER Studies in Income and Wealth, 1951 (114): 5 – 61.

[429] Goto A, Suzuki K. R&D capital, rate of return on R&D investment and spillover of R&D in Japanese manufacturing industries [J]. Review of Economics and Statistics, 1989, 71 (41): 555 – 564.

[430] Gourinchas P O, Jeanne O. Capital flows to develop countries: the allocation puzzle [J]. review of Economic Studies, 2013, 80 (4): 1484 – 1515.

[431] Gourinchas P O, Jeanne O. The elusive gains from international financial integration [J]. Review of Economic Studies, 2006, 73 (3): 715 – 781.

[432] Greunz L. Geogrphically and technologically mediated knowledge spillovers between European regions [J]. Annals of Regional Science, 2003, 37 (4): 657 – 680.

[433] Griffth D A. Spatial auto correlation and spatial filtering [M]. In Manfred M F, Peter N (ed.). Handbook of Regional Science, Germany: Springer, 2003: 1477 – 1507.

[434] Griliches Z, Hyhrid C. An exploration in the economics of technological change [J]. Econometrica, 1957, 25 (4): 501 – 522.

[435] Griliches Z. Issues in assessing the contribution of research and development to productivity growth [J]. The Bell Journal of Economics [J]. 1979, 10 (1): 92 – 116.

[436] Griliches Z. Patent Statistics as Economic Indicators: a Survey [J]. Journal of Economic Literature, 1990 (28): 1661 – 1707.

[437] Griliches Z. R&D and Productivity slow down [J]. American Economic Review, 1980, 70 (1): 343 – 348.

[438] Griliches Z. R&D and Productivity [M]. Chicago: University of Chicago Press, 1998: 1 – 382.

[439] Groshby M. Patents, Innovation and Growth [J]. Economic Record, 2000, 76 (234): 255 – 262.

[440] Grossman, helpman E. Trade, knowledge splllovers and growth [J]. European Economic Review, 1991, 35 (2 – 3): 517 – 526.

[441] Grossmann V, Stadelmann D. Wage effects of high – skilled migration: International evidence [J]. The World Bank Economic Review, 2013, 27 (2), 297 – 319.

[442] Guan J C, Zuo K R, Chen K H, et al. Does country – level R&D efficiency benefit from the colla – boration network structure? [J]. Research Policy, 2016, 45 (4): 770 – 784.

[443] Guan J C, Zhang J, Yan Y. The impact of multilevel networks on innovation [J]. Research Policy, 2015, 44 (3): 545 – 559.

[444] Guan J C, Zhao Q J. The impact of university – industry collaboration networks on innovation in nano biopharmaceuticals [J]. Technological Forecasting and Social Change, 2013, 80 (7): 1271 – 1286.

[445] Guimaraes P, Figueiredo O, Woodward D. Agglomeration and the location of foreign direct investment in Portugal [J]. Journal of Urban Economics, 2000, 47

(1): 115-135.

[446] Haas H D. The internal dynamics of migration processes: A theoretical inquiry [J]. Journal of Ethnic and Migration Studies, 2010, 36 (10): 1587-1617.

[447] Hagedoorn J, Duysters G. External appropriation of innovative capabilities: The Preference for strategic alliances or M&AS [J]. Journal of management studies, 2002, 39 (2): 167-188.

[448] Hagedoorn J, Cloodt. Measuring innovative performance: is there an advantage in using multiple indicators? [J]. Research Policy, 2003, 32 (8): 1365-1379.

[449] Hagedoorn J, Link A N, Vonortas N S. Research partnerships [J]. Research Policy, 2000, 29 (4-5): 567-586.

[450] Hagel J, Brown J S. The next wave of open innovation [J]. Business Week Online, 2009, 8: 17, http://www.businessweek.com/innovate/content/apr2009/id2009048_360417.htm.

[451] Haggett P. Geography: A Modern Synthesis (Revised Third Edition) [M]. New York: Harper& Row Publishers, Inc, 1983: 100-416.

[452] Hakura D, Jaumotte F. The Role of Inter and Intra industry Trade in Technology Diffusion [J/OL]. IMF Working Papers No 99/58, 1999: 1-29, https://papers.ssrn.com/sol3/papers.cfm?abstract_id=880585.

[453] Hall B H. Jacques M. Exploring the relationship between R&D and productivity in French manufacturing firms [J]. Journal of Econometrics, 1995, 65 (1), 263-293.

[454] Halman L, Müller H. Contemporary work values in Africa and Europe: Comparing orientations to work in African and European societies. International Journal of Comparative Socio-logy, 2006, 47 (2): 117-143.

[455] Han C, Thomas S R, Yang M, et al. Evaluating R&D investment efficiency in China's hightech industry [J]. Journal of High Technology Management Research, 2017, 28 (1): 93-109.

[456] Hans L, Almas H. On the relationship between innovation and performance: a sensitivity analysis [J]. Economics of Innovation and New Technology, 2006, 15 (4-5): 317-344.

[457] Hardy A. The Role of the telephone in economic development [J]. Telecommunications, 1980, 4 (4): 278-286.

[458] Harvery J M, Shih L S. Geographic information systems for transportation-

principles and applications [M]. New York: Oxford University Press, Inc., 2001: 1-480.

[459] Harvery W S, Groutsis D. Reputation and talent mobility in the Asia Pacific [J]. Asia PacifiC Journal of Human Resources. 2014, 53 (1): 22-40.

[460] Helpman E, Krugman P. Market structure and foreign trade: Increasing returns, imperfect competition, and the international economy [M]. Cambridge: MIT Press, 1985: 1-200.

[461] Henderson J V. Efficiency of resource usage and city size [J]. Journal of Urban Economics, 1986, 19 (1): 47-70.

[462] Hendriks P. Whyshare knowledge? the influence of ICT on motivation for knowledge sha-ring [J]. Knowledge and Process Management, 1999, 6 (2): 91-100.

[463] Higgins M J, Rodriguez D. The outsourcing of R&D through acquisitions in the pharmaceutical industry [J]. Journal of Financial Economics, 2006, 80 (2): 351-383.

[464] Hippel V E. Democratizing innovation [M]. Cambridge: The MIT Press, 2005: 1-216.

[465] Hoekman J, Frenken K, Tijssen R J. Research collaboration at A distance: Changing spatial patterns of scientific collaboration within europe [J]. Research Policy, 2010, 39 (5): 662-673.

[466] Howells J R L. Tacit knowledge, innovation and economic geography [J]. Urban Studies, 2009 (39): 871-884.

[467] Hsu P H, Tian X, Xu Y. Financial development and innovation: Cross-country evidence [J]. Journal of Financial Economics. 2014, 112 (1): 116-135.

[468] Hu A G Z, Jefferson G H, Qian Jinchang. R&D and Technology Transfer: Firm-level evidence from Chinese Industry [J]. Review of Economics and Statistics, 2005, 87 (4): 780-786.

[469] Hulten C R, Bennathan E, Srinivasan S. Infrastructure, externalities and economic development: a study of the Indian manufacturing industry [J]. World Bank Economic Review, 2006, 20 (2): 291-308.

[470] Hung C Y, Chang Y N, Hsu C P, et al. An innovative method of project management: a new concept on talent flow [J]. Journal of statistics and management systems, 2007, 10 (5): 757-783.

[471] Jaffe A B. Demand and supply Influences in R&D Intensity and productivity

growth [J]. The Review of Economics and Statistics, 1988, 70 (3), 431 -437.

[472] Jaffe A B. Real effects of Academic Research [J]. American Economic Review, 1989, 79 (5): 957 -970.

[473] Jaffe A B. Trajtenberg M. Henderson R. Geographic Localization of knowledge spillovers as evidenced by patent citations [J]. Quarterly Journal of Economics, 1993, 108 (3): 577 -598.

[474] James S. Innovation and space: A critical review of the literature [J]. Regional Studies, 2005, 39 (6): 789 -804.

[475] Johnson J. Stopping Africa's medical brain drain [J]. British Medical Journal, 2005, 331 (7507): 2 -3.

[476] Jordan - Bychkov T G, Domosh L M. The human mosaic: a thematic introduction to cultural geography (8th edition) [M]. New York: Addison Wesley Longman, 1990: 1 -116.

[477] Jorge G, Victor L. Improvements on the visualization of clusters in geo - referenced data using Self - Organizing Maps [J]. Computers & Geosciences, 2012 (43): 177 -186.

[478] Jorge N. National Systems of Innovation are X - efficient [J], Research Policy, 2002, 31 (2): 291 -302.

[479] Kafouros M, Wang C, Piperopoulos P, et al. Academic collaborations and firm innovation performance in China: The role of region - specific institutions [J]. Research Policy, 2015, 44 (3): 803 -817.

[480] Kancs A. The economic geography of labour migration: Competition, competitiveness and development [J]. Applied Geography, 2011, 31 (1): 191 -200.

[481] Kangas J, Kohonen T, Laaksonen J T. Variants of self - organizing maps [J]. IEEE Trans on Neural Networks, 1990, 1 (1): 93 -99.

[482] Kelejian H, Prucha I. A generalized monents estimator for the autoregressive parameter in a spatial model [J]. International Economic Review, 1999, 40 (2): 509 -533.

[483] Kelejian H, prucha I. Specification and estimation of spatial autoagressive models with autoregressive and heteroskedastic disturbances [J]. Journal of Economitrics, 2010, 157 (1): 53 -67.

[484] Keller W R. Trade and the transmission of Technology [J]. Journal of Economic Gowth, 2002, 7 (1): 5 -24.

[485] Kerr W R, Lincoln W F. The supply side of innovation: H-1B visa reforms and US ethnic invention [J]. Journal of Labor Economics, 2010, 28 (3): 473-508.

[486] Kirat T, Lung Y. Innovation and proximity – territories as loci of collective learning processes [J]. European Urban and Regional Studies, 1999, 6 (1): 27-38.

[487] Kobrin S J. Electronic cash and the end of national markets [J]. Foreign Policy, 1997 (107): 65-77.

[488] Kohonen T. Self organized formation of topologically correct fear ture maps [J]. Biological Cy-bemetics, 1982, 43 (1): 59-69.

[489] Kohonen T. Self-Organization and associated memory 2nd Edition [M]. Berlin: Springer Verlag, 1987: 1-65.

[490] Kong W J, Su W H. Intellectual property right protection, international technology spillover and economic growth [J]. Science Research Management, 2012, 33 (6): 38-49.

[491] Krishma, Murty M N. Cenetiv k – means algorithm [J]. IEEE Transactions on system, Man and Cybemetics Part B, 1999, 29 (3): 433-439.

[492] Krugman P R, Anthony J V. Globalization and the Inequality of Nations [J]. The Quarterly Journal of Economics, 1995, 110 (4): 857-880.

[493] Krugman P R. Increasing Returns and Economic Geography [J]. The Journal of Political Economy, 1991a, 99 (3): 483-499.

[494] Krugman P R. History and industry location: the case of the manufacturing belt [J]. The American Economic Review, 1991c, 81 (2): 80-83.

[495] Krugman P. Space: the final frontier [J]. The Journal of Economic Perspectives, 1998, 12 (2): 161-174.

[496] Krugman P R. Geography and trade [M]. Cambridge, MA: MIT press, 1991b: 1-98.

[497] Lahiri N. Geographic distribution of R&D activity: how does it affect innovation quality? [J]. Academy of Management Journal, 2010, 53 (5): 1194-1209.

[498] Laursen K, Salter A. Open for innovation: the role of openness in explaining innovation performance among UK manufacturing firms [J]. Strategic management journal, 2006, 27 (2): 131-150.

[499] Lecocq C, Vanlooy B. the impact of collaboration on the technological performance of regions: time invariant or driven by life cycle dynamics? an explorative in-

vestigation of European regions in the field of biotechnology [J]. Scientometrics, 2009, 80 (3): 845 – 865.

[500] Lees F A. Interregional flows of funds through state and local government securities (1957 – 1962) [J]. Journal of Regional Science, 1969, 9 (1): 79 – 86.

[501] Lesage J P, Pace R K. Introduction to spatial econometrics [M]. Frorida: CRC Press, 2009: 1 – 374.

[502] Lesage J P, Pace R K. Spatial econometric modeling of origin destination flows [J]. Journal of Regional Science, 2008, 48 (5): 941 – 967.

[503] Lesage J P. The theory and practice of spatial econometrics [EB/OL]. http://www.spatilaeconometrics.com, 1999.

[504] Li X Y, Wang J, Liu X M. Can Locally – recruited R&D personnel significant contribute to multinational subsidiary innovation in an emerging economy? [J]. International Business Review. 2013, 22 (4): 639 – 651.

[505] Li X. China's Regional Innovation capacity in transition: an empirical apporach [J]. Research Policy, 2009 (38): 338 – 357.

[506] Lin J Y. Effects on diversity of R&D sources and human capital on industrial performance [J]. Technological Forecasting & Social Change, 2014, 85: 168 – 184.

[507] Li Qi. Capital flows and domestic market integration in China [J]. Journal of Chinese Economic and Business Studies, 2010, 8 (1): 67 – 94.

[508] Liu XL, White S. Comparing innovation systems: a framework and application to China's transitional context [J]. Research Policy, 2001, 30 (6): 1091 – 1114.

[509] Liu Y, Shen J, Xu W, Wang G. From school to university to work: Migration of highly educated youths in China [J]. The Annals of Regional Science, 2017, 59 (3): 651 – 676.

[510] Liu Y, Shen J. Spatial patterns and determinants of skilled internal migration in China, 2000 – 2005 [J]. Papers in Regional Science, 2014, 93 (4): 749 – 771.

[511] Liy M, Zhang Y. Empirical research on the different innovation engine between China and US manufacturing using an improved method [J]. Applied Economics, 2016, 48 (6): 471 – 482.

[512] Luca L M D, Atuahene G K. Market knowledge dimensions and cross – functional collabotation: examining the different routes to product innovation performance [J]. Journal of Marketing, 2007, 71 (1): 95 – 112.

[513] Lucas R E. On the mechanics of economic development [J]. Joural of Monetary Economics, 1988, 22 (1): 3-42.

[514] Lucas R E. Why doesn't capital flow from rich to poorcourtries? [J]. American Economic Review, 1990, 80 (2): 92-96.

[515] Lundvall B A. National systems ofinnovation: towards a theory of innovation and interaction learning [M]. London and New York: Pinter, 1992: 1-168.

[516] Maddison A. Chinese economic performance in the long run [M]. France: OECD publication, 1998: 1-200.

[517] Magnani E. How does technological innovation anddissusion affect inter-industry workers' mobility? [J]. Structural change and economic dynamics, 2009, 20 (1): 16-37.

[518] Manohar S, Pandit S R. Core values and beliefs: a study of leading innovative organizations [J]. Joural of Business Ethics, 2014, 125 (4): 667-680.

[519] Mansfield E. R&D and innovation: some empirical findings [A]. In Griliches Z (ed). R&D, Patents and Productivity [M]. Chicago: University of Chicago Press, 1984: 127-148.

[520] Mansfield E. The diffusion of flexible manufacturing systems in Japan, Europe and the United States [J]. Management Science. 1993, 39 (2): 149-159.

[521] Manski C F, Identification of endogenous social effects: the reflection problem [J]. Review of Economic Studies, 1993, 60 (30): 531-542.

[522] Mariagrazia S. Science parks' tenants versus out of park firms: who innovates more a duration model [J]. Journal of Technology Transfer, 2008 (33): 45-71.

[523] Marinelli E. Sub-national Graduate mobility and knowledge flows: an exploratory analysis of onward and return migrants in Italy [J]. Regional studies, 2013, 47 (10): 1618-1633.

[524] Marshall A. Principles of economics [M]. London: Macmillan, 1920: 1-276.

[525] Martin P, Rogers C A. Industrial location and public infrastructure [J]. Journal of International Economics, 1995 (39): 335-351.

[526] Martin R. Money and the Space Economy [M]. London: John Wiley & Sons. 1999: 1-348.

[527] Maskll P. Accessing remote knowledge—the roles of trade fairs, pipelines, crowdsourcing and listening posts [J]. Journal of Economic Geogrhpy, 2014, 14

(5): 883-902.

[528] Mckenzie D, Rapopert H. Can migration reduce educational attainment? Evidence from Mexico [J]. Journal of Population Economics, 2011, 24 (4): 1331-1358.

[529] Mesiters C, Werker C. Physical and organizational proximity in territorial innovation systems: introduction to the special issue [J]. Jouranl of Economic Geography, 2004, 4 (1): 1-2.

[530] Mol M J. Does being R&D intensive still discourage outsourcing?: Evidence from Dutch manufacturing [J]. Research Policy, 2005, 34 (4): 571-582.

[531] Moomaw R L. Productivity and city size: A critique of the evidence [J]. The Quarterly Journal of Economics, 1981, 96 (4): 675-688.

[532] Mountford A, Rapoport H. The brain drain and the world distribution of income [J]. Journal of Development Economics, 2011, 95 (1): 561-562.

[533] Mowery C, Ziedonis A. Document Markets versus spillovers in outflows of university research [J]. Research Policy, 2015, 44 (1): 50-66.

[534] Nanda R, Rhodeskropf M. Financing risk and innovation [M]. New York: Social Science Electronic Publishing, 2014: 1-40.

[535] Nasierowski W, Arcelus J. On the efficiency of national innovation systems [J]. Socio-Economic Planning Sciences, 2003, 37 (3): 215-234.

[536] Ngai L R, Sammaniego R M. An R&D based model of multi-sector growth [J/OL]. CEP Discussion Paper 762, 2006: http://eprints.lse.ac.uk/3527/.

[537] Ngai L R, Sammaniego R M. On the long run determinants of industry TF growth rates [DB/OL]. https://www.researchgate.net/publication/4845150_On_the_Long_run_Determinants_of_Industry_TFP_Growth_Rates, 2007.

[538] Noni I D, Orsi L, Belussi F. The role of collaborative networks in supporting the innovation performances of lagging-behind European regions [J]. Research Policy, 2018, 47 (1): 1-13.

[539] Oh J M. Absorptive capacity, technology spillovers, and the cross-Section of stock Returns [J]. Journal of Banking & Finance, 2017 (85): 146-164.

[540] Ohmae K. The evolving global economy: making sense of the new world order [M]. Cambridge, MA: Harvard Business Review Books, 1995b: 1-300.

[541] Ohmae K. The end of the nation state: The rise of regional economies [M]. London: Harper Collins, 1995a: 1-214.

[542] Okeke E N. Brain drain: Do economic conditions "push" doctors out of

developing countries？[J]. Social Science & Medicine, 2013 (98): 169 – 178.

[543] Ottaviano G I P, Peri G. Rethinking the effect of immigration on wages [J]. Journal of the European Economic Association, 2012, 10 (1): 152 – 197.

[544] Paci R, Usai S. Externalities, knowledge spillovers and the spatial distribution of innovation [J]. Geojournal, 1999, 49 (4): 381 – 390.

[545] Pakes A, Schankerman M. The rate of obsolescence of knowledge, research gestation lags and the private rate of return to research resources [A]. Griliches Z (editor). R&D, patents and productivity [M]. Chicago: University of Chicago Press, 1984: 73 – 88.

[546] Parikh A, Van L M. Internal migration in regions of Germany: a panel data analysis [J]. Applied Economics Quarterly, 2003, 49 (2): 173 – 192.

[547] Partridge M D, Rickman D S, Olfert M R, et al. Dwindling US internal migration: evidence of spatial equilibrium or structural shifts in local labor markets? [J]. Regional Science and Urban Economics, 2012, 42 (1): 375 – 388.

[548] Pass T, Schlitte T. Regional income Inequality and convergence Processes in the EU – 25 [J/OL]. ERSA Conference Papers, 2006: http://www-sre.wu.ac.at/ersa/ersaconfs/ersa06/papers/229.pdf.

[549] Pellegrino G, Piva M, Vivarelli M. Young Firms and Innovation: A Microeconometric Analysis [J]. Structural Change & Economic Dynamics, 2010, 23 (4): 329 – 340.

[550] Perroux F. Economic space, theory and applications [J]. Quarterly Journal of Economics, 1950, 64 (1): 89 – 104.

[551] Perroux F. The Economy of the 20th century [M], Parris: PUF, 1961: 1 – 100.

[552] Phelps C C. A longitudinal study of the influence of alliance network structure and composition on firm exploratory innovation [J]. Academy of Management Journal, 2010, 53 (4): 890 – 913.

[553] Poncet S. Measuring Chinese domestic and international integration [J]. China Economic Review, 2003, 14 (1): 1 – 21.

[554] Ponds R, Van O F, Frenken K. The geographical and institutional proximity of research collaboration [J]. Papers in regional science, 2007, 86 (3): 423 – 443.

[555] Porter M E, Stern S. Measuring the ideas production function: Evidence from International Patent Output [J/OL]. NBER Working Paper 7891, 2000: 1 –

46: http://www.nber.org/papers/w7891.

[556] Poyhonen P A. Tentative model of the volume of trade between countries [J]. Weltwirtschaftliches Archiv, 1963 (90): 93 – 100.

[557] Rabe B, Taylor P M. Differences in opportunities? wage, employment and house – price effects on migration [J]. Oxford Bulletin of Economics and Statistics, 2012, 74 (6): 831 – 855.

[558] Reiffen D, Ward M R. Generic drug industry dynamics [J]. Review of Economics & Statistics, 2006, 87 (1): 37 – 49.

[559] Richard R. Nelsom. High – technology policies: a five – nation comparison [M]. Washington, D.C: American Enterprise Institute for Public Policy Research. 1984: 1 – 94.

[560] Rioja F, Valev N. Does one size fit all: a reexamination of the finance and growth relationship [J]. Journal of Development Economics, 2004, 74 (2): 429 – 447.

[561] Rizov Marin, Oskam Arie. Walsh Paul. Is there a limit to agglomeration? Evidence from Productivity of Duth Firms [J]. Reginoal Science and Urban Economics, 2012, 42 (4): 595 – 606.

[562] Roberto M S. R&D and growth: the missing link [J]. Macroeconomic Dynamics, 2007 (11): 691 – 714.

[563] Romer P M. Endogenous technological change [J]. Journal of Political Economy, 1990, 98 (5): 71 – 102.

[564] Romer P M. Increasing return and long – run growth. Journal of Political Economy, 1986, 94 (5): 1002 – 1037.

[565] Romer P M. The origins of endogenous growth [J]. Journal of Economic perspectives, 1994, 8 (1): 3 – 22.

[566] Rosina M, Paci R, Usai S. Spatial spillovers and innovation acitivity in European regions [J]. Environment and Planning, 2005, 37 (10): 1793 – 1812.

[567] Rothaermel T F, Thursby M. University – incubator firm knowledge flows: assessing their impact on incubator firm performance [J]. Research Policy, 2005, 34 (3): 305 – 320.

[568] Roy J R. Spatial Interaction Modeling: A Regional Science Context [M]. New York: Springer Verlag Berlin Heidelberg, 2004: 1 – 239.

[569] Santoro M D, Gopalakrishnan S. The institutionalization of knowledge transfer activities within industry – university collaborative ventures [J]. Journal of

Engineering & Technology Management. 2000, 17 (3 - 4): 299 - 319.

[570] Scandura A. University - industry collaboration and firms'R&D effort [J]. Research Policy, 2016, 45 (9): 1907 - 1922.

[571] Sharma S, Thomas V J. Inter - courtry R&D efficency analysis: an application of data envelopment analysis [J]. Scientometrics, 2008, 76 (3): 483 - 501.

[572] Shaw A T, Gilly J P. On the analytical dimension of proximity dynamics [J]. Regional Studies, 2000, 34 (2): 169 - 180.

[573] Sheshinski E. Optimal Accumulation with Learning by Doing [M]. In Karl S (ed.). Essays on the Theory of Optimal Economic Growth, Chicago: The University of Chicago Press, 1967: 115 - 200.

[574] Shuart J, Nicholas D J. Money Flows in the UK Regions [M]. Farnborough: Gower, 1981: 1 - 80.

[575] Soh P H, Subramanian A M. When do firms benefit from university - industry R&D collaborations? The implications of firm R&D focus on scientific research andtechnological recombination [J]. Journal of Business Venturing, 2014, 29 (6): 807 - 821.

[576] Solow R M. A contribution to the theory of economic growth [J]. Quarterly Journal of Economics, 1956 (70): 65 - 94.

[577] Sonn J W, Storper M. The increasing importance of geographical proximity in knowledge production: An analysis of US patent citations, 1975 - 1997 [J]. Environment and Planning A, 2008, 40 (5): 1020 - 1039.

[578] Stephan P, Franzoni C, Scellato G. International competition for PhDs and postdoctoral schoolars: what does (and does not) matter [R/OL]. [2016 - 05 - 06]. http://uwrg.gsu.edu/files/2014/05/2014 - 3 - 1_Stephan.pdf.

[579] Steven C. Michael J A. Pearve H. The need for innovation as a rationale for government involvement in entrepreneurship [J]. Entrepreneurship & Regional Development, 2009, 21 (3): 285 - 302.

[580] Su Y S, Chen J. Introduction to regional innovation systems in East Asia [J]. Technological Forecasting & Socail Change, 2015, 100 (1): 80 - 82.

[581] Sun Y, Liu K. Proximity effect, preferential attachment and path dependence in inter - regional network: a case of China technology transaction [J]. Scientometrics, 2016, 108 (1): 201 - 220.

[582] Sun Y. The structure and dynamics of intra - and inter - regional research collaborative networks: The case of China (1985 ~ 2008) [J]. Technological Fore-

casting & Social Change, 2016 (108): 70 - 82.

[583] Swan T W. Economic growth and capital accumulation [J]. Economic Record, 1956, 32 (2): 334 - 361.

[584] Tang A Z R, Rowe F, Corcoran J, et al. Where are the overseas graduates staying on? Overseas graduate migration and rural attachment in Australia [J]. Applied Geography, 2014 (53): 66 - 76.

[585] Tang Z. An integrated approach to evaluating the coupling coordination between tourism and the environment [J]. Tourism Management, 2015 (46): 11 - 19.

[586] Taylor P J. Distance transformation and distance decay functions [J]. Geographic Analysis, 1971, 3 (3): 221 - 238.

[587] Tinbergen J. Shaping the world economy: suggestions for an international economic policy [M]. New York: The Twentieth Century Fund, 1962.

[588] Tobler W R. Lattice Tuning [J]. Geographical Analysis, 1979, 11 (1): 36 - 44.

[589] Todtling F, Trippl M. One size fits all? Towards a differentiated regional innovation policy approach [J]. Research Policy, 2005, 34 (8): 1203 - 1219.

[590] Triguero A, Corcoles D. Understanding innovation: ananalysis of persistence for Spanish manufacturing firms [J]. Research Policy, 2013, 42 (2): 340 - 352.

[591] Ugur M, Trushin E, Solomon E, et al. Inverted - U relationship between R&D intensity and survival: Evidence on scale and complementarity effects in UK data [J]. Research Policy, 2016, 45 (7): 1474 - 1492.

[592] Ulku H. R&D, innovation and economic growth: an empirical analysis [J]. IIMF Working Paper No 04/185, 2004: 1 - 37: https://www.imf.org/external/pubs/ft/wp/2004/wp04185.pdf.

[593] Ullman E L. American Commodity Flow [M]. Seattle: University of Washington Preaa, 1957: 5 - 50.

[594] Ulset S. R&D outsourcing and contractual governance: An empirical study of commercial R&D projects [J]. Journal of Economic Behavior & Organization, 1996, 30 (1): 63 - 82.

[595] Urban G. Accessibility to R&D and patent production [J/OL]. CESIS Electronic Working paper series Paper37, 2005: https://ideas.repec.org/p/hhs/cesisp/0037.html.

[596] Vence - Deza X, González - López M. Regional concentration of the knowledge based economy in the EU: towards a renewed of igocentric model [J]. Eu-

ropean planning studies. 2008, 16 (4): 557 – 578.

[597] Verspagen B. Uneven Growth between Interdependent economics [M]. Datawyse: Maastricht Press, 1992: 20 – 150.

[598] Wallsten S J. The effects of government – industry R&D programs on private R&D: the case of the small business innovation research program [J]. Rand Journal of Economics, 2000, 31 (1): 82 – 100.

[599] Wang C, Rodan S, Fruin M, et al. Knowledge networks, collaboration networks and exploratory innovation [J]. Academy of Management Journal, 2014, 57 (2): 484 – 514.

[600] Wang E C, Huang W C. Relative efficiency of R&D activities: A cross – country study accounting for environmental factors in the DEA approach [J]. Research Policy, 2007, 36 (2): 260 – 273.

[601] Wang E C. R&D efficiency and economic performance: A cross – country analysis using the stochastic frontier approach [J]. Journal of Policy Modeling, 2003, 29 (2): 345 – 360.

[602] Warner K, Hamza M. Oliver S A, et al. Climate change, environmental degradation and migration [J]. Natural Hazards, 2010, 55 (3): 689 – 715.

[603] Webber M. Rates of profit and interregional flows of capital [J]. Annals of the Association of American Geographers, 1987, 77 (1): 63 – 75.

[604] Wei H, Yi J J, Zhang J S. Braindrain, braingain, and economic growth in China [J]. China Econo – mic Review, 2015b (38): 322 – 337.

[605] Wei S H, Wu G Z, Lv X L. The Determinants of regional innovation capability comment on the regional gap of innovation capability in China [J]. China Soft Science, 2010 (9): 76 – 85.

[606] Wei Y H, Zhang H Y, Wei J. Patent elasticity, R&D intensity and regional innovation capacity in China [J]. World Patent Information, 2015a, 43 (12): 50 – 59.

[607] Wiig H, Wood M. What comprises a regional innovation system? An Empirical Study [R/DB]. https://brage.bibsys.no/xmlui/bitstream/handle/11250/226793/1/STEPrapport1 – 1995.pdf.

[608] Wojciech N, Francisco J A. What is innovativeness: literature review [J]. Foundations of Management, 2012, 4 (1): 63 – 74.

[609] Zhao S L, Cacciolatti L, Lee S H, et al. Regional collaborations and indigenous innovation capabilities in China: a multivariate method for the analysis of re-

gional innovation systems [J]. Technological Forecasting and Social Change, 2015 (94): 202-220.

[610] Zhou Y, Guo Y Z, Liu Y S. High-level talent flow and its influence on regional unbalanced development in China [J]. Applied Geography, 2018 (91): 89-98.

后　　记

　　本书是我博士论文的结晶。回首边工作边读博的 6 年时间，虽时时夹杂茫然、逃避和困苦，但一路总有许多"贵人"帮助、鼓励和支持我不停下前进的脚步，内心充满无尽的感激。在此表示由衷的感谢！

　　最诚挚感谢的是我的恩师池仁勇教授。能有机会师从池老师，倍感幸运与幸福。这 6 年来的每一步都倾注着恩师的大量心血，凝结着恩师的谆谆教诲和精心指导。恩师"授人以鱼不如授人以渔"的育人理念、宽厚仁慈的无私胸怀、严谨踏实的治学之道、积极向上的工作作风、恬静自然的生活态度，给予我无尽的启迪，受益匪浅，是我一生学习的典范。恩师的教诲和鞭策将继续激励我在今后的教育和研究道路上不断进取前行。

　　诚挚感谢浙江工业大学经贸学院（2019 年 1 月分为经济学院和管理学院）和导师团队里的许多老师，他们是虞晓芬教授、徐维祥教授、陈衍泰教授、周根贵教授、施放教授、孟志青教授、谢洪明教授、陈昆亭教授、曹东教授、唐根年教授、林汉川教授、王黎萤教授、李正卫教授、王飞绒教授、余浩教授等在课堂、开题、平时学习交流等中的言传身教和关心帮助。聆听了黄少青老师、郑亚非老师等精彩、有趣的公共课，感谢他们给予了知识、给予了情怀。衷心感谢浙江大学黄灿教授、浙江工商大学肖余春教授、浙江工业大学李正卫教授和张化尧教授的宝贵指导和建议！感谢学院的倪瑛老师、李芳敏老师、张玉倩老师、高丽萍老师在学习和生活上的帮助。感谢郭元源、汤临佳、吴宝、张宓之、周必彧、金陈飞、李羽鸽、严焰、徐超、谢先达、王卫彬、阮鸿鹏、王昀等同门兄弟姐妹的帮助、指导和关心，有你们在同一师门的大家庭里倍感温暖。

　　诚挚感谢我所有的同学。感谢齐昕博士、许紫岳博士、蔡定葆博士、化祥雨博士、李欠强博士、曾辉博士、陶云彪博士、俞斌博士、童晓乐博士、林梦嫚博士、郑莉博士等在学习上的帮助和关心，课堂上有你们显得更加有趣和生动。特别要感谢的是浙江省经济信息中心副研究员、浙江大学经济学院化祥雨博士后，是你带我认识了 Arcgis 软件，熟悉了 Matlab 软件，感谢你耐心、细致地传授和解惑。也感谢你的爱人朱康莉女士，对于我每一次占用你们相聚的时间都给予了理解和支持！

后 记

诚挚感谢我工作单位浙江科技学院的领导和同事们。感谢龚建立教授、黎东升教授、吕军书记、刘洪民教授、杜雪君教授对我学业和工作上的双重支持和帮助。感谢许海平、吴佳晨、刘卫星、邵雷、王光新、姜志华、樊钱涛、胡华敏、董颖、范佳静、厉珍珍等一帮可爱的欢乐的同事们。

诚挚感谢我的爱人和孩子。求学和工作路上正是你们最无私的爱、陪伴、支持和理解,才给予了我前行的不竭动力,没有在每一次困难和逃避中掉链子。爱人工作挺忙,但在我撰写博士学位论文期间,毫无怨言地承担起孩子的学习辅导和生活照顾。在我编程运算遇上问题的时候,感谢他把 IT 业务专长的余热发挥给了我。感谢可爱的儿子,你阳光般的笑脸、成长路上不断取得的进步给予了我无尽的力量。诚挚感谢我的亲人们。母亲的健康、快乐和笑容最令我欣慰,岁月静好。感谢哥哥、嫂子对母亲的陪伴和照顾,使我在杭州能安心工作、学习、经营自己的小家庭。悄悄地也想跟天堂里的老爸说一声:您一直伴我前行!

本书的不少内容还需要在未来的研究中不断去完善,也希望能得到各位同行的建议和协助。最后感谢浙江省软科学研究计划项目(2019C35010,2020C25001)、浙江省自然科学基金项目(LY18G010018、LQ19D010001)、浙江科技学院学术著作出版专项、浙江科技学院科研启动资金、浙江科技学院研究生课程建设项目(2018yjskc07)、浙江科技学院校级思政课程建设项目(2017-ks24)、浙江科技学院一流本科课程技术经济学建设项目(2020-k25)、浙江科技学院 2020 德语国家国别与区域研究课题(2020degb001)的资助,才使得本书能够顺利出版。

吕海萍

2020 年 1 月于杭州